Ein Buch aus dem Verlag

die PIRSCH

unsere Jagd

Rolf Hennig

SCHWARZWILD

Biologie, Verhalten, Hege und Jagd

Bibliografische Information
Der Deutschen Bibliothek
Die Deutsche Bibliothek verzeichnet diese Publikation in der Deutschen Nationalbibliografie; detaillierte bibliografische Daten sind im Internet über http:/dnb.ddb.de abrufbar.

Siebte, überarbeitete Auflage, Neuausgabe

BLV Buchverlag GmbH & Co. KG
80797 München

© 2007 BLV Buchverlag GmbH & Co. KG, München

Das Werk einschließlich aller seiner Teile ist urheberrechtlich geschützt. Jede Verwertung außerhalb der engen Grenzen des Urheberrechtsgesetzes ist ohne Zustimmung des Verlags unzulässig und strafbar. Das gilt insbesondere für Vervielfältigungen, Übersetzungen, Mikroverfilmungen und die Einspeicherung und Verarbeitung in elektronischen Systemen.

Umschlaggestaltung: Anja Masuch, Fürstenfeldbruck
Umschlagfotos: E. Marek (Vorder- und Rückseite)
Lektorat: Gerhard Seilmeier
Herstellung: Hannelore Diehl

Printed in Germany · ISBN 978-3-8354-0155-6

Bildnachweis:

H. Arndt: 36 u., 79 re., 130
R. Bender: 99
H. Ctverak: 55
J. Gerlach: 247
G. Kalden: 43
G. Koller: 46
W. Lehmer: 162, 163
E. Marek: 209
H. J. Markmann: 204
St. Meyers: 141
F. Matula: 39, 80
Nagygyörgiy: 239
Reinhard: 2, 177
H. Roelen: 42
J. Schultz: 62
J. Wiesner: 79 li.
B. Winsmann: 41
Alle übrigen Schwarzweiß-Fotos stammen vom Verfasser

Zeichnungen:
Gerti Pape, Kartografie Franz Huber: 106

Farbfotos:
J. Schiermann: S. 65 o., 156 o.
W. Radenbach: S. 65 u., 85 u., 175 o.
S. Meyers: S. 66 o., 86 u., 87 o., 87 u., 153 o., 173 o., 173 u.
E. Marek: S. 66 u., 67 o., 86 o., 174 o.
K. Schneider: S. 67 u.
M. Danegger: S. 68 o.
R. Spönlein: S. 68 u.
A. Schilling: S. 85 o.
Hg. Arndt: S. 88 o.
G. Kalden: S. 88 u.
Pieper: S. 153 o.
A. Kieling: S. 154 ur., 154 u.
D. Waltmann: S. 155 ul., 176 u., or.
W. Nagel: S. 155 ur., 174 u.
H. Hen: S. 156 u.
U. Hausen: S. 175 u.
Institut für Tierpathologie der Ludwig-Maximilians-Universität: S. 176 ol.

Inhaltsverzeichnis

7 Vorwort

8 Vorwort zur 7. Auflage

9 Erscheinungsbild und Lebensweise
Das europäische Wildschwein und seine Verwandten 9
Altersklassen 11
Körperbau – Gewichte – Maße 12
Das Haarkleid 16
Sinne 17
Lautäußerungen, Ausdrucksbewegungen und geruchliche Mitteilungen 18
Ernährung 20
Fortpflanzung 23
Aufzucht in der Gefangenschaft 25
Feinde – Parasiten – Krankheiten 26

31 Verhalten
Individualverhalten 31
Fortpflanzungsverhalten 37
Sozialverhalten 44
Territorialverhalten 50
Droh- und Kampfverhalten und Rangordnung 54
Sicherheitsverhalten 58
Anpassungsbereitschaft 59
Verhalten in der Gefangenschaft 61

63 Das Wildschwein in der Natur- und Kulturlandschaft
Lebensraumansprüche 63
Umwelteinflüsse auf die Bestandsentwicklung 70
Das Wildschwein in der natürlichen Lebensgemeinschaft 75
Das Verhältnis zu anderen Tierarten 77

80 Das Ansprechen und Bestätigen des Schwarzwildes
Das Ansprechen nach Geschlecht und Alter 80
Fährtenkunde 91
Losung 96
Sonstige Zeichen 97
Abfährten – Kreisen – Festmachen 98

101 Hege und Bestandsbewirtschaftung in der freien Wildbahn
Schwarzwildhege oder Schwarzwildbekämpfung? 101
Bestandsaufnahme 109
Zuwachsermittlung 110
Abschußplanung 112
Abschußgrundsätze 124
Hegemaßnahmen 128

138 Schwarzwildringe
Sinn und Aufgaben der Schwarzwildringe 138
Zusammenarbeit bei der Planung 141
Abschußverteilung – Abschußfreigabe – Abschußkontrolle 142
Zusammenarbeit bei Hegemaßnahmen 145
Zusammenarbeit bei der Wildschadenverminderung und Wildschadenregulierung 146
Berücksichtigung des Schwarzwildes in allgemeinen Hochwildringen 148
Das »Lüneburger Modell« 148
Erfahrungen aus Schwarzwildringen 151

158 Schwarzwildgehege
Sinn und Aufgabe von Schwarzwildgehegen 158
Planung und Anlage von Schwarzwild-Jagdgehegen 161
Bewirtschaftung von Schwarzwild-Jagdgehegen 166

178 Die Bejagung des Schwarzwildes
Die Bejagung im Jahresablauf 178
Waidgerechte Schwarzwildjagd 181
Ansitz 184
Pirsch 188
Sonstige Arten der Einzeljagd 190
Zudrücken 192
Gesellschaftsjagden 193
Die Saumeute 197
Die Bejagung beim Auftreten der Schweinepest 199
Der Schuß auf Schwarzwild 201
Zeichnen und Pirschzeichen 205
Nachsuche 207
Waffen, Munition und Zubehör 211
Der Fang des Schwarzwildes 216

219 Versorgung, Verwertung und Beurteilung erlegten Schwarzwildes
Schwarzwildbret als hochwertiges Nahrungsmittel 219
Die Versorgung im Revier 220
Wildbrethygiene 221
Zerwirken und Zerlegen 221
Wildbretverwertung 224
Trophäenbehandlung 225
Vermessung und Bewertung der Keilerwaffen 228
Zahnkunde und Altersbestimmung am erlegten Stück 231

242 Schwarzwild und Landeskultur
Das Schwarzwild in der Forst- und Landwirtschaft 242
Wildschadenverminderung 245
Wildschadenfeststellung und Wildschadenschätzung 252

254 Schwarzwildjagd ist Hochwildjagd

258 Literaturverzeichnis

268 Stichwortverzeichnis

Vorwort

Das europäische Wildschwein ist der Stammvater eines unserer wichtigsten Haustiere, des Hausschweins. Schon dadurch hat es für die Menschheit eine Bedeutung wie nur wenige andere Tiere. Aber auch die Wildform, das Schwarzwild, hat in vielen Ländern, vor allem in Mittel- und Osteuropa, eine große und vielfältige Bedeutung: für den Forstmann und Jäger in weit überwiegend positiver, für den Landwirt in mehr negativer Weise. Darüber hinaus ist das Schwarzwild eine in vielfacher Hinsicht besonders interessante Wildart, für den Naturfreund schließlich das letzte wirklich wehrhafte Wild in den engbesiedelten und hochzivilisierten Ländern Mitteleuropas.
Im krassen Gegensatz zu dieser großen und vielseitigen Bedeutung stand lange Zeit die stiefmütterliche Behandlung dieser Wildart in der Fachliteratur. Während es bereits vom Mittelalter an eine vielfältige allgemeine jagdkundliche Literatur gab und bis zum Ende des 19. Jahrhunderts über die meisten europäischen Hauptwildarten eine mehr oder minder umfangreiche Spezialliteratur vorlag, gab es selbst im ersten Viertel des 20. Jahrhunderts noch keine Monographie über das Wildschwein. Erst 1925 brachte W. KIESSLING seine umfangreiche Monographie »Das Schwarzwild« heraus. Neun Jahre später, im Jahre 1934, erschien unter gleichem Titel das Buch von KARL SNETHLAGE, das in der Jägerschaft einen wahren Siegeszug antrat. Nach mehreren kleineren Schriften aus den ersten Jahren nach dem zweiten Weltkrieg erschien 1951 das in mehrfacher Hinsicht bahnbrechende Werk »Zur Biologie und Ökologie des Wildschweines« von HANS-BERNHARD OLOFF. Es kann heute noch als vorbildlich für die Schwarzwildforschung wie allgemein für die Jagdwissenschaft angesehen werden. Seither sind noch eine ganze Reihe beachtenswerter Veröffentlichungen über das Schwarzwild erschienen, insbesondere von BEHRNDT, BEUERLE, BOBACK, BÖHM, BRIEDERMANN, ERL, FISCHER und SCHUMANN, GUNDLACH, HECK, HENNIG, HOFMANN, KALBHENN, KÖNIG, LINDNER, LUTZ, MEYNHARDT, MOHR, PIELOWSKI, RASCHKE, STAHL, STUBBE, TEUWSEN, TÜRCKE, UECKERMANN, WACKER und anderen, zum Teil in Buchform, zum Teil in umfangreichen Zeitschriftenarbeiten. Neben diesen überwiegend deutschsprachigen Veröffentlichungen sei die französische Schwarzwildmonographie von F. MARION besonders erwähnt.
Der Verfasser dieses Buches hat sich als Forstmann und Jäger, als Wildbiologe und Jagdwissenschaftler jahrzehntelang in Theorie und Praxis mit dem europäischen Wildschwein, unserem Schwarzwild, befaßt. In diesem Buch unternimmt er es, unter Auswertung eigener Erfahrungen und umfangreicher Fachliteratur, den gegenwärtigen Stand der Kenntnisse über diese Wildart zusammenzustellen. Im Literaturverzeichnis war er bemüht, alle wesentliche neuere Literatur über das Schwarzwild zu erfassen. Sein Dank gilt all jenen, die ihm bei der Sammlung von Material oder auf andere Weise behilflich gewesen sind. Er dankt auch der BLV Verlagsgesellschaft für die gute Zusammenarbeit bei der Gestaltung und Herausgabe dieses Buches.

Vorwort zur 7. Auflage

Seit dem Erscheinen der ersten Auflage dieses Buches im Jahre 1981 hat sich mancherlei ereignet: Wildbiologie und Jagdwissenschaft haben neue Ergebnisse gebracht, Wildstandsbewirtschaftung und Bejagung haben sich in manchen Punkten gewandelt, die geographische Verbreitung des Schwarzwildes hat in Deutschland wie allgemein in Europa zugenommen, die Wilddichte des Schwarzwildes ist – unter gewissem Auf und Ab – insgesamt angestiegen, in überhöhte Schwarzwildbestände ist die Schweinepest eingebrochen, die Anforderungen an die Wildbrethygiene sind gestiegen. Diesen und anderen Entwicklungen ist von Auflage zu Auflage Rechnung getragen worden. Die 5. Auflage ist als gründlich überarbeitete und wesentlich erweiterte Neuausgabe erschienen, wobei das Schwergewicht auf die jagdliche Praxis gelegt wurde. Zu den zahlreichen Abbildungen sind 16 Seiten mit 33 Farbfotos hinzugekommen. Die 6. und 7. Auflage sind wiederum aktualisiert worden.
Der BLV Verlagsgesellschaft, insbesondere Herrn Gerhard Seilmeier, danke ich für die über 20jährige gute Zusammenarbeit an diesem Buch. Ein ganz besonderer Dank gilt auch meiner lieben Frau, Dr. med. Windemut Hennig-Heusser, die nach Beendigung ihrer aufopferungsvollen Berufstätigkeit unermüdlich an den umfangreichen Schreib- und Korrekturarbeiten mehrerer Auflagen dieses Buches mitgewirkt hat. Die neue Auflage geht wieder mit dem Wunsch hinaus, daß sie Jägern und allen anderen Naturliebhabern Freude bereiten möge!

Rolf Hennig

Erscheinungsbild und Lebensweise

Das europäische Wildschwein und seine Verwandten

Das europäische Wildschwein, in seinem Verbreitungsgebiet meist einfach Wildschwein genannt, hat den wissenschaftlichen Namen *Sus scrofa* LINNÉ 1758. In der Jägersprache wird diese Tierart als Schwarzwild (Einzahl: ein Stück Schwarzwild) oder – ohne Rücksicht auf das Geschlecht – als Sau beziehungsweise Sauen bezeichnet, scherzhaft auch als Schwarzkittel. Die allgemeine Bezeichnung Schwein oder Schweine ist dagegen nicht korrekt, da hierunter in der Jägersprache lediglich Keiler vom fünften Lebensjahr an zu verstehen sind. Im einzelnen geht die jagdlich richtige Bezeichnung der Geschlechter und Altersklassen aus der Tabelle Seite 11 hervor.

Die Gattung *Sus* gehört zu der über Europa, Asien und Afrika verbreiteten Familie der echten Schweine (Suidae), die zusammen mit der in Südamerika vorkommenden Familie der Nabelschweine (Dicotylidae) die Gruppe der Schweineartigen bildet. Diese wiederum gehört zusammen mit den Flußpferden (Hippopotamidae) zu den nichtwiederkauenden Paarhufern. Zwischen Schweinen und Flußpferden gibt es nicht nur eine Reihe anatomischer und physiologischer Übereinstimmungen, sondern auch viele Ähnlichkeiten im Verhalten, was vor allem FRÄDRICH [1967] herausgestellt hat.

Nach MOHR [1960] gliedert sich die Gruppe der Schweineartigen folgendermaßen:

Familie der echten Schweine, Suidae
1. Gattung *Sus* LINNÉ, 1758
   Wildschweine, *S. scrofa* LINNÉ, 1758
   Pustelschweine, *S. verrucosus* MÜLLER u. SCHLEGEL, 1842
   Bartschweine, *S. barbatus* S. MÜLLER, 1839
2. Gattung *Porcula* HODGSON, 1847
   Zwergwildschwein, *P. salvania* HODGSON, 1847
3. Gattung *Potamochoerus* GRAY, 1852
   Pinselschweine, *P. porcus* LINNÉ, 1758
   Fluß-Schweine, *P. choeropotamus* DESMOUL, 1831
4. Gattung *Hylochoerus* THOMAS, 1904
   Waldschweine, *H. meinertzhageni* THOMAS, 1904
5. Gattung *Phacochoerus* G. CUVIER, 1817
   Warzenschweine, *P. aethiopicus* PALLAS, 1767
6. Gattung *Babirussa* FRISCH, 1775
   Hirscheber, *B. babyrussa* LINNÉ, 1758

Familie der Nabelschweine, Dicotylidae
Gattung *Dicotyles* CUVIER, 1817
Halsbandpekari, *D. torquatus* CUVIER, 1817
Bisamschwein, *D. labiatus* CUVIER, 1817

Die verbreitetste all dieser Arten ist unser europäisches Wildschwein *Sus scrofa*. Auf den britischen Inseln und in Skandinavien kommt es in freier Wildbahn nicht vor. Lediglich in Schweden ist in jüngster Zeit ein neuer Bestand aus entwichenem Gatterwild hervorgegangen. Ansonsten reicht das Verbreitungsgebiet von Portugal und Spanien über alle west-, süd- und mitteleuropäischen Länder und über den Balkan. Als nordöstlichstes Vorkommen galt lange Zeit Kurland. Nach LANGE [1970] ist das Schwarzwild nach dem 2. Weltkrieg weiter nach Norden vorgedrungen und soll heute auch in Estland mit einem starken Bestand vertreten sein. Selbst in Finnland wird es neuerdings immer häufiger beobachtet. Nach GENOV [1981] reicht sein Verbreitungsgebiet heute über den größten Teil des europäischen Rußland. Im Südosten überschreitet es die europäischen Grenzen und erstreckt sich über weite Gebiete der Südhälfte Asiens einschließlich der asiatischen Inselwelt. Nur Hochgebirgslagen und weitgehend deckungsfreie Gebiete werden gemieden. Selbst nach Nordafrika greift sein Verbreitungsgebiet hinüber. Dort kommt unser Wildschwein heute vor allem in den drei Atlasländern Tunesien, Algerien und Marokko vor, gegendweise in sehr hoher Wilddichte.

Bei einem so riesigen Verbreitungsgebiet ist es selbstverständlich, daß sich im Laufe der langen Entwicklungsgeschichte Unterschiede herausgebildet haben, die eine Einteilung in Unterarten oder Rassen nahelegen. Leider ist diese Unterteilung und die mit ihr verbundene Nomenklatur in der zoologischen Literatur nicht einheitlich. Teilweise sind über 30 Unterarten ausgehalten worden. Da dieses Buch sich im wesentlichen mit dem in Mitteleuropa vorkommenden Wildschwein *(Sus scrofa scrofa)* befaßt, soll auf die zoologisch-systematische Problematik nicht näher eingegangen werden. Wer sich dafür interessiert, sei auf die Handbücher der zoologischen Systematik sowie auf das Spezialwerk von E. MOHR verwiesen. Hier mögen einige wenige Hinweise, zusammengestellt nach HALTENORTH und TRENSE 1956, MOHR 1960 sowie TÜRCKE 1976, genügen.

In ganz Mitteleuropa ist ausschließlich die Terminalform *(Sus scrofa scrofa)* vertreten. Ihr Verbreitungsgebiet reicht im Westen bis an die Atlantikküste. Lediglich auf der Pyrenäen-Halbinsel sind zwei andere Unterarten *(S. scrofa castilianus* und *S. scrofa basticus)* vertreten, an die sich auf afrikanischer Seite die über die Atlasländer verbreitete Unterart *(S. scrofa barbarus)* anschließt. In Italien sind lediglich Restvorkommen der Unterart *S. scrofa majeri*, auf Sardinien von *S. scrofa meridionalis* erhalten. Die Balkanrasse wird als *S. scrofa mediterranus* bzw. *S. scrofa reiseri* bezeichnet, an die sich in Kleinasien *S. scrofa lybicus* anschließt. Die in Polen und Westrußland vertretene Unterart wird als *S. scrofa attila* bezeichnet, von der vereinzelt in Nordostpolen *S. scrofa falzfeini* ausgesondert wird. Die übrigen Unterarten schließen sich im asiatischen Raum an.

Die zahlenmäßig stärksten Bestände befinden sich heute in Deutschland, Polen, den Baltenstaaten, Rußland und den südosteuropäischen Ländern. Insgesamt können wir in Europa mit einer jährlichen Strecke von annähernd einer Million Sauen rechnen. Der Frühjahrsbestand dürfte größenordnungsmäßig etwa auf gleicher Höhe liegen. Als Gesamtsommerbestand an Schwarzwild in Europa können wir also rund zwei Millionen Stück veranschlagen.

In Nord- und Südamerika sowie in Australien gab es ursprünglich keine echten Schweine. Durch Aussetzung sind jedoch an verschiedenen Stellen künstlich Bestände begründet worden, die sich teilweise gut vermehrt haben. Allerdings enthalten diese Bestände durchweg kein reinblütiges Schwarzwild, sondern eine mehr oder minder große Einmischung diverser Hausschweinrassen.

Altersklassen

Das genaue Alter läßt sich bei Wildtieren nur in seltenen Ausnahmefällen feststellen. Man teilt deshalb das Schwarzwild – ähnlich wie die anderen Schalenwildarten – in Altersgruppen oder Altersklassen ein. Zur korrekten Bezeichnung der einzelnen Altersklassen sowohl allgemein als auch in beiden Geschlechtern gibt es in der Jägersprache einige altüberkommene Begriffe, die sehr treffend und in der nachfolgenden Tabelle zusammengestellt sind.

Lebensjahr	männliches Wild	weibliches Wild	allgemein
1.	Frischlingskeiler	Frischlingsbache	Frischlinge
2.	Überläuferkeiler	Überläuferbache	Überläufer
3.	zweijähriger Keiler	zweijährige Bache	↑
4.	dreijähriger Keiler	dreijährige Bache	grobe Sauen
5.	angehendes Schwein	↑	
6.	hauendes Schwein	alte Bache	
7.	hauendes Schwein		
ab 8.	Hauptschwein	↓	↓

Als Übergangstermin in die nächsthöhere Altersklasse gilt – wie bei allen anderen Wildarten – jeweils der 1. April, an dem auch das neue Jagdjahr beginnt. Eine Ausnahme bilden die bereits vor diesem Datum gesetzten Frischlinge, die nicht an diesem, sondern erst am nächsten 1. April in die Klasse der Überläufer aufrücken.

Da es in der Praxis oft schwer oder unmöglich, für viele Zwecke auch gar nicht notwendig ist, das Alter genau in Jahren anzugeben oder Frischlinge und Überläufer nach dem Geschlecht zu unterscheiden, benutzt man hinsichtlich der lebenden Stücke meist die allgemeineren Bezeichnungen: *Frischlinge, Überläufer, grobe Sauen*. Wenn möglich sollte man aber auch schon hier, sonst spätestens am erlegten Stück bemüht sein, das Alter hinreichend genau zu bestimmen und das Stück entsprechend richtig zu benennen.

Gegendweise sind dafür auch noch andere als die in obiger Tabelle aufgeführten Bezeichnungen in Gebrauch. So werden beispielsweise manchmal die kleinen, noch gestreiften Frischlinge als »Frösche« bezeichnet, was sicherlich kein besonders schöner Ausdruck ist. Passender ist der gelegentlich für ältere Frischlinge oder Überläufer zu hörende Name »Wutz«. In Ostpreußen bezeichnete man Überläufer auch als »Kujel«.

Absolut korrekt ist es dagegen wieder, wenn man anstatt von Überläuferkeiler und Überläuferbache von *überlaufendem Keiler* und *überlaufender Bache* spricht. Das Hauptschwein wird in der Jägersprache auch als »Basse« oder als »grimmer Basse« bezeichnet.

In neuerer Zeit sind auch – in Parallele zu den anderen Schalenwildarten – Begriffe wie *starker Keiler, kapitaler Keiler, Zukunftskeiler* usw. immer mehr in Gebrauch gekommen. Das entspricht zwar nicht alter Überlieferung; glücklicherweise ist aber das jagdliche Brauchtum kein starres, für immer und ewig unveränderliches, sondern es ist als lebendiges Brauchtum in stetiger Wandlung und Entwicklung begriffen. Bei aller Vorsicht, keine unpassenden Ausdrücke hineinkommen zu lassen, sollte man in die Jägersprache doch solche Begriffe einfließen lassen, die unseren gegenwärtigen und zukünftigen Hegebestrebungen angemessen sind; und dazu gehören die Letztgenannten, insbesondere der Begriff des Zukunftskeilers als Bezeichnung eines jungen oder mittelalten, jedenfalls noch nicht ausgereiften Keilers, der im Interesse einer Qualitätshege zu schonen ist.

Das mögliche Höchstalter unseres Schwarzwildes ist bislang nicht genau bekannt. Wir können aber wohl ein Höchstalter von 15 bis 20 Jahren annehmen. In der freien Wildbahn wird ein so hohes Alter freilich nur äußerst selten erreicht. Immerhin berichtet ARJES [1997] von einer individuell bekannten Bache, die im Alter von gut 14$^{1}/_{2}$ Jahren völlig gesund erlegt worden ist.

Körperbau – Gewichte – Maße

Die Gestalt unseres Wildschweins ist so allgemein bekannt, daß sie nicht besonders beschrieben zu werden braucht. Außerdem geht sie zur Genüge aus den Abbildungen

Bezeichnung der Körperteile beim Schwarzwild.

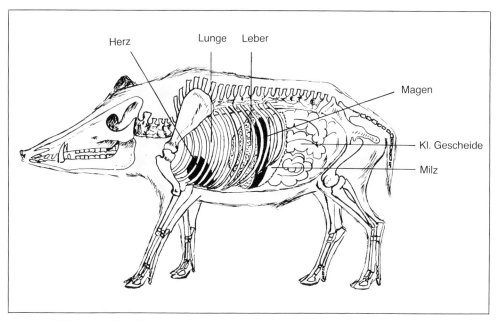

Lage des Skeletts und der wichtigsten inneren Organe beim Schwarzwild.

dieses Buches hervor. Unterschiede zwischen den Geschlechtern und Altersklassen werden in dem Kapitel über das Ansprechen behandelt.

Die Benennung der wichtigsten Körperteile gibt die Abb. Seite 12 wieder. Abb. oben zeigt die Lage der wichtigsten inneren Organe. Das Gebiß und seine altersmäßige Entwicklung werden später in einem gesonderten Kapitel behandelt. Hier sei nur noch auf einige Besonderheiten hingewiesen.

Die Bezeichnung »Feder« hat beim Schwarzwild eine doppelte Bedeutung: einerseits werden die langen Rückenborsten so genannt, andererseits auch die Dornfortsätze der Rückenwirbel. Was jeweils gemeint ist, ergibt sich im allgemeinen eindeutig aus dem Zusammenhang.

Hautdrüsen unterschiedlicher Art, die über die gesamte Körperoberfläche verteilt sind, dienen sowohl der Versorgung des Haarkleides als auch der Produktion des Individualgeruchs und damit der innerartlichen Kommunikation.

Im Gegensatz zu den Hirschartigen *(Cerviden)* haben die Sauen eine Gallenblase, die recht groß und an der freigelegten Leber deutlich sichtbar ist.

Bei Keilern bildet sich eine mit zunehmendem Alter immer stärker werdende Verdickung der Schwarte auf den Blättern, die als »Schild« bezeichnet wird. Bei kämpferischen Auseinandersetzungen mit anderen Keilern schützt sie die darunter liegenden Körperteile. Sie soll bei alten Keilern bis zu 4 cm dick und knorpelig fest werden können. Verstärkt wird die Wirkung des Schildes noch dadurch, daß sich infolge des Suhlens und Malens zusammen mit Borsten und Unterwolle eine mehr oder minder harte Kruste aus Lehm, Harz usw. bildet. Der Schild und die außen darauf befindliche Kruste werden zusammen als Panzer, derartig geschützte Hauptschweine gelegentlich als Panzerschweine bezeichnet.

Bei säugenden Bachen ist das Gesäuge sehr stark ausgebildet und in der Regel gut sichtbar. Nach Beendigung des Säugens bildet es sich rasch wieder zurück. Ein zurückgebildetes Gesäuge besagt also nicht, daß diese Bache nicht führt, sondern nur, daß sie nicht mehr säugt.

Bei der Geburt und in der ersten Zeit danach sind die Frischlinge sehr klein und zart. Ihr Geburtsgewicht beträgt nach BRIEDERMANN [1970] etwa 700-1000 g. In den ersten Wochen und Monaten ihres Lebens nehmen sie sehr schnell an Größe und Gewicht zu. Rechtzeitig zur Welt gekommene und gut entwickelte Frischlinge wiegen (aufgebrochen) im ersten Winter ihres Lebens 20 bis 30, ja 40 kg, ausnahmsweise sogar noch mehr. Als Überläufer, also im zweiten Lebensjahr, tritt fast eine Verdoppelung dieses Gewichtes ein. Danach wird das Wachstum zwar geringer, hört jedoch keineswegs auf. In welchem Alter Schwarzwild ausgewachsen ist, läßt sich nicht sicher angeben, Keiler jedoch nicht vor Vollendung des vierten Lebensjahres. Absolute Spitzengewichte können etwa vom vierten Lebensjahr an erreicht werden. Die Eckzähne (Keilerwaffen und Bachenhaken) wachsen etwa bis zur Vollendung des siebten oder achten Lebensjahres, so daß Keiler auch erst in diesem Alter als wirklich ausgereifte Erntekeiler, als Hauptschwein oder Basse, bezeichnet werden können.

Körpermaße und Gewichte variieren beim Schwarzwild außerordentlich stark. Das Gewicht kann sogar bei ein und demselben Stück – je nach augenblicklichem Ernährungszustand – den größten Schwankungen unterliegen. So kann in extremen Notzeiten das Körpergewicht innerhalb weniger Wochen auf unter die Hälfte absinken, bei sehr günstigen Ernährungsverhältnissen rasch auf das Doppelte ansteigen. Alle Gewichtsangaben müssen deshalb beim Schwarzwild sehr viel kritischer betrachtet werden als bei anderen Wildarten.

Generell kann gesagt werden, daß – gemäß der Bergmannschen Regel – die Körpergewichte von Südwest nach Nordost und mit zunehmender Höhenlage ansteigen. Das gilt sowohl für das Verbreitungsgebiet im Ganzen als auch für einzelne Ausschnitte daraus. So liegen beispielsweise die Gewichte in Ostdeutschland deutlich höher als in Westdeutschland. In Westeuropa nehmen die Gewichte weiter ab, in Polen, im Baltikum und – gebietsweise – auf dem Balkan liegen sie noch beträchtlich höher als in Deutschland. Die höchsten Gewichte werden in Sibirien erreicht.

Mehrere Autoren haben versucht, Durchschnittsgewichte festzulegen. Die ersten umfassenden Erhebungen hat MÜLLER-USING [1949] durchgeführt. Er kommt dabei zu folgenden Werten (Wildpretgewicht aufgebrochen):

Strecken-Durchschnittsgewichte vom Schwarzwild in kg nach MÜLLER-USING

	Keiler	Bachen	Überläufer	Frischlinge	Gesamtstrecke
Westdeutschland	54,0	44,6	36,0	19,3	35,0
Ostdeutschland	80,0	66,0	52,0	28,0	51,0

Als Streckendurchschnittsgewicht aus dem gesamten ehemaligen Reichsgebiet errechnete MÜLLER-USING unter Berücksichtigung der Streckenzahlen 45,4 kg. Spätere Erhebungen von UECKERMANN [1977] bestätigen für das Gebiet der Alt-Bundesrepublik Deutschland die von MÜLLER-USING für Westdeutschland genannten Werte. BRIEDERMANN [1970] kommt für die damalige DDR zu Gewichten, die in den einzelnen Klassen zwischen den von MÜLLER-USING für Ostdeutschland und für Westdeutschland angegebenen liegen. Als Gesamtdurchschnittsgewicht errechnet er jedoch – wohl aufgrund anderer Streckenzusammensetzungen – nur 31 kg, also noch weniger, als MÜLLER-USING und UECKERMANN für Westdeutschland angeben.

Spitzengewichte können ganz erheblich höher liegen. So sind aus Westdeutschland Keilergewichte (aufgebrochen) um dreieinhalb Zentner, aus Ostdeutschland um vier Zentner (200 kg) bekannt geworden. Aus Osteuropa sind vereinzelt Keilergewichte um 300 kg gemeldet worden. Aus dem Kaukasus führt L. HECK [1950] einen Keiler von 350 kg an.

Entsprechend diesen unterschiedlichen Gewichten schwanken auch die Maße. Die größten, dem Verfasser bekannt gewordenen Maße führt L. HECK [1950] auf, und zwar von einem Keiler, der 1943 an der Nordostspitze von Kurland, also an der äußersten Nordostgrenze des Schwarzwildvorkommens, erlegt wurde. Das Gewicht betrug aufgebrochen 318 kg, die Schulterhöhe 1,25 m, die Länge vom Wurf bis zur Pürzelspitze 2,75 m, wovon 75 cm auf den Pürzel entfielen. Leider fehlen genaue Angaben, wie die Schulterhöhe gemessen worden ist, denn normalerweise werden in Europa Schulterhöhen von einem Meter bis maximal 1,10 m als Höchstgrenze angesehen.

HÜBNER [1938] konnte aufgrund des umfangreichen Trophäenmaterials der Internationalen Jagdausstellung von 1937 in Berlin hinsichtlich der Stärke der Keilerwaffen eine im Prinzip gleiche Gesetzmäßigkeit wie hinsichtlich der Wildpretgewichte feststellen. Er schreibt: »Betrachten wir die Breite der Keilerwaffen in den Jagdgebieten Europas, so ergibt sich eine verblüffend genaue Übereinstimmung der Gewehrbreite mit der Jahresdurchschnittstemperatur in den Klimagebieten. So stammen die durchschnittlich breitesten Keilerwaffen aus der Wojewodschaft Lwow, die sich bis in die Karpaten ausdehnt. Von da ab finden wir mit steigender Temperatur einen ständigen Abfall über Ungarn und Rumänien nach der Donautiefebene zu. Ebenso gehen die Werte für die Durchschnittsbreite der Gewehre von Ostpreußen bis zu den Niederlanden zurück in dem gleichen Maße, wie die Temperatur ansteigt. In den Gebieten der deutschen Mittelgebirge lassen sich die Vergleiche schwerer durchführen, da dort die Klimagebiete in einer Entfernung von nur wenigen Kilometern aufeinander folgen und daher das wanderlustige Schwarzwild ständig anderen Bedingungen ausgesetzt ist.«

Die von HÜBNER erwähnte europäische Spitzenstellung des Schwarzwildes der Karpaten hat sich auch bei späteren Jagdausstellungen bestätigt. Sowohl die Wildpret- als auch die Trophäenstärke der Karpatensauen ist in Jägerkreisen international berühmt. Richtig ist auch die Feststellung von HÜBNER, daß sich die deutschen Mittelgebirge aus den genannten Gründen in die von ihm festgestellte Gesetzmäßigkeit nicht sicher einordnen lassen. Auch der von ihm festgestellte Abfall in der Stärke sowohl in Richtung Westen als auch in Richtung Südosten ist im Prinzip richtig. Im Donaudelta beispielsweise sind die Sauen auffallend gering. Andererseits gibt es aber gerade auf dem Balkan qualitativ außerordentlich hochwertige Schwarzwildbestände. So ist einer der stärksten Keiler der Weltrangliste mit Waffen von 142,30 Internationalen Punkten im Jahre 1969 im Prokletje-Gebirge im ehemaligen Jugoslawien nahe der Grenze nach Albanien erlegt worden. Auch diverse weitere Goldmedaillen-Keiler wurden im Prokletije-Gebirge gestreckt.

Auf die Entwicklung der Keilerwaffen, ihre Maße und deren Ermittlung sowie auf die formelmäßige Bewertung der Trophäen wird in späteren Kapiteln eingegangen.

Das Haarkleid

Das vollständige Haarkleid des erwachsenen Schwarzwildes besteht aus zwei Schichten. Den Kälteschutz – auch gegen allerniedrigste Wintertemperaturen – gibt eine dicke und dichte Schicht feiner, krauser, sehr wärmender Unterwolle. Sie wird durchwachsen und überlagert von den langen, glatten und steifen Borsten, die gegen alle anderen äußeren Einflüsse Schutz gewähren. Diese Borsten haben eine schwarze Grundfarbe, sind jedoch in ihrem oberen, gespaltenen Drittel heller gefärbt. Am längsten sind die Federn, eine breite Borstenreihe, die sich über den gesamten Rücken hinzieht und den sogenannten »Kamm« (gegendweise als »Saubart« bezeichnet) bildet. In der Gesichtspartie und an den Unterläufen sind die Borsten kürzer als am Rumpf, am Kopf heller, an den Läufen dunkler. An den Körperseiten verleihen die langen Winterborsten den Sauen oft ein zottiges, gelegentlich sogar lockiges Aussehen.

Mit Ausnahme der Frischlinge hat alles *Schwarzwild im Winter* eine überwiegend schwarze Grundfärbung. Allerdings kann die Farbe der Sauen auch in der ausgereiften Winterschwarte individuell stark variieren. Sie reicht von fast völligem Schwarz bis zu dunklem Silbergrau, gelegentlich auch einem etwas gelblichen Einschlag. Diese Färbung ist unabhängig von Geschlecht und Alter. An Frischlingen läßt sich bis zum Haarwechsel im nächsten Frühjahr, also bis zu einem Lebensalter von gut einem Jahr, vor allem bei günstigem Sonneneinfall, an den Seiten und ganz besonders an den Keulen ein rötlich-brauner Farbton bemerken. Er ist das untrügliche Farbmerkmal für Frischlinge und angehende Überläufer.

Im späten Frühjahr, etwa im Mai bis Mitte Juni – von Jahr zu Jahr und auch gegendweise etwas unterschiedlich – fallen flächenweise Winterborsten und Unterwolle aus. Dieser Haarausfall beginnt im allgemeinen an Hals und Blättern und setzt sich von dort aus über die Flanken und schließlich den ganzen Körper fort. Während dieser Zeit sehen die Sauen scheckig, hinterher völlig nackt und dadurch sehr hell aus. Durch das Fehlen des dicken Haarkleides wirken sie jetzt auch viel hochläufiger als im Winter. Wenig später beginnen die neuen Borsten zu wachsen. Im *Hochsommer* verleihen die kurzen Borsten den Sauen ein glattes, silbergraues Aussehen. In den letzten Sommerwochen und im *Frühherbst* wächst die neue Winterschwarte aus.

Führende Bachen sind im Haarwechsel sowohl im Frühjahr als auch im Herbst mehrere Wochen hinter den anderen Stücken desselben Bestandes zurück, was bei genügender

Kenntnis des örtlichen Schwarzwildbestandes eine große Hilfe beim Ansprechen sein kann. Außer bei den führenden Bachen kann ein verspäteter Haarwechsel auch bei kranken oder verletzten Stücken auftreten.

In gegendweise unterschiedlicher Häufigkeit kommen als Abnormität – vermutlich infolge Hausschweineinkreuzung – deutlich heller gefärbte oder hell-dunkel gescheckte Sauen vor. Diese Farbvariante wird rezessiv vererbt.

Die Frischlinge weisen anfangs eine ganz *typische Jugendzeichnung* auf. In einer braunen Grundfärbung haben sie scharf ausgeprägte gelbe Längsstreifen, die nach hinten zu unregelmäßig unterbrochen sind. Diese Jugendzeichnung ist für den sich drückenden Frischling eine hervorragende Tarnung. In ihren Einzelheiten ist diese Jugendzeichnung von Frischling zu Frischling unterschiedlich und erlaubt bei direkter Beobachtung oder auf guten Fotos die Unterscheidung und Wiedererkennung aller Frischlinge einer Rotte.

Im Alter von etwa 2 Monaten beginnen die gelben Streifen, sich mehr und mehr zu verwischen. Nach etwa 4 bis 6 Monaten sind sie völlig verschwunden. Danach haben die Frischlinge eine einheitliche dunkelrotbraune Färbung, die zum Spätherbst immer mehr in Schwarz übergeht, jedoch stets bis zum Haarwechsel im nächsten Frühjahr den bereits erwähnten rötlich-braunen Schimmer behält.

Gescheckte Stücke zeigen diese abnorme Zeichnung von Geburt an, also anstatt der normalen Frischlingszeichnung. Da die Scheckung individuell unterschiedlich ist und das ganze Leben über unverändert erhalten bleibt, sind auch gescheckte Stücke immer wiederzuerkennen.

Sinne

Das Schwarzwild verfügt über außerordentlich scharfe Sinne. Am stärksten ausgeprägt ist das Wittrungsvermögen, also der *Geruchssinn*. Er steht dem des Rotwildes keineswegs nach. Bei für sie günstigen Windverhältnissen können Sauen noch auf mehrere hundert Meter Entfernung den Jäger, anderes Wild, ein Luder usw. winden. Auch Geruchsspuren auf dem Boden von anderen Tieren oder von Menschen können mit Hilfe des Geruchssinnes festgestellt und geprüft, gegebenenfalls auch Schweißfährten oder die Fährten rauschiger Bachen über weite Strecken gehalten werden. Selbst wenige Tage alte Frischlinge arbeiten, wenn sie einmal von der Rotte abgekommen sind, wie ein guter Schweißhund mit »tiefer Nase« die Fährte der führenden Bache und finden so auch über weitere Entfernungen zu ihrer Mutter zurück. Schließlich läßt das Wittrungsvermögen die Sauen im Boden verborgene Mast, Insektenlarven, Mäusenester usw. finden. Der hervorragende Geruchssinn des Schwarzwildes dient also gleichermaßen dem Schutz, der Ernährung und sozialen Kontakten.

Das Auffinden von kleinen Nahrungsteilen im oder auf dem Erdboden, beispielsweise von Engerlingen oder Getreidekörnern, geschieht durch eine Kombination von Geruchs- und *Tastsinn*. Im Wurf, also in der Scheibe an der Spitze des Gebrechs, in der Umgebung der Nasenlöcher, befinden sich äußerst sensible Tastorgane. Für den Beobachter ist es immer wieder erstaunlich, wie fein der kombinierte Geruchs- und

Tastsinn selbst inmitten äußerster Schwerstarbeit mit dem Gebrech, etwa beim Herausbrechen alter Baumstubben aus dem Boden, funktioniert.

Schließlich ist auch der auf das engste mit dem Geruchsvermögen gekoppelte *Geschmack* beim Schwarzwild sehr ausgeprägt. So unterscheiden die Sauen nicht nur zwischen den einzelnen Wald- und Feldfrüchten, sondern auch noch innerhalb dieser oftmals sehr kraß. Es ist zum Beispiel eine bekannte Tatsache, daß sie sich unter mehreren nahe beieinander angebauten Kartoffelsorten nach flüchtigem Probieren ihre Lieblingssorte heraussuchen und dann nur noch diese nehmen.

Ebenfalls ganz hervorragend entwickelt ist das *Gehör* der Sauen. Da die »Teller« (Ohrmuscheln) nicht annähernd so beweglich und nicht in einem ständigen lebhaften Spiel befindlich sind wie etwa beim Rotwild, könnte man meinen, daß der Gehörsinn für das Schwarzwild nur eine untergeordnete Rolle spielt. Das ist jedoch keineswegs der Fall. Einzelne Sauen vernehmen und registrieren auch die leisesten, für sie wichtigen Geräusche, seien sie nun von Menschen verursacht oder von den als Nahrung so sehr begehrten Mäusen. In der Rotte werden Fremdgeräusche allerdings nicht so sehr beachtet, weil die Sauen dann oft selber einen beträchtlichen Lärm verursachen.

Im krassen Gegensatz zu den vorstehend erwähnten vier Sinnen ist das *Sehvermögen* unseres Schwarzwildes nur schwach entwickelt. Einen unbeweglich stehenden oder sitzenden Menschen vermögen sie, selbst auf kurze Entfernung, nicht zu erkennen. Bei einigermaßen günstigem Hintergrund kann man sich auch sehr vorsichtig bewegen, ohne daß Sauen einen eräugen. Heftige oder seitlich auswandernde Bewegungen werden dagegen leicht erkannt.

Trotz einiger diesbezüglicher Untersuchungen ist bislang die Frage ungeklärt, ob die Sauen nur unterschiedliche Helligkeitswerte oder auch verschiedene Farben unterscheiden können. Da dem Sehvermögen im Rahmen ihrer gesamten Sinnesleistungen nur eine relativ kleine Rolle zufällt, dürfte dieser Frage für das Leben des Schwarzwildes nur eine untergeordnete Bedeutung zukommen.

Lautäußerungen, Ausdrucksbewegungen und geruchliche Mitteilungen

Die Stimme des Schwarzwildes ist außerordentlich modulationsfähig. Sie reicht von hellen Quietschtönen bis zu tiefem Brummen. Daneben gibt es röchelnde und vokallose, mehr zischende Laute. Diese Lautäußerungen können kurz abgehackt oder langgezogen sein, von ganz geringer, fast geflüsterter Lautstärke bis zu einem gellenden Kreischen reichen, einmalig sein oder über längere Zeit ständig wiederholt werden. Im Prinzip gleichen die Lautäußerungen des Schwarzwildes denen, die man im Schweinestall hören kann; doch dürfte die Ausdruckspalette und die Modulationsfähigkeit bei den wilden Sauen größer sein als bei ihren domestizierten und degenerierten Vettern.

In der vertraut brechenden oder Mast sammelnden Rotte wird oft Stimmfühlung gehalten, vor allem im Dunkeln oder in deckungsreichem, unübersichtlichem Gelände. Der Stimmfühlungslaut ist ein leises, etwas gedehntes, zufrieden klingendes Grunzen, bei dem man nach der Stimmhöhe Bachen und Frischlinge unterscheiden kann. Akzentuierter sind der Suchlaut des von der Rotte abgekommenen Frischlings und der

Lockruf der Bache. Ähnlich klingen Forderung und Einladung zum Säugen. Beim Säugen wird beiderseits wieder ruhige Stimmfühlung gehalten. Achtungssignal in der Rotte bei zwar bemerkter aber noch nicht klar erkannter Gefahr ist ein kürzeres oder längeres Schnaufen: ein vokalloses, scharfes Pusten oder Zischen, das in der Jägersprache treffend als »Blasen« bezeichnet wird. Ist die Gefahr klar erkannt, wird der eigentliche Warnlaut ausgestoßen: ein lauter, ganz kurz abgehackter Grunzton. Als Drohung gegenüber anderen Sauen oder gegenüber Feinden sowie als Ordnungsruf gegenüber den Frischlingen hört man seitens der Bachen gelegentlich ein tiefes, mehr oder minder langgezogenes Brummen. In größter Wut kann sich dieses Brummen – auch bei Keilern – zu einer erheblichen Lautstärke steigern, die man vielleicht als Brüllen charakterisieren könnte. Rauschige Bachen werden von Keilern mit Lauten umworben, die einem zerhackten Röcheln ähneln. Klagelaut ist ein helles, sehr lautes Quieken, das häufig nur ganz kurz als einmaliges Aufquieken ausgestoßen wird, oft aber in die Länge gezogen und manchmal auch über längere Zeit durchgehalten wird. In der Gewalt eines überlegenen Feindes, also sozusagen als Hilferuf, oder bei sehr starken Schmerzen kann sich das Klagen gar zu einem Kreischen steigern. Im allgemeinen klagen nur Frischlinge und Überläufer, erwachsene Stücke höchst selten.

Jede Beschreibung der Stimmlaute des Schwarzwildes kann nur sehr grob sein. Zwischen den beschriebenen Lautäußerungen gibt es Übergänge mit feinsten Abstufungen, die wohl die jeweilige Stimmung widerspiegeln und anderen Sauen mitteilen, wodurch vielfach wichtigste Signale gegeben werden. Bei der Beschreibung der Verhaltensweisen im nächsten Abschnitt wird mehrfach auf die Lautäußerungen zurückzukommen sein.

Außer den Stimmlauten kann das Schwarzwild noch andere Laute von sich geben. In sehr großer Erregung, meist unmittelbar vor einem Angriff auf sie bedrängende Hunde oder Menschen, klappen gelegentlich Bachen, vor allem aber Keiler laut hörbar mit dem Gebrech. Die dabei entstehenden beinernen Geräusche bezeichnet der Jäger als »Wetzen«. Vereinzelt ist auch schon beobachtet worden, daß einzeln gehende ältere Keiler ohne eigene Bedrängnis durch Wetzen anderes Wild von der Äsungsfläche vertrieben haben, um selber dort ungestört Fraß aufnehmen zu können.

Neben Lautäußerungen spielen Ausdrucksbewegungen eine Rolle. Am bekanntesten ist die Imponierhaltung. Das imponierende Stück (meist Keiler, aber auch Bache) versucht, sich möglichst groß zu machen, indem es den Rücken nach oben wölbt und die Federn (also die langen Rückenborsten) aufrichtet. Diese Imponierhaltung kann in die ähnliche Drohhaltung übergehen. Etwas anders ist die Abwehrhaltung, die bereits Unterlegenheit ausdrückt. Beim Zusammentreffen von Sauen nähern sie sich oft in einer von BRIEDERMANN (1990) so genannten Erkundungshaltung: mit nach vorn gestellten Tellern und erhobenem Wurf. Da Sauen relativ schlecht äugen, sind alle Ausdrucksbewegungen nur auf kurze Entfernung von Bedeutung.

Schließlich dienen Gerüche der innerartlichen Kommunikation. Durch Nasenkontakt dürften Sauen sich individuell erkennen und begrüßen. Mit Harn und Losung können mancherlei Nachrichten übermittelt werden, so die Paarungsbereitschaft der Bachen, Territoriumsansprüche usw. Leider kann der Mensch mit seinem verkümmerten

Riechorgan diese Botschaften nicht aufnehmen, zumindest nicht unterscheiden. Lautäußerungen, Ausdrucksbewegungen und olfaktorische (geruchliche) Mitteilungen sind vor allem für das Sozialverhalten wichtig. Sie werden deshalb in den entsprechenden Kapiteln in die einzelnen Verhaltenskomplexe eingeordnet.

Ernährung

Das Schwarzwild ist – wie alle echten Schweine – sowohl dem Gebiß als auch den Verdauungsorganen nach ein Allesfresser. Tatsächlich wird von den Sauen pflanzliche wie tierische Nahrung gern aufgenommen. Gründliche Untersuchungen und Zusammenstellungen hierüber liegen vor allem von BECKER-DILLINGEN [1945], BRIEDERMANN [1965, 1968, 1990], BUBENIK [1959, 1984], OLOFF [1951] und TUCAK [1996] vor. Nachstehend werden die wichtigsten Erkenntnisse kurz zusamengefaßt wiedergegeben.
Die Lieblingsnahrung der Sauen, die auch einen besonders hohen Nährwert hat, sind Eicheln. Sobald irgendwo die ersten Eicheln zu fallen beginnen, zieht sich dort das Schwarzwild der ganzen Umgebung zusammen, und in guten Mastjahren verläßt während des Eichelfalls sowie in den Wochen und Monaten danach kaum je ein Stück Schwarzwild den Wald. Fütterungsversuche, bei denen Eicheln mit diversen anderen Futtermitteln gemischt gereicht wurden, haben gezeigt, daß alle anderen Futtermittel – selbst der sonst ebensosehr begehrte Mais – erst nach Verzehr aller Eicheln angenommen wurden. Die Früchte der einheimischen Eichenarten werden gegenüber denen der amerikanischen Roteiche bevorzugt. Ähnlich beliebt, wenn auch deutlich nach den Eicheln, sind Bucheckern.
Die Waldfrüchte werden sowohl oberflächlich abgesammelt als auch aus dicken Schichten Fallaub und unter dem Schnee herausgesucht. Wie außerordentlich wertvoll diese Waldmast für die Sauen ist, zeigt sich an den stark erhöhten Wildpretgewichten sowie an den oft mehrere Zentimeter dicken Fettschichten in Mastjahren. Die einschlägigen Untersuchungen von OLOFF – auf die in einem späteren Kapitel noch zurückzukommen sein wird – haben auch ergeben, daß die Mast einen erheblichen Einfluß auf die Vermehrung des Schwarzwildes in dem auf die Mast folgenden Jahr hat.
Durch den immer geringer gewordenen Anteil von Eiche und Buche und den immer höher gewordenen Anteil von Nadelhölzern in unseren Wirtschaftswäldern steht vielerorts für das Schwarzwild nicht genügend Waldmast zur Verfügung. Als weitgehender Ersatz werden von den Sauen Feldfrüchte genommen. An der Spitze der Beliebtheit steht der Mais, der von der Milchreife bis zur Vollreife sehr begehrt wird. Es folgen Erbsen und Bohnen, Kartoffeln – wobei deutlich zwischen einzelnen Sorten unterschieden wird – und unbegranntes Getreide. Rüben werden weniger gern genommen, Kastanien fast gar nicht. Wo erreichbar, wird sehr gerne Fallobst – auch Wildobst – aufgenommen, bei Gelegenheit auch Himbeeren.
Beim Getreide werden entweder die ganzen Ähren abgebissen und zerkaut oder beim Hafer der Halm durchs Gebrech gezogen und dabei die Körner abgestreift. Nach der Getreideernte suchen die Sauen auch gern auf den Stoppeln nach ausgefallenen

Körnern. Kartoffeln werden – im Gegensatz zu dem platzweisen Herausschlagen durch Rot- und Damwild – im allgemeinen reihenweise herausgebrochen.

Eine – weil wenig auffällige – vielfach unbekannte, tatsächlich jedoch sehr häufige Nahrungsaufnahme ist das Abweiden von Klee, Gräsern und Kräutern. BUBENIK [1959] hält diese Aufnahme von Grünfutter für notwendig, um den Bedarf an dem unentbehrlichen Vitamin A zu decken. In der gesamten Nahrungszusammensetzung machen diese grünen Pflanzen oftmals einen sehr beträchtlichen Anteil aus. Nach verschiedenen Autoren sollen in ähnlicher Weise auch Knospen und Triebe von Holzpflanzen, ja selbst verholzte Teile gelegentlich mit verbissen werden. Vom Adlerfarn frißt das Schwarzwild sowohl die noch aufgerollten jungen Blätter als auch die oft flächenweise aus dem Boden herausgebrochenen Rhizome. In manchen Gegenden scheint im Walde der Adlerfarn mit zu den bevorzugten Nahrungspflanzen zu gehören, in anderen bleibt er unbeachtet.

Wo erreichbar, werden auch Wasserpflanzen genommen. MEYNHARDT [1978] hat mehrfach beobachtet, wie Sauen geschickt Wasserpflanzen (Rohrkolben, *Typha sp.*) herausgerissen und ans Ufer getragen haben. Dort wurden die langen, dicken Rhizome gefressen, die Blätter blieben liegen. Bekannt ist auch, daß die Sauen gern im Boden abgelassener Fischteiche brechen.

Die Aufnahme von Pilzen durch das Schwarzwild scheint örtlich und wohl auch individuell recht unterschiedlich zu sein. Insgesamt dürfte sie keine große Rolle spielen. Am beliebtesten dürften Trüffel sein, doch werden auch manche andere Pilze genommen.

Außer den genannten Pflanzen bzw. Pflanzenteilen nimmt das Schwarzwild noch vielerlei andere pflanzliche Nahrung zu sich, und zwar sowohl oberirdische Pflanzenteile als auch unterirdische (bis hin zu dünnen Baumwurzeln), die aus dem Boden herausgebrochen werden. Bei den Mageninhaltsuntersuchungen von 155 Sauen in dem Waldrevier Belje in Baranja (Jugoslawien) fanden sich nach den Zusammenstellungen von TUCAK [1996] 23% unterirdische Pflanzenteile. Mit letzteren werden auch erdige, vor allem humose Bestandteile aufgenommen, manchmal in beträchtlichen Mengen. Zu ihrer Verwertung schreibt BUBENIK [1984]: »Der beim Brechen aufgenommene organische Anteil wird verdaut. Der anorganische Ballast fördert die Verdauung.«

Außer der unterschiedlichsten pflanzlichen Nahrung wird von den Sauen möglichst regelmäßig animalische Kost aufgenommen. Nach BUBENIK [a. a. O.] hat das Schwarzwild einen besonders hohen Vitamin-B_{12}-Verbrauch und kann deshalb nicht lange ohne animalische Nahrung auskommen. An solcher wird fast alles aufgenommen, was an Insekten (insbesondere Larven und Puppen), Regenwürmern, Reptilien (einschließlich Kreuzottern), Kleinnagern, Jungwild, Gelege von Bodenbrütern und Aas (Aufbrüche, Fallwild usw.) erreichbar ist. Nur weniges wird verschmäht, etwa der Mistkäfer. Sofern erreichbar, werden auch gern Fischreste genommen. Auf dem Boden ausgetrockneter Teiche werden in großen Mengen Muscheln gesammelt und mit dem starken Gebrech aufgeknackt, um an den Inhalt heranzukommen.

Um die begehrte animalische Kost zu erreichen, wird oft tief im Boden gebrochen, wobei nicht selten alte Baumstubben fast vollständig ausgegraben werden. Genauso bemerkenswert wie die Tiefenarbeit ist die Flächenarbeit. In Waldbeständen wie auf

Ganz besonders hart ist die winterliche Notzeit für die ersten Frischlinge, die bereits Ende Januar und im Februar gefrischt werden.

landwirtschaftlichen Nutzflächen werden u. U. mehrere Hektar restlos umgepflügt. Es ist immer wieder erstaunlich, welche Ausdauer und welche Kraftleistungen dabei erbracht werden. Durch den keilartigen und sehr stabilen Bau des Kopfes, die kräftigen Eckzähne und die sehr starken Halsmuskeln ist das Schwarzwild für diese Erdarbeit anatomisch bestens gerüstet. Die Stellen, an denen Sauen gebrochen haben, werden als »Gebräch« bezeichnet.

Bei der Suche nach animalischer Nahrung wird auch das hervorragende Gehör eingesetzt. Nicht nur das feine Zirpen von Insekten und das Pfeifen von Mäusen wissen die Sauen zu deuten, sondern auch das Fiepen von Rehkitzen und das Klagen von Hasen, Kaninchen und anderem Wild.

Der Kauvorgang ist beim Schwarzwild nicht annähernd so gründlich wie bei den reinen Pflanzenfressern. Ein Zermahlen der Nahrung, wie es bei anderen Tierarten zu beobachten ist, findet beim Wild- wie beim Hausschwein nicht statt. Große Nahrungsteile werden durch Auf- und Abbewegen des Unterkiefers, kaum durch seitliche Mahlbewegungen, grob zerquetscht, kleinere Nahrungsteile vielfach heil heruntergeschluckt. Im Magen der Sauen findet man deshalb oft ganze Körner, große Kartoffelstücke usw., was den Vorteil hat, daß Mageninhaltsuntersuchungen relativ einfach durchzuführen sind.

Konkret richtet sich die Art der von den Sauen aufgenommenen Nahrung sowie ihre prozentuale Zusammensetzung aus den einzelnen Nahrungssorten in erster Linie nach dem jeweiligen Angebot, d. h. nach Biotop, Jahreszeit, Wirtschaftsart usw. Das Schwarzwild ist in dieser Hinsicht außerordentlich anpassungsfähig. Darüber hinaus können durchaus örtliche Gewohnheiten bestehen. So werden z. B. Rüben, Adlerfarn und andere Pflanzen in manchen Gegenden sehr stark angenommen, in anderen praktisch überhaupt nicht. Neben solchen allgemein verbreiteten bestehen auch ganz individuelle Gewohnheiten, die sogar von denen der anderen Mitglieder derselben Rotte stark abstechen können. MEYNHARDT [1978] führt einige von ihm in freier Wildbahn beobachtete Beispiele an: »Ein Frischling begann z. B. eines Tages plötzlich, äußerst geschickt Grillen zu fangen. Er benahm sich dabei so wie ein Fuchs, der im Gras auf Mäusejagd geht. Ein anderes Beispiel zeigt uns das Gegenteil: Brot wurde von allen Sauen sehr gern gefressen, nur eine ältere Bache verschmähte es vollkommen.«

Salzlecken werden vom Schwarzwild genauso gern angenommen wie von anderem Wild. Bei großem Salzhunger kann es vorkommen, daß Salzlecksteine oder salzdurchzogene Holzstücke regelrecht aufgefressen werden.

Außer fester Nahrung benötigt das Schwarzwild unbedingt Wasser, und zwar um so mehr, je trockener die zur Verfügung stehende Nahrung ist. Steht nach längeren Dürreperioden in einem Revier keinerlei Wasser mehr zur Verfügung, wandern die Sauen oftmals über weite Entfernungen in diesbezüglich günstigere Reviere ab.

Unter hohen Schneelagen und starkem Frost haben die Sauen oft wesentlich mehr zu leiden als die Wiederkäuer, wenn ein Herankommen an die im Boden oder auf dem Boden befindliche Nahrung nicht mehr möglich ist.

Zu Beginn ihres Lebens ernähren sich die Frischlinge ausschließlich von Muttermilch. Diese hat einen etwa doppelt so hohen Fettgehalt wie Kuhmilch. Schon mit 10 bis 14 Tagen wird zwar zusätzlich etwas pflanzliche Nahrung aufgenommen, doch dürften die Frischlinge zu ihrem guten Gedeihen bis zum üblichen Absetzen, das im Alter von etwa vier Monaten erfolgt, auf die Muttermilch angewiesen sein.

Fortpflanzung

Die Fortpflanzungsbiologie des Schwarzwildes, seine daraus resultierende Populationsdynamik, die Zusammenhänge mit den jeweiligen ökologischen Gegebenheiten und schließlich die Folgen und Folgerungen für die Entwicklung, Hege und Bejagung der Schwarzwildbestände stellen ein ganz besonders interessantes Kapitel der Wildbiologie dar. Manche, das Fortpflanzungs- und Vermehrungsgeschehen betreffenden Dinge werden in den nächsten Abschnitten ausführlicher erörtert. Hier seien nur einige wichtige Daten vorangestellt.

Der *Eintritt der Geschlechtsreife* kann beim Schwarzwild sehr stark schwanken. Vielfach wird in der Literatur – wohl in Parallele zu den anderen Schalenwildarten – ein Alter von etwa 1½ bis 1¾ Jahren angegeben. Ein gelegentlich beobachtetes früheres

Rauschen wurde als Ausnahme angesehen. Demgegenüber wies OLOFF [1951] nach, daß schon ein Teil der Frischlingsbachen mit etwa einem ¾ Jahr erstmals rauscht. Er war der Meinung, daß ein so frühes Rauschen nur in Mastjahren vorkäme, in Durchschnittsjahren jedoch die Geschlechtsreife erst mit 1½ bis 1¾ Jahren einträte. Neuere Untersuchungen, insbesondere von BRIEDERMANN, MEYNHARDT und STUBBE, haben ergeben, daß auch in Durschschnittsjahren ein beträchtlicher Teil der Frischlingsbachen im Alter von 7 bis 10 Monaten erstmals rauscht. Erfolgt während der Rauschigkeit keine Befruchtung, erfolgt normalerweise nach drei Wochen ein erneutes Rauschen. Die Befruchtungsbereitschaft dürfte etwa zwei Tage anhalten.

Bei den männlichen Stücken dürfte die Geschlechtsreife etwa mit gleichem Lebensalter eintreten wie bei den weiblichen. Mehrfach ist einwandfrei beobachtet worden, daß Frischlingskeiler einen Beschlag vollzogen haben, allerdings nur bei Frischlingsbachen. In einem solchen Fall konnte von MEYNHARDT eindeutig geklärt werden, daß es sich um Wurfgeschwister handelte.

Im Einzelfall hängt der Eintritt der Geschlechtsreife nicht nur von Lebensalter, Ernährungszustand usw. ab, sondern auch von dem Sozialverband, dem dieser Frischling bzw. Überläufer angehört. Altersklassenverhältnis und daraus resultierende Rottenstruktur üben einen erheblichen Einfluß auf das gesamte Fortpflanzungsgeschehen und damit auch auf die Vermehrungsraten in Schwarzwildbeständen aus. Darauf wird in späteren Kapiteln zurückzukommen sein.

Die *Tragzeit* beträgt nach E. MOHR [1960] 112 bis 120 Tage, nach HENRY [1968] 115,2 ± 2,3 Tage bei Extremwerten von 108 und 120 Tagen. Sie stimmt demzufolge mit derjenigen des Hausschweins überein.

Die jüngsten Bachen *frischen* also erstmals mit oder sogar kurz vor Vollendung ihres ersten Lebensjahres, die anderen Bachen etwa im Alter von zwei Jahren. Allerdings frischen auch die älteren Bachen nicht jedes Jahr, sondern es kommt durchaus vor, daß ein Jahr überschlagen wird. Andererseits kann in wechselnder Häufigkeit ein zweimaliges Frischen innerhalb eines Jahres beobachtet werden. Bei frühzeitigem Verlust des ganzen Wurfes kann die Bache nachrauschen und erneut fruchtbar beschlagen werden. Sie bringt dann einen Ersatzwurf. Es kommt jedoch unterschiedlich oft vor, daß Bachen in einem Jahr zwei Würfe aufziehen (s. Seite 73).

Die *Rauschzeit*, also die Paarungszeit des Schwarzwildes, liegt hauptsächlich im Spätherbst: beginnend im Oktober mit Schwerpunkt im November bis Januar. Zu dieser Zeit werden die meisten Bachen rauschig. Der Keiler ist jedoch das ganze Jahr über befruchtungsfähig, und sobald irgendwo eine Bache rauscht, wird sie von einem Keiler beschlagen. Grundsätzlich gibt es keine Jahreszeit, zu der keine Bachen rauschen, und demzufolge auch keine Jahreszeit, in der keine Frischlinge zur Welt kommen. Selbst im tiefsten Winter können immer wieder einmal neugeborene Frischlinge festgestellt werden. Allerdings zeigen sich im Jahresverlauf einige deutliche Schwerpunkte. Die weitaus meisten Geburten erfolgen vom Februar bis Mai; ein zweiter, geringerer Höhepunkt liegt in der Zeit von Juli bis September.

Die Zahl der – bereits sehend und voll behaart geborenen – *Frischlinge je Bache und Wurf* beträgt meistens 6-8. Erstlingsbachen, insbesondere wenn sie noch sehr jung sind, haben meist nur 1-4 Frischlinge, doch kommen auch bei ihnen schon mehr

Frischlinge vor. Wie groß die Höchstzahl der von einer Bache gesetzten Frischlinge sein kann, ist umstritten. Nach den Trächtigkeitsuntersuchungen von LOSENHAUSEN [zitiert nach OLOFF 1951] schwanken die Frischlingszahlen zwischen 1 und 13 Stück bei einem Durchschnitt von 6,5. SNETHLAGE [1982] meint jedoch, daß über 8 Frischlinge einer Bache eine ganz seltene Ausnahme seien. Nach seiner Begründung »beträgt die Zahl der Zitzen beim Wildschwein in der Regel 10. Da aber jeder Frischling einen eigenen Strich benötigt, wenn er am Leben bleiben soll, die vordersten Zitzen aber meist zu wenig Milch haben, so kann die Bache auch höchstens 8 Frischlinge hochbringen, selbst wenn sie noch mehr wirft.« Die Nennung größerer Frischlingszahlen führt er auf Beobachtungsfehler zurück.

MEYNHARDT erwähnt eine Bache, die 11 Zitzen ausgebildet hatte. Unter Bezug auf die Angabe von SNETHLAGE, daß die vordersten Zitzen meist nur wenig Milch haben, schreibt er: »Bei allen Mutterbachen, gleich wieviel Frischlinge sie führten, waren auch immer diese Zitzen zurückgebildet, so daß ich mich dieser Meinung anschließen möchte. Tatsache ist außerdem, daß eine Mutterbache nur so viel angesaugte Zitzen hat, wie sie Frischlinge führt. Jede Zitze, die zwölf Stunden nach der Geburt nicht angesaugt wird, bildet sich zurück und bringt keine Milchleistung mehr.« Er selber hat nie beobachtet, daß eine Bache mehr als 8 Frischlinge großgezogen hat. In einem Falle hatte eine Bache 9 Frischlinge gesetzt, wovon einer nach drei Tagen einging.

Neben einer geringen fötalen Sterblichkeit können hohe Frischlingsverluste durch Unterkühlung auftreten, insbesondere bei länger anhaltender naßkalter Witterung. Sowohl im Hinblick auf die Ernährung als auch im Hinblick auf die Wärmeregulierung sind die Frischlinge in ihren ersten Lebenswochen auf die Fürsorge der Bache angewiesen.

Die unter Umständen sehr früh eintretende Geschlechtsreife und die hohe Nachkommenzahl schaffen die Voraussetzung für eine starke Vermehrung des Schwarzwildes. Wie stark diese tatsächlich im Einzelfall ist, hängt sehr weitgehend von den jeweiligen Gegebenheiten ab, insbesondere von den Ernährungsverhältnissen. Bei der Behandlung der ökologischen Fragen werden diese Beziehungen näher erörtert. Die Aufzucht der Frischlinge durch die Bache wird in dem Abschnitt über das Verhalten des Schwarzwildes abgehandelt.

Aufzucht in der Gefangenschaft

Grundsätzlich sollte man keine Wildtiere in Gefangenschaft halten, es sei denn, daß es – etwa im Zoo oder in einem einwandfrei eingerichteten und gepflegten Schau- oder Forschungsgatter – eindeutig allgemeinnützigen Zwecken dient. Das gilt selbstverständlich besonders für so große Tiere wie Wildschweine. Andererseits gibt es immer wieder Fälle, in denen noch sehr kleine und unbeholfene Frischlinge, die durch irgendwelche unglücklichen Umstände ihre Mutter verloren haben, von Forstbeamten oder Jägern vor dem sicheren Tode des Verhungerns gerettet und künstlich aufgezogen werden.

Die Ernährung mit der Flasche ist problemlos, wenn man bedenkt, daß Schweinemilch einen etwa doppelt so hohen Fettgehalt hat wie Kuhmilch. Letztere darf also keinesfalls verdünnt, sondern muß im Gegenteil noch mit Sahne angereichert werden, bis der Fettgehalt von 7-8% (gegenüber 3-4% der Kuhmilch) erreicht ist. Noch einfacher ist es, wenn Ziegen- oder Schafsmilch zur Verfügung steht.

Anfangs säugen die Bachen ihre Frischlinge etwa alle 40, später etwa alle 60 Minuten. Zumindest in den allerersten Lebenstagen ist es sicherlich gut, wenn auch die menschliche Ziehmutter sich nach diesem Rhythmus richtet. In der Wildbahn werden Frischlinge bis zum Alter von etwa vier Monaten gesäugt. Zweifellos hat es auch bei künstlicher Aufzucht Vorteile, so lange die Flasche zu reichen. Notfalls genügt – bei ansonsten richtiger und vielseitiger Ernährung – die halbe Zeit.

Von einem Lebensalter von etwa zwei Wochen an kann feste Nahrung zugefüttert werden. Verwendbar ist alles, was man auch an Hausschweine verfüttern würde. Gegebenenfalls kann jeder Schweinezüchter oder Schweinehalter Auskunft geben. Für ein gutes Gedeihen scheinen die Frischlinge unbedingt verschiedene Mineralien und animalische Kost zu benötigen. Sofern Fleischabfälle und Knochen zur Verfügung stehen, sollte man diese den Frischlingen geben. Wenn irgend möglich sollte man ihnen auch die Gelegenheit verschaffen, im Freien nach eigener Wahl frisches Grünfutter und Humuserde aufzunehmen. Für die künstliche Ernährung haben sich die für Hausschwein-Ferkelaufzucht verwendeten Futtermittel bewährt.

Außer an die Ernährung ist an die notwendige Warmhaltung zu denken. Viel mehr als die Jungtiere fast aller anderen Haarwildarten sind Frischlinge auf Warmhaltung angewiesen, da sie anderenfalls leicht eingehen. In der Natur wärmen sich die Frischlinge gegenseitig und an der Mutter oder an anderen älteren Stücken der Rotte. Außerdem decken die Bachen ihre Frischlinge im Kessel gegebenenfalls zu. Bei künstlich aufgezogenen Frischlingen ist dafür zu sorgen, daß ihnen ein warmes und trockenes Lager zur Verfügung steht. Notfalls kann – wie bei Hausschweinen – eine Infrarotlampe als Wärmequelle benutzt werden.

MEYNHARDT berichtet, daß er zwei aufgefundene, wenige Tage alte Frischlinge mit Erfolg von seiner Terrierhündin bemuttern ließ. Beide Seiten akzeptierten sich sofort gegenseitig und waren nach wenigen Tagen unzertrennlich. So glückliche Umstände werden nicht immer vorliegen, doch sollte man immer daran denken, daß Wildschweine ausgesprochen sozial lebende, besonders intelligente Tiere sind, die – sieht man von alten Keilern ab – zu ihrem Wohlbefinden unbedingt den sozialen Kontakt brauchen. Sie allein in ein Verließ zu sperren und sich nur zu den Fütterungszeiten um sie zu kümmern, wäre grobe Tierquälerei. Wer also nicht gerade eine geeignete Hündin oder ein anderes geeignetes Muttertier zur Verfügung und auch selber nicht die genügende Zeit hat, sollte lieber keine Frischlinge aufziehen. Sind jedoch alle Voraussetzungen erfüllt, kann die Frischlingsaufzucht auch viel Freude bereiten.

Feinde – Parasiten – Krankheiten

Die unter günstigen Umständen sehr frühe Geschlechtsreife und die hohe Vermehrungspotenz des Schwarzwildes lassen darauf schließen, daß diese Wildart vielerlei Gefahren ausgesetzt ist und besonders hohen Verlusten unterliegt. In vom Menschen noch unberührten Landschaften muß ja der hohe Zuwachs, der in der Kulturlandschaft vom Jäger abgeschöpft wird, von der natürlichen Lebensgemeinschaft ausgeglichen werden.

Lutz Heck berichtet [1950], daß der sibirische Tiger von den dortigen Jägern als »Hirte der Sauen« bezeichnet wird. Immer wieder Beute machend, halte er sich stets in der Nähe der Rotten seines Beutetieres auf, wie der Hirt bei seinen Herden. In unseren Breiten waren einst die Hauptregulatoren des Schwarzwildes unsere hiesigen Großraubwildarten, in erster Linie der Wolf, sodann Luchs und Bär, gelegentlich auch Adler und Uhu. Diese gibt es heute nur noch in wenigen europäischen Gebieten und auch dort nur in verminderter Zahl. Bei uns wird gelegentlich einmal ein ganz junger Frischling vom Fuchs gerissen. Als Einzelfall ist ein Bericht bekannt geworden, nach dem in einem stark mit Schwarzwild besetzten Gatterrevier sich ein Fuchs auf Frischlinge spezialisiert hatte und sich wochenlang jeden Abend einen der jeweils jüngsten Frischlinge von der Fütterung holte, wobei er sich so geschickt anstellte, daß die Bachen ihn immer erst bemerkten, wenn der Frischling klagte, und sie ihn trotz größter Aufmerksamkeit und Erregung nie fassen konnten.

Kannibalismus tritt wohl nur in stark besetzten Gatterrevieren auf. Aus solchen sind allerdings Fälle bekannt, in denen Bachen ihre eigenen oder fremde Frischlinge gefressen haben. Beuerle [1975] führt einen Fall an, in dem ein dreijähriger Keiler buchstäblich Jagd auf Frischlinge machte.

Bedeutende Verluste unter den Sauen können durch *Witterungseinflüsse* entstehen. In nassen und kalten Frühjahren und Sommern können in größerer Zahl Frischlinge an Erkältung mit nachfolgender Lungenentzündung eingehen. Vor allem aber bei langer, hoher Schneelage oder in mastlosen Jahren bei langem, scharfem Frost, der ein Brechen im Boden verhindert, können bei fehlender oder ungenügender Fütterung zahlreiche Sauen eingehen. Überlebende Stücke sind nach langer und harter Wintersnot manchmal zum Skelett abgemagert. Oloff [1951] führt einige besonders eklatante Beispiele an, so eine alte Bache von nur 26 kg, einen fünfjährigen Keiler von nur 30 kg, einen sechsjährigen Keiler von nur 35 kg und ein Hauptschwein mit Spitzentrophäe von nur 60 kg. Selbstverständlich sind derartig abgekommene Sauen sehr stark gefährdet. Andererseits nehmen sie nach Eintritt günstiger Verhältnisse sehr rasch wieder zu.

In gepflegten Revieren, in denen im Notfall gefüttert wird, braucht im allgemeinen nicht mit nennenswerten Winterverlusten gerechnet zu werden. Hohe Verluste können jedoch unter Umständen durch gewisse Parasiten sowie durch Infektionskrankheiten verursacht werden, wenn sie einen seuchenhaften Verlauf nehmen. Diese Gefahr ist umso größer, je höher die Wilddichte. Besonders gefährdet sind Gatterreviere.

An *Außenparasiten* lassen sich unterschiedliche Arten auf Wildschweinen finden. Artspezifisch ist die Wildschweinlaus, die gegendweise keineswegs selten vorkommt [Brütt 1955]. Ob und inwieweit Infektionskrankheiten beim Schwarzwild durch Außenparasiten übertragen werden, ist bislang nicht geklärt. Ansonsten haben die Außenparasiten für das Leben des einzelnen Stückes und insbesondere für die Bestandesbiologie keine nennenswerte Bedeutung, ausgenommen die Sarkoptesräude, die in stark übersetzten und geschwächten Beständen, also vor allem in Gatterrevieren, gelegentlich größere Verluste verursachen kann.

Innenparasiten kommen ebenfalls in unterschiedlichen Arten vor. Magen- und Darmwürmer sind zwar nicht selten, spielen aber für das Schwarzwild – im Gegensatz etwa zum Rehwild – keine wesentliche Rolle. Gefährlicher können Lungenwürmer werden, insbesondere bei sehr hoher Wilddichte, wie sie teilweise in Gatterrevieren herrscht. Die Infektion erfolgt über Regenwürmer als Zwischenwirte. Nach VON BRAUNSCHWEIG [2000] kann gegen Lungenwürmer beim Wildschwein das Concurat der Bayerwerke (1,5 g/10 kg Körpergewicht) erfolgreich eingesetzt werden, doch scheitert eine Anwendung in der Wildbahn meist an praktischen Schwierigkeiten. Leberegel scheinen beim Schwarzwild nur selten Verluste zu verursachen. Für den Menschen gefährlich können Finnen und Trichinen werden. Das Fleisch des Wildschweins unterliegt deshalb genauso wie dasjenige des Hausschweins der Beschaupflicht. Trichinen sind in Deutschland heute höchst selten. Dem Schwein selbst tun sie nichts, können beim Menschen aber die gefürchtete Trichinose verursachen. Vorsichtshalber sollte man deshalb die Beschaupflicht gewissenhaft befolgen.

Gefährlicher als alle Parasiten sind für das Schwarzwild einige *Infektionskrankheiten*. Gefährlichste Krankheit überhaupt ist die Schweinepest. Bei ihr handelt es sich um eine Viruskrankheit, die weltweit auftritt, in verschiedenen Kontinenten jedoch unterschiedlich ist. Bei uns existiert die Europäische Schweinepest (ESP). Auch sie kann in unterschiedlichen Formen auftreten.

Die ESP ist sowohl vom Hausschwein auf das Wildschwein als auch umgekehrt übertragbar. Die Infektion kann sowohl direkt als auch über Menschen, Vögel (Rabenvögel, Spatzen u. a.), Ratten und Mäuse sowie möglicherweise auch über gewisse Insekten erfolgen. Nach ihrem Ausbruch kann die Krankheit unter dem Schwarzwild mit verschieden starker Intensität verlaufen. Frühere Seuchenzüge haben zumindest teilweise bei stürmischem Verlauf zu hohen bis katastrophalen Verlusten geführt. In kurzer Zeit sind dann ganze Schwarzwildbestände bis auf ganz wenige überlebende, meist ältere Stücke ausgerottet worden. Der gegenwärtige, schon seit einigen Jahren andauernde und nach zwischenzeitlichem Abflauen immer wieder auflebende Seuchengang zeigt einen vergleichsweise sehr milden Verlauf mit nur geringen Fallwildraten. Mit Rücksicht sowohl auf die Schwarzwildpopulationen als auch auf die Hausschweinbestände und die darin verursachten enormen wirtschaftlichen Schäden ist die Seuche dennoch sehr ernst zu nehmen.

Werden größere Verluste aus unbekannten Ursachen, gestörtes Verhalten (Unaufmerksamkeit, fehlende Scheu, geringe Aktivität, Bewegungsstörungen, starke Wasseraufnahme) oder beim Aufbrechen auffällige Organveränderungen (z. B. knotige Geschwüre, stark blutige Durchtränkung und zahlreiche punktförmige Blutungen) festgestellt, so liegt der Verdacht auf Schweinepest nahe, und man sollte Fallwild sowie wegen Krankheitsverdacht erlegte Stücke an ein Veterinäramt zur Untersuchung einliefern.

In Randzonen des Seuchengeschehens, die vorsorglich überwacht werden sollen, kann seitens der zuständigen Stellen angeordnet werden, daß von jedem erlegten Stück Schwarzwild bestimmte Organproben und/oder Blutproben entnommen und eingesandt werden. Für den Jäger am einfachsten ist die Entnahme von Blutproben beim Aufbrechen. Man benötigt dazu lediglich kleine Proberöhrchen mit Stopfen. Beim

Aufbrechen fließt in der Leibeshöhle in aller Regel genügend Blut zusammen, um ein Röhrchen vollaufen zu lassen. Mittels serologischer Untersuchung können darauf eingerichtete Laboratorien (Veterinärämter) die ESP feststellen oder ausschließen [s. z. B. LUTZ und WURM 1996].

Ist die Seuche festgestellt, müssen alle krankheitsverdächtigen Sauen sofort erlegt und – wie auch alle eingegangen aufgefundenen Stücke – entweder zur Untersuchung eingeliefert oder an Ort und Stelle so tief eingegraben und u. U. mit Steinen bedeckt werden, daß sie nicht von noch gesunden Sauen wieder herausgeholt werden können. Ansonsten ist in Seuchengebieten für möglichste Ruhe zu sorgen, um nicht kranke Stücke zur Weiterverschleppung der Krankheit zu bringen. So sind hier auch Drückjagden u. ä. unbedingt zu unterlassen. In den Nachbargebieten ist möglichst scharf in den Bestand einzugreifen und die Wilddichte weitestgehend zu senken, um dadurch die Ausbreitung der Seuche zu erschweren oder ganz zu verhindern. Im einzelnen sind etwaige regionale Vorschriften zu beachten.

In den letzten Jahren angestellte Versuche zur oralen Immunisierung mittels Impfködern versprechen Erfolge bei der Eindämmung dieser Seuche. Eine abschließende Beurteilung ist jedoch noch nicht möglich. So muß vorerst das Schwergewicht der Seuchenabwehr weiterhin bei zweckentsprechender Bejagung liegen. Auf die zu ergreifenden jagdlichen Maßnahmen wird in dem Abschnitt über die Bejagung eingegangen.

Als weitere Viruskrankheit ist die auch für den Menschen äußerst gefährliche Tollwut zu nennen. Beim Schwarzwild ist sie jedoch bisher nur wenig festgestellt worden, sehr viel seltener als z. B. beim Rehwild. Das ist bemerkenswert, da die Sauen ja gern Fallwild und dabei sicherlich auch an Tollwut eingegangene Tiere aufnehmen. Bei Tollwutverdacht ist selbstverständlich äußerste Vorsicht am Platze. Im allgemeinen wird jedoch ein abnormes Verhalten beim Schwarzwild nicht von Tollwut sondern von der Schweinepest oder der Aujeszkyschen Krankheit (Pseudowut) ausgelöst. Letztere ist ebenfalls eine Viruskrankheit, die außer bei Schwarzwild auch bei anderen Wildarten auftreten kann. Verdächtige Stücke sind zu erlegen und der Untersuchung zuzuführen. Nach Diagnose durch den Tierarzt ist diese Krankheit ähnlich zu bekämpfen wie die Schweinepest.

Schließlich ist noch die Maul- und Klauenseuche (MKS) zu nennen. Sie kann im Prinzip alle Paarhufer und somit alle Schalenwildarten befallen. Sie tritt in Deutschland aber glücklicherweise nur noch selten in Viehbeständen auf und springt von dort noch seltener auf Wildbestände über. Eine nennenswerte Gefahr für das Wild bedeutet sie dadurch nicht. In Seuchengebieten der MKS muß trotzdem auf ein eventuelles Auftreten geachtet werden. Im Verdachtsfall ist das Stück zu erlegen, zur Untersuchung einzuliefern und gegebenenfalls zu melden. Sodann sind die weiteren Anweisungen der Veterinärbehörden zu befolgen.

Die Brucellose (seuchenhaftes Verwerfen) kann bei diversen Wild- und Haustierarten auftreten, kommt aber heute in Mitteleuropa selten vor. Beim Schwarzwild kann sie jedoch in Gatterrevieren gelegentlich katastrophale Verluste verursachen [AIGNER 1998]. Noch einige weitere Infektionskrankheiten können beim Schwarzwild auftreten und in Einzelfällen tödlich enden [s. ausführlich bei BOCH und SCHNEIDAWIND 1988, BRIE-

DERMANN 1990 UND SCHULZE 1965]. Namentlich erwähnt seien hier nur die Pasteurellose, der Schweinerotlauf und die Schweinelähme. Nach WETZEL und RIECK [1962] ist Tuberkulose bei Schwarzwild in freier Wildbahn vereinzelt, in Gatterrevieren öfter anzutreffen.

Größere *Fallwildverluste* können durch Vergiftungen der unterschiedlichsten Art verursacht werden. Je häufiger und je mehr immer gefährlichere Gifte in die Landschaft kommen, desto mehr muß mit dieser Möglichkeit gerechnet werden, obschon bereits aus der älteren Literatur derartige Fälle bekannt sind.

Bei Fallwildfunden ungeklärter Ursache sollte man das Stück stets schnellstens an ein Veterinäruntersuchungsamt oder an ein jagdkundliches Institut einsenden. Diese Stellen geben auch Auskunft über eine etwaige Meldepflicht und beraten hinsichtlich der zu ergreifenden Maßnahmen.

Wo Schwarzwildreviere von verkehrsreichen, schnell befahrenen Straßen durchschnitten werden, kommt es gelegentlich zu Verkehrsunfällen mit den Sauen. Schon der Zusammenstoß mit einem Überläufer oder der Versuch, dem Wild auszuweichen, kann für Fahrzeug und Insassen schlimme Folgen haben. Auch für das Wild endet ein Zusammenstoß meist tödlich. Allerdings sind die Sauen oftmals nicht sofort tot, sondern liegen schwerverletzt am Rande der Straße oder schleppen sich in eine nahe Dickung. Beim Zusammenstoß eines Kraftfahrzeuges mit einer Rotte werden oftmals mehrere Stücke getötet oder verletzt.

Außer im Straßenverkehr kann es in der Kulturlandschaft auch zu mancherlei anderen Unfällen kommen, die dem Schwarzwildbestand Verluste zufügen. Treten häufiger Unfälle aus gleicher Ursache auf, muß überlegt werden, ob und wie diese Ursache beseitigt werden kann.

Leichtere Verletzungen, die teils als Folge innerartlicher Kämpfe, teils aus den unterschiedlichsten sonstigen Ursachen auftreten, kommen beim Schwarzwild relativ häufig vor, heilen jedoch meist sehr schnell. Selbst gegenüber schweren Schußverletzungen ist Schwarzwild oftmals ganz erstaunlich hart, worüber unzählige Berichte in der Jagdliteratur Auskunft geben. Da schwere Verletzungen jedoch oft zu einem langen Siechtum mit nachträglich eintretendem Tod oder dauernder schwerer Behinderung führen, sollte der Jäger schwer verletzte Stücke sowie auch alle sichtlich kranken Sauen mit der Kugel von ihren Qualen erlösen. Soweit ein Verdacht auf Infektionskrankheiten oder starken Befall mit Innenparasiten besteht, ist das auch mit Rücksicht auf den übrigen Bestand notwendig.

Zum Abschluß dieses Kapitels sei der Vollständigkeit halber angemerkt, daß Mißbildungen – abgesehen von Gebißanomalien – beim Schwarzwild nach BRIEDERMANN [1990] in Mitteleuropa außerordentlich selten auftreten. W. LUTZ hat über Schädelanomalien [1988 und 1996] sowie über Mehrzehigkeit [1987] berichtet, A. VON BRAUNSCHWEIG [1983] über einen Fall von Siamesischen Zwillingen. Schließlich hat VOECKLER [1972, zitiert nach BRIEDERMANN 1990] eine Zwitterbildung beschrieben.

Verhalten

Individualverhalten

Weit ist die Ansicht verbreitet, daß unsere Sauen Nachttiere seien. Dieser Meinung stehen zahlreiche Beobachtungen entgegen. In Gatterrevieren, in denen eine weitgehende Störungsfreiheit herrscht, kann man sowohl einzelne Stücke als auch Rotten den ganzen Tag über in Anblick bekommen. Ähnlich ist es in großen, menschenleeren Waldgebieten. Aber selbst in der dicht besiedelten mitteleuropäischen Kulturlandschaft kann der aufmerksame Beobachter gelegentlich eine ausgeprägte Tagesaktivität feststellen, etwa dort, wo Sauen ihren Einstand in großen Getreideschlägen genommen haben und dann auch tagsüber der Nahrungsaufnahme nachgehen.

Derartige Beobachtungen legen die Vermutung nahe, daß es sich bei der von den Jägern meist festgestellten Nachtaktivität lediglich um eine Anpassungserscheinung handelt, also um ein Ausweichen der Sauen vor den überwiegend tagesaktiven Menschen als ihren Hauptfeinden. Zur Klärung dieses Sachverhalts hat BRIEDERMANN [1971] systematische Beobachtungen in einem Versuchsgatter angestellt, wobei Menschen für die Sauen weder in positiver noch in negativer Weise in Erscheinung traten. Ob die Ergebnisse dieser Untersuchungen in allen Einzelheiten verallgemeinert werden können, bleibe dahingestellt. Auf jeden Fall ergaben sie einige beachtenswerte Erkenntnisse, die nachstehend zusammengefaßt wiedergegeben werden.

Die Gesamtaktivität innerhalb von 24 Stunden verteilt sich nach den Untersuchungen von BRIEDERMANN über mehrere, durch entsprechende Ruhephasen voneinander getrennte Aktivitätsphasen. Das Hauptmaximum der Aktivität setzt in den Nachmittagsstunden ein, erreicht die höchste Intensität etwa zum Sonnenuntergang und endet bald nach Einbruch der Dunkelheit. Es kann sowohl durch Mondlicht (Halb- bis Vollmond) als auch durch große Tageshitze mehr zur Nacht hin verschoben werden, nach den Feststellungen von MEYNHARDT [1978] auch durch starke Gewitterregen in Trockenzeiten. Ein Nebenmaximum ließ sich morgens kurz nach Sonnenaufgang ermitteln. Ein ganz ähnliches Bild zeigen die von GUNDLACH [1968] aufgestellten Aktogramme: Aktivität vom Vormittag bis gegen Sonnenuntergang bei einer Ruhephase am frühen Nachmittag. Insgesamt zeigt sich eine überwiegende Tagesaktivität, die auch von anderen Schwarzwildkennern bestätigt werden konnte. Wo allerdings über Tag häufige Störungen durch Menschen erfolgen und die Sauen scharf bejagt werden, stellen sie sich auf eine sehr weitgehende Nachtaktivität um.

Die Aktivitätssummen lagen bei den Untersuchungen von BRIEDERMANN zwischen 8 und 11 Stunden, beim Jungwild höher als bei älteren Stücken. Daran sind die Nahrungssuche mit etwa 85%, Spiel- und Streitverhalten (mit dem Alter abnehmend) mit etwa 5% und sonstige Aktivitäten mit etwa 10% beteiligt.

Wer im Schweinestall gesehen hat, wie schnell Hausschweine ihren Futtertrog leerfressen, wird erstaunt sein, wieviel Zeit das Schwarzwild für die Futtersuche und Futteraufnahme verwendet, und zwar selbst dann, wenn die Möglichkeit zur schnellen und bequemen Sättigung besteht. Der Grund liegt darin, daß die Sauen im Gegensatz zu vielen anderen Wildarten ein außerordentlich hohes Bewegungsbedürfnis haben. Der Nahrungserwerb dient ihnen nicht nur zur Sättigung sondern auch zur Befriedigung ihres Bewegungsdranges. In aller Regel stellen sie sich nicht, wie etwa das Rotwild, stundenlang auf einen Acker, um sich dort vollständig zu sättigen. Meist halten sie sich nur für einige Minuten, selten länger als eine halbe Stunde, auf demselben Feld auf, dann ziehen sie weiter, brechen hier einige Minuten, fressen dort eine Viertelstunde und legen so in einer Nacht oft große Strecken zurück. Genauso verhalten sie sich im Walde, etwa bei der Aufnahme von Eicheln und Bucheckern, bei der Suche nach Insektenlarven usw. Fast stets ist die Nahrungsaufnahme mit einer langsamen oder auch schnelleren Weiterbewegung verbunden. Oftmals kann man den Eindruck haben, daß das Durchstreifen der Landschaft das Primäre ist und die Nahrungsaufnahme nur nebenbei, sozusagen im Vorbeigehen, erfolgt. Diese Verbindung des Nahrungserwerbs mit viel Bewegung hat eine große praktische Bedeutung für die Fütterung des Schwarzwildes, insbesondere für die Ablenkungsfütterung zur Wildschadensverhütung. Darauf wird in dem diesbezüglichen Kapitel noch näher eingegangen.

Bei aller Nahrungsaufnahme zeigen sich die Sauen als ausgesprochene Feinschmecker. Einerseits nehmen sie gezielt ihre Lieblingsnahrung, andererseits sorgen sie aber auch immer wieder für Abwechslung. Sowohl auf die mehr oder minder große Beliebtheit einzelner Nahrungssorten als auch auf individuelle Geschmacksunterschiede wurde bereits in dem Kapitel über die Ernährung hingewiesen. Hier seien noch einige Besonderheiten erwähnt.

Zweifellos spielen bei der Perfektionierung einzelner Ernährungsarten auch Lernvorgänge eine Rolle, so beim Auffinden fallender Eicheln oder beim Fang von Insekten, Reptilien, Mäusen und Jungwild. Sehr schnell lernen sie auch den Umgang mit ihnen bislang unbekannten und an sich unnatürlichen Gegenständen, wenn sie dadurch an beliebte Nahrung herankommen können. Als Beispiel sei die später noch zu erörternde Flaschenfütterung genannt. In Niederwildrevieren lernten sie zum Leidwesen der Jäger auch sehr schnell das Knacken der mit Mais gefüllten Futterautomaten für die Fasanen. Dadurch können derartige Futterautomaten an Stellen, die dem Schwarzwild zugänglich sind, meist nicht verwendet werden.

Bei einem Überangebot von tierischem Eiweiß, beispielsweise bei Insektenkalamitäten, suchen die Sauen nach einiger Zeit selber den Ausgleich, indem sie von der an sich sehr begehrten Nahrung ablassen und sich pflanzlicher Nahrung zuwenden. Bis eine solche Übersättigung eintritt, betreiben sie jedoch die Suche nach Larven und Puppen im Boden mit großem Eifer. Gerade dieses Suchen von kleinen Nahrungsbestandteilen kommt ihrem Bedürfnis nach Arbeit bei der Nahrungsaufnahme sehr entgegen.

Zum Durchsuchen der obersten Bodenschicht und der Streu wird zwar in erster Linie das Gebrech benutzt, doch kommt auch ein Scharren mit den Vorderläufen vor. Tiefere Löcher, etwa zum Ausgraben von Mäusenestern in Wald und Feld, werden ausschließlich mit dem Gebrech gebrochen. Beim Abbeißen oder Abreißen von Teilen größerer Nahrungsobjekte, beispielsweise von Aas oder gefangenen größeren Tieren, wird das Objekt durch Daraufstemmen eines Vorderlaufs am Boden festgehalten. Gefangene

Das Suhlen ist dem Schwarzwild ein Lebensbedürfnis.

Starker Keiler am Malbaum.

Tiere werden nach Raubtiermanier totgeschüttelt. Spielerisch wird dieses Totschütteln auch mit größeren Fell-, Stoff- oder Papierfetzen geübt und läßt sich schon bei sehr jungen Frischlingen beobachten.

Das Bewegungsbedürfnis zeigt sich schon bei den erst einige Stunden alten Frischlingen, und zwar in Form erster Ansätze eines spielerischen Kampfverhaltens. In den nächsten Tagen und Wochen werden Lauf- und Kampfspiele immer ausgeprägter.

Unter den sonstigen Aktivitäten nimmt vor allem das sogenannte Komfortverhalten eine bedeutende Stelle ein. Am bekanntesten sind das Suhlen und das Malen.

Die Möglichkeit zum *Suhlen* ist offensichtlich eine ganz wesentliche Bedingung für das Wohlbefinden der Sauen. In jedem Revier, in dem Sauen Standwild sind, kann man Suhlen finden. Trocknen letztere bei langanhaltender Dürre vollständig aus, wandern die Sauen oftmals in andere Reviere ab.

Am beliebtesten sind als Suhlen offenbar Schlammlöcher mit einem mittelzähen Schlamm. Zu trockener Schlamm wird nicht so gern angenommen, genauso wie zu dünnflüssiger Schlamm. Zwar ist das Schwarzwild keineswegs wasserscheu. Es durchrinnt auch freiwillig breite und tiefe Gewässer oder schwimmt in Teichen und Seen, um sich aus ihnen Wasserpflanzen zu holen. In der Suhle darf dagegen möglichst kein oder nur wenig blankes Wasser stehen.

Bevorzugt werden Suhlen in Dickungen oder an sonstigen geschützten Plätzen. Neben den oft jahrelang benutzten festen Suhlen werden auch vorübergehende Gelegenheiten

genutzt, so z. B. Pfützen in ausgefahrenen Waldwegen, wenn ihr Inhalt die richtige Konsistenz hat. Spuren von Dieselöl und einigen anderen Substanzen in der Suhle üben auf die Sauen offenbar eine ganz besondere Anziehungskraft aus.
In der Suhle wälzen sich die Sauen hin und her, bis der ganze Körper mit Schlamm bedeckt ist. Zwischendurch und hinterher erfolgt gelegentlich ein Schütteln, etwa so wie bei Hunden, die aus dem Wasser kommen. Bei großer Hitze werden die Suhlen – wenn möglich – mehrmals täglich aufgesucht, bevorzugt nachmittags und abends, und die Sauen verweilen jetzt gern einige Zeit in ihrem Schlammbad. In der kalten Jahreshälfte wird dagegen überhaupt nicht oder höchstens ausnahmsweise gesuhlt. Man darf deshalb annehmen, daß dieses Schlammbaden in erster Linie der Wärmeregulation dient, daneben wohl auch der Abwehr von Stechinsekten. Ganz junge Frischlinge suhlen noch nicht. Diese Verhaltensweise setzt erst etwa mit dem Verschwinden der Jugendstreifung ein.
Soweit überhaupt nur irgendwelche geeigneten Objekte vorhanden sind, lassen sich an Suhlen und in Einständen *Malbäume* finden, also Bäume, Pfähle o. ä., an denen sich die Sauen nach dem Suhlen, nach dem Ruhen und auch zu anderen Zeiten scheuern. Dieses Malen geschieht oft lange und mit großer Intensität, wobei – falls vorhanden – für die verschiedenen Körperregionen unterschiedlich gewachsene Bäume gewählt werden, so etwa gerade Stämme für die Flanken, schräge oder gekrümmte Stämme für den Rücken, liegende Stämme, starke Wurzelausläufer oder Stubben für den Bauch und die Hinterseite der Keulen. Es werden sowohl Laubbäume als auch Nadelbäume benutzt. Erste Ansätze eines Malens kann man bereits bei wenige Tage alten Frischlingen beobachten. In erster Linie dürfte das Malen der Körperpflege dienen, denn ein Kratzen mit den Läufen – das durchaus geübt wird – ist den relativ ungelenkigen Sauen nur in sehr viel beschränkterem Ausmaß möglich als anderen Tieren. Daneben scheint das Malen aber auch der Territoriumsmarkierung zu dienen.
Über die Hälfte ihrer Zeit verbringen die Sauen ruhend. Sofern nicht durch die geschilderten Einflüsse Verschiebungen eintreten, liegen die Hauptruhephasen vom Eintreten der Dunkelheit bis in den Morgen und vom Mittag bis in den Nachmittag. Bei den Untersuchungen von BRIEDERMANN dauerten die Hauptruhephasen häufig 11 bis 15 Stunden, durchschnittlich 10,7 Stunden.
Als Ruhehaltung kommt ein längeres Stehen nicht vor, vielmehr legen sich die Sauen auch zu kurzen Ruhepausen gern hin. Für kurze Ruhepausen werden keine besonderen Vorkehrungen getroffen, für lange Schlafpausen wird manchmal – keineswegs immer – ein Lager hergerichtet. Von Einzelstücken wird zu diesem Zweck meistens nur eine körpergroße, flache Mulde ausgeschoben. Rotten graben manchmal ein größeres und tieferes Loch, den Kessel, in dem dann eine Bache mit ihren Frischlingen oder auch mehrere Überläufer Körper an Körper liegen. Vereinzelt werden Schlafkessel mit pflanzlichem Material ausgepolstert, wofür entweder in der Nähe liegendes Material, wie z. B. Heu und Laub, oder selbst abgebissenes Material, wie z. B. hohes Gras, Schilf, Farn und belaubte bzw. benadelte Zweige, zusammengetragen wird. Gelegentlich wird solches Material auch auf ebener Erde aufgehäuft, also ohne daß vorher ein Loch gegraben wird. Vor allem bei einzelnen älteren Keilern ist die Herrichtung eines

Keiler im Lager.

Schwarzwild-Lager im Schilf.

solchen gepolsterten Lagers beobachtet worden, ausnahmsweise sogar mit Zudecke. Im allgemeinen wird eine Zudecke nur bei den später noch zu beschreibenden Wurfkesseln vorgesehen. Fast immer werden jedoch die Schlafkessel – je nach der herrschenden Witterung – an sonnigen oder windgeschützten Stellen, bei Regen unter dicht und tief beasteten Fichten usw. angelegt, also stets so, daß sie die dem Wetter entsprechenden größtmöglichen Annehmlichkeiten bieten. Gern schieben sich die Sauen auch in vorhandene Reisighaufen oder unter hockenartig aufgestellte Reisigbündel oder Lohrinde ein, gelegentlich auch in Ameisenhaufen. Einzelgänger machen vor dem Einschieben einen Widergang, d. h. sie wechseln ein Stück in ihrer eigenen Fährte zurück.

Zur Ruhe wird sowohl die Bauchlage als auch die gestreckte Seitenlage eingenommen. Zwischen Stehen und Liegen, vor allem beim Aufstehen, wird gelegentlich eine Sitzhaltung eingenommen, bei der die Sauen auf den Keulen sitzen während sie vorn auf den Vorderläufen voll aufgerichtet sind. GUNDLACH [1968] erwähnt im Zusammenhang mit dem Ruheverhalten auch Gähnen, Strecken und Schütteln.

Der Schlaf ist wohl überwiegend ein leichter, bei dem auf geringe Weckreize reagiert wird. Doch ist mehrfach auch ein fester Tiefschlaf, gelegentlich mit lautem Schnarchen, beobachtet worden. HARMUTH [1962] beschreibt auch ein traumartiges Verhalten.

Fortpflanzungsverhalten

Da die Keiler das ganze Jahr über befruchtungsfähig sind, wird das Rauschen ausschließlich von den Bachen ausgelöst. Es kündigt sich bei ihnen durch auffällige Aktivitäten an. MEYNHARDT [1978] schreibt, daß die Bachen kurz vor ihrer Rauschigkeit sehr häufig die Malbäume benutzten, ohne vorher zu suhlen. Vorwiegend wurde das Haupt gescheuert, wobei auffiel, daß mit den Augenregionen immer an bestimmten Bäumen entlanggewischt wurde. Diese Bäume wurden vorher grundsätzlich an den entsprechenden Stellen mit den Zähnen geschält oder es wurden gar Holzspäne herausgebissen, was zu anderen Zeiten nie beobachtet wurde.

Vor allem aber dürfte sich die beginnende Rauschigkeit einer Bache für die Keiler olfaktorisch ankündigen. Sie folgen dann der Bachenfährte und stoßen so zu der Rotte. Treffen hier mehrere Keiler zusammen und räumen nicht die schwächeren freiwillig das Feld, kommt es zu *Droh- und Kampfverhalten,* das später beschrieben wird. Auch sonst treten jetzt einige typische Verhaltensweisen der Keiler zutage. So nehmen jetzt auch sie – ähnlich wie die Bachen – Markierungen an Bäumen vor, und zwar indem sie so hoch wie möglich schaumigen Speichel abstreifen. Treffen sie auf die Harnstelle einer Bache, bewinden sie diese eingehend und »spritzharnen« dort. Dieses Verhalten ist etwa dem von Hunden vergleichbar. Im einzelnen ist das gesamte Kampf- und Sexualverhalten sowohl der Keiler als auch der Bachen vor allem von BEUERLE [1975] und von MEYNHARDT [1978] sehr gründlich untersucht und beschrieben worden.

Danach nimmt der Keiler zunächst eine *Naso-genital-Kontrolle,* also ein Bewinden der Geschlechtsregion, bei allen in der Rotte anwesenden Bachen vor. Hat er eine rauschige Bache gefunden, umwirbt er sie intensiv durch Imponiergehabe, kräftige,

Beschlag.

röchelnde Werbelaute, Naso-nasal-Kontakte mit Anhauchen und sonstige Körperkontakte, die zwar zudringlich aber nicht schmerzhaft oder gar gefährlich aggressiv sind. Zunächst versucht die Bache, sich dem Werben des Keilers zu entziehen, wobei es zu einem oft längeren »Treiben« kommt. Auch kommt es jetzt gelegentlich zur drohenden und lauten Abwehr seitens der Bache, die der Keiler abwartend hinnimmt, um in der Regel hinterher sofort sein Werben fortzusetzen.

Immer wieder versucht der Keiler aufzureiten, zunächst meist vergeblich. Bleibt schließlich die Bache in kopulationsbereiter Haltung stehen, kommt es zum *Beschlag*, der mehrere Minuten dauert. Von BEUERLE sind auch vereinzelt Spontanejakulationen »ins Leere« sowie ein Aufreiten von Keilern auf Keiler, von Bachen auf Bachen oder von Bachen auf Keiler beobachtet worden.

Fühlen sich die Sauen in Dickungen oder angehenden Stangenhölzern absolut sicher, ist von dort aus während der Rauschzeit oftmals ein erheblicher Lärm weithin zu vernehmen. Dieser setzt sich zusammen aus den oft fälschlich als Klagen gedeuteten Abwehr- und Protestlauten der Bachen, dem Werbegrunzen der Keiler und insbesondere dem Kampfgeschrei miteinander streitender Keiler. Außerdem hört man das

◀ In der Rauschzeit umwerben Keiler die Bachen.

Brechen starker Dürräste unter den schweren Wildkörpern. Alles in allem gewinnt man den durchaus richtigen Eindruck eines beträchtlichen Getümmels. Nach den Beobachtungen von MEYNHARDT werden die Frischlinge zu ihrem Schutz von der jeweils ranghöchsten nicht rauschigen Bache etwa 200 m abseits geführt. Erst nach weitgehender Beruhigung des Geschehens vereinigt sich die Gesamtrotte wieder.

Dadurch, daß nicht alle Bachen gleichzeitig rauschig werden, sowie dadurch, daß nicht fruchtbar beschlagene Bachen nach etwa 3 Wochen nachrauschen, zieht sich die Rauschzeit über eine mehr oder minder lange Zeit hin. Außer der Hauptrauschzeit kann es eine oder mehrere Nebenrauschzeiten geben, sobald eine Bache rauschig wird. Ist keine rauschige Bache mehr in der Rotte vorhanden, setzen sich die älteren Keiler im allgemeinen wieder zu ihrem Einsiedlerleben ab.

Nach neueren Erkenntnissen [s. insbes. BRIEDERMANN 1990 und MEYNHARDT 1989] wird das gesamte Fortpflanzungsgeschehen weitgehend von der Sozialstruktur bestimmt. Innerhalb einer Schwarzwildfamilie (Großrotte) herrscht nicht nur eine bestimmte Brunstperiodik und Brunstsynchronität, also ein etwa gleichzeitiges Rauschigwerden aller Bachen, sondern es fällt seitens des Sozialverbandes die Entscheidung darüber, ob bereits Frischlinge und Überläufer beiderlei Geschlechts an der Fortpflanzung teilnehmen oder nicht. In gut gegliederten Rotten mit alten Bachen und bei Vorhandensein älterer Keiler bleibt der Nachwuchs im allgemeinen vom Fortpflanzungsgeschehen ausgeschlossen. Fehlen dagegen diese älteren Stücke und damit ihr das Rauschzeitgeschehen steuernder Einfluß, beteiligen sich auch die Überläufer und gar die Frischlinge an der Fortpflanzung: Es entstehen die vielerorts zu beobachtenden »Kindergesellschaften« mit ihrer zeitlich und zahlenmäßig völlig unkontrollierten Vermehrung. Eine Schlüsselrolle bei dieser »Geburtenkontrolle« fällt der Leitbache einer jeden Großrotte zu. Sie ist das in jeder Hinsicht wichtigste Rottenmitglied, worauf noch mehrfach zurückzukommen sein wird.

Nach erfolgtem Beschlag bleiben die Bachen und Frischlinge in der Rotte zusammen und das – im nächsten Kapitel zu behandelnde – Gemeinschaftsleben geht wie vor der Rauschzeit weiter. Erst Stunden vor dem Setzen sondern sich die Bachen von der Rotte ab, wobei sich einige Bachen von ihren vorjährigen Frischlingen begleiten lassen.

In mehr oder minder großer Entfernung vom Einstand der Rotte sucht die Bache sich einen Platz für den *Wurfkessel* (auch »Frischkessel« genannt). Dabei scheint sie Wert zu legen auf eine windgeschützte, jedoch für die Sonne zugängliche und möglichst ungestörte Lage. Erstaunlich oft findet man Wurfkessel in raumen Althölzern, die bereits viel Sonne durch das Kronendach hindurchlassen. Unterholz, Jungwuchshorste, Dornbuschgruppen usw. werden geschätzt, wenn sie innen lückig und sonnig sind. Bei naßkaltem Wetter dürften geschlossene Dickungen oder Stangenhölzer bevorzugt werden.

Zunächst schiebt die Bache meistens, aber nicht immer, mit dem Gebrech eine Bodenvertiefung aus, den eigentlichen Kessel. Sodann sammelt sie im Umkreis von 20 bis 30 m, höchstens 50 m, pflanzliches Material. Dafür werden sowohl Laub, Heu und liegende Zweige vom Boden aufgelesen als auch stehendes Gras usw. gerupft und Zweige abgebissen bzw. abgerissen, darunter sogar 2 m lange und unterarmdicke Äste. Das so gewonnene Material trägt die Bache im Gebrech in möglichst großen

Bache säugt ihre Frischlinge.

Portionen zusammen und häuft es auf. Die dickeren Holzteile dienen vor allem der Formgebung und Versteifung, das weiche Material der Auspolsterung. Demzufolge werden die Materialien abwechselnd verarbeitet. Das Weichmaterial wird durch Zerrupfen, Auseinanderziehen und Hochwerfen aufgelockert. Die meiste Arbeit wird mit dem Gebrech verrichtet, doch wird auch mit den Vorderläufen gescharrt. Durch die fortwährende Arbeit mit Gebrech und Läufen sowie durch häufiges Drehen in der Kesselmitte erhält der gesamte Unterbau eine gewisse Festigkeit. Später wird nur von außen her Material aufgeworfen, bis der ganze Bau eine Höhe von etwa 1 m hat. Bei meist ununterbrochener, rascher Arbeit dauert der Bau dieses Wurfkessels mehrere Stunden. Eingehend beschrieben wird er von GUNDLACH [1968 und 1970] und von MEYNHARDT [1978].

Sobald der Wurfkessel fertig ist, schiebt sich die Bache vorsichtig in ihn hinein, so daß sie vollständig in bzw. unter dem pflanzlichen Material verschwindet. Im allgemeinen steht nur der Wurf wenige Zentimeter heraus, wohl zwecks frühzeitiger Erkennung von Gefahren.

Alsbald beginnen die meist in Seitenlage erfolgenden *Geburten*, die sich über etliche Stunden hinziehen können. Ein Belecken der Neugeborenen oder andere geburtshilfliche Maßnahmen, wie sie von vielen anderen Tierarten her bekannt sind, kennt man vom Schwarzwild nicht. Die zur Welt gekommenen Frischlinge arbeiten sich sofort zum Gesäuge der Mutter vor, wobei sie selber die Nabelschnur zerreißen, und beginnen zu saugen.

In den ersten Lebenstagen sind die Frischlinge außerordentlich wärmebedürftig. Sie schmiegen sich eng an die Mutter oder – wenn diese kurzzeitig den Wurfkessel verläßt – aneinander, wobei sie oft mehr oder minder übereinander liegen. Auch durch Öffnen oder Schließen der Abdeckung im Wurfkessel trägt die Bache zur Wärmeregulierung bei. Das gegenseitige Wärmen wird auch nach endgültigem Verlassen des Wurfkessels beibehalten.

Wie lange die *Frischlinge im Wurfkessel* bleiben, richtet sich sehr weitgehend nach der Witterung. Schon wenige Stunden nach der Geburt fangen die Frischlinge im Wurfkessel an zu spielen. Herrscht warmes, sonniges Wetter, dürfen die Frischlinge bereits am zweiten Tag kurzfristig den Wurfkessel verlassen. Schlägt das Wetter um oder erfolgen Störungen, zieht die Bache mit ihren Nachkommen in eine geschütztere Lage um und richtet dort einen neuen Kessel her. Auch finden sich wenige Tage nach der Geburt die vorher in einer Rotte vereinigten – untereinander eng verwandten – Bachen mit allen ihren Frischlingen zusammen, sofern letztere etwa gleichaltrig sind. Dabei können unter Umständen zwei Bachen mit ihren Frischlingen einen Kessel beziehen. Die anderen Bachen errichten ihren neuen Kessel in der Nähe, so daß schon eine knappe Woche nach dem Frischen die gesamte Großrotte wieder zusammen ist. Die vorjährigen Frischlinge – mit denen die Mutter bis wenige Stunden vor dem Frischen engste Körperkontakte gepflegt hat – bleiben zwar Mitglied der Rotte und jeweils in der Nähe ihrer Mütter, doch werden sie von den Bachen auf eine gewisse Distanz gehalten. Weder den Bachen noch den Wurfkesseln und den kleinen Frischlingen dürfen sie zu nahe kommen.

Weich und warm liegt sich's auf der Mama.

Die neugeborenen Frischlinge der Rotte vermischen sich untereinander, spielen miteinander und wärmen sich gegenseitig. Trotzdem erkennen sich Mutter und Kinder gegenseitig immer wieder, und zwar nach den Feststellungen von MEYNHARDT sowohl olfaktorisch als auch akustisch, auf kurze Entfernung auch optisch.

Insgesamt werden die – ursprünglichen oder nachträglich bezogenen – Wurfkessel mehrere Wochen bewohnt. Tagsüber spielen die Frischlinge meist draußen, und auch kleinere Ruhepausen werden zunehmend, eng aneinander geschmiegt, draußen verbracht. Für die langen Ruhephasen werden dagegen die Kessel aufgesucht. Die Bachen bleiben zunächst in unmittelbarer Nähe ihrer Frischlinge. Erst nach mehreren Tagen entfernen sie sich kurzfristig zur Nahrungsaufnahme. Leben mehrere Bachen zusammen, bleibt stets eine von ihnen als Wachposten bei den Frischlingen.

Wie oben erwähnt, saugen die Frischlinge bei ihrer Mutter schon wenige Minuten nach der Geburt. Sind alle Frischlinge geworfen, werden sie regelmäßig gleichzeitig gesäugt. Anfangs legt sich die Bache von sich aus hin und lädt ihre Frischlinge durch leise Locklaute zum Säugen ein. Später legt sie sich nach akustischer Aufforderung durch ihre Frischlinge zum Säugen nieder. Zuerst wird etwa alle 40 Minuten gesäugt, später verlängern sich die Zwischenzeiten auf etwa 60 Minuten. Nach dem Säugen nehmen die Frischlinge oftmals einen Naso-nasal-Kontakt auf, indem sie zum Wurf der Bache gehen und diesen mit ihrem eigenen Wurf berühren. Sofern mehrere führende Bachen zusammenleben, erfolgt das Säugen gleichzeitig.

Der *Saugakt* selbst besteht aus drei deutlich zu unterscheidenden Phasen. Zunächst findet eine Vormassage der Zitzen durch die Frischlinge statt. Sobald als zweite Phase der Milchfluß einsetzt, stehen die Frischlinge ganz ruhig saugend, um nach Ende des Milchflusses als Phase drei eine Nachmassage zu betreiben. Jede dieser drei Phasen dauert – ganz grob gerechnet, im einzelnen wechselnd – etwa eine Minute. Gelegentlich saugen die Frischlinge auch an der stehenden Bache.

Nicht ganz einheitlich sind die Angaben zur Zitzentreue der Frischlinge. GUNDLACH [1968] schreibt, daß bereits einen Tag alte Frischlinge zitzentreu seien, räumt dann jedoch diverse Ausnahmen ein. Die gründlichsten Beobachtungen zu diesem Thema hat wohl MEYNHARDT [1978] angestellt. Wörtlich schreibt er: »Bei 10 gleichzeitig führenden Bachen, deren 62 Frischlinge nur einige Tage unterschiedlich alt waren, saugte jeder Frischling dort, wo er gerade eine Zitze erwischte. Durch Hunderte Meter Filmaufnahmen kann ich belegen, daß alle Bachen jeden Frischling der Rotte saugen ließen, auch wenn es nicht ihr eigener war. Das änderte sich in der 4. Lebenswoche. Ohne jeden erkennbaren Grund gab es plötzlich unter den Frischlingen Beißereien um die Zitzen. In wenigen Tagen war nun die Saugordnung geregelt. Jeder Frischling hatte seine eigene Zitze, die er notfalls ernsthaft verteidigte. Daran nahmen die Bachen keinerlei Anteil und griffen niemals in diese Auseinandersetzungen ein.«

Für die Sicherheit aller Frischlinge des Familienverbandes fühlen sich offenbar alle Bachen verantwortlich. Daß stets eine Bache als Wachposten bei den Frischlingen bleibt, wurde bereits erwähnt. Auf den Hilfeschrei eines Frischlings eilen sofort alle Bachen herbei. Umgekehrt drücken sich die Frischlinge nicht nur auf den Warnlaut der Mutter sondern auch auf den Warnlaut irgendeines anderen Rottenmitgliedes. Kommt eine Bache ums Leben, werden ihre Frischlinge von den anderen Bachen der Rotte weiterhin geführt. Da diese Frischlinge aber aufgrund der genannten Zitzentreue keine Milch mehr bekommen, gehen sie im allgemeinen ein, es sei denn, daß sie bereits groß genug sind, um notfalls ohne Muttermilch auskommen zu können.

Sozialverhalten

Das Schwarzwild ist eine ausgesprochen sozial lebende Tierart. Lediglich die erwachsenen oder fast erwachsenen Keiler leben die meiste Zeit des Jahres einsiedlerisch, alle anderen Stücke in mehr oder minder großen *Familienverbänden, den Rotten*. Grundeinheit aller sozialen Gliederung ist die Bache mit ihren Frischlingen. Die Prägung der neugeborenen Frischlinge auf ihre Mutter – gegebenenfalls auch auf ein anderes, als Amme fungierendes Tier oder einen Menschen – scheint langsam zu erfolgen und sich über die ersten 2 bis 3 Lebenswochen zu erstrecken.

Die gegenseitige Erkennung der Sauen scheint in allererster Linie olfaktorisch zu erfolgen, wobei einerseits jedes einzelne Stück einen Individualgeruch haben dürfte, daneben aber auch alle Mitglieder einer Rotte übereinstimmende olfaktorische Rottenmerkmale. Ähnlich ist es mit den Lautäußerungen. Auch hierbei gibt es nach den Untersuchungen von MEYNHARDT individuelle Merkmale, nach denen Bachen und ihre Frischlinge sich gegenseitig erkennen sowie übereinstimmende Rottenmerkmale, an denen sich alle Mitglieder einer Rotte akustisch erkennen können. Die visuelle Erkennung spielt daneben offenbar eine untergeordnete Rolle und dürfte nur auf wenige Meter Entfernung von Bedeutung sein.

Wie bereits im vorigen Kapitel angegeben, findet sich die Bache mit ihren jetzigen und ihren vorjährigen Frischlingen bereits wenige Tage nach der Geburt ihres jüngsten Wurfes wieder mit den anderen Bachen und deren Nachwuchs zusammen, mit denen

In der Großrotte sind mehrere Bachen mit ihren Frischlingen vereint.

sie vor dem letzten Frischen in einer Rotte zusammen gelebt hatte. Alle Frischlinge werden nun von allen Bachen gemeinsam geführt, bewacht und verteidigt. Die Frischlinge verschiedener Bachen spielen zusammen, liegen außerhalb ihres Wurfkessels zusammen und werden zeitweise alle zusammen von nur einer der Bachen beaufsichtigt, so daß man einerseits einzelne Bachen mit einer für sie viel zu großen Zahl von Frischlingen, andererseits säugende Bachen ohne Frischlinge antreffen kann.
Entfernt sich vorübergehend eine Bache aus der Rotte, so bleiben ihre Frischlinge entweder in der Großrotte zurück oder sie lösen sich auf die Locklaute der Bache sofort aus dem Gesamtverband und folgen ihrer Mutter. Auch werden nach Eintreten einer stabilen Saugordnung alle Frischlinge stets nur von ihrer eigenen Mutter gesäugt. In der Großrotte wird also nicht etwa die aus Bache und Frischlingen bestehende Grundeinheit aufgelöst, sondern es schließen sich lediglich mehrere dieser Grundeinheiten zu einem übergeordneten Familienverband zusammen. Nach allen bisherigen Erkenntnissen vereinigen sich auf diese Weise stets nur die eng miteinander verwandten, von Anfang an miteinander zusammenlebenden Bachen (Mütter und Töchter, Schwestern) und ihr Nachwuchs. Fremde Stücke werden nicht in die Rotte aufgenommen.
Innerhalb der Großrotte herrscht eine *strenge Rangordnung*. Lediglich die neugeborenen Frischlinge sind hiervon zunächst noch ausgenommen. Zwar folgen sie schon frühzeitig den Locklauten ihrer Mutter und drücken sich von Anfang an auf den Warnlaut irgendeines Rottenmitgliedes, doch ansonsten dürfen sie sich innerhalb der Rotte alles erlauben und werden selbst bei der Fraßaufnahme von keinem älteren Stück abgebissen oder abgeschlagen. Nach den jahrelangen intensiven Beobachtungen von

In den ersten Lebenswochen wärmen sich die Frischlinge gegenseitig.

MEYNHARDT in freier Wildbahn, beginnt eine gewisse Einstufung in die Rangordnung der Rotte erst zu der Zeit, zu der die Frischlinge von der Muttermilch abgesetzt werden, also etwa im Alter von 3–4 Monaten.

Von nun an gestattet jede Bache nur noch ihren eigenen Frischlingen eine Futteraufnahme in ihrer Nähe. Dadurch kommen die Frischlinge ranghoher Bachen an den Fraßplätzen im allgemeinen besser weg, als die Frischlinge rangniederer Bachen, was dazu führt, daß erstere stärker werden und auch ihrerseits wieder Spitzenstellungen in der Rangordnung einnehmen. Zur weiteren Regelung der Rangordnung schreibt MEYNHARDT: »Der Futterneid der Mutter gegenüber ihren Frischlingen erwacht, wenn sie ein Alter von 7-8 Monaten erreicht haben. Von nun an müssen sich alle Frischlinge der Rotte in diese Gemeinschaft nach Rängen einordnen. Sie werden ausgekämpft und liegen im zehnten Monat genau fest. Die Randordnung verändert sich aber 2 bis 3 Monate später nochmals. Von diesem Zeitpunkt an liegen plötzlich alle männlichen Überläufer an niedrigster Stelle, wobei die größere Körpermasse der Keiler gegenüber den Bachen jetzt ohne Bedeutung ist. Die schwächste gleichaltrige Überläuferbache verjagt die männlichen Stücke, was soweit führt, daß diese im Alter von 18 Monaten die Rotte für immer verlassen müssen.«

Dieses Auskämpfen und Behaupten einer bestimmten Rangordnungsstellung innerhalb der Rotte bezieht sich aber immer nur auf gleichaltrige Stücke. Zwischen verschiedenen Jahrgängen braucht die Rangordnung nicht ausgekämpft zu werden, da grundsätzlich eine Altersrangordnung herrscht. Das ältere Stück ist jeweils das ranghöhere. Leitbache einer Rotte ist stets die älteste und damit erfahrenste Bache.

Durch Verletzung oder Krankheit kann ein Absinken in der Rangordnung erfolgen, nach Ausheilung aber eventuell auch ein Wiederaufstieg auf den alten Rang. Im Extremfall können kranke Stücke gänzlich aus der Rotte ausgeschlossen werden.
Nach BRIEDERMANN und MEYNHARDT hat FINKE [1998] mit seinen siebenjährigen intensiven Schwarzwildbeobachtungen im Solling viele Zusammenhänge im Sozialverhalten und auch speziell hinsichtlich der Leitbachenfunktionen bestätigt und vertieft. Die Leitbache (Stammutter oder – unter Schwestern – eine der Stammütter dieser Rotte) hat als ranghöchstes Tier nicht nur die Leitfunktionen hinsichtlich des gesamten Verhaltens der Rotte, also vor allem die Bestimmung von Tagesablauf und Ortswechsel, sondern sie ist nach MEYNHARDT auch für die Synchronisation der Rausche in der jeweiligen Rotte verantwortlich. MEYNHARDT schreibt [1989]: »In einer Schwarzwildfamilie besteht nicht nur eine genaue Brunstperiodik, sondern auch eine erstaunliche Brunstsynchronität. Wie die Erfassung der Beschläge und Wurftermine belegt, wurden alle Bachen der Familienverbände, unabhängig von der Altersklasse, fast gleichzeitig rauschig. Dadurch wurden alle Frischlinge einer Rotte mit einer Differenz von wenigen Tagen geboren und hatten die gleichen Überlebenschancen. Bei größeren Altersunterschieden der Nachkommen einer Schwarzwildfamilie wären die Überlebensaussichten der jüngeren Frischlinge von vornherein reduziert. Durch die Gleichaltrigkeit können die Mutterbachen bei ihren Aktivitäten jeweils von dem gleichen Entwicklungsniveau ausgehen. Die Brunsttermine von Rotte zu Rotte können jedoch erhebliche Zeitdifferenzen aufweisen, d. h., daß zum Beispiel eine Rotte in jedem Jahr im November rauschig wird und eine andere immer wieder im Dezember. ... Die jahrelangen Beobachtungen, Untersuchungen und Experimente diesbezüglich zeigten eindeutig, daß heute davon ausgegangen werden kann, daß fast alle Verhaltensabläufe in einer Schwarzwildrotte von der Leit- oder Führungsbache, also dem ranghöchsten weiblichen Stück, gesteuert werden. Die Leitbache bestimmt, wann und wo auf Nahrungssuche gegangen wird, wann geruht wird usw. Alle Mitglieder der Familien zeigten gegenüber der Leitbache ein ausgeprägtes »Mach-mit-Verhalten«. Zu keiner Brunstsynchronität in der Rotte kam es, als Leitbachen im Herbst (vor Beginn der Rauschzeit) erlegt wurden. Die Rauschtermine verschoben sich erheblich – die Rausche stellte sich bei den einzelnen Bachen der drei Untersuchungsrotten wahllos ein. ... Diese Ergebnisse ließen die Schlußfolgerung zu, daß für die Auslösung der Brunst innerhalb der Familie die Leitbache verantwortlich ist. Das klärt auch jagdwirtschaftlich eine Reihe offenstehender Fragen, wie z. B. das Anfallen von Würfen über das ganze Jahr, der Zusammenbruch der sozialen Struktur bei Abschuß der Leitbache, Rottenteilungen, Revierwechsel von Rotten usw.«
Nach BRIEDERMANN bewirkt die Sozialstruktur weiterhin den Eintritt der Geschlechtsreife und damit auch die Höhe des Zuwachses. Er schreibt [in BRIEDERMANN und RETHWISCH 1992]: »Eine gewisse Drosselung des Zuwachses ist durch das Sozialverhalten vorprogrammiert. Populationen mit einem hohen Anteil reifer Keiler und Bachen bewirken beim Nachwuchs ein langsames Reifen. Es gibt Belege aus solchen Populationen, daß die Bachen erst im zweiten oder gar im dritten Lebensjahr aktiv rauschen und auch weniger Frischlinge als Altbachen bringen. Ist jedoch wenig reifes

Wild vorhanden, verfrüht sich die Sexualreife und fast während des ganzen Jahres fallen Würfe an. Der ... normale Fortpflanzungszyklus ... verändert sich dann durch noch ausgedehntere Rausch- und Frischzeiten, und das sonst relativ seltene herbstliche Nachfrischen wird zur Regel. Mehr als ein Drittel der Frischlingsbachen können im folgenden Sommer und Herbst schon führen.«

Durch den Abschuß von Bachen, vor allem der Leitbachen, entstehen die heute so oft zu beobachtenden »Kindergesellschaften«: Frischlinge und Überläufer, die sich ungehemmt und zeitlich ungeregelt fortpflanzen, überall vereinzelte Überläuferbachen, schon selten zwei- oder dreijährige Bachen mit sehr unterschiedlich entwickelten Frischlingen, insgesamt ein völlig außer Kontrolle geratener Zuwachs und meist merklich gesteigerte Wildschäden.

Die Überläuferkeiler, die nach den Angaben von MEYNHARDT im Alter von 18 Monaten, nach anderen Beobachtungen aber auch schon einige Monate früher aus den Großrotten ausgeschlossen werden, können noch einige Monate lang in einem sehr lockeren Verband zusammenbleiben, bis sie sich endgültig trennen und ihr weiteres Leben im wesentlichen als Einsiedler verbringen. Nur wenn rauschige Bachen vorhanden sind, suchen sie Rotten auf und bleiben solange bei diesen, bis die Rauschzeit vollständig abgeklungen ist.

Die großen Rotten mit einer festgefügten Sozialordnung bestehen also aus unterschiedlich alten Bachen, die entweder voneinander oder von gemeinsamen Vorfahren abstammen und unter denen eine strenge Rangordnung herrscht, sowie aus den vorjährigen Frischlingen – den jetzigen Überläufern – und den diesjährigen Frischlingen. Eine gewisse zahlenmäßige Verminderung innerhalb der Rotten tritt – außer durch natürliche oder jagdliche Verluste sowie durch Verkehrsunfälle usw. – dadurch ein, daß stets die Überläuferkeiler sowie unter Umständen kranke oder verletzte Stücke aus dem Verband ausgeschlossen werden. Vergrößert sich trotz dieser Verluste eine Rotte zu stark, können Rottenmitglieder freiwillig ausscheiden oder gewaltsam vertrieben werden und in beiden Fällen eine neue Rotte begründen. Nach BRIEDERMANN [1990] fördern ungünstige Lebensumstände die Teilung von Großrotten.

Neben diesen großen Mutterrotten können kurze Zeit einige Überläuferkeiler zusammenleben. Gemischte Frischlingsrotten (vor dem 1. April) bzw. Überläuferrotten (ab 1. April) haben sich entweder nur kurzfristig von der im Wurfkessel befindlichen Bache entfernt oder sie haben die Mutter verloren. Im ersteren Fall schließen sie sich sehr bald wieder der Großrotte an, im letzteren Fall können sie einige Zeit als selbständige Frischlings- bzw. Überläuferrotte bestehen. Diese löst sich dadurch auf, daß die jungen Bachen selber frischen und dann – meist gemeinsam – eine neue Mutterrotte begründen und daß die jungen Keiler aus dem Verband ausscheiden. Die immer wieder in der Literatur auftauchenden Überläuferrotten sind also in der Natur nur relativ kurzfristige Übergangserscheinungen. Immerhin können sie für die planmäßige Bejagung des Schwarzwildes eine gewisse Bedeutung haben.

Die Rotte gewährt allen ihren Mitgliedern in allererster Linie Sicherheit. Das gilt insbesondere bezüglich der noch unerfahrenen Jungtiere. Auch bei der innerartlichen Behauptung von Einstandsgebieten, Fraßplätzen usw. ist der starke Sozialverband für das einzelne Individuum von Nutzen. Demgemäß halten die Rotten meist sehr fest zusammen. Werden sie – beispielsweise während der Jagd von scharfen Hunden – gesprengt, finden sie sich meist innerhalb von Stunden, spätestens in der folgenden Nacht wieder zusammen.

Der Erhaltung dieses sozialen Gefüges dienen eine Reihe von *Kontaktpflegemaßnahmen*. In erster Linie ist hier der sehr vielseitige Stimmkontakt zu nennen. Bei nächtlicher Nahrungssuche wird rege Stimmfühlung gehalten. Auch ansonsten ist die stimmliche Verständigung sehr rege und außerordentlich variationsfähig. Insbesondere MEYNHARDT, aber auch andere Autoren, haben auf diverse unterschiedliche Lautäußerungen mit jeweils bestimmter Bedeutung hingewiesen. Wohl- und Unbehagen, Drohung, Zustimmung, Erkennungssignal, Begrüßung, Warnung, Beruhigung, Aufforderung und wohl noch manche andere Regungen werden stimmlich ausgedrückt und verstanden. Im einzelnen ergibt sich hier noch ein weites Forschungsfeld.

Auch mancherlei körperliche Kontakte, insbesondere zwischen Bache und Frischlingen sowie während der Rauschzeit zwischen Keiler und Bache, aber auch zwischen allen anderen erwachsenen oder noch nicht erwachsenen Rottenmitgliedern dienen der Gemeinschaftspflege. Die Begrüßung erfolgt durch Nasenkontakt. Ganz besonders ist auch die soziale Körperpflege zu erwähnen. Während die meisten früheren Autoren sie überhaupt nicht erwähnen, andere gar vermerken, daß eine solche beim Schwarzwild nicht bekannt sei, beschreibt MEYNHARDT sie sehr eingehend und liefert zahlreiche Belege dafür. Er schreibt: »Das Putzverhalten ist bei Schwarzwild sehr stark ausgeprägt und nimmt einen großen Teil ihres Tageslaufs in Anspruch. Die Bachen putzen ihre Frischlinge, die Frischlinge ihre Mütter, die Frischlinge sich untereinander, und auch die Bachen befreien sich gegenseitig von Schmutz und Ungeziefer... Mit der Rüsselscheibe wird systematisch die Schwarte abgetastet und jeder Fremdkörper herausgebissen. Mit geschlossenen Lichtern und tiefen Grunzlauten liegen die Stücke dabei vollkommen entspannt auf der Seite und lassen sich in jede Stellung schubsen... Je älter das Stück ist, um so mehr ist der Drang zum Putzen vorhanden. Von der ältesten vierjährigen Bache wurden fast alle Frischlinge der Rotte versorgt. Sie legten sich hintereinander auf den Boden und Stück für Stück kam an die Reihe. Um 20 bis 30 Frischlinge abzusuchen, benötigte sie bis zu 2 Stunden. Durch einen kurzen Biß oder Schubser aufgefordert, mußte der abgefertigte Frischling den Platz räumen... Frischlinge untereinander zeigen schon sehr früh das gleiche Verhalten. Ab der achten Lebenswoche putzen sie sich gegenseitig, später lassen sich auch die Mütter von ihrem Nachwuchs pflegen. Eigenartigerweise läßt diese Pflege im Alter von einem Jahr... nach, um sich dann im zweiten Lebensjahr wieder zu verstärken.«

Fast alle innerhalb der Rotte ausgeübten Tätigkeiten lösen einen Nachahmungsdrang aus. So werden z. B. die Frischlinge von allen führenden Bachen innerhalb der Rotte gleichzeitig gesäugt, bei den Frischlingen wirkt sowohl der Spielbeginn als auch die Ermüdung ansteckend, fängt ein Stück zu putzen an, so putzen auch sogleich andere; ähnlich ist es mit dem Suhlen, dem Malen, dem Einschieben in die Schlafkessel und mit anderen Tätigkeiten.

Territorialverhalten

Nach allen bisherigen – leider noch sehr lückenhaften und in der Zukunft stark zu vertiefenden – Kenntnissen hält Schwarzwild zwar nicht wie beispielsweise der Rehbock [s. Hennig 1962] ein auf den Meter genau begrenztes, regelmäßig an allen Grenzen markiertes Territorium. Dennoch haben sowohl Rotten als auch einzelne Keiler jeweils ein bestimmtes, mehr oder minder großes Einstandsgebiet. In ihm befinden sich zahlreiche für die Sauen bedeutungsvolle Örtlichkeiten.

An erster Stelle seien die *Schlafplätze* genannt. Sie werden stets so gewählt, daß sie einerseits möglichst störungsfrei, andererseits dem jeweiligen Wetter bestmöglich angepaßt sind. Für die unterschiedlichsten Wetterverhältnisse besitzen die Sauen verschiedene, jeweils optimale Schlafplätze, die unter Umständen mehrere Kilometer auseinander liegen können. In erster Linie werden sie wohl so ausgesucht, daß sie gegen den gerade herrschenden Wind Schutz bieten. Bei Regen soll ein dichtes Kronendach, beispielsweise in geschlossenen Fichtendickungen, gegen die Nässe schützen. Bei sonnigem, kühlen Wetter lieben die Sauen die wärmenden Sonnenstrahlen, bei großer Hitze luftigen Schatten. Während bei älteren Keilern mehrfach beobachtet worden ist, daß sie monatelang dasselbe Lager benutzt haben, scheinen Rotten stets oder häufig einen neuen Kessel zu wählen. An den Schlafplätzen liegt jede Bache mit ihren Frischlingen in einem gemeinsamen Kessel, hält jedoch einen gewissen Abstand zu den Kesseln der anderen Bachen.

Weitere sehr große Bedeutungen haben die *festen Suhlen* und *Malbäume* sowie die ständigen (z. B. Fütterungen) oder zeitweisen (z. B. einzelne Mastbäume) *festen Fraßplätze*. Auf eine bislang in der Literatur unbekannte Sonderheit hat Meynhardt hingewiesen. Ihm war aufgefallen, daß die Sauen sich nie an der von ihm betriebenen Fütterung lösten oder dort näßten. Er stellte fest, daß alle Sauen zu diesem Zweck besondere Stellen aufsuchten und schreibt: »Die Kot- und Harnstellen waren ziemlich regelmäßig im Einstandsgebiet angelegt. Wechselten die Tiere über solch eine Stelle, koteten und harnten sie sofort ... Ich führte nun die Rotte. Ging ich mit ihr an diesen Stellen 40 bis 50 m entfernt vorbei – ich kannte diese Plätze nun schon sehr genau –, so passierte nichts. Führte ich sie jedoch darüber, so hockten sich alle 60 Sauen hin und erledigten ihr Geschäft. Solche Stellen lösen mit Sicherheit einen Reiz aus, wie wir es zum Beispiel auch von Hunden oder anderen Tieren kennen, die ihr Revier damit markieren wollen ... Die Frischlinge erlernen es von ihren Müttern und benutzen auch sofort nach dem ersten Ausführen diese Toiletten.« Wieweit diese Beobachtungen von Meynhardt verallgemeinert werden können, muß vorerst offen bleiben. Der Verfasser hat an diversen Futterplätzen Schwarzwildlosung gefunden und Sauen nässen oder sich lösen sehen.

Alle diese wichtigen Plätze sind durch *Wechsel* verbunden, die normalerweise genau eingehalten werden und die auch im Waldboden sowie in der Bodenvegetation deutlich zu erkennen sind. Sowohl die Wechsel innerhalb der Einstandsgebiete als auch die sogenannten Fernwechsel zwischen verschiedenen Einstandsgebieten werden oftmals traditionsgemäß über viele Jahrzehnte beibehalten, auch wenn sich die Landschaftsstruktur inzwischen gewandelt hat. Boback und Meynhardt [1978] führen Beispiele

Gut gegen die Witterung geschützt ist dieses Schwarzwild-Lager unter einem starken Windwurfstamm.

an, in denen Fernwechsel über deckungloses Gelände beibehalten wurden, die vor mehreren Jahrzehnten durch schützenden Wald führten. Die einzelnen Örtlichkeiten und Wechsel werden zum Teil täglich, zum Teil in einem bestimmten mehrtätigen Rhythmus, zum Teil auch unregelmäßig aufgesucht, wobei sowohl Witterungseinflüsse als auch eventuelle menschliche Störungen bestimmend sein können.

Von den normalen, üblicherweise benutzten Wechseln abweichend sind die Fluchtwechsel, die bei Gefahr – etwa im Treiben – angenommen werden. Erfahrene Jäger haben schon oft darauf hingewiesen, daß diese Fluchtwechsel die gleichen sind, die auch der Fuchs benutzt. Aus den Waldgebieten Tunesiens und Marokkos, in denen es eine hohe Schwarzwilddichte gibt, ist dem Verfasser bekannt, daß dort bei Treibjagden die gleichen Fluchtwechsel von Schakalen und Sauen benutzt werden.

Das durch Lösen, Nässen und Malen mit zahlreichen Duftmarken versehene Einstandsgebiet wird von fremden Sauen respektiert, gegebenenfalls gegen fremde Sauen energisch verteidigt, wobei die heimische Rotte wohl stets die stärkere ist und Eindringlinge hart bedrängt und vertreibt. Werden Sauen durch menschliche Störungen aus ihrem Einstandsgebiet vertrieben, kehren sie baldmöglichst zurück. Vorübergehend verlassen sie aber auch freiwillig ihr Einstandsgebiet und ziehen zur Nahrungssuche auf die zu keinem Einstandsgebiet gehörenden Felder oder gar in fremde Einstandsgebiete. Im Sommer können sie auch vorübergehend Getreidefelder in ihr Einstandsgebiet einbeziehen und dort für einige Wochen ihren ständigen Einstand nehmen. Sie tun dies insbesondere, wenn im Walde starke Störungen auftreten, z. B. durch Beeren- und Pilzsucher, oder wenn sie im Wald zu stark von Stechinsekten geplagt werden, diese aber im Getreide weitgehend fehlen. Dann werden in den Getreideschlägen unter Umständen sogar Schlafkessel hergerichtet.

Aufgrund von Abfährtungsergebnissen konnte BRÜTT [1957] ungefähre Regeln über die Häufigkeit des Auftretens von Schwarzwild auf bestimmte Feldflächen aufstellen. Bei 69% der Fälle gingen die Sauen eine Nacht, bei 25% der Fälle in zwei aufeinanderfolgenden Nächten, bei 2,5% der Fälle in drei aufeinanderfolgenden Nächten, bei 2,5% der Fälle in vier und bei 1% der Fälle in fünf aufeinanderfolgenden Nächten auf einem bestimmten Acker zu Schaden, bevor Pausennächte eingelegt wurden. Die Zwischenräume zwischen den einzelnen Schadensnächten, d. h. die Anzahl der Pausennächte zwischen einer oder mehreren Schadensnächten bis zum nächsten Aufsuchen des Ackers, betrugen bei 12% eine Pausennacht, bei 21% zwei Pausennächte, bei 67% drei und mehr Pausennächte. Diese Ergebnisse zeigen, daß die Sauen innerhalb der ihnen zur Verfügung stehenden Möglichkeiten stark variieren. Dabei kommt ihnen ihr in zahlreichen Fällen eindeutig erwiesenes Lernvermögen sehr zu gute. Steht – beispielsweise in Gatterrevieren – nur ein Fraßplatz in Form einer Fütterung zur Verfügung und wird diese täglich zur gleichen Zeit beschickt, werden sich die Sauen dort stets pünktlich einstellen. Haben sie dagegen in abwechslungsreicher freier Wildbahn diverse Auswahlmöglichkeiten hinsichtlich Schlafplätzen, Suhlen, Fraßplätzen, Schöpfstellen und Wechseln, so werden sie in Ort und Zeit mehr oder minder stark variieren.

Stoßen zwei Rotten außerhalb ihrer eigenen Einstandsgebiete, also etwa auf dem Feld, aufeinander, so halten sie in der Regel einen gebührenden Abstand. Kommen doch fremde Stücke, meist Überläufer, einer Rotte zu nahe, werden sie von den alten Bachen vertrieben, jedoch im allgemeinen nicht weit verfolgt.

Auch die älteren Keiler zeigen ein ähnliches territoriales Verhalten. Allerdings ist darüber noch wenig bekannt. Wie bereits erwähnt, gibt es Beobachtungen, daß gerade sie oft Monate lang ein und denselben Schlafkessel benutzen, was für ein relativ kleines Einstandsgebiet spricht. Andererseits ist durch zahlreiche Abfährtungsergebnisse aus Revieren unserer Kulturlandschaft bekannt, daß durch Besonderheiten in der Fährte eindeutig zu identifizierende, starke Keiler in einem mehrwöchigen Rhythmus Rundwanderungen durch ein jeweils viele tausend Hektar großes Gebiet unternahmen. Ob ein solches Verhalten für alte Keiler typisch ist oder sein kann oder ob es lediglich eine Folge des bei uns durch falsche Bejagung zerstörten natürlichen Altersklassenaufbaus und dadurch bedingten Mangels an alten Keilern ist, muß vorerst dahingestellt bleiben. Die letztere Möglichkeit erscheint als die wahrscheinlichere.

Bei einer vorübergehenden krassen Verschlechterung des Einstandsgebietes, etwa durch umfangreichere Waldarbeiten, Dürre oder andere für die Sauen negative

Malbaum im Laubholz

Malbäume im Nadelholz.

Suhle mit Malbäumen im Hintergrund.

Einflüsse, werden gelegentlich weitere Wanderungen in entfernte günstigere Reviere angetreten. Auch sie scheinen auf alten Fernwechseln zu erfolgen, doch ist bislang auch über derartige Wanderbewegungen noch wenig bekannt.

Diese Feststellung trifft auch auf einen anderen Punkt zu, der sowohl im Zusammenhang mit solchen Fernwanderungen als auch mit mancherlei Erscheinungen innerhalb eines größeren Schwarzwildgebietes die entscheidende Frage aufwirft: Woher wissen die Sauen über größere Entfernungen von für sie wichtigen Gegebenheiten? So läßt sich in großen Waldgebieten immer wieder beobachten, daß sich in einem Eichenbestand, in dem frühzeitiger Eichelfall einsetzt, innerhalb weniger Tage zahlreiche Sauen einfinden, die dort sonst nicht zu beobachten sind. Ähnlich ist es oftmals mit vom Heger durchgeführten Körnungen, beim unzeitgemäßen Rauschen einer einzelnen Bache usw. Gibt es hier Fernsinne der Sauen oder ein uns bislang noch unbekanntes Kommunikationssystem, das unter den Sauen auch über größere Entfernungen funktioniert? Hier gibt es nur Vermutungen, die jedoch bisher einen rein spekulativen Charakter haben.

Droh- und Kampfverhalten und Rangordnung

Jägern gilt das Schwarzwild als unser letztes wirklich wehrhaftes Wild. Zwar dient sein Droh- und Kampfverhalten in erster Linie innerartlichen Auseinandersetzungen; doch verteidigt es sich gegen Raubwild, selbst Großraubwild, energisch und greift gegebenenfalls sogar Menschen an. Diese Wehrhaftigkeit hat die Menschen seit je fasziniert. Zahllos sind die künstlerischen Darstellungen von starken Keilern, die untereinander oder gegen Hunde, Bären oder auch Menschen kämpfen. Auch in vielen jagdlichen Büchern und selbstverständlich in allen bisherigen Schwarzwildmonographien sind derartige Kämpfe mehr oder minder eindringlich geschildert worden. Verhaltenskundliche Analysen des Droh- und Kampfverhaltens unseres Wildschweins haben vor allem FRÄDRICH [1967], GUNDLACH [1968] und BEUERLE [1975] durchgeführt.

Erste Ansätze eines spielerischen Kampfverhaltens zeigen sich bereits bei den erst wenige Stunden alten Frischlingen. In den folgenden Lebenstagen werden diese Kampfspiele immer intensiver. Meistens stehen die Frischlinge dabei entgegengesetzt parallel, stemmen sich mit den Schulterpartien gegeneinander und versuchen, sich gegenseitig wegzuschieben. Dabei schlagen sie auch mit dem Kopf, stoßen mit dem Wurf und versuchen, den Gegner durch Unterfassen mit dem Gebrech und Hochheben aus dem Gleichgewicht zu bringen. Auch versuchen sie zu beißen. Durch Hinundherschieben, Drehen im Kreis, Flüchten und Verfolgen entsteht oft ein wildes Getobe, das auf andere Frischlinge ansteckend wirkt und meist genauso plötzlich aufhört, wie es begonnen hat.

In den folgenden Wochen werden Beißversuche seltener; andererseits treten vor und während Kampfhandlungen Drohgesten auf, insbesondere ein Aufrichten der Rückenborsten (»Federn«). Nach und nach nehmen diese Frischlingskämpfe immer mehr einen ernsthaften Charakter an und gehen schließlich in die Rangordnungskämpfe

Erste Ansätze eines spielerischen Kampfverhaltens zeigen sich schon in den ersten Lebenstagen.

über. Sie werden durch Schulterstemmen, Stoßen mit dem Wurf und Unterfassen entschieden.
Verletzungen treten bei Rangordnungskämpfen nur selten durch einen Biß auf. Selbst die Rauschzeitkämpfe der Keiler verlaufen keineswegs immer blutig. Nur im härtesten Kampf mit einem etwa gleichstarken Rivalen werden die Gewehre eingesetzt. Dazu wird der Unterkiefer seitlich herausgeschoben und mit dem scharf geschliffenen Gewehr ein Hieb von unten nach oben geführt. Da ein solcher Hieb meist den dicken Schild des Gegners trifft, sind die Verletzungen im allgemeinen nicht gefährlich, doch können gelegentlich auch schwere, ausnahmsweise sogar tödlich wirkende Verletzungen verursacht werden.
Außer in den allerersten Lebenswochen werden alle Kampfhandlungen durch ein mehr oder minder langes und ausgeprägtes Drohverhalten eingeleitet und begleitet. Oft genügt allein dieses Drohverhalten, um einen artgleichen oder artfremden Gegner einzuschüchtern oder zu vertreiben. Die einfachste und zugleich häufigste Drohgebärde ist das Aufrichten der Federn. Verstärkt werden kann sie durch eine tiefe Kopfhaltung, die wohl das Unterfassen im Kampf symbolisiert. Das Gegenstück hierzu in den Rangordnungskämpfen ist die Unterlegenheitsgeste, ein Zurückweichen mit angelegten Tellern, angelegten Federn und eingeklemmtem Pürzel [nach MEYNHARDT]. Keiler imponieren mit hocherhobenem Kopf sowie aufgestellten Tellern und Federn. So umkreisen sie ihren Rivalen, der sich im rechten Winkel auf den Kopf oder Hals seines Gegners ausrichtet und sich dadurch auf der Stelle um die eigene Achse dreht. Bei steigender Erregung mahlen die Keiler mit den Kiefern, wobei sie größere Mengen von schaumig-steifem Speichel produzieren, den sie auch an ihren Gegnern, an Bachen und an Büschen und Bäumen zwecks Markierung abstreifen. Das gesamte Droh- und

Rangordnungsstreit unter Keilern.

Kampfverhalten kann durch mehr oder minder heftige Lautäußerungen ergänzt werden, und zwar sowohl durch Stimmlaute als auch durch das auf S. 19 beschriebene »wetzen«.
Durch das vielfältige Imponier-, Droh-, Markier-, Unterlegenheits- und Kampfverhalten wird eine komplizierte Raum-, Zeit- und Sozialordnung hergestellt und erhalten. Grob kann sie in folgende Bestandteile aufgegliedert werden:

Rottenrangordnung
   Sie ergibt sich automatisch aus dem Lebensalter in dem Sinne, als das ältere Stück das jeweils ranghöhere ist. Lediglich unter den Stücken eines Jahrgangs wird die Rangordnungsstellung erkämpft, was höchstens ausnahmsweise einmal zu leichten Verletzungen führen kann. In diese Rottenrangordnung sind erwachsene Keiler nicht mit einbezogen, da männliche Stücke spätestens im Alter von etwa 1½ Jahren aus den Mutterrotten ausgeschlossen werden.

Territorialrangordnung
   Eine gewisse Raumaufteilung zeigt sich bereits an den Schlafplätzen. Zwar liegen die Sauen gerne im Körperkontakt, doch halten die einzelnen Bachen jeweils mit ihren Frischlingen fast stets einen gewissen Abstand von den anderen Bachen mit deren Frischlingen ein. Auch die Frischlinge aus früheren Würfen müssen einen gewissen Abstand von ihren Müttern und deren jüngsten Frischlingen halten. Das gilt

insbesondere für die Wurfkessel, aber auch für die Schlafkessel. Im großen bedeutet die Territorialrangordnung, daß jede Rotte durch Malbäume sowie durch Kot- und Harnplätze ihr Einstandsgebiet markiert und in ihm fremden Rotten gegenüber stets stärker ist. Wieweit auch unter den selbständigen Keilern eine Territorialrangordnung besteht, ist bislang nicht bekannt.

Futterrangordnung

Sie zeigt sich genauso am künstlichen Futterplatz wie am natürlichen Fraßplatz. Die normale Rottenrangordnung wird hier dadurch kompliziert, daß in der Nähe ranghoher Bachen nur die eigenen Frischlinge fressen dürfen und diese dadurch Freßvorteile vor den anderen Frischlingen der Rotte haben. Kommen mehrere Rotten am Fraßplatz zusammen, ist stets die einheimische die stärkere. Im »neutralen Gebiet« halten die Rotten voneinander Abstand. Einzelne, einer Rotte zu nahe kommende Mitglieder einer fremden Rotte werden vertrieben. Starke Keiler dominieren hier über alle anderen Stücke. Frischlinge, die einem älteren Stück im Wege stehen, werden von diesem mit dem Gebrech beiseite geschleudert, wobei sie oft meterweit durch die Luft fliegen. Außer durch echtes Droh- und Kampfverhalten werden andere Stücke am Fraßplatz oft einfach durch die größere Körpermasse beiseite geschoben. Um größere, nicht mit einem Bissen zu verschlingende Futterbrocken vor ranghöheren Stücken zu retten, werden sie von den rangniederen Sauen vielfach fortgetragen und in sicherem Abstand verzehrt.

Rauschzeitrangordnung

Sie wird unter älteren Keilern ausgefochten, und zwar oftmals sehr erbittert, so daß es hier zu schweren Verletzungen kommen kann – aber keineswegs kommen muß. Diese Sexualrangordnung kann durchaus von der unter den Keilern herrschenden Futterrangordnung abweichen.

Bei artfremden Gegnern wird hinsichtlich deren Stärke unterschieden. Deutlich schwächere Gegner, wie Füchse, Katzen oder einzelne Hunde werden – insbesondere von führenden Bachen – sofort angenommen. Vor überlegenen Feinden, so auch vor Menschen, wird möglichst die Flucht ergriffen. Dieses Flüchten geschieht aber keineswegs panikartig. Insbesondere in deckungsreichem Gelände ist es oftmals mehr ein Davonschleichen oder gar nur ein vorsichtiges Umgehen des Gegners, um sich hinter seinem Rücken wieder einzuschieben. Vielfach drücken sich die Sauen auch fest in ihre Deckung und lassen den Menschen auf kurze Entfernung vorbeigehen. Sehen führende Bachen ihre Frischlinge bedroht, wenden sie auch dem Menschen gegenüber ein Abwehrdrohen an: Mit hochgestellten Federn drehen sie dem Menschen abwechselnd die Breitseite zu oder machen Front gegen ihn. Dabei blasen sie bedrohlich und machen eventuell auch einige Ausfälle von jeweils mehreren Metern gegen den vermeintlichen Angreifer, ziehen sich hinterher aber langsam wieder zurück. Auch Scheinangriffe kommen vor, bei denen die Sauen Menschen in scharfem Troll oder gar in voller Flucht annehmen, kurz vor dem Menschen jedoch abdrehen und sich genauso schnell zurückziehen.

Echte Angriffe gegen Menschen erfolgen im allgemeinen nur von krankgeschossenen und im Wundbett bedrängten Sauen oder von führenden Bachen, wenn sich der Mensch trotz des Drohens der Bache ihren Frischlingen weiter nähert oder wenn ein

Mensch bereits einen Frischling ergriffen hat und dieser infolgedessen klagt. Bei solchen echten Angriffen können Menschen sehr schwer, manchmal tödlich verletzt werden. Bei diesbezüglich erfahrenen Jägern gilt die annehmende Bache gegenüber dem Keiler als gefährlicher. Der bedrängte Keiler macht im allgemeinen nur einen einzigen Angriff, bei dem er mit dem Gewehr schlägt. Trifft er, gibt es eine tiefe Schnittverletzung, die zwar auch tödlich sein, im allgemeinen aber vernäht und ausgeheilt werden kann. Trifft er nicht, flüchtet er fast stets weiter, unternimmt also keinen neuen Angriff. Die Bache dreht dagegen nach einem Fehlangriff häufig um und wiederholt ihren Angriff mehrmals. Dabei beißt sie und fügt aufgrund ihres Gebisses schwerste Quetschwunden zu, wobei selbst Knochen zermalmt werden können. Fällt der Gegner, stellt sie sich über ihn und beißt weiter. Die Verletzungen sind also meist sehr viel folgenschwerer als die durch Keiler verursachten Schnittwunden.

Sicherheitsverhalten

Trotz ihrer Wehrhaftigkeit zeigen die Sauen ein ausgeprägtes Sicherheitsverhalten. Schon das beschriebene Sozialverhalten trägt weitgehend zur Sicherheit bei, und zwar sowohl die Rottenstruktur des Mutter- und Jungwildes als auch das mehr oder minder heimliche Einsiedlerleben der Keiler. Darüber hinaus kann gerade der Jäger immer wieder das deutliche Streben der Sauen nach Sicherheit feststellen. Daß es sich dabei nur zum Teil um Instinktverhalten, in starkem Maße aber um Lernprozesse handelt, erhellt aus der Tatsache, daß das Schwarzwild sein Sicherheitsverhalten sehr weitgehend auf die speziellen Gefahren abstellt, die ihm in der jeweiligen Gegend, ja, sogar zu der jeweiligen Jahreszeit drohen.

Erwähnt wurde schon die Umstellung von der ursprünglichen Tagesaktivität auf eine Nachtaktivität dort, wo die Sauen auf Pirsch und Ansitz scharf bejagt werden. Daß sie dabei folgerichtig die Gefahren nicht mit der Tageszeit sondern mit den herrschenden Lichtverhältnissen in Verbindung bringen, ergibt sich daraus, daß sie bei hellem Mondschein weniger gern den Wald verlassen als in dunklen Nächten oder zu dunklen Nachtzeiten, also vor Mondaufgang, nach Monduntergang oder bei stark bewölktem Himmel. Weiter spricht dafür, daß sie bei guter Deckung, also etwa in sehr großen Dickungskomplexen oder während des Sommers in großen Getreideschlägen, ihre Tagesaktivität beibehalten beziehungsweise zu ihr zurückkehren.

Auch die Wahl der Einstände, insbesondere der Schlaf- und Wurfplätze, erfolgt sehr weitgehend nach Sicherheitsmerkmalen. So werden im Wald, in Brüchern und Mooren, in verschilften Uferzonen usw. gern solche Stellen gewählt, die zwar selber fest und trocken sind oder durch entsprechende Materialanhäufung trocken hergerichtet werden, die aber nur über Zuwege erreicht werden können, die für Menschen bzw. andere Feinde nicht oder nur schwer begehbar sind, die außerdem die Annäherung eines Feindes möglichst frühzeitig erkennen lassen und die schließlich günstige Fluchtmöglichkeiten bieten.

Bei Suhlen, Fraßplätzen usw. werden bei sonst gleicher Qualität eindeutig diejenigen bevorzugt, welche die größere Sicherheit gewährleisten. Oftmals werden sogar Suhlen,

Fraßplätze usw. geringerer Qualität in Kauf genommen, wenn sie die höhere Sicherheit bieten. Auch die Wechsel werden sehr weitgehend nach Sicherheitsmerkmalen ausgesucht. So werden eindeutig gedeckte, dunkle Wechsel bevorzugt, auch wenn dadurch weitere Wege in Kauf genommen werden müssen.

Bei Jagddruck werden Wechsel, Suhlen, Fraßplätze usw. unregelmäßig benutzt. Auf die Untersuchungen von BRÜTT, wonach die Sauen nach einer oder mehreren Schadensnächten auf dem Felde Pausennächte einlegen, war beim Territorialverhalten hingewiesen worden. Ein gleiches bzw. ähnliches Verhalten zeigen die Sauen in bezug auf alle anderen für sie wichtigen Örtlichkeiten. Und schließlich bezieht sich diese Unregelmässigkeit auf die Uhrzeit, zu der die Sauen an den einzelnen Plätzen erscheinen, auf die Richtung aus der sie kommen, auf die Zeit, die sie sich dort aufhalten usw. Von den Jägern wird das Schwarzwild deshalb als unstet bezeichnet. Für die Bejagung ist dieses Verhalten von weittragender Bedeutung.

Äußerste Vorsicht lassen die Sauen walten, bevor sie aus der Deckung ins Freie wechseln. Bei einzelnen älteren Stücken, also bei Keilern oder auch bei Bachen, die sich vorübergehend von der Rotte abgetan haben, ist beobachtet worden, daß sie vor dem Auswechseln langsam und vorsichtig in guter Deckung am Feldrand entlangschlichen und/oder lange Zeit – in Extremfällen eine Stunde oder gar noch länger – bewegungslos am Waldrand standen und die Umgebung auf verdächtige Witterung, Geräusche und Bewegungen beobachteten. Nur wenn sie sich von der Ungefährlichkeit der Lage überzeugt hatten, traten sie schließlich aus, anderenfalls stahlen sie sich lautlos davon. Bei einzelnen Bachen mit Frischlingen oder bei größeren Rotten zieht nicht selten zunächst die Leitbache alleine ins Freie, um erst nach einer unterschiedlich langen Prüfzeit die übrige Rotte nachzuholen oder nachzulocken.

Wird ein Gegenstand als verdächtig angesehen, ohne schon klar erkannt zu sein, nehmen die Sauen häufig ruckartig mit erhobenem Wurf Front nach dorthin. Steht der Wind von ihnen fort, umschlagen sie den verdächtigen Platz auch, um sich Wind zu holen. Bei Rotten tut dies im allgemeinen eine einzelne Bache, während die übrigen Stücke bis zur Klärung der Lage in Alarmstellung verharren. Ist der verdächtige Gegenstand identifiziert, erfolgt entweder die sofortige Flucht oder die Entwarnung mit nachfolgender Fortsetzung der vorherigen Tätigkeit.

Anpassungsbereitschaft

Nach übereinstimmender Ansicht wohl aller Kenner ist das Schwarzwild die intelligenteste unserer Schalenwildarten, wenn nicht gar aller unserer Wildarten. In allen Verhaltensweisen, die sich auf Lebensraum und Lebensgemeinschaft beziehen, sind die Sauen außerordentlich flexibel. Sie können sich in manchen Gewohnheiten von einem Tag auf den anderen umstellen, lernen sehr schnell, haben ein ausgezeichnetes Gedächtnis und können sich so sehr gut auf die jeweils gegebenen Verhältnisse einstellen.

Das Unterscheidungsvermögen der Sauen geht soweit, daß sie nicht nur Individuen der eigenen Art sondern auch anderer Arten und auch einzelne Menschen voneinander unterscheiden können. Zwar ist es auch von einigen anderen Schalenwildarten, insbesondere vom Rotwild, bekannt, daß sie an Fütterungen ihren Futtermeister genau kennen und ihm gegenüber vertrauter sind als gegenüber fremden Personen. Beim Schwarzwild aber ist es MEYNHARDT in einzigartiger Weise gelungen, in freier Wildbahn vollständig in eine große Schwarzwildrotte aufgenommen und von ihr in jeder Hinsicht als Rottenmitglied akzeptiert zu werden, und zwar keineswegs nur am Futterplatz sondern in ihrem gesamten Einstandsgebiet. So wurde er an den Schlafplätzen und Wurfkesseln geduldet, wo er lediglich auf die gleiche Distanz verwiesen wurde wie andere Rottenmitglieder. Die Sauen ließen sich von ihm putzen und putzten ihn. Nach Erringung der Spitzenstellung in der Rangordnung konnte er auch die Rotte führen. Selbst seine Erziehungsmaßnahmen gegenüber Frischlingen wurden von den Müttern genauso geduldet wie von anderen Bachen. Dabei wurde auch diese Rotte bejagt und zeigte gegenüber fremden Menschen eine ganz normale Scheu.

Auch von zahlreichen anderen Beobachtern wissen wir, daß Sauen in der Lage sind, einzelne Menschen voneinander zu unterscheiden. Häufig in ihrem Territorium anwesende Personen werden im allgemeinen eher akzeptiert als fremde. Hinsichtlich ihrer Gefährlichkeit (Jäger oder nicht) werden sie richtig eingeordnet. Allgemein bekannt ist die Vertrautheit der Sauen gegenüber Waldarbeitern.

U. DINTER hat [1998] eine erstaunliche Anpassung aus dem Berliner Grunewald berichtet. Dort lebt das Schwarzwild in einer Dichte von einem Stück auf drei Hektar und teilt sich diese mit rund 30 000 Waldbesuchern pro Jahr. DINTER schreibt u. a.: »Da frischte eine junge Bache keine fünf Meter von einer viel frequentierten Bushaltestelle. ... Nahezu regendichte Kessel unter Brombeer- und Traubenkirschgestrüpp teilen sich Stadtstreicher und Sauen in unregelmäßigen Intervallen. ... Freilaufende Hunde veranlassen die Sauen höchst selten, den Kessel oder sonstige Standorte zu verlassen. Wenn dies doch geschieht, flüchtet in den meisten Fällen der Hund, denn die Sau ist nun direkt hinter ihm.« Die bei dieser Wilddichte verständlicherweise knappe natürliche Nahrung wird ergänzt aus öffentlichen Abfallkörben sowie im Wohngebiet aus Komposthaufen, Biotonnen, Blumenzwiebeln und Gemüselieferungen an Supermarktketten. »Kaum ein Zaun, der zu hoch war, und war er es doch, wurde eben das Gartentor aus den Angeln gehoben. ... Der bellende Bewacher des Anwesens traute sich nach der ersten schlechten Erfahrung kaum mehr in den eigenen Garten.«

Das Vermögen, sich weitestgehend auf die gegebenen Verhältnisse einstellen zu können, hat sicherlich in erheblichem Maße dazu beigetragen, daß wir heute in unserer eng besiedelten mitteleuropäischen Kulturlandschaft noch so zahlenmäßig starke Schwarzwildbestände haben. Auf die jeweiligen örtlichen Gegebenheiten sowie Maßnahmen der Hege und Bejagung stellen sich die Sauen ein. Diese Lern- und Anpassungsfähigkeit kann zwar Schwierigkeiten bei der Bejagung bringen, erweist sich aber andererseits als äußerst nützlich hinsichtlich vieler Möglichkeiten der Hege und der Wildschadenverhütung. Auf diese angewandten Probleme wird in späteren Abschnitten ausführlich eingegangen.

Verhalten in der Gefangenschaft

Bei guter und liebevoller Pflege werden Frischlinge schnell zutrauliche, anhängliche und gelehrige Tiere. Dies gilt umso mehr, je eher sie in die menschliche Pflege kommen und je mehr ihr Pfleger sich in Zeitaufwand, Säugerhythmus usw. in die Rolle der Bache hineinversetzt. Waren die Frischlinge erst wenige Stunden oder höchstens Tage alt, so werden sie voll auf ihren Pfleger geprägt. Allerdings wird es Menschen nur in Ausnahmefällen möglich sein, den Frischlingen soviel Zeit zu widmen, wie es normalerweise die Bache tut. Es ist deshalb günstig, wenn man eine Hündin als Ziehmutter einsetzen kann.

Später werden die Frischlinge leider meist in eine stabile Umzäunung gesperrt und noch später weggegeben werden müssen, da sie anderenfalls in Haus und Garten zuviel Unfug anstellen. So dürfte jeder Blumen- und Gemüsegarten in kurzer Zeit völlig umgebrochen werden. Auch vertreiben sich ältere Frischlinge und Überläufer gern die Zeit damit, daß sie dem Hausgeflügel nachstellen, es geschickt fangen und dann verzehren. Durch ihr robustes Wesen können sie auch Menschen verletzen. Insbesondere Keiler werden fremden Personen gegenüber meist recht aggressiv.

Andererseits gibt es Beispiele dafür, daß Bachen ihr ganzes Leben als überaus anhängliche, zutrauliche und folgsame Begleiter ihres menschlichen Freundes verbracht haben. Ihre Gelehrigkeit und Folgsamkeit (einschließlich Stubenreinheit!) war dabei sowohl in Haus und Hof als auch bei langen Spaziergängen im Wald oder sogar im Dorf derjenigen eines Hundes durchaus vergleichbar. Allerdings erfordert eine solche Haltung nicht nur die entsprechenden, sicher nur selten vorhandenen äußeren Voraussetzungen, sondern gleichermaßen einen sehr hohen Zeitaufwand des Halters, um sich mit dem Tier entsprechend beschäftigen zu können. Eine solche absolut zahme Haltung eines Stückes Schwarzwild wird deshalb immer die Ausnahme bleiben müssen und sollte zwecks Vermeidung einer Tierquälerei auch nur von solchen Personen versucht werden, die – etwa als Forstbeamte oder Berufsjäger – einsam im oder am Walde wohnen und auch ansonsten die notwendigen Voraussetzungen erfüllen.

Über wissenschaftliche oder pädagogische Zwecke oder reine Liebhaberei hinaus, kann die Gefangenschaftshaltung eines Stückes Schwarzwild auch praktischen Zielen dienen. Ein möglicherweise zukunftsträchtiges Beispiel hierfür ist aus Hildesheim in Niedersachsen bekannt geworden. Dort hat Polizeihauptkommissar W. FRANKE, Experte und Ausbilder für das Polizeihundewesen, einen Versuch durchgeführt, der internationales Aufsehen erregt und sowohl in Fachkreisen als auch in den Massenmedien vielfältigen Widerhall gefunden und über den FRANKE [1987] in einem Buch berichtet hat.

Aus einem kleinen privaten Tiergehege erhielt FRANKE Mitte 1984 einen drei Wochen alten weiblichen Frischling. In engem Kontakt mit sich, seiner Familie und seinem neunjährigen Rottweiler hat er »Luise« aufgezogen. Er schreibt [briefliche Mitteilung]: »Ihre ›Babynahrung‹ (H-Milch mit Schweineaufzuchtsfutter) nahm sie sogleich problemlos an. Ihr Gesamtverhalten läßt heute eindeutig erkennen, daß sie den ›Zweibeiner‹ als ›Rottenführer‹ akzeptiert. Ohne die ständige Gesellschaft des Hundes oder die

Polizeihauptkommissar Franke mit seinem Spürwildschwein Luise.

der Menschen gerät sie in Panik. Deshalb duldet, ja wünscht sie regelrecht die ständige Anwesenheit des Hundes in ihrem Zwingerbereich, der wiederum mit sichtlichem Behagen den ›Strohkessel‹ mit ihr teilt. Von klein auf ist sie daran gewöhnt, an der Leine geführt zu werden. Bei Spaziergängen in abgelegenen Gegenden läuft sie auch unangeleint mit uns, ohne sich außer Sicht zu entfernen.« Haltung und Führung der Bache machten keinerlei Schwierigkeiten. Auch war Luise bald stubenrein.
Schon früh hat FRANKE der Sau beigebracht, »auf immer gleiche Hörlaute und Sichtzeichen den Erdboden engmaschig abzuschnüffeln.« Sie verwies Sprengstoff, Rauschgift und Leichen, und zwar nicht nur im Erdboden, sondern auch in Koffern, Kisten, Kleidung und sonstigen Verstecken. In der Suche war sie sehr viel ausdauernder und gründlicher als entsprechend ausgebildete Polizeihunde, und die Nasenleistung war mindestens ebenso gut, wenn nicht besser. Durch andere Tiere, Schüsse, Menschenansammlungen und sonstige Störfaktoren ließ sie sich nicht ablenken. Unbeirrt suchte sie weiter und grub aus Erdreich, stark stinkenden Misthaufen usw. auch selber die gesuchten Gegenstände aus. Dabei brach sie »nur dort das Erdreich auf, wo sie die ihr antrainierten polizeilich relevanten Stoffe geruchlich wahrnimmt und ist nunmehr in der Lage, alle brisanten Stoffe, die bei der Ausbildung der Sprengstoff-Spürhunde Verwendung finden, sicher anzuzeigen.« Luise hat sich nicht nur bei zahlreichen Vorführungen, sondern auch im echten polizeilichen Einsatz vielfältig bewährt.
In mehrfacher Beziehung hat sich dieses »Spürwildschwein = SWS« (polizeiamtliche Bezeichnung) den Suchhunden als überlegen gezeigt. Wenn die Bache später auch aufgrund ihrer Körpergröße und ihres Gewichts (rund drei Zentner Lebendgewicht) für einen Einsatz in Fahrzeugen und engen Gebäudeteilen nicht mehr geeignet war, so eröffnen sich möglicherweise doch interessante Perspektiven für den Einsatz von Wildschweinen (wohl nur Bachen, da erwachsene Keiler wegen ihrer Aggressivität zu gefährlich werden) im Polizei-, Zoll- und ähnlichen Dienst.

Das Wildschwein in der Natur- und Kulturlandschaft

Lebensraumansprüche

An den Biotop, also an die Lebensraumverhältnisse, stellt das Schwarzwild drei Anforderungen:
- Es muß genügend Deckung für die Anlage von Schlafplätzen und Wurfkesseln vorhanden sein, und zwar an verschiedenen Stellen, die bei unterschiedlichen Windrichtungen und Witterungsverhältnissen jeweils optimalen Schutz, gegebenenfalls aber auch Sonneneinstrahlung gewähren.
- Es muß das ganze Jahr über in Quantität und Qualität ausreichende Nahrung zur Verfügung stehen.
- Es müssen Wasserstellen und Schlammlöcher zum Schöpfen und Suhlen vorhanden sein.

Es genügt den Sauen, wenn diese drei Forderungen im Prinzip erfüllt sind. Im einzelnen zeigen sie bezüglich der Lebensraumansprüche eine große Anpassungsfähigkeit.

Die erforderlichen *Deckungsverhältnisse* werden vor allem in großen, zusammenhängenden Waldgebieten geboten. Aber auch dort, wo Wald und Feld in Gemengelage vorhanden sind, finden die Sauen noch genügend Deckung, sofern der Waldanteil insgesamt ausreichend hoch ist. Diesbezüglich stimmen die Ansprüche des Schwarzwildes etwa mit denen des Rotwildes überein. Im großen und ganzen deckt sich deshalb die natürliche Verbreitung des Schwarzwildes mit der des Rotwildes, zumindest im Flachland und in den Mittelgebirgen. Lediglich im Hochgebirge folgt das Schwarzwild dem Rotwild nicht, doch hat dies andere Gründe.

Innerhalb des Waldes werden von den Sauen als Einstände besonders deckungsreiche und störungsarme Gebiete bevorzugt. Dies sind vor allem Dickungen, wobei – zumindest im Winter – Nadelholzdickungen und von ihnen wieder Fichtendickungen wegen des dortigen besonders starken Schutzes gegen Witterungsunbilden bevorzugt werden. Lediglich bei kühlem aber sonnigem Wetter werden lückige Schonungen oder Althölzer angenommen, wobei aber nach Möglichkeit auf Seitendeckung durch Jungwuchshorste o. ä. geachtet wird. Wegen der dort meist besonders geringen Störung durch Menschen werden auch schwerbetretbare Bruchpartien gern als Einstände gewählt, sofern sie trockene Stellen zum Einschieben aufweisen.

An den Ufern großer Flüsse und Binnenseen dienen auch breite Schilfgürtel, bereits gefestigte und mit Schilf bestandene Spülfelder usw. den Sauen häufig als Einstand. Als ganz besonders hervorstechendes Beispiel seien die riesigen Schilfwildnisse des Donaudeltas erwähnt, in denen die Sauen fernab jeden Waldes nur das Schilf als Einstand kennen.

Völlig oder sehr weitgehend deckungslose Gegenden, wie etwa die norddeutschen Marschen, werden dagegen von den Sauen gemieden. Hier kommt höchstens einmal ein durchwechselnder Einzelgänger vor. Eine feste Ansiedlung von Schwarzwild erfolgt auch bei ansonsten günstigen Verhältnissen wegen der fehlenden Deckung nicht.

Adlerfarndickichte werden vom Schwarzwild gern als Einstand benutzt.

Besonders vorteilhaft ist es, wenn vielseitige *Deckungsmöglichkeiten und eine reiche Ernährungsbasis* zusammentreffen. OLOFF [1951], der sich wohl am eingehendsten mit der Ökologie des Wildschweins befaßt hat, schreibt: »Da die Mast der Eiche und Buche die Hauptnahrung des Schwarzwildes bildet, muß folgerichtig Laubholzmischwald, der hauptsächlich diese Holzarten enthält, den vom Schwarzwild bevorzugten Lebensraum darstellen. Ein Blick auf die Karte der Hauptverbreitungsgebiete in Mitteleuropa zeigt, daß diese tatsächlich mit dem Hauptverbreitungsgebiet der Eiche und Buche zusammenfallen.« Doch nicht nur durch die Mast, sondern ganz allgemein durch sein artenreiches Pflanzen- und Tierleben bietet ein möglichst vielgestaltiger Mischwald das ganze Jahr über mehr oder minder abwechslungsreiche vegetarische und animalische Nahrung. Eine wertvolle Ergänzung können im Walde gelegene Brücher und Moore bringen.

Im oder am Wald liegende *Feuchtgebiete* sind für die Sauen auch deswegen von Bedeutung, weil hier bei längeren Dürreperioden Wasser zum Schöpfen sowie Suhlmöglichkeiten erhalten bleiben. Sind sämtliche Suhlen ausgetrocknet, wandern die Sauen oftmals in andere Reviere ab, in denen noch ausreichende Feuchtigkeit zur Verfügung steht.

Daß die Verbreitungsgebiete von Rot- und Schwarzwild sich im wesentlichen im

Die Bachen und ihre kleinen Frischlinge liegen gern in der Sonne.

In ruhigen Revieren sind die Bachen und (hier etwa 4 Monate alte) Frischlinge auch schon in der Abendsonne auf Waldwiesen anzutreffen, manchmal sogar zu allen Tageszeiten.

Im Herbst sind selbst starke Frischlinge noch an ihrer rot-braunen Farbe zu erkennen.

Rot- und Schwarzwild tolerieren sich in der Regel gut.

Sauen schieben sich gern in dichten Busch oder – wie hier – unter Windwurf ein.

Für ihren Kessel tragen die Schwarzkittel erhebliche Mengen an Pflanzenmaterial zusammen.

Auf dem Wechsel ziehen Sauen meist genau hintereinander.

Hoher Schnee kann selbst dem robusten Schwarzwild sehr zu schaffen machen.

Flachland und im Mittelgebirge, nicht aber im Hochgebirge decken, liegt an den unterschiedlichen Ernährungsweisen dieser beiden Wildarten. Bei der lang anhaltenden hohen Schneelage in den mitteleuropäischen Hochgebirgen hätten die Sauen über viele Wintermonate hinweg keine Existenzmöglichkeit. Daß sie jedoch ansonsten auch schroffe Waldgebirge nicht scheuen, kann man in diversen Mittelgebirgsrevieren, insbesondere in Südosteuropa, sehen. Als Kuriosum sei das bis zu 1600 m über Meereshöhe reichende Taragebirge an der Westgrenze Serbiens erwähnt, in dem das Schwarzwildvorkommen sogar über dasjenige des Gamswildes hinausreicht. Das im wesentlichen mit sanften Wald- und Wiesenhängen ausgestattete Gebirge wird bis in seine höchsten Lagen von den Sauen besiedelt. Das Gamswild steht dagegen in den fast senkrecht bis auf 350 m Seehöhe zur Drina abfallenden Felshängen der Drinaschlucht.

Seine große Anpassungsfähigkeit erlaubt es dem Schwarzwild nicht nur, sich auf sehr unterschiedliche Naturlandschaften einzustellen, sondern auch auf die *von der menschlichen Wirtschaft geprägte Kulturlandschaft*. Wie bereits mehrfach erwähnt, hat es in starkem Maße gelernt, vielerlei Ackerfrüchte als Nahrung und hohe Getreideschläge als Einstand zu nutzen. Wenn auch Fütterungsversuche gezeigt haben, daß Eicheln nach wie vor die beliebteste pflanzliche Nahrung darstellen, so üben doch auch vielerlei Feldfrüchte, an erster Stelle der Mais, eine große Anziehungskraft aus. Gerade in der intensivst bewirtschafteten mitteleuropäischen Kulturlandschaft, deren Wälder durch eine extreme Zunahme der für das Schwarzwild nahrungsmäßig uninteressanten Nadelhölzer auf Kosten der Mastholzarten gekennzeichnet sind, bilden die Feldfrüchte heute einen weitgehenden Ersatz für die Eichen- und Buchenmast.

In mehrfacher Hinsicht haben sich die Veränderungen in der Kulturlandschaft sogar förderlich auf die zahlenmäßige Entwicklung der Schwarzwildbestände ausgewirkt. Hinsichtlich der Einstände nennt OLOFF die großen Ödlandaufforstungen des 19. Jahrhunderts sowie die Ablösung der Waldnebennutzungen, vor allen das Aufhören des Hutebetriebes. Letzteres hatte selbstverständlich auch Auswirkungen auf die Ernährungsbasis des Schwarzwildes im Walde. Gleichsinnig wirkte sich die von OLOFF angeführte Verkürzung der Frequenzen im Auftreten der Mastjahre aus, die ihrerseits sowohl auf klimatische Veränderungen als auch auf Änderungen in der Waldbautechnik zurückzuführen ist. Auch die moderne, weitgehend technisierte Landwirtschaft kommt den Sauen in gewisser Weise entgegen. Die durch den Maschineneinsatz bedingte Großflächenwirtschaft hat größere, ungestörtere Einstände in der Feldmark zur Folge, und bei den immer mehr mechanisierten Erntemethoden bleiben nach der – ohnehin meist späteren – Ernte mehr Getreidekörner und Kartoffeln auf den Äckern zurück, wobei letztere oftmals bis zum nächsten Frühjahr den Sauen als Fraß zur Verfügung stehen.

Während also einerseits gewisse forstliche Veränderungen förderlich auf die Ausbreitung und Vermehrung des Schwarzwildes wirkten, wurde die negativ wirkende Zurückdrängung der Mastholzarten durch Nadelhölzer weitgehend durch die Landwirtschaft kompensiert. Insgesamt verbesserten sich im mitteleuropäischen Raum im Laufe der letzten zwei Jahrhunderte die Biotopverhältnisse für das Schwarzwild, was wesentliche Ursache für die starke Zunahme dieser Wildart war.

Umwelteinflüsse auf die Bestandsentwicklung

Ökologische Bedingungen wirken sich nicht nur langfristig sondern auch von Jahr zu Jahr auf die Vermehrung des Schwarzwildes aus, und zwar sowohl über die wechselnde Stärke des Frühjahrsbestandes (vor Beginn des Frischens) als auch über die stark schwankende Vermehrungspotenz. Zu den natürlichen Faktoren kommen noch – insbesondere hinsichtlich des Ausgangsbestandes – die je nach Jahresverlauf unterschiedlichen Auswirkungen der Jagd. Da alle diese Wirkungen stark ineinander verzahnt sind, dürfen sie auch nur gemeinsam betrachtet werden.

Ausgangspunkt für alle diesbezüglichen Betrachtungen muß stets der *Frühjahrsbestand vor der Geburt des neuen Jahrgangs* sein. Dieser ist mit jagdlichen Mitteln sehr viel schwieriger als bei den anderen Schalenwildarten von Jahr zu Jahr auf gleicher Höhe zu halten. Denn er ist beim Schwarzwild weit stärker als bei den anderen Schalenwildarten von den Jagdmöglichkeiten des vergangenen Jahres, von der Eichel- und Buchelmast des letzten Herbstes und von den Auswirkungen des Winters auf das Wild abhängig.

Im Sommer hängt die Jagdmöglichkeit auf Sauen weitgehend von der Getreideernte ab. In allen Gegenden mit einem hohen Anteil landwirtschaftlicher Nutzflächen wird ein großer Teil des Schwarzwildabschusses bei Ansitz und Pirsch auf dem Felde vollzogen. Solange das Getreide auf dem Halm steht, finden die Sauen hierin beste Deckung und sind häufig vom Beginn der Milchreife an kaum noch zu Gesicht zu bekommen. Je länger sich nun aus irgendwelchen Gründen die Getreideernte hinauszögert, desto länger dauert auch dieser Schutz an. Hinzu kommt, daß um die Zeit der Getreideernte die Tageslichtdauer bereits stark abnimmt. Eine mehrwöchige Verschiebung der Getreideernte bedeutet somit eine beträchtliche Streckenverminderung bei der Sommerjagd auf Schwarzwild. Nach einer späten Getreideernte sind die Nächte bereits so lang, daß die Sauen bei Tageslicht die Deckung nicht mehr zu verlassen brauchen. Gleichsinnig wirkt sich der Rapsanbau aus. Sind dann noch die wenigen Mondnächte wegen schlechten Wetters nicht ausnutzbar, so kann auch nach der Ernte die Strecke gleich Null sein. Als einzige wesentliche Jagdmöglichkeit bleiben in solchen Jahren die winterlichen Saujagden im Walde, die wiederum stark von den Schneeverhältnissen abhängig sind. In milden schneearmen Wintern können auch ihre Ergebnisse weit hinter den Durchschnittsstrecken zurückbleiben.

Der Verlauf des Winters ist auch in einer anderen Hinsicht von erheblichem Einfluß auf die zahlenmäßige Stärke des Frühjahrsbestandes. Bei langen Frostperioden ist es den Sauen oft nicht möglich, im Boden zu brechen, so daß in mastlosen Jahren oder wenn die Mast unter einer sehr hohen Schneedecke nicht zu erreichen ist, bei fehlender oder ungenügender Fütterung starke, gelegentlich sogar katastrophale Fallwildverluste eintreten können.

Trafen im vergangenen Jagdjahr alle für die Sauen günstigen Faktoren (späte Getreideernte, verregnete Mondnächte, starke Mast und milder, schneearmer Winter) zusammen, kann durch die weit unter dem Durchschnitt liegenden Verluste der Frühjahrsbestand leicht das Eineinhalbfache oder gar das Doppelte des normalen Frühjahrsbestandes betragen. Nach einem für die Sauen ungünstigen Jahr (gute

Jagdmöglichkeiten im Sommer, Herbst und Winter, fehlende Mast und strenge Wintersnot) kann der Frühjahrsbestand auf die Hälfte des normalen Frühjahrsbestandes absinken. Anders ausgedrückt: In den für die Sauen besonders günstigen Jahren kann der Frühjahrsbestand viermal so groß sein wie in den für sie besonders ungünstigen.

Zu diesen vom Jahresverlauf abhängigen Schwankungen des Frühjahrsbestandes kommen ebenso heftige *Schwankungen der Vermehrungspotenz*. Letztere ist im einzelnen wieder von diversen Faktoren abhängig, so vom Geschlechterverhältnis des Bestandes, vom prozentualen Anteil an Frischlingsbachen, Überläuferbachen und Altbachen, von der Mast, von sonstigen Ernährungsverhältnissen und vom Winterverlauf.

Erste umfangreiche Untersuchungen zu diesem Fragenkomplex hat OLOFF [1951] angestellt. Danach beträgt die Vermehrungspotenz des Schwarzwildes nach Jahren mit starker Mast und mildem Winter 150% und mehr, in Jahren mit nur geringer Mast 80-100% und in mastlosen Jahren 50-60% des Frühjahrsbestandes. Den nach Mastjahren bis zum Dreifachen gegenüber mastlosen Jahren anwachsenden Zuwachs führt er im wesentlichen auf drei Gründe zurück:
- Nach reichlicher Mast enthalten die einzelnen Würfe mehr Frischlinge.
- Nach reichlicher Mast frischt ein Teil der Bachen (bis zu 40%) zweimal innerhalb des gleichen Jahres.
- Während die Bache normalerweise erst im zweiten Lebensjahr geschlechtsreif und fruchtbar beschlagen wird, kann es unter sehr günstigen Bedingungen bereits vor Ablauf des ersten Lebensjahres zu einem fruchtbaren Beschlag kommen, ja die junge Bache kann sogar an der Schwelle des ersten Lebensjahres Frischlinge setzen.

Zu diesen Ergebnissen von OLOFF ist zu bemerken, daß sie überwiegend in reinen Waldgebieten gewonnen worden sind, die zum Teil sogar gegen die Felder abgegattert waren. In normalen Revieren der mitteleuropäischen freien Wildbahn dürfte der von OLOFF für mastlose Jahre angegebene Mindestzuwachs nur auf extrem ungünstige Jahre zutreffen, da die fehlende Baummast weitgehend durch die nach der heutigen mechanisierten Ernte auf den Äckern zurückbleibenden Feldfrüchte, durch den gegendweise immer stärker betriebenen Maisanbau sowie durch Fütterung wettgemacht wird. Weiter wissen wir inzwischen, daß der von OLOFF für Mastjahre angegebene Zuwachs noch ganz erheblich überschritten werden kann. OLOFF selbst bezeichnet die genannten Werte als Untergrenzen und meint, daß die tatsächlichen Werte wahrscheinlich noch darüber liegen. Von späteren Autoren sind die grundlegenden Forschungen von OLOFF in mehrfacher Hinsicht präzisiert worden.

BRIEDERMANN [1971] hat umfangreiche diesbezügliche Erhebungen analysiert. Dabei benutzt er den von SCHWERDTFEGER eingeführten Begriff der Fekundität als Ausdruck für das durchschnittliche Fortpflanzungsvermögen der Mitglieder eines bestimmten Teilkollektivs. In der nachfolgenden Tabelle sind die von ihm ermittelten Werte wiedergegeben. Dabei bedeutet F die durchschnittliche Fötenzahl bei Bachen dieser Altersklasse, R den prozentualen Anteil der tatsächlich frischenden Bachen dieser Altersklasse, Fk die aus den beiden anderen Werten errechnete Fekundität, also die durchschnittliche Nachkommenzahl aller Bachen dieser Altersklasse. Bei den genannten Zahlen ist eine vor- und nachgeburtliche Sterblichkeit von 10% bereits berücksichtigt, so daß die Werte den tatsächlichen Verhältnissen in der freien Wildbahn weitgehend gerecht werden dürften. Mit den ökologischen Verhältnissen sind – wie bei OLOFF – im wesentlichen die aus Mast und Winterverlauf resultierenden Einwirkungen gemeint, wobei fehlende oder geringe Mast weitgehend durch Feldfrüchte oder Fütterung ausgeglichen werden kann.

Ökologische Verhältnisse	Frischlingsbachen			Überläuferbachen			Altbachen		
	F	R	Fk	F	R	Fk	F	R	Fk
ungünstig	3,6	30	1,0	4,5	80	3,2	6,3	90	5,1
mittel	4,1	35	1,3	5,8	80	4,2	6,5	90	5,3
sehr günstig	4,6	40	1,7	6,5	90	5,3	6,8	90	5,5

Diese Werte sind von BRIEDERMANN in verschiedenen Forschungsrevieren der damaligen DDR ermittelt worden. Es ist zu vermuten, daß regional Unterschiede bestehen können. Trotzdem dürften diese Werte für den mitteleuropäischen Raum eine gute Berechnungsgrundlage bilden.

Bei einer Betrachtung dieser Werte ergibt es sich als selbstverständliche Folgerung, daß der Zuwachs des Gesamtbestandes unterschiedlich ausfallen muß, je nachdem, wie stark der Anteil der in der Tabelle genannten Bachenklassen am Gesamtbestand ist. Der Gesamtzuwachs ist also abhängig von Geschlechterverhältnis und Altersklassengliederung des Bestandes. Er wird berechnet, indem man den prozentualen Anteil der jeweiligen Bachenklasse am Gesamtbestand mit dem zugehörigen Wert der Fekundität multipliziert und dann die so errechneten Werte aller drei Bachenklassen addiert. In der Praxis dürfte das in freier Wildbahn für den Einzelfall allerdings auf Schwierigkeiten stoßen, da es dort meist nicht möglich sein wird, die Bestandesgliederung so genau zu ermitteln. Für die Wildstandsbewirtschaftung genügt das Wissen, daß durch jagdliche Beeinflussung der Altersklassengliederung und des Geschlechterverhältnisses auch die Höhe des Zuwachses beeinflußt wird, worauf in einem späteren Kapitel (s. Seite 110f.) noch zurückzukommen sein wird.

Aufgrund der von ihm ermittelten Werte für die Fekundität errechnet BRIEDERMANN den Zuwachs für einen sehr günstig gegliederten Bestand, wie er gegenwärtig in Mitteleuropa wohl nur in gut bewirtschafteten Gatterrevieren vorkommen dürfte, folgendermaßen:

  In ungünstigen Jahren: etwa 148% des Gesamtbestandes,
  in mittleren Jahren: etwa 165% des Gesamtbestandes,
  in sehr guten Jahren: bis zu 185% des Gesamtbestandes.

Für einen weniger günstig gegliederten Bestand nennt er folgenden Zuwachs:

  In ungünstigen Jahren: etwa 118% des Gesamtbestandes,
  in mittleren Jahren: etwa 140% des Gesamtbestandes,
  in sehr guten Jahren: bis zu 165% des Gesamtbestandes.

Zusammenfassend meint er, »daß sich im untersuchten Raum der DDR der jährliche nutzbare Zuwachs etwa zwischen 110% und 180% des Frühjahrsbestandes bewegt, wobei in durchschnittlichen Jahren 140% kaum überschritten werden.« Auch WAGENKNECHT [1971] und UECKERMANN [1977] nennen diese Werte.

Nicht berücksichtigt ist bei diesen Zahlenangaben ein eventuelles zweimaliges Frischen in einem Jahr. Nach früheren Einzelfeststellungen hat OLOFF zu dieser Frage sehr sorgfältige Beobachtungen, vor allem aus dem Solling, zusammengetragen. Danach frischt – wie bereits erwähnt – ein Teil der Bachen, und zwar bis zu 40%, nach reichlicher Mast zweimal innerhalb des gleichen Jahres. Spätere Autoren, vor allem BRIEDERMANN [1971], SNETHLAGE [1974] und TÜRCKE [1976 und 1978], haben zu dieser Frage Stellung genommen und dabei die Aussagen von OLOFF eingeschränkt oder gar in Frage gestellt. Ihre anders lautenden Ansichten beruhen teils auf eigenen oder fremden Revierbeobachtungen, teils auf theoretischen Überlegungen. So ist in neuerer Zeit hinsichtlich des zweimaligen Frischens von Bachen in einem Jahr eine beträchtliche Unsicherheit entstanden.

Außerordentlich interessante Ergebnisse zu dieser Frage erbrachten nun Schwarzwildzuchten, die 1979 in dem berühmten Auwaldrevier Belje in Jugoslawien, an der Einmündung der Drau in die Donau, durchgeführt wurden. Die protokollierten Ergebnisse wurden dem Verfasser von den dortigen Herren [J. BRNA, P. GOL, K. HARTH und D. NIKOLANDIC] mündlich mitgeteilt, wofür ihnen an dieser Stelle nochmals gedankt sei. Nachstehend seien sie in kurzer Form geschildert.

Die Beobachtungen wurden an 9 Bachen angestellt, die als Frischlinge aus dem Gatter Sparbach bei Wien der Fürstlich von Liechtensteinschen Verwaltung bezogen und in einem größeren Zuchtgatter der Verwaltung Jelen in Belje gehalten wurden. Im Alter von etwa 14 Monaten wurden alle 9 Bachen beschlagen, im Alter von 18 Monaten frischten sie erstmals. Am 8. März 1979 frischten die ersten 4 Bachen, und zwar brachten 3 Bachen je 4 Frischlinge, eine Bache 5 Frischlinge. Die anderen 5 Bachen frischten zwei Tage später, also am 10. März. Sie brachten zusammen 15 Frischlinge. Einer der insgesamt 32 Frischlinge war später aus unbekannter Ursache abgängig, die anderen 31 Frischlinge sind aufgewachsen. In den ersten 8 bis 10 Tagen nach dem Frischen hielt sich ein dreieinhalbjähriger Keiler zwischen den Bachen, später stets in ihrer Nähe auf.

Von diesen 9 führenden Bachen, die alle mit Ohrmarken gezeichnet und individuell zu erkennen waren, frischten 5 nach etwa viereinhalb Monaten erneut, und zwar am 20. und 24. Juli. Insgesamt brachten sie jetzt 20 Frischlinge, im Durchschnitt also 4 je Bache. Die zuerst gesetzten Frischlinge dieser Bachen wurden genauso lange gesäugt wie die der anderen Bachen. Zum erneuten Frischen taten sich die hochbeschlagenen Bachen von der übrigen Rotte ab, also auch von ihren Frischlingen. Die noch lebenden 31 Frischlinge des ersten Wurfes blieben mit den 4 nicht erneut frischenden Bachen und dem Keiler zusammen.

Am 25. Oktober wurden die 4 Bachen, die nur einmal gefrischt hatten, sämtlich beschlagen. Doch auch von den anderen 5 Bachen muß wenigstens eine rauschig gewesen sein, denn ebenfalls am 25. Oktober waren plötzlich 2 Keiler bei ihnen und zeigten deutlich Rauschzeitverhalten; ein Beschlag konnte hier allerdings nicht beobachtet werden. Es ist also damit zu rechnen, daß alle 9 Bachen in der zweiten Februarhälfte erneut frischen.

Diese vorstehend beschriebenen, zweifelsfreien Beobachtungen zeigen eindeutig folgendes:

- Ein zweimaliges Frischen von einem größeren Prozentsatz (in diesem Fall über die Hälfte) der Bachen mit erfolgreicher Aufzucht der Frischlinge ist durchaus möglich, und zwar schon bei erstmalig frischenden Überläuferbachen.
- Ein erneuter Beschlag ist trotz vorhandener Frischlinge schon wenige Wochen (hier rund drei Wochen) nach dem Frischen möglich.
- Trotz erneuter Trächtigkeit werden die vorhandenen Frischlinge die übliche Zeit gesäugt. Die erneute Trächtigkeit hat also keinen Einfluß auf die Dauer sondern höchstens auf die Qualität der Laktation.

Weitere intensive Beobachtungen oder gar experimentelle Untersuchungen müssen ergeben, wieweit diese Ergebnisse übertragbar sind. Es ist durchaus denkbar, daß sie von der Veranlagung des betreffenden Schwarzwildschlages, von Klima- oder Ernährungsverhältnissen, von der allgemeinen Konstitution, von der Erreichbarkeit oder Menge ganz bestimmter Nahrungsbestandteile (Eicheln, animalische Nahrung) und/ oder anderen Faktoren abhängig sind. Denkbar wäre auch, daß sie von der Sozialstruktur des Bestandes beeinflußt werden können. So wäre es erklärlich, daß in unterschiedlichen Schwarzwildgebieten die Frage nach einem zweimaligen Frischen ganz und gar unterschiedlich beantwortet werden muß. Hier eröffnet sich noch ein weites Feld für die Wildforschung. Diskussionsbeiträge zu dieser Thematik von ARNDT, HAPP, HENNIG, KLOTZ, SUCHANKA und WANDEL finden sich in der *PIRSCH* 1994 und 1995.

Ein Frischen im Spätsommer bedeutet allerdings nicht unbedingt, daß diese Bache bereits Frischlinge aus einem früheren Wurf besitzt und nun unterschiedlich alte Frischlinge eines Jahrgangs nebeneinander führt. Es kann sich auch um eine Bache handeln, die ihren ersten Wurf bald nach dem Frischen vollständig verloren und nun einen Ersatzwurf zur Welt gebracht hat. Es kann auch sein, daß die Bache bei fehlender Mast und frühzeitigem strengen Winter überhaupt erst im Frühjahr gerauscht hat und demzufolge erst im Hochsommer frischt. Und schließlich kann es sich um ein Stück handeln, das selber sehr spät gefrischt worden ist oder durch frühzeitigen Verlust der Mutter o. ä. erheblich in der Entwicklung zurückgeblieben und mit unzureichendem Größenwachstum in den Winter gekommen ist. TÜRCKE [1976] schreibt: »Das Stärkenwachstum kann gegenüber rechtzeitig gesetzten Frischlingen nicht mehr aufgeholt werden. Die Folge ist eine Entwicklungsverzögerung, für die ich die Bezeichnung ›Dezeleration‹ gewählt habe.«

Unter westdeutschen Verhältnissen muß unter Umständen ein zweimaliges Frischen von einem Teil der Altbachen in die Betrachtungen einbezogen werden. Andererseits befinden sich hier manche Bestände hinsichtlich ihrer Altersklassenstruktur in einem so katastrophalen Zustand, daß einige überhaupt nur noch als Kinder- oder bestenfalls Jugendgesellschaften bezeichnet werden können. Damit einher geht das Fehlen normaler Sozialstrukturen, also altersklassen- und rangordnungsmäßig gut gegliederter Großrotten. Und dies wiederum bewirkt das Fehlen der von den Leitbachen bzw. dem ganzen Sozialverband geleisteten Steuerung hinsichtlich der Geschlechtsreife, der Rausch- und Frischtermine und letztlich des Zuwachses. So kann durch den Abschuß von Altbachen das ganze Zuwachsgeschehen derartig desolat werden, daß Überläufer- und sogar Frischlingsbachen völlig zur Unzeit setzen, Frischlinge unterschiedlichsten Alters in dem nahezu strukturlosen Bestand vertreten sind und sich der gesamte Bestand völlig unkontrolliert, u. U. explosionsartig vermehrt.

Insgesamt dürfte in der Bundesrepublik Deutschland der Spielraum von Minimalzuwachs bis Maximalzuwachs noch um einiges größer sein als bislang meist angenommen. Bei Berücksichtigung aller besprochenen oder gestreiften Faktoren dürften für das Gebiet der Bundesrepublik Deutschland die von TÜRCKE [1978] genannten Zuwachswerte am zutreffendsten sein:

unter ungünstigen Verhältnissen:	60-100% des Gesamtbestandes,
unter mittleren Verhältnissen:	etwa 130% des Gesamtbestandes,
unter günstigsten Verhältnissen:	150-200% des Gesamtbestandes.

Diese Zuwachswerte beziehen sich wohlgemerkt immer auf den jeweiligen Frühjahrsbestand, sind also sämtlichst relative Werte. Will man den tatsächlichen Sommerbestand (nach dem Frischen) berechnen, muß man die Schwankungen des Frühjahrsbestandes und des Zuwachses miteinander in Beziehung setzen. Summieren sich hoher Frühjahrsbestand und hoher Zuwachs, kann der Sommerbestand das Fünf- bis Sechsfache eines normalen Frühjahrsbestandes bzw. das Zwei- bis Zweieinhalbfache eines durchschnittlichen Sommerbestandes betragen, während im umgekehrten Fall (bei unterdurchschnittlichem Frühjahrsbestand und unterdurchschnittlichem Zuwachs) sogar der Sommerbestand (also einschließlich der diesjährigen Frischlinge) noch beträchtlich hinter einem normalen Frühjahrsbestand (vor dem Frischen) zurückbleiben kann. Trotz vorhandener Frischlinge ist der Sommerbestand jetzt niedriger als ein normaler Frühjahrsbestand. Durch das Zusammentreffen besonders günstiger oder besonders ungünstiger Faktoren kann die sommerliche Schwarzwilddichte also um mehr als das Sechsfache schwanken! Derartige Unterschiede in der Wilddichte von einem Jahr zum anderen sind bei keiner anderen Schalenwildart denkbar und lassen in dieser Hinsicht eher Vergleiche zum Niederwild zu.

Die beschriebenen starken Zuwachs- und Bestandesschwankungen stellen zweifellos für Tiere dieser Größe einen Sonderfall dar [s. a. MÜLLER-USING 1960]. Sie gelten hinsichtlich ihrer eindeutigen Abhängigkeit vom Winterverlauf und vor allem von den Ernährungs-, besonders Mastverhältnissen geradezu als Paradebeispiel der Wildökologie [Gossow 1976]. Durch das Hinzukommen bestandessoziologischer Faktoren werden die Abläufe noch komplexer.

Das Wildschwein in der natürlichen Lebensgemeinschaft

Wie alle Tier- und Pflanzenarten ist auch das Wildschwein in das Funktionsgefüge der jeweiligen natürlichen Lebensgemeinschaft (Biozönose) eingefügt: Seine Populationen werden von den anderen Gliedern der Biozönose reguliert und es greift selber regulierend in die Populationen anderer Arten ein.

In den vorausgegangenen Kapiteln war beschrieben worden, durch welche Faktoren die Wildschweinpopulationen reguliert werden. Die Nachkommenzahlen hängen – außer von der inneren Gliederung der Schwarzwildbestände – von den jeweiligen Ernährungsverhältnissen, insbesondere von der Mast, ab. Je günstiger die Ernährungsverhältnisse, um so höher ist der Zuwachs. Bestandesvermindernd wirken dem gegenüber – außer strenger Wintersnot – einerseits die großen Raubwildarten, andererseits gewisse Parasiten und Infektionskrankheiten. Diese bestandesvermindernden Einwirkungen werden um so stärker, je höher die Wilddichte der Sauen ansteigt, was sich besonders deutlich in Gatterrevieren, aber auch bei den Seuchenzügen der Virusschweinepest in freier Wildbahn zeigt und was ganz und gar der allgemeinen »biozönotischen Minimum-Maximum-Regel« entspricht [HENNIG 1957 und 1959]: Je höher die relative Siedlungsdichte einer Art ist, desto mehr Angriffen seitens anderer Biozönosemitglieder – einschließlich der Krankheiten – ist diese Art ausgesetzt und umgekehrt.

Die regulierende Einwirkung des Schwarzwildes auf Populationen anderer Tierarten und einiger Pflanzenarten sowie ganz allgemein auf die Waldbiozönose ist schon häufig Gegenstand von Erörterungen gewesen. Vor allem OLOFF [1951] und BRIEDERMANN [1990] bringen zu diesem Thema umfangreiche Literaturzusammenstellungen sowie viele eindrucksvolle Beispiele. In der forstlichen und jagdkundlichen Literatur liegen vor allem zahlreiche Berichte über die Aufnahme forstschädlicher Insekten durch Schwarzwild vor. Mehrfach sind Hunderte oder gar Tausende von Larven und Puppen in einem einzigen Schwarzwildmagen gefunden worden, wobei die Insektensuche des Schwarzwildes erstaunlich schnell vor sich geht. So fand OLOFF in dem Magen eines Keilers 900 Engerlinge, die in höchstens 3 Stunden auf einer Waldwiese aufgenommen sein mußten. Hinzu kommt noch die Zahl der beim Brechen zerquetschten und der bloßgelegten Larven und Puppen, die dann durch Witterungseinflüsse eingehen oder anderen Tieren, Krankheiten und Parasiten zum Opfer fallen.

Aufgrund derartiger Untersuchungsergebnisse und der Tatsache, daß das Schwarzwild im Walde meist an solchen Stellen bricht, an denen die Siedlungsdichte eines Forstinsekts ansteigt und diese Flächen oft restlos umbricht, hatte man vielfach den Schluß gezogen, daß dem Schwarzwild eine besondere Bedeutung beim Bekämpfen einer *Forstinsektenkalamität* zukomme. Erst VIETINGHOFF-RIESCH hat in einer gründlichen Analyse früherer Arbeiten und in eigenen Untersuchungen [1952, gemeinsam mit VITÉ] gezeigt, daß derartige Folgerungen auf Trugschlüssen beruhen und daß es dem Schwarzwild nicht möglich ist, eine im Entstehen begriffene Massenvermehrung von Forstinsekten einzudämmen, auch nicht bei regelmäßigem intensivem Brechen in den befallenen Beständen. Zwar kann dabei die Siedlungsdichte der Forstinsekten herabgedrückt werden, aber im allgemeinen nicht unter die sogenannte »kritische Zahl«, die über Entstehen oder Nichtentstehen einer Kalamität entscheidet.

Vielmehr liegt die regulatorische Bedeutung des Schwarzwildes bezüglich der Insekten – abgesehen von seiner regulatorischen Bedeutung bezüglich der Bodenbrüter, mancher Reptilien und der Säugetiere, besonders der Kleinnager, und abgesehen von seiner sonstigen landschaftsbiologischen Bedeutung – in zwei anderen Richtungen, und zwar

- hilft das Schwarzwild im Zusammenhang mit den anderen Regulatoren der Insekten, Massenvermehrungen zu verhindern, es ist also einer von vielen Insektenregulatoren und als solcher auch in der Vielzahl der anderen durchaus wichtig, da ein dauerndes gesundes Artengleichgewicht nur bei einem Zusammenspiel zahlreicher Arten aufrecht erhalten werden kann,
- kann es dem Schwarzwild beim Beginn einer Massenvermehrung der Insekten (im sogenannten Prodromalstadium) unter Umständen gelingen, die Kalamität um ein Jahr zu verschieben, was oft ihr vorzeitiges Ende bedeutet.

Ist es aber den übergeordneten Regulatoren nicht gelungen, die Entstehung der Massenvermehrung zu verhindern oder im Keim zu ersticken, dann ist es ihnen erst recht nicht mehr möglich, diese Massenvermehrung zum Zusammenbruch zu bringen. Dieser erfolgt vielmehr auf die gleiche Weise wie bei einer erheblich übervermehrten Wildart, der entweder – in der Kulturlandschaft bei Untätigkeit des Jägers – die übergeordneten Regulatoren fehlen oder die durch sie nicht mehr genügend unter Kontrolle gehalten werden kann: Die Durchschnittsstärke und Vitalität der übervermehrten Art sinkt ab, oft wird auch die Nachkommenzahl geringer, die Anfälligkeit für Erkrankungen und die Infektionsgefahr steigen an, schließlich bricht die Massenvermehrung in einem großen Seuchenzug in sich zusammen, den nur ganz wenige Individuen überleben. Diese nun erhalten als eiserner Bestand ihre Art in einer der Lebensgemeinschaft angepaßten Menge weiter.

Bezüglich des Schwarzwildes ist es interessant, daß die Sauen zwar zu Beginn einer Massenvermehrung von Forstinsekten äußerst intensiv nach diesen suchen und die befallenen Flächen oft restlos umbrechen, daß aber nach einiger Zeit bei ihnen eine »Übersättigung« eintritt, die sie anderer Nahrung sich zuwenden läßt. Sie tritt aber erst in einem Stadium ein, in dem ein Eindämmen der Massenvermehrung nicht mehr möglich wäre. Durch die Abwendung von der in der Massenvermehrung begriffenen Art wird nun deren Siedlungsdichte noch gesteigert, was wiederum ihren Zusammenbruch beschleunigt.

Alles in allem können wir feststellen, daß unser Schwarzwild bereits nach heutigem Kenntnisstand eine interessante Stellung und Funktion in der Waldbiozönose einnimmt. Weitere diesbezügliche Forschungen, insbesondere auch im Zusammenhang mit Verhaltensstudien, dürften weitere wichtige Aufschlüsse geben.

Das Verhältnis zu anderen Tierarten

Den Jäger und Heger interessiert verständlicherweise besonders das Verhältnis des Schwarzwildes zu anderen Wildarten. Dabei muß man unterscheiden zwischen Wildarten, die dem Schwarzwildbestand einen Schaden zufügen können, denen das Schwarzwild selber einen Schaden zufügen kann und schließlich, denen das Schwarzwild sozusagen neutral gegenübersteht.

Unter den ersteren Arten sind vor allem die großen *Beutegreifer* zu nennen. Wolf, Bär und Luchs kommen in unseren Wildbahnen nicht mehr vor. Gelegentlich holt sich ein Fuchs den einen oder anderen Frischling. Die Sauen betrachten den Fuchs auch als

Feind. Kommt er ihnen zu nahe, wird er angenommen, insbesondere von führenden Bachen. Auch Katzen werden mitunter angegriffen. Gegenüber Hunden ist das Verhalten sehr differenziert. Kleine Hunde, z. B. Dackel, werden meist nur argwöhnisch beobachtet. Nur wenn sie einer führenden Bache oder gar dem Wurfkessel zu nahe kommen, werden sie genauso wie alle größeren Hunde entschlossen angenommen. Geringe einzelne Sauen, Bachen mit bereits voll fluchtfähigen Frischlingen sowie Frischlings- oder Überläuferrotten weichen einzelnen größeren Hunden oder gar mehreren Hunden gern aus. In größeren Dickungen umschlagen sie dabei oft die Hunde, um die schützende Dickung nicht verlassen zu müssen. Werden sie von den Hunden scharf verfolgt, flüchten sie. Bei sehr harter Bedrängung greifen sie jedoch auch energisch an. Dabei ist es immer wieder erstaunlich, mit welchem Schneid sich selbst geringe Sauen gegen eine Übermacht zur Wehr setzen. Das Verhalten älterer Keiler ist außerordentlich unterschiedlich. Manchmal sind sie bestrebt, schon der geringsten Störung rechtzeitig auszuweichen; manchmal sind sie auch bei härtester Bedrängung nicht bereit, ihr Lager oder gar die Dickung zu verlassen, sondern verteidigen sich am Platz auf das schärfste. Wir dürfen wohl annehmen, daß das Verhalten gegenüber Wölfen ähnlich wie gegenüber Hunden ist.

Als *Allesfresser* nimmt das Schwarzwild gern Wildfleisch. Dabei hält es sich nicht nur an verendetes Wild sondern nimmt auch Jungwild. In erster Linie fallen ihm Rehkitze und Junghasen zum Opfer. Beobachtungen haben gezeigt, daß einzelne Sauen es gelernt hatten, dem Fieplaut von Rehkitzen nachzugehen und gezielt die Kitze zu suchen. Vereinzelt – insbesondere in Gatterrevieren – ist auch festgestellt worden, daß stärkere Sauen oder gar Rotten Jagd auf Rehwild machten, wobei sie es teilweise geschickt gegen Zäune gedrückt und dort gegriffen haben. Dem Rehwild merkt man an seinem Verhalten, insbesondere an den oft lang andauernden Schreckkonzerten, an, daß es das Schwarzwild als Feind betrachtet. Möglichst weicht es ihm aus. Andererseits steht aber selbst in Schwarzwildeinständen Rehwild, wenn auch meist deutlich weniger als in anderen Revierteilen.

Mehrfach ist die Vermutung geäußert worden [zuletzt von GÜNTHER 1997], daß hohe Schwarzwildbestände in der Lage sind, die örtlichen Rehwildpopulationen zahlenmäßig zu regulieren. Für denjenigen, der von häufigem Abfährten weiß, wie gründlich die Sauen ihren jeweiligen Lebensraum kontrollieren, ist es durchaus plausibel, daß sie einen beträchtlichen Teil der dort gesetzten Rehkitze und Junghasen finden und so erheblichen Einfluß auf den Zuwachs und letztlich auf die Wilddichte dieser Arten nehmen.

In Karnickelrevieren sollen von den Sauen auch Satzröhren aufgebrochen und die Jungkaninchen herausgeholt werden, so daß sicherlich auch die Wildkaninchenbesätze von den Sauen reguliert werden.

Ein unter Umständen sehr ernstes Kapitel ist die Aufnahme von Gelegen der *Bodenbrüter* durch die Sauen. Insbesondere dort, wo es um die Erhaltung oder Wiedereinbürgerung seltener Bodenbrüterarten geht, wird man den Schwarzwildbestand drastisch reduzieren müssen. Zwar gibt es Beispiele, daß Auer- oder Haselwild und Schwarzwild jahrzehntelang nebeneinander in einem Revier existiert haben. In günstigem Biotop mit noch gutem Tetraonenbestand und nicht zu hoher Schwarzwild-

In Revieren mit Haselwild (links) und Birkwild (rechts) sowie Auerwild muß der Schwarzwildbestand unter Umständen drastisch reduziert werden.

dichte können durchaus beide nebeneinander leben. In weniger günstigen Biotopen, wie sie heute in unseren Wirtschaftswäldern die Regel sind, und bei gefährdetem Tetraonenbestand wird man aber oftmals auf das Schwarzwild weitgehend oder gar vollkommen verzichten müssen, wenn man die Waldhühner erhalten will. Ganz besonders gilt dies bei beabsichtigter Wiedereinbürgerung.

Rotwild und Schwarzwild lassen sich gut nebeneinander halten. Sie benutzen vielfach dieselben Einstände und Äsungsflächen, wenn sie dort auch im allgemeinen einen gewissen Abstand voneinander halten. Vereinzelt vertreiben sie sich gegenseitig – je nach Kräfteverhältnis, wobei meistens die Sauen dem Kahlwild, Hirsche den Sauen überlegen sind. Zu tatsächlichen Kämpfen dürfte es wohl nie kommen. Drohverhalten oder Scheinangriff bewirken meist den Rückzug der jeweils schwächeren Partei. Nur an großen Fütterungen, vor allem wieder in Gatterrevieren, kann es gelegentlich Schwierigkeiten geben. Ganz allgemein kann man sagen, daß Rot- und Schwarzwild einander tolerieren, seitens des Rotwildes allerdings wohl mit einer gewissen Antipathie. Doch auch davon gibt es Ausnahmen. So berichtet SNETHLAGE [1974] von einem Fall, in dem ein geringer Rothirsch und ein zweijähriger Keiler regelrecht miteinander spielten und sich gegenseitig im Scherz jagten.

Die Haltung von *Damwild* und *Muffelwild* zusammen mit Schwarzwild ist sowohl in freier Wildbahn als auch in großen Jagdgehegen unproblematisch.

Außer der direkten gegenseitigen Beeinflussung sind in diesem Zusammenhang noch einige indirekte Beziehungen zu nennen. So ist beispielsweise mehrfach festgestellt worden, daß Sauen auf die Klagelaute von Rehwild, Hasen oder Kaninchen reagierten, wohl um einem Beutegreifer seine Beute abzunehmen. Die Warnlaute anderer Tiere, etwa des Eichelhähers, werden vom Schwarzwild beachtet. Springt Rotwild plötzlich ab, flüchtet im allgemeinen auch das Schwarzwild. Umgekehrt beachtet anderes Wild Warnlaute und Fluchtreaktionen des Schwarzwildes.

Das Ansprechen und Bestätigen des Schwarzwildes

Das Ansprechen nach Geschlecht und Alter

Jede planmäßige Wildstandsbewirtschaftung setzt eine möglichst genaue Kenntnis des betreffenden Wildbestandes nach Gesamtzahl, Gliederung und raumzeitlichem Verhalten im Revier voraus. Sowohl zur Erlangung dieser Kenntnisse als auch ganz besonders für die eigentliche Bejagung ist ein korrektes Ansprechen nach Geschlecht und Alter erforderlich. Allerdings ist das gerade beim Schwarzwild nicht ganz leicht. Es müssen deshalb alle hierfür geeigneten Körpermerkmale sowie das individuelle Verhalten und das Sozialverhalten herangezogen werden.

Am leichtesten und eindeutigsten sind die *Frischlinge* anzusprechen. Sie kommen mit ihrer typischen, gestreiften Jugendfärbung zur Welt. Nach etwa 2 Monaten fängt diese Streifung an zu verwischen und langsam zu verschwinden, bis sie nach 3-4 Monaten nur noch andeutungsweise und mit etwa 5 Monaten überhaupt nicht mehr zu sehen ist. Dann haben rechtzeitig zur Welt gekommene Frischlinge zunächst eine rot-braune Einheitsfärbung, die nach und nach immer mehr Grautöne bekommt und schließlich im Herbst mit dem Wachsen der ersten Winterborsten zu Schwarz hin changiert. Trotzdem

Starke Bache mit wenige Tage alten Frischlingen.

Ein etwa halbjähriger Frischling.

bleibt bis zum Haarwechsel des nächsten Frühjahrs stets ein mehr oder minder ausgeprägter rötlich-brauner Schimmer erhalten, besonders an den Keulen, der bei günstigem Lichteinfall meist deutlich zu erkennen ist.

Außer durch ihre Färbung unterscheiden sich die Frischlinge von älteren Stücken selbstverständlich durch ihre Körperstärke. Nur im Spätwinter können ausnahmsweise einmal bei besonders gut entwickelten Frischlingen Zweifel angebracht sein. Außer der Färbung müssen dann andere Merkmale Aufschluß geben. Es ist dies insbesondere der noch relativ kurze »kindliche« Kopf mit verhältnismäßig großer Wurfscheibe und groß erscheinenden Lichtern. Weiter sind zu nennen der allgemein noch jugendliche Körper und der dünne, relativ kurze Pürzel.

Auch das Verhalten gibt deutliche Hinweise. Sofern ihre Mutter nicht umgekommen ist und sie selber nicht gerade vorübergehend von der Rotte abgekommen sind, befinden sich Frischlinge stets in der Rotte. Nur in den ersten 1-3 Lebenswochen legt die Bache sie vorübergehend ab, um allein der Nahrungsaufnahme nachzugehen. Später können zur Zeit des erneuten Frischens der Bache die Frischlinge einmal allein angetroffen werden. Doch normalerweise befinden sie sich stets in der Rotte und entfernen sich kaum einmal mehr als 100 m von den anderen Stücken. Man kann sie jetzt in Größe und Figur mit den älteren Stücken vergleichen. Auch zeigen die Frischlinge nun ein ausgeprägt spielerisches Verhalten.

In den ersten Lebensmonaten ist eine Unterscheidung der Geschlechter nur auf kürzeste Entfernung und bei sehr guten Lichtverhältnissen möglich, und selbst im ersten Winterkleid ist es noch recht schwierig, das Geschlecht anzusprechen. Eine solche Unterscheidung hätte aber auch keine praktische Bedeutung. Für die Bestandesaufnahme und für jagdliche Planungen genügt es, die Gesamtzahl der Frischlinge bzw. den Frischlingsanteil am Gesamtbestand zu kennen. Bei der Jagd sollte man in jedem Fall die schwächsten Frischlinge für den Abschuß auswählen. Viel mehr als auf Geschlechtsmerkmale sollte man also auf Größenunterschiede bei den Frischlingen achten.

In den ersten Wochen des neuen Jagdjahres, also im April und bis in den Mai hinein, gelten die für Winterfrischlinge beschriebenen Ansprechmerkmale auch für die jetzigen *Überläufer*. Manche erfahrenen Schwarzwildkenner sprechen deshalb um diese Jahreszeit seltener von Überläufern als von »vorjährigen Frischlingen«. Eine Unterscheidung von den diesjährigen Frischlingen bereitet nicht die geringsten Schwierigkeiten. Die Abgrenzung zu den höheren Altersklassen ist noch genauso wie bei den Winterfrischlingen.

Es ist jedoch zu bedenken, daß um diese Jahreszeit manche vorjährigen weiblichen Frischlinge selber schon frischen. So sieht man jetzt nicht selten führende Bachen mit deutlich entwickeltem Gesäuge, die den beschriebenen rot-braunen Schimmer der Jugendfärbung in der Schwarte zeigen. Altersklassenmäßig sind es Überläufer (vor dem 1. April sogar noch Frischlinge), die aber im Gesamtbestand als Bachen fungieren. KALBHENN [1973] sagt wörtlich, daß diese Überläuferbachen »die Überläuferklasse in dem Sinn überspringen, daß sie . . . beim Klassenübergang bereits beschlagen sind und somit von Frischlingen gleich zu führenden Bachen werden.« Korrekt sind diese Stücke altersklassenmäßig als Überläufer, hinsichtlich ihrer Funktion im Bestand und damit auch bei der Bejagung als Bachen einzuordnen! Individual- und Sozialverhalten sind bei diesen führenden Überläuferbachen wie bei den anderen führenden Bachen.

Die nicht führenden Überläuferbachen sowie die Überläuferkeiler bleiben im allgemeinen zunächst noch in der Großrotte. Jetzt muß besonders darauf geachtet werden, daß beim beabsichtigten Abschuß eines Überläufers aus der Großrotte nicht aus Versehen eine führende Überläuferbache erlegt wird!

Gelegentlich treten im Frühjahr reine Überläuferrotten auf. In ihnen sind in aller Regel keine führenden Bachen, so daß also hier kein Fehlabschuß passieren kann. Im allgemeinen bleiben jedoch die Überläuferbachen – auch wenn sie selber noch nicht gefrischt haben – bei der Großrotte. Die Überläuferkeiler werden aus dieser ausgestoßen. Zunächst treten sie meist noch in kleinen lockeren Gruppen auf. Im Laufe des Sommers werden sie Einzelgänger.

Allen älteren *Bachen* fehlen die beschriebenen Jugendmerkmale. Da sie jetzt fast immer tragen, säugen oder führen und deshalb vom waidgerechten Jäger nicht erlegt werden, ist ein sorgfältiges Ansprechen nach dem Geschlecht wichtig. Zunächst fehlen den Bachen die – später zu besprechenden – Geschlechtsmerkmale des Keilers. In den ersten Wochen nach dem Frischen tritt das stark ausgebildete Gesäuge deutlich hervor. Leider ist es schon vorgekommen, daß unerfahrene Jäger dieses Gesäuge mit dem Pinsel des Keilers verwechselt haben, vor allem wenn nur ein oder zwei Striche angesaugt waren. Für den Kenner sind Pinsel und Gesäuge jedoch deutlich unterscheidbar.

Starke Frischlinge in der Rotte (rechts).

Führende Bache im verspäteten Haarwechsel – deutlich ist das stark ausgebildete Gesäuge zu erkennen (mitte links).

Nach Ende der Saugperiode bildet sich das Gesäuge wieder zurück (mitte rechts).

Starke Bache im Sommerkleid (unten links).

Geringer Keiler im Sommerkleid (unten rechts).

Auffällig ist im Spätfrühjahr der bei den führenden Bachen um mehrere Wochen verzögerte Haarwechsel, der übrigens auch zu einem verspäteten Verfärben im Spätsommer/Herbst führt. Tragen alle anderen erwachsenen Sauen bereits ihr Sommerkleid, sind also praktisch nackt und hell, haben die führenden Bachen noch die langen Winterborsten. Bei schlechtem Licht, auch nachts bei Mondschein, ist der Unterschied daran zu erkennen, daß Stücke im Sommerkleid silberhell, im Winterkleid tiefschwarz erscheinen. Beim herbstlichen Verfärben ist es genau umgekehrt.

Nach der Saugperiode sowie bei nicht führenden Bachen sind im Sommerkleid unter günstigen Lichtverhältnissen auch die nicht oder nicht mehr milchführenden Zitzen zu sehen.

Nicht führende Bachen, also solche, die entweder überhaupt nicht gefrischt haben, oder solche, die ihren gesamten Nachwuchs verloren haben, stehen zwar meist auch in der Großrotte, doch sind sie dort die Ausnahme. Deshalb sind grundsätzlich alle in der Großrotte befindlichen Bachen – unter gewisser Ausnahme der Überläufer – als führend zu betrachten. Sowohl beim Ziehen als auch in der Flucht bildet häufig eine führende Bache den Schluß. Bei dem stärkeren Stück am Ende einer Rotte handelt es sich also meist nicht um einen Keiler sondern um eine führende Bache!

Erwachsene Bachen auf ihr Alter anzusprechen, ist außerordentlich schwer. Da Größe und Gewicht individuell und jahreszeitlich stark schwanken, können sie auf das Alter nur sehr unsichere Hinweise geben.

Läßt sich eine Rotte mit mehreren Bachen längere Zeit beobachten, z. B. an der Fütterung, kann man die Rangordnung und damit auch die Altersabstufung unter den Bachen feststellen. Dadurch läßt sich zwar nicht das absolute, wohl aber das relative Alter der Bachen untereinander ermitteln. Dem guten Beobachter und erfahrenen Schwarzwildkenner werden dabei auch feine Altersunterschiede in Figur, Körperhaltung, Bewegung und Verhalten auffallen, desgleichen individuelle Eigenheiten.

Einigermaßen sichere Anhaltspunkte für das absolute Alter geben nur die Haken. Es sind dies die Eckzähne, die den Waffen des Keilers entsprechen. Bei älteren Bachen können sie eine beträchtliche Stärke erreichen und dann manchmal deutlicher zu sehen sein, als die Waffen eines geringen Keilers. Vor allem kann durch die Haken die Oberlippe ähnlich wie bei einem Keiler aufgewölbt werden. Das kann dazu führen, daß eine ältere Bache nach diesem Merkmal als Keiler angesprochen wird. Dieses Merkmal sollte also nicht zur Unterscheidung der Geschlechter sondern nur zur Altersansprache herangezogen werden.

Von der beschriebenen Aufwölbung der Oberlippe abgesehen, bleibt aber auch bei älteren Bachen die für alle Bachen typische Schädelform erhalten. Bei erwachsenen Stücken wirkt der Schädel einer Bache länger und schmaler als der eines Keilers und hat eine fast geradlinige Oberseite. Der Schädel des Keilers wirkt kürzer, breiter, insgesamt gedrungener und klobiger und hat eine bewegte Oberlinie: über den Haderern befindet sich eine Aufwölbung, und die Stirn verläuft nicht – wie bei den Bachen – in gerader Verlängerung des Nasenrückens sondern ihm gegenüber ansteigend, so daß das gesamte Profil – etwas übertrieben ausgedrückt – eine S-Form zeigt. Allerdings ist dieser Profilunterschied sehr vorsichtig zu bewerten, da er individuell stark variiert. Es kommen ebenso alte Bachen mit Keilerprofil wie mittelalte

Portrait eines reifen Keilers.

Die Erkundungshaltung drückt gespannte Konzentration aus.

Sauen gehen gern ins Wasser. Selbst größere Seen und Flüsse werden durchquert.

Im flachen Wasser werden diverse Wasserpflanzen, bei Gelegenheit auch Muscheln und Fische aufgenommen.

Zu Beginn und während der Rauschzeit markieren Keiler mit schaumigem Speichel Zweige und kleine Bäumchen.

In der Rauschzeit kann es zwischen Keilern zu heftigen Kämpfen kommen.

Sobald Eicheln und Bucheckern zu fallen beginnen, widmen sich die Sauen überwiegend dieser ihrer Lieblingsnahrung.

Im Winter suchen die Sauen im Schnee weiterhin nach der Baummast.

Vier- bis fünfjähriger Keiler im Frühherbst.

Keiler mit Bachenprofil vor. Auch spielt gerade für die Heranziehung dieses Merkmals der Unterschied zwischen Sommer- und Winterschwarte eine große Rolle.
Die sichersten Unterscheidungsmerkmale des *Keilers* gegenüber der Bache sind Pinsel und Kurzwildbret. Im Sommerkleid ist der Pinsel deutlich zu erkennen; in den Winterborsten verschwindet er oft weitgehend. Generell zeichnet er sich im Winterkleid um so markanter ab, je älter der Keiler ist. Das Kurzwildbret ist durch eine leichte Wölbung unterhalb des Weidlochs zu erkennen, und zwar sowohl von hinten als auch – unter Umständen sogar noch besser – von der Seite. Es ist kürzer behaart als die übrige Schwarte.
Die von vielen Jägern als Ansprechmerkmal betrachteten Waffen können nur bei starken, alten Keilern Sicherheit bieten; denn wie bereits beschrieben, sind die Haken alter Bachen manchmal deutlicher zu erkennen als die Waffen jüngerer Keiler!
Bei Keilern etwa vom 5. Lebensjahr an werden die bei den Hauptschweinen voll ausgeprägten Merkmale im Körperbau sichtbar. Der Habitus wirkt immer gedrungener, massiger, dadurch kürzer und kurzläufiger, mit schwerem, klobigem Kopf. Das Gewicht scheint sich immer mehr auf die Vorderläufe zu verlagern. Der alte Keiler bekommt – im Gegensatz zu der mehr langgestreckt wirkenden Bache mit geradem Rücken – einen »Karpfenrücken«: die Seitenlinie steigt vom Wurf über die Stirn bis zum Widerrist ziemlich steil an, um danach schwach wieder abzufallen. Der gegenüber jungen Stücken längere Pürzel bekommt jetzt am Ende eine deutliche Quaste.
Während also Überläuferkeiler und selbst zwei- oder dreijährige Keiler noch viel Ähnlichkeit mit Bachen haben, treten etwa vom 5. Lebensjahr an zunehmend die Unterschiede in der gesamten Figur zutage. Auch überflügeln die Keiler jetzt die Bachen deutlich an Größe und Gewicht. Das wirklich ausgereifte Hauptschwein zeigt die beschriebenen Merkmale in Vollendung. Da in unseren Wildbahnen solche

Hauptschwein in der Sommerschwarte (oben).

Hauptschwein in der Winterschwarte (unten).

ausgereiften Hauptschweine kaum noch anzutreffen sind, kann jedem Schwarzwildjäger nur empfohlen werden, sich einmal in einem Schaugehege ein echtes Hauptschwein anzusehen! Das einprägsame und unvergeßliche Bild wird ihn davor bewahren, versehentlich junge Zukunftskeiler oder gar Bachen zu erlegen.

Auch bezüglich des Ansprechens von Keilern kann das Verhalten wertvolle Hinweise geben. Wie bereits mehrfach erwähnt, werden die Überläuferkeiler im Alter von gut einem Jahr aus der Rotte ausgestoßen. Zunächst halten sie untereinander noch eine kurze Zeit locker zusammen; dann werden sie Einzelgänger. Nur während der Rauschzeit gesellen sie sich zu den Rotten, ansonsten verbringen sie ihr ganzes weiteres Leben als Einzelgänger. Selbst während der Rauschzeit schieben sich Keiler oftmals nicht mit der Rotte zusammen ein, sondern halten sich bei ihr nur während deren Aktivitätsphase auf, die allerdings während der Rauschzeit unter Umständen früher beginnt und ausgedehnter ist. Beim Rauschen läßt sich der Keiler ganz eindeutig an seinem Verhalten gegenüber den Bachen erkennen.

Die Tatsache, daß Keiler Einzelgänger sind, bedeutet nicht umgekehrt, daß einzeln auftretende Sauen stets Keiler sind! Insbesondere während des Frühjahrs und Sommers, gelegentlich aber auch zu anderen Jahreszeiten, handelt es sich hier oft um führende Bachen, die ihre Frischlinge in der Dickung abgelegt haben oder deren noch kleine Frischlinge in der hohen Vegetation nicht zu sehen sind. Letzteres kann auch der Fall sein, wenn mehrere stärkere Stücke gemeinsam erscheinen. Oftmals handelt es sich hierbei nicht um eine Überläuferrotte, sondern um mehrere führende Bachen, deren Frischlinge im hohen Bodenbewuchs untergehen. Auf diese Weise entstehen alljährlich die tragischen Irrtümer, durch die – vor allem im Getreide oder in den Kartoffeln – führende Bachen von ihren Frischlingen weggeschossen werden.

Gerade beim Auftreten von Einzelstücken ist hinsichtlich des Abschusses also äußerste Vorsicht geboten. Sehr oft handelt es sich um eine führende Bache, ansonsten meist um einen Zukunftskeiler. Einzelne Sauen sollten also nur dann erlegt werden, wenn sie nach den beschriebenen Merkmalen eindeutig als Hauptschwein angesprochen worden sind oder einwandfrei als nicht führende Bache bekannt sind. Aus Rotten sollte man nach gründlichem Stärkevergleich möglichst das schwächste Stück erlegen.

Fährtenkunde

In normal bejagten Revieren der freien Wildbahn sind die erforderlichen Kenntnisse hinsichtlich des Schwarzwildes durch direkte Beobachtung nur sehr unvollständig zu erlangen. In erster Linie müssen sie aus allen denjenigen Zeichen gewonnen werden, die das Wild durch seine Aktivitäten im Revier hinterläßt und die dadurch auch bei Unsichtbarkeit des Wildes Aufschluß geben über Art und Zahl des vorhandenen Wildes, über die Zusammensetzung des Wildbestandes, über die vom Wild besuchten Fraßplätze, Einstände, Suhlen, Wechsel usw. sowie über möglichst viele sonstige Lebensäußerungen. Die Gewinnung aller dieser Kenntnisse ist Gegenstand der Wildbestätigungskunde [HENNIG 1979] und deren wichtigster Teil wiederum die Fährtenkunde.

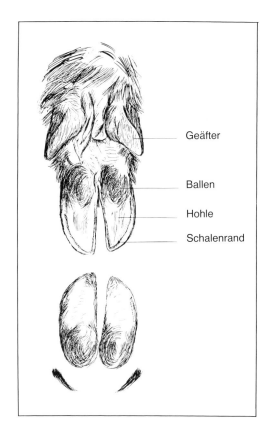

Lauf und Trittsiegel des Schwarzwildes.

Die Abbildung oben zeigt die Unterseite eines Laufes vom Schwarzwild und den dazugehörigen Abdruck im Boden, das Trittsiegel. Die richtige Bezeichnung der wichtigsten Einzelheiten geht aus dieser Abbildung hervor. Anzumerken ist, daß Schalen, Hohle und Ballen beim Schwarzwild relativ flach ausgebildet sind und dadurch sich der ziemlich lange, ovale Ballen im Trittsiegel nicht so deutlich abzeichnet wie bei den Hirscharten. Die Schalen werden schon beim ruhigen Ziehen etwas gespreizt, und stets wird das im Vergleich zu anderen Wildarten recht große Geäfter mit aufgesetzt. Dadurch ergibt sich insgesamt eine im Vergleich zu den Hirschen recht große Standfläche, die es dem Schwarzwild in viel stärkerem Maße als unseren anderen Schalenwildarten ermöglicht, über morastigen Untergrund zu ziehen.

In Form und Größe der Schalenabdrücke bestehen am ehesten *Verwechslungsmöglichkeiten zwischen Rot- und Schwarzwild*. Sowohl aus diesem Grunde als auch wegen des oft gemeinsamen Vorkommens beider Wildarten seien nachstehend die wichtigsten Unterschiede in den Fährten dieser beiden Wildarten herausgestellt.

Der deutlichste Unterschied im einzelnen Trittsiegel besteht hinsichtlich des Geäfters. Während es beim Rotwild nur in der Fluchtfährte oder sonst höchstens in tiefem, weichem Boden abgedrückt ist, steht es beim Schwarzwild in jeder Fährte, also auch beim ruhigen Ziehen. Und während es bei den anderen Schalenwildarten punktförmig genau hinter den Schalenabdrücken steht, ist es beim Schwarzwild länglich, kommaförmig, und ragt deutlich an beiden Seiten über die Schalenbreite hinaus. Andererseits ist der Abstand zwischen Schalenabdruck und Geäfterabdruck beim Schwarzwild nicht ganz so weit wie bei den anderen Schalenwildarten.

Machen Sauen den Schluß, setzen sie also den Hinterlauf ganz genau in das Trittsiegel des Vorderlaufs, sieht dieser doppelte Abdruck wie ein einziger aus. Sehr oft macht Schwarzwild aber nicht den Schluß, sondern bleibt im Ziehen zurück, so daß das Geäfter in jedem Trittsiegel doppelt abgedrückt wird. Manchmal kann man dann den doppelten Schalenabdruck erkennen, häufig aber – vor allem bei zäh-weichem Boden – sieht es so aus, als ob nur ein Schalenabdruck mit einem doppelten Geäfter vorhanden ist. Die Zeichnungen auf Seite 94 geben das Gesagte bildlich wieder.

Durch das deutliche seitliche Überragen des Geäfters bekommt das gesamte Trittsiegel des Schwarzwildes ein trapezförmiges Aussehen, während es in der Vertrautfährte des Rotwildes eine mehr oder minder rechteckige Form hat. Diese Trapezform läßt das Schwarzwildtrittsiegel oftmals auch dann noch erkennen, wenn im Pulverschnee oder in lockerem Sand die Feinheiten bereits wieder zugeschüttet sind.

Ist bei sehr hartem Boden der Geäfterabdruck nicht zu erkennen, lassen einige andere Merkmale sowohl im Trittsiegel als auch in der gesamten Fährte eine Unterscheidung zwischen Rot- und Schwarzwild zu. Wie bereits gesagt, werden von den Sauen auch im Ziehen die Schalen ein wenig gespreizt. Auch sind die Schalenhälften meist ungleich lang. Bei kleinen Frischlingen ist dieses Merkmal zwar noch nicht vorhanden. Es entwickelt sich erst später, um im höheren Alter wieder zurückgebildet zu werden, ohne allerdings gänzlich zu verschwinden. Bei fast allen mittelalten Sauen ist eine Schalenhälfte deutlich kürzer als die andere, und zwar in der Regel die innere.

Liegt lockerer Schnee sehr hoch und stürzt er so sehr in der Fährte zusammen, daß weder die Trapezform noch gar Einzelheiten des Trittsiegels zu erkennen sind, können andere Merkmale auf Schwarzwild hinweisen. Durch ihren niedrigen Körperbau streifen die Sauen nun mit der Bauchseite den Schnee, wobei zahlreiche feine Borstenstriche entstehen. Aufgrund der verhältnismäßig kurzen Läufe pflügen im Schnee einzelne Sauen und vor allem im Gänsemarsch ziehende Rotten oft kraß ins Auge fallende Furchen. Auch das Überwinden von Gräben kann einen Anhalt geben. Während Sauen fast immer hindurchziehen, werden Gräben von Rotwild meist überschritten oder überfallen (übersprungen).

In der Fluchtfährte sind die Schalen weiter gespreizt; das Geäfter ist jetzt immer nur einfach abgedrückt.

Außer dem einzelnen Trittsiegel kann die Fährte insgesamt, also die Aneinanderreihung der einzelnen Tritte, wichtige Aufschlüsse geben. Im Ziehen und im Troll ist die Fährte geschränkt, die einzelnen Tritte sind etwas nach außen gedreht. Ein sehr auffälliges Unterscheidungsmerkmal gegenüber der Rotwildfährte ist die im allgemeinen sehr viel geringere Schrittweite, die nur die Hälfte bis Dreiviertel derjenigen eines Stückes Rotwild, etwa gleicher Trittstärke, beträgt. So wird beispielsweise von BRANDT und EISERHARDT [1961], KIESSLING [1925], RAESFELD [1952] und USINGER [1954] die Schrittweite starker Keiler mit 42-48 cm angegeben im Vergleich zu derjenigen von Rothirschen mit 60-80 cm. Im scharfen Troll bergab kann allerdings die Schrittweite starker Sauen diejenige von Hirschen fast erreichen, worauf KIESSLING ausdrücklich

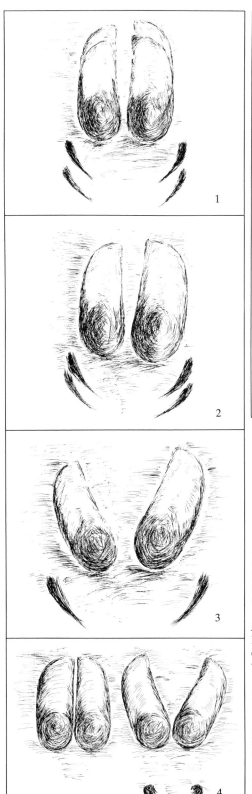
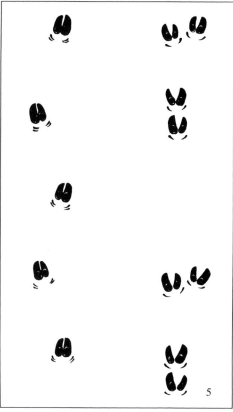

Abb. 1
Sauen machen meist nicht den Schluß, sondern bleiben etwas zurück. Dabei ist stets der doppelte Geäfterabdruck zu erkennen, manchmal auch – wie hier – der doppelte Schalenabdruck.

Abb. 2
Im zäh-weichen Boden sieht es oftmals so aus, als ob nur ein Schalenabdruck mit doppeltem Geäfter vorhanden sei.

Abb. 3
Trittsiegel eines flüchtigen Stückes Schwarzwild.

Abb. 4
Zum Vergleich Trittsiegel vom vertrauten (links) und flüchtigen (rechts) Rotwild.

Abb. 5
Fährtenbilder vom ziehenden bzw. trollenden (links) und flüchtigen (rechts) Schwarzwild.

hinweist. FREVERT [1957] schreibt gar, daß »ein Hauptschwein weiter als ein jagdbarer Hirsch« schreitet, wobei sich sein Urteil auf die starken ostpreußischen Hauptschweine bezieht. Die Fluchtfährte bietet im Prinzip das gleiche Bild wie bei den anderen Schalenwildarten, also den variierten Hasensprung: die Hinterläufe werden fast nebeneinander vor die hintereinander stehenden Vorderläufe gesetzt. Doch ist die Sprungweite im allgemeinen deutlich geringer als beim Rotwild.

Ob sich Keiler und Bache an der Fährte unterscheiden lassen, ist umstritten. Es ist schon behauptet worden [s. z. B. bei BRANDT-EISERHARDT 1961], der Keiler unterscheide sich in der Fährte von der Bache im Prinzip nach den gleichen Merkmalen wie der Rothirsch vom Rottier, also er habe bei gleicher Fährtenstärke stumpfere Schalen, er präge die Ballen stärker aus und er zwänge mehr, ja auch in der Trittfolge habe der Keiler durch Beitritt (gemeint ist wohl der Kreuztritt), Blenden und Zurückbleiben einige Gemeinsamkeiten mit dem Rothirsch. Andere Autoren und auch der Verfasser dieses Buches halten dagegen eine Übertragung der hirschgerechten Zeichen der alten Jägerei auf das Schwarzwild zumindest für sehr unsicher.

Anders ist es dagegen mit der Stärke des Trittsiegels. Entsprechend der wesentlich größeren Körperstärke und des höheren Gewichtes der Keiler wird auch ihr Trittsiegel wesentlich stärker als das der Bachen. Kennt man also die dortige Maximalgröße von Bachentritten, kann man alle stärkeren Trittsiegel Keilern zuordnen. Sonstige stärkere Einzelfährten stammen zwar häufig von Keilern, sie können aber durchaus auch von einzeln ziehenden Bachen sein, die zwecks Nahrungsaufnahme vorübergehend ihre noch sehr kleinen Frischlinge verlassen haben.

Neuerdings hat E. BÖHM [1997] die Ergebnisse seiner umfangreichen Studien an Schwarzwildfährten veröffentlicht. Hinsichtlich der Unterscheidung der Geschlechter unterstützt er die oben angeführte Ansicht, dass der Keiler stumpfere, die Bache spitzere Schalenabdrücke zeige, und zwar schon vom starken Frischling an. Weiter ordnet er Trittsiegelbreite, Schalenlänge und Schrittweite jeweils bestimmten Altersklassen und Körpergewichten zu.

Wenn man sich die enormen Gewichtsschwankungen von Tier zu Tier selbst innerhalb einer Altersklasse von Gegend zu Gegend und in Abhängigkeit von dem jeweiligen Ernährungszustand vergegenwärtigt, wird man sehr vorsichtig in der Anwendung der dort genannten Maße sein. So wog die geringste von mir (Mitte Mai) erlegte Überläuferbache aufgebrochen 24 kg, der geringste von mir (Ende Juni) erlegte Überläuferkeiler 29 kg, der stärkste von mir in Deutschland (Mitte Februar) erlegte Überläuferkeiler 77 kg. In den kroatischen Donauauen habe ich Überläuferkeiler von 82 und 85 kg (aufgebrochen) geschossen. Im Sommer erlegte Überläufer liegen im Gewicht meist zwischen 40 und 60 kg – und damit in einer Gewichtsklasse, in der sich auch die jungen Bachen bewegen. Die Überläufer weisen gewichtsmäßig eine sehr große Variationsbreite auf und reichen weit in die Frischlingsklasse sowie in die Klasse der groben Sauen. Doch auch bei letzteren kommen sehr krasse Größen- und Gewichtsunterschiede vor.

Von allgemeiner Bedeutung ist an den Untersuchungsergebnissen von BÖHM, daß man anhand des Fährtenbildes erkennen kann, ob hier Bachen mit Frischlingen, Überläuferrotten oder einzelne stärkere Stücke gewesen sind, wie groß etwa die Frischlinge und die Überläufer sind, ob unter den Einzelgängern ein Hauptschwein ist usw. Nähere Einzelheiten sollte jeder Jäger in seinem Revier erkunden. Hier sei nur vermerkt, daß Böhm für Hauptschweine Schalenlängen von 9-11 cm und Trittsiegelbreiten von 7-8 cm angibt.

In der Praxis werden alle derartigen Beurteilungen sehr viel schwieriger sein als in Büchern dargestellt: Der Boden ist zu hart oder zu weich für eindeutige Abdrücke, letztere sind im lockeren Sand oder Schnee zusammengefallen, zugeweht oder verregnet, anderes Wild ist über die Fährte hinweggewechselt usw. Auch können Trittsiegel von ein und demselben Stück bei unterschiedlichen Bodenverhältnissen ganz verschieden wirken, die Beleuchtung spielt eine Rolle und anderes mehr. Bei regelmäßigem fleißigen Abfährten in seinem Revier wird der Jäger aber mit der Zeit ein immer sichereres Urteilsvermögen erlangen.

Losung

Die Losung wird nach Meynhardt vom Schwarzwild an besonderen Kot- und Harnplätzen abgesetzt, die ziemlich gleichmäßig über das gesamte Einstandsgebiet verteilt sind und die Meynhardt geradezu als »Toiletten« bezeichnet. Diese Plätze und damit auch die Losung, dürften eine wesentliche Funktion für die Markierung des Einstandsgebietes ausüben.

Während der meisten Zeit des Jahres besteht die Losung aus mehrere Zentimeter dicken Ballen, die entweder einzeln fallen und dann eine kugelähnliche Form haben oder die (meistens) zu dicken Würsten zusammengepreßt und dann mehr oder minder deformiert, manchmal scheibenförmig sind.

Drei verschiedene Formen von Schwarzwildlosung.

Dazwischen gibt es alle Übergänge. Bei gutem Ernährungszustand und reichlichem Angebot bester Nahrung, vor allem also im Herbst, wird die Losung weicher und dadurch auch variabler in der Form, unter Umständen sogar breiig. Je karger die Zeiten, desto fester wird die Losung wieder.

Im Gegensatz zur Losung des wiederkäuenden Schalenwildes weist die Schwarzwildlosung auch an der Oberfläche mehr oder minder deutliche Nahrungsreste auf. Da manche pflanzlichen Nahrungsbestandteile von den Sauen nicht so vollständig verdaut werden wie von den Wiederkäuern, kann man manchmal anhand der Losung den aufgenommenen Fraß bestimmen, beispielsweise durch Fund von Getreidespelzen,

Leitbündeln, Tierhaaren usw. Eine vollständige qualitative oder gar quantitative Nahrungsanalyse ist über die Losung allerdings auch beim Schwarzwild nicht möglich. Immerhin kann man manchmal feststellen, wo das betreffende Stück Fraß aufgenommen hat, ob es beispielsweise im Walde geblieben oder ins Getreide gezogen ist.

Sonstige Zeichen

Das auffälligste, oft schon auf weite Entfernung mit bloßem Auge zu erkennende Zeichen, das die Anwesenheit von Schwarzwild in Wald und Feld verrät, ist das *Gebräch,* also die Stelle, an der Schwarzwild mit dem Gebrech im Boden nach Fraß gebrochen hat. Im einzelnen kann dieses Gebräch sehr unterschiedlich sein. Haben die Sauen unter alten Eichen oder Buchen die Mast aus dem Laub herausgesucht, ist zwar jeder Quadratzentimeter umgebrochen, jedoch nur die oberste Laubschicht. Dieses Gebräch fällt deshalb nur auf, wenn es entweder ganz frisch ist oder wenn Schnee den Boden bedeckt. Zwischendurch findet man allerdings meist einzelne tiefere Furchen. Großflächig tiefer geht das Gebräch wenn die Sauen nach Regenwürmern oder Bodeninsekten gesucht haben. Im Walde wird dabei die Rohhumusauflage mit der darunter befindlichen Bodenschicht vermengt oder die Bodenvegetation umgedreht. Genauso können stark befallene Viehweiden mehr oder minder vollständig umgebrochen werden. Im Gegensatz zu diesem flächenhaften, oft großflächigen Gebräch findet man auf Kartoffeläckern ein reihenweises Herausbrechen der begehrten Erdäpfel, auf frisch gedrillten Mais-, Hafer-, Gerste- und Weizenäckern ein drillreihenweises Herausbrechen des Saatgutes. Noch anders sind die vereinzelten, dafür unter Umständen recht tiefen Löcher, die Sauen gebrochen haben, um an Mäusenester, Satzröhren von Wildkaninchen o. ä. heranzukommen. Auch alte Baumstubben, an und in denen ein besonders reges Insektenleben herrscht, werden manchmal mit Hilfe metertiefer Löcher herausgebrochen.
Außer dem Gebräch hinterläßt das Schwarzwild noch andere Fraßspuren. Beim Verbiß von Pflanzen müssen meist Fährtenzeichen nähere Auskünfte geben, desgleichen bei angeschnittenem Fallwild.
Weitere wichtige Hinweise lassen sich an *Suhlen und Malbäumen* finden. Bei einiger Übung läßt sich feststellen, ob eine Suhle frisch angenommen worden ist oder schon seit längerer Zeit nicht mehr. In frisch angenommenen Suhlen kann man manchmal einen ziemlich getreuen Abdruck des ganzen Wildkörpers finden und daraus auf den Besucher schließen. Sonst ist es nicht immer leicht zu entscheiden, ob Sauen oder vielleicht Rotwild die Suhle besucht haben. Man muß dann sorgfältig nach Fährten suchen. Vielfach geben aber auch die Malbäume Aufschluß, ob und wann Sauen hier waren. An der Höhe des abgestreiften Schlammes, gelegentlich auch an hängengebliebenen Borsten oder an Schrammen, die von Keilerwaffen verursacht wurden, kann man eventuell sogar auf die Stärke des Stückes schließen.
Weitere Zeichen des Schwarzwildes sind die während der Rauschzeit vorgenommenen *Markierungen,* auf die MEYNHARDT besonders hingewiesen hat und die bereits in dem Kapitel über das Fortpflanzungsverhalten behandelt wurden: die von Keilern und Ba-

chen verursachten Schälstellen und der an Zweigen und Sträuchern abgestreifte steif-schaumige Speichel. Auch die schon behandelten Schlaf- und Wurfkessel sind an dieser Stelle zu nennen.

Gelegentlich kann der aufmerksame Jäger oder sonstige Naturbeobachter auch *akustische oder olfaktorsiche Hinweise* auf das Schwarzwild erhalten. Besonders während der Rauschzeit kann man nachts oder aus Dickungen heraus auch schon nachmittags beträchtlichen Lärm vernehmen, der unzweideutig von Sauen stammt. Und wer den typischen Schwarzwildgeruch kennt, wird oft auch mit Hilfe seiner Nase feststellen können, wo Schwarzwild steckt oder vor nicht allzu langer Zeit gewesen ist. Sehr viel leichter ist das natürlich dem Hund möglich, so daß dieser sehr oft seinen Herrn aufmerksam machen kann, wo die menschliche Nase versagt.

Zeitweise, insbesondere im späten Frühling und im Sommer, kann man auch an dem Schrecken von Rehwild erkennen, wo Sauen sind. Allerdings reagiert das Rehwild diesbezüglich gegendweise sehr unterschiedlich, je nach dem, wie häufig dort Reh- und Schwarzwild zusammentreffen. Während in einigen Revieren das Rehwild kaum einmal schreckt, wenn Schwarzwild auftaucht, kann man in anderen Revieren an dem sich fortpflanzenden Schrecken geradezu akustisch den Weg der Sauen verfolgen. Vor allem sind es wohl die führenden, um ihre noch kleinen Kitze besorgten Ricken, die derartige Schreckkonzerte anstimmen. Auch Eulen melden nachts mitunter das Anwechseln von Sauen. Diese selbst können – wenn sie vertraut sind oder nachts – auf dem Wechsel oder bei der Fraßsuche erheblichen Lärm verursachen, sie können aber auch derartig schleichen, daß für das menschliche Ohr nicht das geringste zu vernehmen ist.

Abfährten – Kreisen – Festmachen

Das einzige sichere Mittel, in einem Revier der freien Wildbahn einen ständigen zutreffenden Überblick über den dortigen Schwarzwildbestand, seine Entwicklung und seine Aktivitäten zu erhalten, ist ein regelmäßiges Abfährten. Soweit irgend möglich, sollte es täglich, am besten vormittags, geschehen.

Abgefährtet wird im Schwarzwildrevier in erster Linie an den Reviergrenzen, an den Wald-Feld-Rändern und auf gut abfährtbaren Hauptwegen, Feuerschutzstreifen o. ä. Hinzu kommen während des Sommerhalbjahres die besonders wildschadengefährdeten Feldflächen sowie – unter Umständen jahreszeitgemäß – Suhlen, Salzlecken, Fütterungen, Wildäcker, mastspendende Waldbestände, gern von den Sauen aufgesuchte Brücher und Waldwiesen, Wege an Einstandsdickungen oder innerhalb größerer Dickungskomplexe sowie sonstige, von den Sauen erfahrungsgemäß häufig benutzte Flächen und Wechsel. Dabei wird selbstverständlich nicht nur auf die Fährten, sondern auch auf alle anderen Zeichen geachtet, desgleichen auf den jeweiligen Entwicklungsstand der einzelnen Feldfrüchte und der landwirtschaftlichen Arbeiten, auf einsetzenden Eichelfall und dergleichen. Dem Forstmann und Landwirt können die Sauen durch intensives Brechen auf Wiesen, in Waldbeständen usw. oftmals wertvolle Hinweise auf beginnende oder gar schon fortgeschrittene Insektenkalamitäten geben. Gelegentlich führen einen die Sauen auch zu Fallwild.

Beim Abfährten sollte man sich nicht mit der Feststellung zufrieden geben, wo die Sauen gewesen sind, sondern man sollte zu klären versuchen, um welche Stücke bzw. Rotten es sich gehandelt hat. Abgesehen von den seltenen Fällen, in denen bestimmte Stücke an Abnormitäten der Schalen oder Läufe in der Fährte zu unterscheiden sind, können Einzelstücke oftmals anhand der Stärke ihrer Trittsiegel unterschieden werden. Es lohnt sich deshalb, die Trittsiegel stärkerer Stücke mit dem »Jäger-Fährtenlineal« für Schwarzwild oder auch mit einem gewöhnlichen Zentimetermaß zu vermessen, sich die Werte zu notieren – eventuell unter Zuhilfenahme einer Skizze – und immer wieder Vergleiche mit anderen gefundenen Trittsiegeln anzustellen. Rotten lassen sich meist aufgrund ihrer Zusammensetzung unterscheiden, also zum Beispiel: eine Rotte mit 3 Bachen und 16 Frischlingen; eine zweite Rotte mit 4 Bachen, darunter einer besonders starken, und 23 Frischlingen; eine dritte Rotte mit 2 starken Stücken, vermutlich Bachen, 3 mittelstarken Stücken, vermutlich Überläuferbachen, und 18 Frischlingen.

Läßt sich die Stückzahl einer Rotte nicht sogleich feststellen, weil die Sauen im Gänsemarsch die Spürbahn überquert haben, muß man den Fährten solange folgen, bis sich die Rotte im Waldbestand oder auf dem Feld seitlich auseinandergezogen hat. Nun hat man Einzelfährten vor sich und kann zählen. Besteht die Gefahr, daß man beim Verfolgen der Fährten zu nahe an das Wild herankommt und es dadurch stört, muß man die Fährten nach rückwärts ausgehen.

Ähnlich geht man vor, wenn im Laufe einer Nacht verschiedene Rotten und vielleicht auch Einzelstücke an ein und demselben Ort waren und sich kein klares Bild über die Zusammensetzung gewinnen läßt. Da die verschiedenen Rotten bzw. Einzelstücke in der Regel nicht über längere Strecken dieselben Wechsel benutzen, läßt sich der Fährtenwirrwarr meist durch Ausgehen der unterschiedlichen An- und Abmarschwege aufklären.

Sehr nützlich ist es, sich alle Abfährtungsergebnisse zu notieren. Mit der Zeit bekommt man dadurch einen Überblick über die Stärke und Zusammensetzung des örtlichen Schwarzwildbestandes und sein raumzeitliches Verhalten. So erkennt man bei Auswertung der Aufzeichnungen, wie oft, zu welchen Jahreszeiten und bei welchen Wetterverhältnissen welche Einstände, welche Suhlen und welche Wechsel benutzt werden, wann und in welchem Rhythmus die einzelnen Fraßplätze aufgesucht werden, welcher Fraß generell oder gar welche Kartoffelsorten zu welchen Jahreszeiten bevorzugt werden, wo, wann und unter welchen Voraussetzungen Schwarzwildkonzentrationen erfolgen, bei welchem Wetter die Sauen aufs Feld ziehen und wann sie lieber im Wald bleiben, bei welchen Gegebenheiten sie die Einstände überhaupt nicht verlassen, ob und welche Wanderbewegungen stattfinden, ob diese einem bestimmten Rhythmus oder sonstigen Gesetzmäßigkeiten unterliegen, und vieles andere mehr.

Eine Sonderform des Abfährtens ist das Kreisen. Es dient meist der unmittelbaren Vorbereitung einer größeren Saujagd. Hierfür wird – möglichst am frühen Morgen nach Neuschnee, bei einer »Neuen« – entlang der Einstände abgefährtet. Stehen nun aus einem bestimmten begrenzten Einstand, etwa einer Dickung, weniger Fährten heraus als hinein, so muß mindestens die der Differenz entsprechende Stückzahl in der Dickung stecken: das Wild ist festgemacht. Saujagden, die auf dem Ergebnis eines solchen Kreisens beruhen, sind im allgemeinen besonders erfolgreich. Vorteilhaft ist es für Planung und Durchführung der Jagd, wenn nicht nur die Stückzahl bekannt ist sondern auch noch nähere Einzelheiten angegeben werden können, beispielsweise ob es sich um Bachen mit Frischlingen, um gemischte Rotten oder gar um starke Einzelgänger handelt. Auf Einzelheiten der Jagdausübung wird später noch ausführlich eingegangen.

Hege und Bestandsbewirtschaftung in der freien Wildbahn

Schwarzwildhege oder Schwarzwildbekämpfung?

Das Schwarzwild hat sich in den engbesiedelten Ländern Mitteleuropas während der vergangenen Jahrhunderte einer stark wechselnden Wertschätzung erfreut. Vor allem standen sich stets die Interessen der Jagdberechtigten und diejenigen der Bauern gegenüber. Erstere schätzten gleichermaßen die hohe Produktion wohlschmeckenden Wildbrets wie die durch das Schwarzwild gebotenen Jagdfreuden. Die Bauern hatten unter den oftmals sehr hohen landwirtschaftlichen Wildschäden zu leiden.
Nach Zeiten oft weit überhöhter Schwarzwildbestände und katastrophaler Wildschäden ist etwa ab Mitte des 18. Jahrhunderts und vor allem im 19. Jahrhundert eine radikale Verminderung, in weiten Gebieten sogar Ausrottung des Schwarzwildes zu verzeichnen. In vielen Gegenden konnten nennenswerte Bestände nur in »Thiergärten«, »Sauparks« usw. erhalten werden. Nur in wenigen Gegenden, insbesondere östlich der Elbe, konnten auch in freier Wildbahn Schwarzwildbestände überdauern, wenn auch in beträchtlich verminderter Wilddichte.
Etwa von der vorletzten Jahrhundertwende an begann sich eine erneute Tendenzwende für das Schwarzwild abzuzeichnen. OLOFF [1951] führt als Ursache hierfür ökologische Verbesserungen durch die Änderungen in der Forst- und Landwirtschaft an, STAHL [1979] auch den wachsenden Einfluß der Ideen von Tier- und Naturschutz sowie fortschreitende biologische Erkenntnisse. So konnte das Schwarzwild verlorene Gebiete wiederbesiedeln und stellenweise auch zu einer höheren Wilddichte heranwachsen. Das Preußische Jagdgesetz von 1934 und das wenig später erlassene Reichsjagdgesetz des selben Jahres führten erstmals in der Neuzeit sehr vorsichtige Schutzbestimmungen für führende Bachen ein und unterstützten damit ebenfalls diese Tendenz. Sehr kräftig wirkten in dieser Richtung auch die beiden Weltkriege, während derer sich das Gros der Jäger im Fronteinsatz befand und infolgedessen die Jagd nur mit erheblich verminderter Intensität betrieben werden konnte.
Zum Ende des zweiten Weltkriegs war in Deutschland durch die Wiederbesiedlung vieler, zwischenzeitlich schwarzwildleerer Gebiete und durch genügend hohe Ausgangsbestände die Grundlage für eine explosionsartige Massenvermehrung gelegt. Diese setzte dann auch umgehend ein, nachdem die Siegermächte die deutschen Jäger entwaffnet hatten und selber mangels diesbezüglicher Kenntnisse und Erfahrungen nicht annähernd in der Lage waren, die Schwarzwildvermehrung im Zaum zu halten. Als endlich seitens der Besatzungsbehörden an einzelne deutsche Jäger meist nur wenig geeignete Waffen zwecks »Schadwildbekämpfung« ausgegeben wurden, war diese Maßnahme nur ein Tropfen auf den heißen Stein und konnte die Entwicklung kaum bremsen. So nahmen in manchen Gegenden die Schwarzwildbestände und die von ihnen angerichteten Feldschäden katastrophale Ausmaße an, und dies in einer ernährungsmäßig ohnehin außerordentlich schwierigen Zeit.

Erst als in den fünfziger Jahren (in den Besatzungszonen unterschiedlich) die Jagdhoheit wieder in deutsche Hände überging, konnten durch intensive Jagd die Schwarzwildbestände auf ein tragbares Maß reduziert werden. Trotzdem verblieb ein gegenüber der Vorkriegszeit durchweg höherer Bestand, was wohl darin seine Ursache hatte, daß Schwarzwild jetzt in manchen Gebieten blieb, in denen es vor dem Kriege nicht vorkam.

Örtlich mag auch die kriegsbedingte Beschädigung von Gehegezäunen und das dadurch ermöglichte Entkommen von Sauen aus Gehegen in die freie Wildbahn zu einer Wiederbesiedlung vorher schwarzwildfreier Gebiete geführt haben.

Heute dürfte in der Bundesrepublik Deutschland das Schwarzwild in allen für diese Wildart überhaupt geeigneten Gebieten vorkommen, und zwar in durchweg sehr hoher Wilddichte. Dabei bestehen zwischen den Bundesländern keine nennenswerten Unterschiede. Auf eine Aufschlüsselung der Streckenzahlen nach Bundesländern wird deshalb verzichtet.

In den folgenden Tabellen und Graphiken werden einige wichtige Daten zusammengestellt. Da die hierfür herangezogenen Quellen nicht ganz einheitlich und zum Teil auch mit gewissen Unsicherheiten behaftet sind, habe ich alle Werte nach dem DJV-Handbuch Jagd, das viele Jahre von M. WIESE, seit 2004 von R. KÜBLER, zusammengestellt worden ist, korrigiert.

In der Tabelle auf S. 104 sind die Jahresstrecken von Rehwild, Schwarzwild und Rotwild zusammengestellt. Daraus kann man sowohl die zahlenmäßige Entwicklung dieser drei Wildarten im vergangenen halben Jahrhundert ersehen, als auch die Tatsache, daß das Schwarzwild zahlenmäßig an zweiter Stelle aller unserer Schalenwildarten liegt.

In der Graphik auf Seite 105 ist die Entwicklung der Schwarzwildstrecken in den letzten gut 40 Jahren dargestellt worden. Der dort sichtbare Anstieg verläuft nicht geradlinig, sondern unter Schwankungen mit zum Teil sehr krassen Spitzen und Einbrüchen. Die Ursachen für diese Extreme bleiben offen. Sie können sowohl in unterschiedlichen Jagdergebnissen des betreffenden oder des vorhergehenden Jahres als auch in Winterverlusten oder unterschiedlich hohem Zuwachs liegen. Nach unseren heutigen Kenntnissen über den sehr stark wechselnden Zuwachs von Schwarzwildpopulationen und seine Abhängigkeit von Umwelteinflüssen hätte man sogar mit noch häufigeren und stärkeren Schwankungen rechnen können. Örtlich oder regional sind solche sicherlich auch aufgetreten. In der großräumigen Statistik gleichen sich aber viele Ausschläge durch unterschiedliche Entwicklungen in verschiedenen Landstrichen aus, so daß sie in dieser Graphik nicht zu Tage treten.

Insgesamt kann festgestellt werden, daß die Schwarzwildstrecken bislang eine im großen und ganzen ständig steigende Tendenz aufweisen. Grob kann man davon ausgehen, daß heute in der gesamten Bundesrepublik Deutschland die Jahresstrecke – und damit auch der vorhandene Bestand – an Schwarzwild weit über zehnmal so hoch ist wie vor dem zweiten Weltkrieg. In erster Linie dürfte das an der sehr viel weiteren Verbreitung dieser Wildart liegen, in zweiter Linie an einer höheren Wilddichte.

Schwarzwild-Strecken der deutschen Bundesländer

Jagdjahr	Baden-Wttbg.	Bayern	Berlin	Brandenburg	Brem.	Hmbg.	Hessen	Meckl.-Vorp.	Nieders.	NRW	Rhld.-Pfalz	Saarl.	Sachsen	Sachsen-Anhalt	Schlesw.-Holstein	Thür.	Jahresstrecke
1964/65	2137	2190			0	2	4328		5356	2466	6505	588			1048		39775
1965/66	1361	1185			0	10	3648		7398	3110	4278	265			1581		42924
1966/67	2207	1439			0	6	4185		5503	2820	5819	601			1184		51615
1967/68	2039	2219			0	18	4963		7634	2930	5714	384			1415		65121
1968/69	1983	2046			0	3	3805		7104	2492	4740	245			1479		65177
1969/70	2552	2467			0	5	5758		6455	3536	5549	389			1194		68522
1970/71	2335	2057			0	17	4518		7133	3618	5864	454			1259		60484
1971/72	3599	2512			0	5	4909		9137	4909	8070	775			1199		70469
1972/73	3840	3972	12	13153	0	12	6573	14728	10638	6468	10154	1375	2032	7597	1963	4699	92590
1973/74	2835	2635	9	13483	0	18	7373	19541	9450	5781	10701	1190	1698	6258	1884	5130	95997
1974/75	3822	4832	27	19467	0	8	7470	19551	8170	5527	7802	1250	3248	10534	1803	6045	105273
1975/76	4875	6405	58	21924	0	42	12684	20978	8198	6666	9921	1538	4689	12596	1797	8460	126735
1976/77	2785	5030	115	28024	0	6	7055	28516	10241	5151	6340	665	7141	17915	1966	10681	142241
1977/78	4676	6190	113	32930	0	5	10446	35202	16028	7905	10239	961	7307	18676	3018	9691	163387
1978/79	5047	5047	227	36104	0	32	6565	36245	10737	5532	8616	891	7250	17792	1299	13226	154610
1979/80	2917	3311	99	28448	0	23	4501	29499	9037	4448	5391	595	7355	13114	1298	9789	119825
1980/81	3612	2928	114	29138	0	3	4481	31545	10427	5175	5771	619	8140	15439	1569	10272	129233
1981/82	4266	3849	122	37028	0	8	6425	42833	10559	4558	6423	582	8606	18015	1602	10324	155200
1982/83	2936	3291	86	27865	0	12	4760	24741	9609	3502	5023	357	10545	16972	1928	11624	123248
1983/84	6805	8283	112	32443	0	3	11180	25852	16552	6811	13233	1099	13817	14835	2469	15107	168601
1984/85	5023	6025	97	38665	0	16	13080	25959	17917	7655	15243	931	12406	18369	3265	15808	180459
1985/86	7212	7649	128	40371	0	35	12243	29752	18219	7576	12924	1002	13701	18744	3259	15482	188297
1986/87	6716	8853	174	42608	0	14	13650	30066	18820	7919	18623	1824	13694	20245	2717	16200	202123
1987/88	8742	9444	204	39994	0	11	15189	31434	18412	8143	19937	1506	14003	19453	3197	17111	206780
1988/89	8842	9227	220	42626	0	7	19208	36916	25523	11515	25576	2131	14350	21473	4170	18632	240416
1989/90	8814	10554		44383	2	26	14341	44841	22262	10522	18109	958	14169	20466	3437	16982	229864
1990/91	17518	16595	1	46905	0	47	24981	46539	39954	14355	31766	2228	17608	21707	4870	20666	305740
1991/92	15649	18616		39985	0	75	30564	44392	38078	22358	41569	3328	13609	22427	5232	16886	312768
1992/93	13134	12777	632	47134	0	42	18684	38965	21969	11730	22111	1295	17361	24441	3805	14818	248898
1993/94	22182	19983	565	43403	0	78	37930	43235	37483	24717	38762	3265	18251	23493	7199	18686	339232
1994/95	21342	18125	963	47123	0	26	33767	40067	32223	19509	40772	2569	16008	20907	6296	13517	313214
1995/96	21100	18062	1187	43775	0	47	26999	29027	22437	13250	28965	2107	15588	16560	4071	10613	253788
1996/97	30398	30488	1303	47230	2	20	43913	45248	34325	21203	41584	3189	18026	22763	7046	15476	362214
1997/98	20822	21211	839	44938	0	9	26787	39307	26374	16093	28428	2181	15676	20042	5145	14064	281916
1998/99	21949	21940	1054	42661	0	13	18594	33378	23198	12992	20897	1259	16828	17645	5318	13705	251431
1999/00	25782	33643	1747	69601	1	43	42112	47138	39581	21384	45056	2800	26515	31623	7669	23972	418667
2000/01	29576	27643	1142	55274	0	32	31185	38810	32753	16709	38333	2560	26336	25444	5756	19423	350976
2001/02	36940	46162	1341	46051	1	37	73347	57705	48847	29612	58528	5274	33922	32891	9185	32044	531887
2002/03	48746	55265	2411	79036	1	98	48218	55371	44171	21062	52493	4232	32833	36128	7802	24183	512050
2003/04	34146	41848	1518	52596	2	135	61481	52661	38716	29401	66665	7453	20787	28817	11248	22809	470283
2004/05	38735	54769	2083	73640	2	107	50273	50760	37144	20223	51686	4317	29378	33092	8388	21445	476042

Vergleich der Jahresstrecken von Reh-, Schwarz- und Rotwild

Jagdjahr	Rehwild	Schwarzwild	Rotwild
1958/59	513 942	35 520	26 179
1959/60	645 014	54 222	30 280
1960/61	687 015	44 188	31 626
1961/62	713 547	52 764	30 105
1962/63	703 556	48 424	30 987
1963/64	649 042	44 719	31 002
1964/65	703 886	39 775	31 804
1965/66	662 307	42 924	32 982
1966/67	686 391	51 615	34 530
1967/68	679 549	65 121	34 044
1968/69	716 173	65 177	33 930
1969/70	707 319	68 522	36 043
1970/71	632 217	60 484	36 885
1971/72	648 657	70 469	35 587
1972/73	661 809	92 590	37 045
1973/74	707 345	95 997	42 049
1974/75	743 066	105 273	46 013
1975/76	799 064	126 735	46 603
1976/77	856 360	142 241	51 289
1977/78	787 100	163 387	52 402
1978/79	893 844	154 610	53 977
1979/80	749 210	119 825	50 760
1980/81	757 466	129 233	47 869
1981/82	767 501	155 200	45 639
1982/83	794 002	123 248	47 854
1983/84	839 407	168 601	48 487
1984/85	842 722	180 459	46 313
1985/86	878 296	188 297	50 325
1986/87	892 694	201 949	53 523
1987/88	879 170	206 578	51 044
1988/89	897 719	240 196	54 288
1989/90	921 442	229 864	53 615
1990/91	925 595	305 740	63 550
1991/92	953 966	312 768	58 387
1992/93	1 008 553	248 898	60 933
1993/94	1 032 821	339 232	62 575
1994/95	1 023 082	313 214	56 429
1995/96	1 016 200	253 788	52 813
1996/97	1 028 493	362 214	49 127
1997/98	1 044 809	281 916	47 665
1998/99	1 034 925	251 431	49 735
1999/2000	1 044 469	418 667	53 116
2000/01	1 071 236	350 976	53 241
2001/02	1 060 272	531 887	57 593
2002/03	1 117 511	512 050	60 407
2003/04	1 064 782	470 283	62 363
2004/05	1 081 416	476 042	62 057

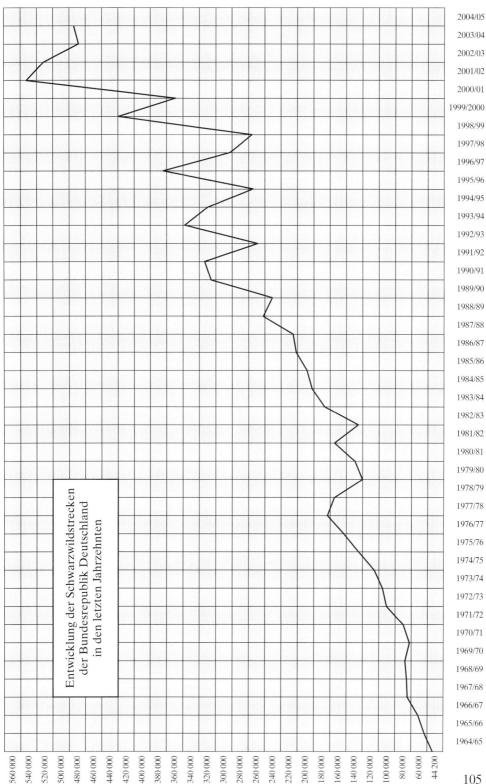

Streckengewicht und -wert im Jagdjahr 2004/05
nach DJV (um Fallwildanteil reduziert)

Wildart	Stückzahl	Durchschnittsgewicht (kg)	Streckengesamtgewicht (kg)	Wildbretpreis pro kg (€)	Streckengesamtwert (€)	Anteil am Gesamtwert (%)
Rehwild	935 316	12,5	11 691 450	5,00	58 457 250,–	31
Schwarzwild	467 249	41,0	19 157 209	4,00	76 628 836,–	41
Rotwild	60 298	65,0	3 919 370	4,50	17 637 165,–	10

In der Tabelle auf Seite 106 oben sind die jagdwirtschaftlichen Erträge des Reh-, Schwarz- und Rotwildes zusammengestellt. Da in den Streckenzahlen in der Regel das Fallwild mit erfaßt wird, dieses aber nur hinsichtlich der Entwicklung der Wildbestände, nicht aber jagdwirtschaftlich von Bedeutung ist, sind die Werte dieser Tabelle nach den Vorgaben des DJV-Handbuchs 2006 entsprechend reduziert worden, was die Unterschiede zu der vorigen Tabelle erklärt. In dieser Tabelle handelt es sich also nur um die wirtschaftlich nutzbare Strecke. Als Durchschnittsgewichte sind die im DJV-Handbuch 2006 angegebenen zugrunde gelegt worden. Sie stim-

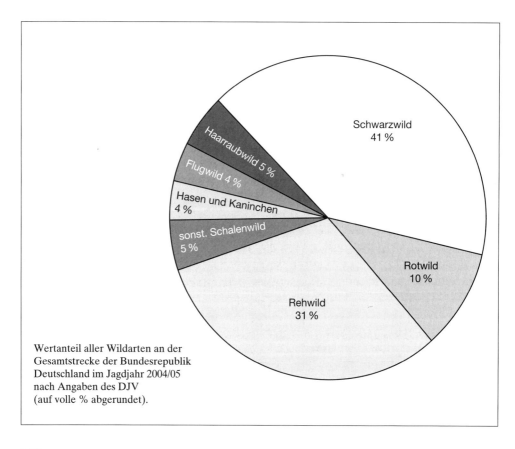

Wertanteil aller Wildarten an der Gesamtstrecke der Bundesrepublik Deutschland im Jagdjahr 2004/05 nach Angaben des DJV (auf volle % abgerundet).

men etwa mit den von MÜLLER-USING und von UECKERMANN genannten überein, liegen jedoch höher als die von BRIEDERMANN angegebenen. Da die DJV-Zahlen die neuesten sind, werden sie hier eingesetzt. Auch die Wildbretpreise (bezogen auf ganze, aufgebrochene Stücke) sind aus dem DJV-Handbuch 2006 übernommen worden. Sie variieren zwar beträchtlich, dürften jedoch so eine gute Vergleichsgrundlage bilden.

In der Graphik auf Seite 106 unten sind nach den im DJV-Handbuch 2006 aufgeführten Zahlen die Wertanteile aller Wildarten bzw. Wildartengruppen an der Gesamtstrecke der Bundesrepublik Deutschland im Jagdjahr 2004/05 dargestellt worden. Daraus ergibt sich, dass allein das Schwarzwild gut 40 % des Gesamtstreckenwertes liefert, Reh- und Schwarzwild zusammen gut 70 % – fast drei Viertel des Gesamtstreckenwertes!

Auswertend kann man die jagdliche Bedeutung des Schwarzwildes in folgenden Punkten zusammenfassen:

1. Das Schwarzwild ist unsere zweithäufigste Schalenwildart und liefert zahlenmäßig die zweithöchste Jagdstrecke aller Schalenwildarten.
2. Das Schwarzwild liefert den höchsten Wildbretertrag aller Wildarten (Hoch- und Niederwild), sowohl gewichtsmäßig als auch wertmäßig; es erbringt dabei über ein Drittel des gesamten Jagdstreckenwertes.

Das Schwarzwild hat also in Deutschland eine ganz überragende jagdliche und jagdwirtschaftliche Bedeutung!

Ähnlich wie in Deutschland ist der Anstieg der Schwarzwildbestände in den ost- und südosteuropäischen Ländern verlaufen. (Aus den gegenwärtigen politischen bzw. militärischen Unruhegebieten fehlen allerdings hinlänglich zuverlässige Angaben, so daß wir hier auf Vermutungen angewiesen sind.) Sowohl hinsichtlich der Wildbreterzeugung als auch hinsichtlich des finanziellen Ertrages ist das Schwarzwild in diesen Ländern ein sehr bedeutender Faktor innerhalb des Jagdwesens! Auch in Österreich war in den letzten Jahrzehnten ein Anwachsen der Schwarzwildbestände zu verzeichnen. Selbst in der Schweiz, in der Schwarzwild die längste Zeit nur in den Grenzgebieten gegenüber Deutschland und Frankreich vorkam, haben sich stückzahlreiche Bestände etabliert. Die gesamteuropäische Jahresstrecke an Schwarzwild dürfte gegenwärtig über eine Million Stück betragen.

Heute gehen die – auch in den neueren deutschen Jagdgesetzen niedergelegten – maßgeblichen Meinungen dahin, das Schwarzwild als Bestandteil unserer heimischen Landschaften zu erhalten, jedoch nur in einer Dichte, die Beeinträchtigungen einer ordnungsgemäßen Landwirtschaft, insbesondere Wildschäden, möglichst gering hält. Im übrigen werden heute im gesamten deutschsprachigen Raum und in vielen anderen Ländern den Landwirten die durch das Wild entstehenden Schäden ersetzt. Dadurch ist die Einstellung der Landbevölkerung gegenüber dem Wild weit toleranter geworden.

Leider ist innerhalb der Jägerschaft die Einstellung gegenüber dem Schwarzwild keineswegs so einheitlich wie gegenüber den anderen Schalenwildarten. Das Rotwild wird allgemein als besonders »edles Wild« betrachtet und behandelt; alle Einzelmaßnahmen der Hege und Bejagung tragen dieser Einstellung Rechnung. Dam- und Rehwild, Gams- und Muffelwild profitieren sehr weitgehend davon und werden zumindest mit einer ähnlichen ethischen Grundeinstellung behandelt. Das Schwarzwild wird zwar von den Jägern immer wieder in Wort und Schrift als »ritterlich« und als unser »letztes wehrhaftes Wild« bezeichnet, und kaum eine andere heimische Wildart nimmt in den Erzählungen der Jäger einen so bedeutenden Platz ein. In der grünen Praxis muß man jedoch sehr oft eine den anderen Schalenwildarten entsprechende ethische Grundhaltung vermissen. Sehr deutlich spürt man sowohl in der Landbevölkerung als auch bei sehr vielen Jägern die über zwei Jahrhunderte verbreitete und von fast allen Seiten geförderte Einstellung einer rigorosen »Bekämpfung«, die sich eben grundsätzlich von einer waidgerechten Bejagung unterscheidet. Daß eine solche Einstellung rational kaum zu begründen ist, wird klar, wenn man sich vergegenwärtigt, daß das Rotwild in Wald und Feld mindestens ebenso schwerwiegende wirtschaftliche Schäden anrichtet. Eine wesentliche Mitursache dürfte sein, daß zwar über das Rotwild seit Jahrhunderten sehr umfangreiche Kenntnisse vorliegen, über das Schwarzwild dagegen bis weit in das 20. Jahrhundert hinein nur ein Minimalwissen verbreitet war. Die gerade in den letzten Jahren intensiv in Angriff genommene Erforschung des Schwarzwildes und eine intensive Aufklärung sowohl der breiten Öffentlichkeit als auch speziell der Jäger wird sicherlich vieles bessern.

So zeichnet sich in neuester Zeit innerhalb der Jägerschaft hinsichtlich des Schwarzwildes deutlich eine Änderung zum Positiven ab. Einerseits hat endlich auch das Schwarzwild eine gesetzliche Schonzeit erhalten. Andererseits ist man zumindest in einigen auf freiwilliger Grundlage bestehenden Schwarzwildringen bemüht, eine planmäßige Bestandsbewirtschaftung aufzubauen. Daß man dabei durchaus auf dem richtigen Wege ist, zeigen die Erfolge. Es sollte also das Ziel sein, die in diesen Ringen propagierte und praktizierte Schwarzwildhege noch konsequenter zu gestalten und auf immer weitere, schließlich gar auf alle Schwarzwildgebiete zu übertragen.

Wenn im folgenden von *Schwarzwildhege* geschrieben wird, so müssen wir uns zunächst darüber im klaren sein, was darunter zu verstehen ist. Der Begriff »Hege« hat in den vergangenen Jahrzehnten eine bedeutende Wandlung erfahren. Wenn FREVERT [1966] ihn auch noch erklärt als »alle Maßnahmen, die der Jäger – Heger – zur Pflege und zum Schutze des Wildes ergreift«, so haben wir ihn heute insofern erheblich zu erweitern, als wir alle Maßnahmen einer biologisch und landeskulturell richtigen Regulierung der Wildbestände zum Begriff der Hege hinzurechnen müssen: also im weitesten Sinne das, was RAESFELD treffend als »Hege mit der Büchse« bezeichnet hat. Nur betreiben wir die Hege mit der Büchse nicht ausschließlich mit dem Blick auf das Wild, sondern zugleich mit dem Blick auf die ganze Lebensgemeinschaft und in unserer Kulturlandschaft auch auf die Land- und Forstwirtschaft.

Im Gegensatz zu früheren Auffassungen des Hegebegriffs kann es nicht das Ziel unserer Schwarzwildhege sein, zahlenmäßig möglichst große Bestände heranzuziehen, sondern einen biologisch wie wirtschaftlich tragbaren, in seinen einzelnen Stücken gesunden und starken Wildbestand in einer optimalen sozialen Gliederung zu erhalten. Hierauf wie auf die möglichst weitgehende Vermeidung landwirtschaftlicher Wildschäden müssen alle Bestrebungen unserer Schwarzwildhege gerichtet sein!

Mit dieser klaren Zielsetzung erübrigt sich auch die in der Überschrift dieses Kapitels gestellte Frage: Schwarzwildhege oder Schwarzwildbekämpfung? Der letztere, für den Jäger wie für jeden Naturfreund äußerst unschöne Begriff ist in Zeiten einer extremen Übervermehrung der Sauen in Parallele zur allgemeinen »Schädlingsbekämpfung« in der Landwirtschaft aufgekommen. Eine planmäßige Bestandesbewirtschaftung, die gleichermaßen auf landschaftsökologische, wildbiologische, jagdliche und landeskulturelle Aspekte abgestellt ist, macht eine »Schwarzwildbekämpfung« nicht nur überflüssig, sondern schließt sie geradezu aus. Eine so aufgefaßte Schwarzwildhege erfordert aber zwingend von jedem einzelnen Jäger eine ethische Grundeinstellung gegenüber unseren Sauen und ihre entsprechende Behandlung in der jagdlichen Praxis, wie wir es bezüglich der anderen Schalenwildarten seit langem gewohnt sind!

Die vorstehenden Grundsätze und Zielsetzungen beziehen sich auf die Verhältnisse in freier Wildbahn. Gerade das Schwarzwild eignet sich aber auch besonders gut für die Haltung in Gatterrevieren und wird im gesamten mitteleuropäischen Raum tatsächlich in zahlreichen Jagdgehegen unterschiedlicher Größe gehalten. Mit allen diesbezüglichen Fragen wird sich ein gesonderter Abschnitt dieses Buches befassen.

Bestandsaufnahme

Grundlage jeder planmäßigen Wildstandsbewirtschaftung muß eine gewisse Kenntnis des betreffenden Wildbestandes sein. Wie und in welchem Ausmaß diese Kenntnisse beim Schwarzwild zu erlangen sind, ist bereits in dem Abschnitt »Das Ansprechen und Bestätigen des Schwarzwildes« behandelt worden [s. hierzu auch bei BRIEDERMANN, 1982]. Im einzelnen ist die Intensität der zu erlangenden Kenntnisse weitgehend von den Revierverhältnissen abhängig. Insbesondere in Jagdgehegen mit hoher Wilddichte, in denen praktisch alle Stücke an die regelmäßigen Fütterungen kommen, lassen sich sehr genaue Bestandsaufnahmen nach Zahl und Gliederung durchführen. In manchen anderen Revieren können die Sauen vor allem während des Frühjahrs noch bei Tageslicht auf Freiflächen beobachtet, gezählt und kategorisiert werden. Ist das nicht in genügendem Ausmaß möglich, müssen regelmäßige Abfährtungsergebnisse die notwendigen Aufschlüsse geben.

Soweit irgend möglich, sollte nicht nur die Gesamtzahl des vorhandenen Schwarzwildes ermittelt, sondern auch das Geschlechterverhältnis und die genaue oder wenigstens ungefähre Altersklassenstruktur des Bestandes festgestellt werden. Selbst wenn eine direkte Beobachtung nicht erfolgen kann, läßt sich aus dem Fährtenbild meist eine Aufteilung in Frischlinge, Überläufer und grobe Sauen durchführen, desgleichen eine Feststellung besonders starker Keiler. Auch die Zusammensetzung und dadurch Unterscheidung der verschiedenen Rotten ist vielfach anhand des Fährtenbildes möglich. Je genauer alle diese Feststellungen getroffen werden können, desto genauer läßt sich die Bestands- und Abschußplanung durchführen.

Für Vergleiche zwischen verschiedenen Schwarzwildgebieten und verschiedenen Jahren und damit auch für Planungszwecke ist eine Ermittlung der Wilddichte zu empfehlen. Sie gibt die durchschnittliche Stückzahl je Flächeneinheit an [HENNIG

1979]. Als Bezugsgröße hat sich heute allgemein die Fläche von 100 ha (Hektar) – also einem Quadratkilometer – durchgesetzt. Eine Wilddichteangabe von 2,3 bedeutet demnach, daß durchschnittlich 2,3 Stück dieser Wildart je 100 ha vorhanden sind. Wegen des unsteten Lebens der Sauen und ihrer großen Territorien müssen für die Berechnung – außer bei Vorliegen unüberwindlicher natürlicher oder künstlicher Grenzen – genügend große Flächen (im allgemeinen mehrere bis viele tausend Hektar) zugrunde gelegt werden. Von der Gesamtfläche des Revieres beziehungsweise Hegeringes müssen diejenigen Flächen abgezogen werden, die vom Schwarzwild nicht genutzt werden können, also etwa Ortschaften, Einzelgehöfte, Gewässer und wildsicher eingezäunte oder anderweitig für die Sauen nicht erreichbare Flächen. Aus der so ermittelten Bezugsfläche und der festgestellten Gesamtstückzahl per 1. April (sog. Frühjahrsbestand zum Beginn des Jagdjahres) wird die Wilddichte nach folgender Formel berechnet:

$$\text{Wilddichte} = \frac{\text{Gesamtstückzahl} \times 100}{\text{Gesamtfläche in ha}}$$

Dabei ist jedoch zu beachten, daß die in diesem Kalenderjahr vor dem 1. April gefrischten Frischlinge auf den diesjährigen Frühjahrsbestand nicht angerechnet und deshalb auch bei der Berechnung der Wilddichte nicht berücksichtigt werden dürfen! Und weiter ist zu bedenken, daß ja am 1. April alle Stücke rechnerisch in die nächsthöhere Altersklasse aufrücken: die vorjährigen Frischlinge werden zu Überläufern, die Überläufer zu groben Sauen.

Zuwachsermittlung

Für die Bestands- und Abschußlanung ist auch die Kenntnis des jeweiligen Jahreszuwachses wichtig. War zuvor aufgrund der günstigen Revierverhältnisse eine sehr genaue Bestandsaufnahme nach Gesamtzahl sowie nach Geschlechterverhältnis und nach Anteil von Frischlingsbachen, Überläuferbachen und groben Bachen möglich, so kann unter Berücksichtigung der ökologischen Verhältnisse (Mast, Winterverlauf usw.) der zu erwartende diesjährige Zuwachs einigermaßen zuverlässig berechnet werden. Wie eine derartige Berechnung durchgeführt wird, ist bereits in dem Kapitel »Umwelteinflüsse auf die Bestandsentwicklung« beschrieben worden.

Eine derartig genaue Bestandsaufnahme und Zuwachsberechnung ist in der Praxis allerdings nur in den allerwenigsten Revieren, meist Gehegen, möglich. In den weitaus meisten Revieren wird man nach gröberen Verfahren arbeiten müssen. Man kann dann von dem gesamten Frühjahrsbestand (also ohne die im laufenden Kalenderjahr hinzugekommenen Frischlinge!) ausgehen und nach den jeweiligen ökologischen Verhältnissen einen Zuwachsvoranschlag machen. Je nach den Revierverhältnissen, also etwa Anteil der Mastholzarten im Walde, Zugänglichkeit der Felder und winterliches Fraßangebot auf diesen, sonstiges Vorhandensein natürlicher pflanzlicher und animalischer Nahrung usw., und nach dem Jahresverlauf, also insbesondere Reichhaltigkeit der Mast im vorigen Herbst, Winterverlauf und Quantität wie Qualität der Fütterung, können die bereits genannten, nachstehend wiederholten Vermehrungsquoten zugrunde gelegt werden:

unter ungünstigsten Verhältnissen:	60-100 % des Gesamtbestandes,
unter mittleren Verhältnissen:	um 130 % des Gesamtbestandes,
unter günstigsten Verhältnissen:	150-200 % des Gesamtbestandes.

Liegen wenigstens ungefähre Erkenntnisse darüber vor, ob und wie der Bestandsaufbau vom Idealzustand abweicht, können hinsichtlich des Zuwachsprozentes gewisse rechnerische Korrekturen erfolgen. Der Zuwachs des Gesamtbestandes wird ja nur von den Bachen erbracht, und von ihnen wieder unterschiedlich je nachdem, wie sich die Gesamtzahl aus Frischlingsbachen, Überläuferbachen und groben Bachen zusammensetzt. Liegt also eine deutliche Verschiebung des Geschlechterverhältnisses vor (was beim Schwarzwild selten zutrifft) oder herrscht bei Mangel alter Bachen ein starkes Übergewicht der jüngsten Bachenklassen (was in sehr vielen Gebieten der europäischen freien Wildbahn der Fall ist), so können beziehungsweise müssen entsprechende Zuschläge oder Abzüge vorgenommen werden.

Alle diese Überlegungen sind theoretisch höchst interessant. Jeder Inhaber oder Betreuer eines Schwarzwildrevieres sollte sich mit ihnen eingehend befassen, da ihm auf diese Weise manche Zusammenhänge leichter verständlich werden. In der Praxis der freien Wildbahn werden sie allerdings meist nicht viel nützen, da die festzustellenden Ausgangswerte in der Regel zu ungenau sind. Hier können diese Überlegungen und Berechnungen im Regelfall nicht viel mehr bewirken, als allgemeine Tendenzen der Bestandsentwicklung vorauszusagen.

Will man einigermaßen zuverlässige Werte über den Zuwachs erhalten, müssen – allein oder zusätzlich zu den vorstehend beschriebenen Berechnungen – Frischlingszählungen erfolgen, teils durch direkte Beobachtung an Fütterungen, auf Freiflächen usw., teils durch häufiges und intensives Abfährten mit Ausgehen und Auszählen der Fährten einzelner Rotten und mit sorgfältiger Aufzeichnung und Auswertung aller Beobachtungen. Wegen der sehr unterschiedlichen Frischtermine und wegen eines eventuellen zweiten Wurfes müssen die gewonnenen Zahlen vom Frühjahr bis zum Herbst immer wieder überprüft und gegebenenfalls berichtigt werden.

Für die Ermittlung des tatsächlichen Bestandszuwachses müssen von den festgestellten Frischlingszahlen eventuelle Verluste durch Witterungseinflüsse, Krankheiten, Verkehrsunfälle usw. abgezogen werden. Beim Schwarzwild können – vor allem in witterungsmäßig ungünstigen Jahren – deutlich höhere Jungenverluste auftreten als bei allen anderen Schalenwildarten, gelegentlich sogar sehr hohe Frischlingsverluste. Erst nach dieser Korrektur hat man den echten, auf den Frühjahrsbestand bezogenen Zuwachs.

Die Erfahrungen der jüngsten Zeit haben gezeigt, daß der Zuwachs vielerorts zu niedrig veranschlagt worden ist. Tatsächlich scheint sich der Zuwachs des Schwarzwildes zumindest in Gebieten mit intensivem Ackerbau meist im oberen Bereich der angegebenen großen Spanne, häufig sogar an deren Obergrenze oder gar noch darüber hinaus zu bewegen. Verschiedentlich ist die Vermutung geäußert worden, daß dies auf den immer mehr durchgeführten Maisanbau zurückzuführen sei. Im

Zweifelsfall sollte man bei allen Bestands- und Abschußplanungen also eher von einem höheren Zuwachswert ausgehen.

Der tatsächliche Zuwachs darf jedoch nicht – wie bei den anderen Schalenwildarten üblich – mit dem jagdlich nutzbaren Zuwachs gleichgesetzt werden. Wie bereits ausführlich dargelegt, kann beim Schwarzwild der Frühjahrsbestand außerordentlich stark schwanken. Dadurch ist es möglich, daß der Sommerbestand trotz vorhandener Frischlinge geringer ist als ein normaler Frühjahrsbestand oder daß umgekehrt trotz eines gegenüber früheren Jahren unveränderten Zuwachsprozentes der Bestand auf das Mehrfache eines normalen Sommerbestandes anwächst. Im ersteren Falle wäre der jagdlich nutzbare Zuwachs trotz vorhandener Frischlinge praktisch gleich null, im zweiten Fall würde er entsprechend nach oben abweichen. Beim Schwarzwild muß also zwischen dem eigentlichen Zuwachs (bezogen auf den jeweiligen Frühjahrsbestand) und einer Bestandsvermehrung beziehungsweise einer Bestandsverminderung (bezogen auf den durchschnittlichen Bestand früherer Jahre) unterschieden werden.

Abschußplanung

Seit gut einem halben Jahrhundert ist in einer ständig wachsenden Zahl europäischer Länder eine gesetzlich vorgeschriebene und behördlich durchgeführte oder überwachte Abschlußplanung eingeführt, die in einer Reihe von Ländern zu hoher Perfektion gediehen ist und mit vielseitigem großen Erfolg praktiziert wird [s. insbes. bei HENNIG 1962]. Wenn in bezug auf das Schwarzwild von einer Abschußplanung gesprochen wird, so muß man sich darüber im klaren sein, daß es – insbesondere wegen der starken jährlichen Schwankungen sowohl des Frühjahrsbestandes als auch des Zuwachses – unmöglich ist, das von anderen Schalenwildarten bekannte Schema der Abschußplanung auf das Schwarzwild zu übertragen. Vielmehr muß ein anderer Weg beschritten werden, der die Eigenarten des Schwarzwildes berücksichtigt. Zuvorderst muß klargestellt werden, welche Ziele mit einer planmäßigen Bejagung der Schwarzwildbestände erreicht werden sollen.

In unserer Kulturlandschaft muß das wichtigste Ziel sein, den Bestand in den Grenzen der wirtschaftlich tragbaren Wilddichte zu halten und damit übermäßige Schäden in der Landwirtschaft zu vermeiden. Welche Wilddichtewerte dafür zugrunde zu legen sind, ist von diversen Autoren diskutiert worden, insbesondere von BRIEDERMANN [1966], OLOFF [1951], PIELOWSKI [1976], UECKERMANN [1977] und WAGENKNECHT [1971 und 1975]. Aus all diesen Erörterungen ergibt sich, daß es äußerst schwierig ist, für das Schwarzwild generelle Richtwerte zu erstellen, da die Biotop- und Wirtschaftsverhältnisse allzu unterschiedlich sind. Als Konsequenz daraus schreibt TÜRCKE in dem Schwarzwild-Merkblatt des Deutschen Jagdschutz-Verbandes: »Als tragbar kann eine Besiedlung in dem Rahmen von 0,5–2,5 Stück je 100 ha Fläche des Lebensraumes gelten.« Der Verfasser dieses Buches schließt sich dieser Meinung an. Im konkreten Fall muß nach der jeweiligen Situation, vor allem nach den landwirtschaftlichen Wildschäden, entschieden werden, ob der vorhandene Schwarzwildbestand in seiner gegenwärtigen Dichte angemessen ist, ob er erhöht werden kann oder ob er herabgesetzt werden muß.

Ist der Schwarzwildbestand auf eine den jeweiligen Verhältnissen angemessene Dichte einreguliert, müssen nach Möglichkeit durch jagdliche Maßnahmen starke Populationsschwankungen unterbunden oder frühzeitig abgefangen werden. Andererseits wird man im jagdlichen Interesse die Schwarzwilddichte nicht unter das wirtschaftlich tragbare Maß absinken lassen. Es muß also angestrebt werden, durch eine dem Jahresverlauf angepaßte, mehr oder minder intensive Jagd den Frühjahrsbestand von Jahr zu Jahr auf ungefähr gleicher Höhe zu halten. Nur wenn auf Grund einer starken Mast für das nächste Jahr mit einem besonders hohen Zuwachs gerechnet werden kann, wird es zweckmäßig sein, durch intensives Jagen während des Winters den Ausgangsbestand für das kommende Jahr unter die normale Höhe zu senken. Denn während es uns beim Niederwild darum geht, eine möglichst starke Vermehrung zu erreichen, um in der nächsten Jagdzeit eine hohe Strecke erzielen zu können, ist eine starke Vermehrung des Schwarzwildes unerwünscht, da sie während des Sommers, noch bevor ein genügender Abschuß durchgeführt werden kann, zu untragbaren Wildschäden führt. Besonders in Gegenden, in denen starke jährliche Schwankungen in der Vermehrungsrate festzustellen sind, muß sich also die Intensität der winterlichen Jagd auf Schwarzwild nicht nur nach dem vorhandenen Bestand, sondern auch nach dem voraussichtlichen Zuwachs des kommenden Jahres richten.

Damit ist bereits angedeutet, daß es im Sinne einer planmäßigen Bewirtschaftung des Schwarzwildes darauf ankommt, nicht nur auf die Höhe des Gesamtbestandes sondern auch auf seinen Zuwachs Einfluß zu nehmen. Da der Zuwachs wiederum von Geschlechterverhältnis und Alterklassenstruktur des Bestandes abhängt, genügt es nicht, den Abschuß lediglich zahlenmäßig voll zu erfüllen, sondern er muß auch so durchgeführt werden, daß eine möglichst günstige innere Gliederung des Bestandes geschaffen beziehungsweise erhalten wird. Bestimmend für die innere Gliederung sind drei Faktoren: das Geschlechterverhältnis, das Zielalter und das Altersklassenverhältnis, also die prozentuale Verteilung auf die einzelnen Altersklassen.

Hinsichtlich des *Geschlechterverhältnisses* (GV) wird üblicherweise für Planungszwecke bei allen Schalenwildarten von einem Gleichgewicht, also von einem GV 1:1 ausgegangen. Beim Schwarzwild errechnet sich sowohl nach den allerdings nur wenigen Trachtuntersuchungen von BRIEDERMANN [1966] als auch nach einigen, zahlenmäßig ebenfalls nur geringen Abschußstatistiken [OLOFF 1951, HASSELBACH 1970] ein Geschlechterverhältnis von etwa 1,1:1 bis 1,2:1, also ein Überwiegen des männlichen Geschlechts. Andere Feststellungen, insbesondere die neuesten diesbezüglichen Erhebungen von UECKERMANN [1977] zeigen dagegen ein GV von annähernd 1:1. Werden nach einzelnen Streckenstatistiken mehr männliche als weibliche Stücke erlegt, könnte dies darin seine Ursache haben, daß einerseits viele Jäger lieber männliche als weibliche Stücke erlegen und daß andererseits in der Überläuferklasse die Erlegung männlicher Stücke einfacher ist, weil die jetzt von den Mutterrotten abgesonderten Überläuferkeiler noch relativ unerfahren und unvorsichtig sind. Nach dem gegenwärtigen Stand unserer Kenntnisse können wir also auch beim Schwarzwild von einem natürlichen GV von 1:1 ausgehen, das jedoch eventuell durch äußere Einflüsse – vor allem durch selektive Bejagung – in die eine oder andere Richtung leicht verschoben werden kann.

Es unterliegt keinem Zweifel, daß für die Hege der Schwarzwildbestände in dem von uns angestrebten Sinne ein Überwiegen des männlichen Geschlechts von Vorteil wäre. Sowohl die Höhe des Zuwachses als auch seine Schwankungen werden ja nur von den Bachen beeinflußt. Gelingt es, die durchschnittliche Höhe des Zuwachses etwas herabzudrücken und seine Schwankungen zu verringern, mit anderen Worten, den Unterschied zwischen Frühjahrsbestand und Sommerbestand zu verkleinern, so hätte das den Vorteil, daß ein höherer Frühjahrsbestand wirtschaftlich tragbar wäre. Auch könnte durch eine leichte Verschiebung des Geschlechterverhältnisses zur männlichen Seite der Altersaufbau des Gesamtbestandes günstiger gestaltet, insbesondere ein höherer Anteil alter Keiler erzielt werden.

Wenn es also auch anzustreben ist, mehr weibliche als männliche Stücke zu erlegen, worauf im nächsten Kapitel noch näher einzugehen sein wird, so müssen wir doch wegen der in den allermeisten Fällen bestehenden praktischen Schwierigkeiten für alle weiteren grundsätzlichen Planungsüberlegungen von einem GV 1:1 ausgehen.

Als *Zielalter* bezeichnen wir dasjenige Lebensalter, bis zu dem die jeweils ältesten Stücke übergehalten werden sollen und für das der Endabschuß vorgesehen ist. In Übereinstimmung mit früheren Autoren [BRIEDERMANN 1966, HENNIG 1962, 1963 und 1972, OLOFF 1951, UECKERMANN 1977, WAGENKNECHT 1971 und 1975] können wir das Zielalter auf 8 Jahre festsetzen. Das deckt sich einerseits mit dem »Trophäenreifealter« [nach WAGENKNECHT 1971, s. auch in den Ausführungen über die Trophäenentwicklung, Seite 237] und bewirkt andererseits, daß eine genügend große Anzahl von Stücken in die Klassen der körperlich ausgewachsenen, reifen, lebenserfahrenen Sauen hineinwächst.

Aus Zielalter, Geschlechterverhältnis und Zuwachs lassen sich Modelle für den Bestandsaufbau erstellen, nach denen man eine Bestands- und Abschlußplanung durchführen kann. Hierfür hat bereits vor 70 Jahren HOFFMANN [1928] die Methode der gezeichneten Bestandspyramiden eingeführt. Für die übersichtliche Darstellung gegebener oder angestrebter Bestandsverhältnisse ist diese Methode ganz ausgezeichnet. Die Auswirkung einzelner Veränderungen auf die gesamte Bestandsstruktur herauszuarbeiten, erfordert bei ihr jedoch einen sehr hohen Zeit- und Arbeitsaufwand. Nach mehreren Zwischenstufen ist deshalb von mir nach den Grundgedanken von HOFFMANN eine Methode entwickelt worden, die sich sehr viel leichter und schneller handhaben läßt und damit für vergleichende Untersuchungen der Bestandsstruktur geeigneter ist [HENNIG 1988].

Eine Metalltafel mit einem feinlinigen Raster von 2×2 cm und einer groblinigen Einteilung nach Art der Bestandspyramiden bildet die Grundlage. Auf ihr kann mit Magnetsteinen die Bestandsstruktur dargestellt und durch Verschieben der Steine leicht und schnell verändert werden.

Über der breiten horizontalen Linie wird der Frühjahrsbestand (Grundbestand, Ausgangsbestand) dargestellt, unter ihr der laufende Zuwachs. Es empfiehlt sich, den Frühjahrsbestand stets mit genau 100 Steinen darzustellen. Dann bedeutet jeder einzelne Stein 1% dieses Bestandes. Alle Prozentwerte können ohne weiteres ausgezählt und müssen nicht erst mühsam errechnet werden. Auch enthält der unter der dicken Querlinie dargestellte Zuwachs genau so viele Steine, wie er an Prozent des

Frühjahrsbestandes beträgt. Da die gesamte Darstellung nicht nur den augenblicklichen Zustand des Bestandes sondern zugleich die Geschichte eines Frischlingsjahrgangs von seiner Geburt bis zum Zielalter zeigen soll, dürfen in jeder Zeile des Frühjahrsbestandes höchstens so viele Steine liegen wie in der vorhergehenden Zeile. Die Differenz in der Zahl der Steine zweier übereinander liegender Reihen gibt den Abschuß in dem jüngeren dieser beiden Jahrgänge wieder.

Links der Altersskala wird der männliche Bestand, rechts der weibliche ausgelegt. Da wir hier gemäß den vorstehenden Ausführungen von einem GV 1 : 1 ausgehen wollen, müssen also beiderseits der Altersskala über der dicken Querlinie jeweils 50 Steine liegen. Ihre Gesamtzahl darf nicht vermehrt oder vermindert werden, da sie ja die prozentuale Verteilung des gesamten vorhandenen Frühjahrsbestandes auf die einzelnen Jahrgänge wiedergeben soll. Unter der dicken Querlinie müssen so viele Steine gelegt werden, wie in der jeweiligen Modellrechnung der Zuwachs in Prozent des Frühjahrsbestandes beträgt.

Soll der Bestand zahlenmäßig nicht anwachsen, was in aller Regel der Fall sein dürfte, muß der Gesamtabschuß gleich dem Zuwachs sein, d. h. es müssen so viele Stücke des Sommerbestandes (also Frühjahrsbestand plus Zuwachs) für den Abschuß vorgesehen werden, wie unter der dicken Querlinie Steine liegen. Von der Verteilung dieses Abschusses auf die einzelnen Jahrgänge hängt die Altersklassenstruktur des zukünftigen Bestandes ab: Je stärker in die jüngsten Altersklassen eingegriffen wird, umso mehr Stücke können in den mittleren Altersklassen belassen werden und in die höchsten Altersklassen hineinwachsen; je schwächer in die jüngsten Altersklassen eingegriffen wird, desto stärker muß in die mittleren Altersklassen eingegriffen werden, was sehr schnell zu einem völligen Fehlen der höheren und höchsten Altersklassen führt. Nachstehend sollen an einigen wenigen Beispielen die Auswirkungen unterschiedlicher Eingriffe diskutiert werden.

Im **Modell 1** sei von dem unter normalen Umständen (also ohne irgendwelche katastrophenartigen Ereignisse) geringsten Zuwachs von 60% ausgegangen. Es müssen demnach unter der dicken Querlinie 60 Steine ausgelegt werden, auf der männlichen wie auf der weiblichen Seite jeweils 30. Für eine vollständige Abschöpfung des Zuwachses müssen im Laufe des Jagdjahres so viele Stücke dem Bestand entnommen werden, wie es dem Zuwachs entspricht, insgesamt also 60.

Beim Modell 1 wird der notwendige Gesamtabschuß zu 70% bei den Frischlingen getätigt. Diese Quote entspricht den Empfehlungen des »Lüneburger Modells«, die ja mehr und mehr auch anderwärts propagiert werden. Von den vorhandenen 60 Frischlingen werden also 42 erlegt, so daß 18 in die Überläuferklasse hineinwachsen. Unter diesen Verhältnissen braucht nur in sehr geringem Maße in die Überläufer eingegriffen zu werden, was vielerlei Vorteile bietet. Da unter den Überläufern – soweit möglich – weibliche bevorzugt erlegt werden sollten, sind im Modell 1 ein männlicher und zwei weibliche Überläufer für den Abschuß vorgesehen. Auch der weitere Erfolg dieses starken Eingriffs in die Frischlinge ist eklatant: auf der weiblichen Seite ist eine große Zahl mittelalter bis alter Bachen vorhanden, was eine der wichtigsten Voraussetzungen für eine gesunde Sozialstruktur des ganzen Schwarzwildbestandes und zugleich sehr wichtig für eine Niedrighaltung der landwirtschaftlichen Wildschäden ist; auf der männlichen Seite ist eine große Zahl mittelalter bis alter Keiler vorhanden, die zwar wegen der Schwierigkeit genauer Altersansprache kontinuierlich abnehmen, von denen aber trotzdem eine beträchtliche Anzahl in die Klasse der Hauptschweine hineinwächst.

Infolge des bei diesem Modell nur sehr geringen Überläuferabschusses können umso mehr grobe Sauen erlegt werden. Die Gesamtstrecke setzt sich dann zusammen aus 70% Frischlingen, 5% Überläufern (ein Überläufer auf 14 Frischlinge!) und 25% groben Sauen. In den einzelnen Klassen bedeutet dies einen Abschuß von 70% aller vorhandenen Frischlinge, von 17% aller vorhandenen Überläufer und von 18% aller vorhandenen groben Sauen.

Im einzelnen sind auf beiden Seiten diverse Varianten denkbar – sie werden alle ein ähnlich günstiges Ergebnis zeitigen, so lange nur so wenige Frischlinge in die Überläuferklasse aufrücken. Letzteres ist allerdings eine unverzichtbare Voraussetzung. Man darf also nicht etwa wegen der in diesem Jahr nur geringen Frischlingszahlen den Frischlingsabschuß im Verhältnis zu den anderen Altersklassen vermindern! Der Frischlingsabschuß sollte in jedem Fall mindestens 70% des Gesamtabschusses betragen!

Modell 1

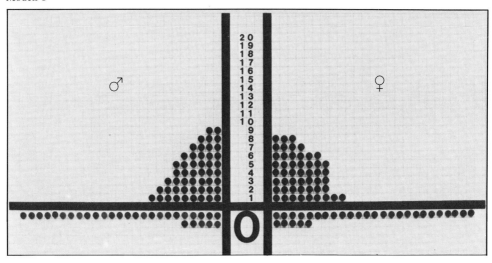

Im **Modell 2** sei von dem durchschnittlichen Zuwachs von 130% ausgegangen. Von den Frischlingen seien wiederum 70% (91 Stück) erlegt. 39 Frischlinge rücken also in die Überläuferklasse auf. Wegen des Bestrebens, möglichst mehr weibliche als männliche zu erlegen, werden auf der rechten (weiblichen) Seite 19, auf der linken (männlichen) Seite 20 Überläufer dargestellt. Nach den Empfehlungen des »Lüneburger Modells« sollen »höchstens 20% Überläufer ... auf drei bis vier Frischlinge ein Überläufer« erlegt werden. 20% des Gesamtabschusses von 130 Stück sind 26. Es müssen also hier 26 Überläufer erlegt werden, so daß 13 Überläufer in die Klasse der groben Sauen aufrücken. Das bedeutet einen Abschuß von $2/3$ aller vorhandenen Überläufer bzw. von einem Überläufer auf sieben Frischlinge!

Bei strenger Einhaltung dieser Quoten ist ein zwar gegenüber dem Modell 1 deutlich verminderter, trotzdem aber noch recht befriedigender Anteil grober Sauen vorhanden. Bei seiner sorgfältigen Bejagung kann ein immer noch recht großer Stamm mittelalter bis alter Bachen und eine so große Zahl mittelalter Keiler erhalten werden, daß ein beträchtlicher Prozentsatz Letzterer in die Klasse der Hauptschweine hineinwächst. Bei konsequenter Verwirklichung dieses Modells könnten also alljährlich etwa vier alte, starke Keiler (auf einen Gesamtabschuß von 130 Sauen) zur Strecke gebracht werden.

Modell 2

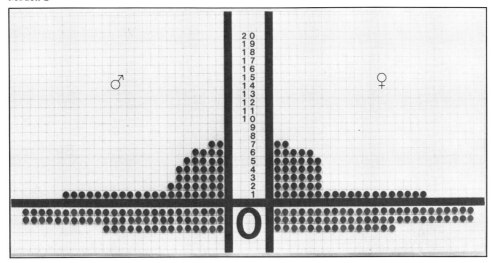

Modell 3

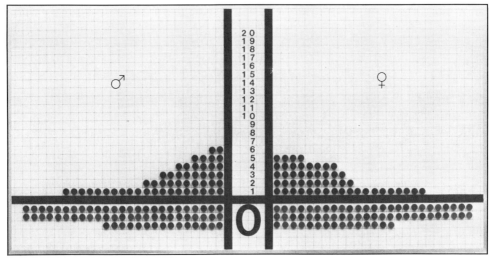

Modell 3 geht ebenfalls von dem durchschnittlichen Zuwachs von 130% aus. Auch hier werden 70% des Gesamtabschusses bei den Frischlingen erfüllt, so daß – wie im Modell 2 – 39 Frischlinge in die Überläuferklasse aufrücken. Es werden jedoch nicht – wie im Modell 2 – zwei Drittel sondern nur die Hälfte der Überläufer erlegt. Und schon zeigen sich sehr deutliche Auswirkungen bei den groben Sauen: die Zahl der mittelalten Keiler und Bachen geht rapide zurück; die wirklich reifen Jahrgänge fehlen bereits weitgehend. Eine Verringerung des Überläuferabschusses ohne deutlich negative Auswirkungen auf die Klassen der groben Sauen wäre also nur dann möglich, wenn entsprechend stärker in die Frischlinge eingegriffen würde. Der Anteil des Frischlingsabschusses müßte also deutlich über 70% betragen.

Modell 4

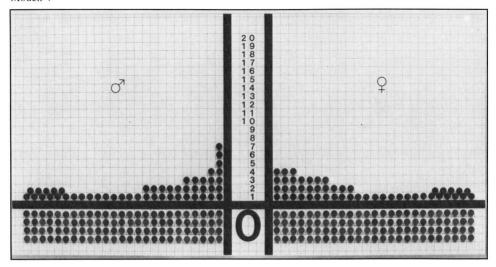

Im **Modell 4** sei von dem hohen, in unserer mitteleuropäischen Kulturlandschaft heute aber vermutlich keineswegs seltenen Zuwachs von 200% ausgegangen. Hier werden die sich im Modell 3 bereits andeutenden Folgen noch deutlicher! Bei einer Verteilung des Gesamtabschusses von 70% auf die Frischlinge, 20% auf die Überläufer und 10% auf die groben Sauen müssen zunächst wiederum ⅔ aller Überläufer erlegt werden. Im Gegensatz zum Modell 2 verbleibt jetzt aber trotzdem nur noch ein sehr geringer Anteil grober Sauen. Schon die mittleren Altersklassen, also diejenigen der voll erwachsenen führenden Bachen und der Zukunftskeiler, haben in erschreckendem Ausmaß abgenommen, in die Reifeklassen kann nur ausnahmsweise einmal ein Stück hineinwachsen.

Auf die jagdliche Praxis übertragen, würde diese Abschußverteilung bedeuten, daß alljährlich auf der weiblichen Seite die Hälfte aller zwei- bis vierjährigen, im allgemeinen also führenden Bachen, auf der männlichen Seite die Hälfte aller zwei- bis vierjährigen Zukunftskeiler erlegt werden müssen, wenn der Bestand auf etwa gleicher zahlenmäßiger Höhe gehalten werden soll. Ein wirklich reifer Keiler wird nur auf jeweils mehrere hundert gestreckte Sauen entfallen. Infolge dieser katastrophalen Altersklassenverhältnisse – wie sie in der mitteleuropäischen Kulturlandschaft leider weit überwiegen – kann in den Schwarzwildbeständen keine naturgemäße Sozialordnung entstehen. Dies hat vielerlei nachteilige Folgen, u. a. auch in Form eines starken Anwachsens landwirtschaftlicher Wildschäden.

Die Konsequenz aus all diesen Überlegungen kann nur sein, daß noch deutlich stärker in die jüngsten Altersklassen eingegriffen werden muß. Die unter Bezug auf das »Lüneburger Modell« oft propagierte Abschußverteilung von 70% Frischlingen, 20% Überläufern und 10% groben Sauen ist nur dann empfehlenswert, wenn aus irgendwelchen Gründen ein sehr geringer Zuwachs vorliegt. Bei durchschnittlichem oder gar überdurchschnittlichem Zuwachs muß insbesondere der Frischlingsabschuß prozentual weiter erhöht werden.

Modell 5

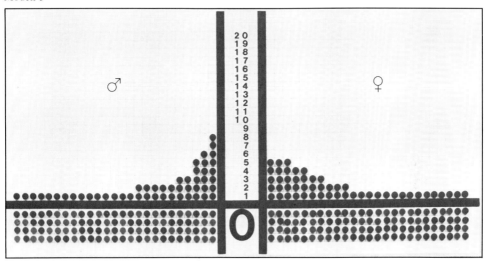

Im **Modell 5** sind bei 200% Zuwachs 75% Frischlinge erlegt worden. Dadurch sind zum Beginn des neuen Jagdjahres gerade so viele Überläufer wie grobe Sauen vorhanden: 25 Überläuferbachen, 25 grobe Bachen, 25 Überläuferkeiler, 25 grobe Keiler. Weitere 15% des Abschusses werden bei den Überläufern erfüllt, was einen Abschuß von 60% aller vorhandenen Überläufer bedeutet. Das Ergebnis ist zwar etwas besser als beim Modell 4, jedoch noch keineswegs befriedigend.

Das Ergebnis wird auch dadurch nicht wesentlich besser, daß wir – wie in **Modell 6** geschehen – bei gleichem Frischlings- und Überläuferabschuß in den Klassen der groben Sauen variieren: in jedem Fall muß zu stark in die groben Sauen, d. h. in die mittelalten Bachen und in die Zukunftskeiler eingegriffen werden, mit allen daraus resultierenden negativen Folgen, nicht zuletzt einem häufigen Abschuß führender Bachen!

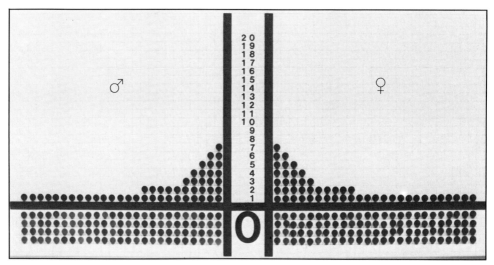

Modell 6

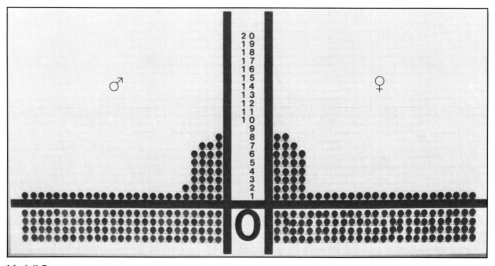

Modell 7

Eine gute Altersklassengliederung der groben Sauen kann hier nur noch durch einen radikalen Eingriff in die Überläufer gerettet werden, wie im **Modell 7** gezeigt. Hier würde zwar ein hoher Anteil alter Keiler und Bachen erzielt, aber nur für den Preis eines Abschusses von über 80% aller Überläufer, und selbst dann nur, wenn es gelingen sollte, bei Keilern wie Bachen in den mittleren Jahrgängen jeglichen Fehlabschuß zu vermeiden, was in freier Wildbahn nur schwer zu erreichen sein wird. Auf die Probleme eines hohen Überläuferabschusses wird noch zurückzukommen sein. Hier kann vorweg gesagt werden, daß bei dem sehr hohen Zuwachs von 200% noch schärfer in die jüngsten Altersklassen eingegriffen werden muß.

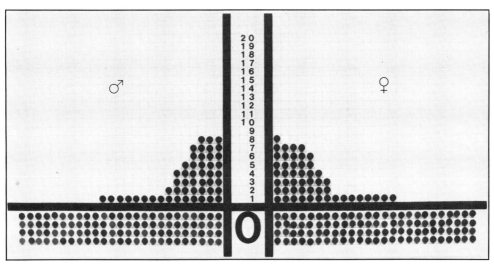

Modell 8

Modell 9

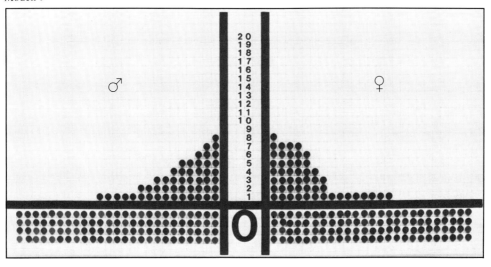

In **Modell 8** sind bei dem angenommenen Zuwachs von 200% schließlich 85% Frischlinge zum Abschuß vorgesehen, nur 15% werden zu Überläufern. Von diesen werden rund die Hälfte erlegt. Erst bei diesem hohen Eingriff in die Frischlinge kann eine genügend hohe Zahl von groben Sauen übergehalten werden. Auf der rechten Seite zeigt sich jetzt das Bild, wie es sich aus der weitestmöglichen Schonung führender Bachen ergibt. Das Bild der linken Seite ergibt sich aus der möglichst weitgehenden Schonung der mittelalten Zukunftskeiler. Hier ist es also auch bei dem sehr hohen Zuwachs von 200% durch äußerst scharfen Eingriff in die Frischlinge gelungen, einen hohen Anteil mittelalter Keiler zu erhalten und in die reifen Jahrgänge aufrücken zu lassen, so daß wieder – wie in den Modellen 1 und 2 – etwa vier Hauptschweine jährlich gestreckt werden können. Selbst bei etwas weniger korrekter

Auswahl der Keiler und einer stärkeren Schonung der Überläuferkeiler können infolge des sehr starken Frischlingsabschusses immer noch drei Hauptschweine erlegt werden, wie in **Modell 9** gezeigt.

Der Schlüssel für eine gute Gliederung der Schwarzwildbestände mit Erhaltung aller führenden Bachen und einer gesunden Sozialordnung sowie der Erzielung einer höchstmöglichen Anzahl von Hauptschweinen liegt also eindeutig bei den beiden jüngsten Jahrgängen und hier wieder in allererster Linie bei den Frischlingen. So, wie man die längste Zeit den Zuwachs unserer Sauen bei weitem unterschätzt hatte, so wird in aller Regel auch heute noch die Notwendigkeit stärksten Frischlingsabschusses unterschätzt. Mit der heute vielfach propagierten Regel 70 : 20 : 10 ist es nicht getan. Ein so auf Frischlinge, Überläufer und grobe Sauen aufgegliederter Abschuß kann nur bei einem an der Untergrenze liegenden Zuwachs zu guten Erfolgen führen. Da in unserer mitteleuropäischen Kulturlandschaft der Zuwachs aber in der Regel sehr viel höher liegt, muß der prozentuale Anteil des Frischlingsabschusses deutlich erhöht werden, wie in den vorstehenden Modellen gezeigt.

Geringfügig günstigere Gliederungen als in den Modellen angegeben ließen sich erreichen, wenn es durch Selektivabschuß bei den Frischlingen und Überläufern gelänge, das Geschlechterverhältnis zu Gunsten der Keiler zu verschieben. So würde ein Frühjahrsbestand im GV 1,1 : 1 nunmehr 53 Keiler und 47 Bachen, ein Frühjahrsbestand im GV 1,2 : 1 gar 55 Keiler und 45 Bachen aufweisen. Dadurch könnte der Zuwachs etwas vermindert, der Anteil alter Keiler etwas erhöht werden. In der freien Wildbahn wird ein solcher Selektivabschuß stets nur in geringem Ausmaß möglich sein, sollte aber angestrebt werden.

Eine genaue Betrachtung der vorstehenden Modelle beweist die eindeutige funktionelle Abhängigkeit des Heranwachsens einer nennenswerten Zahl reifer Stücke von einem genügend starken Eingriff in die beiden jüngsten Altersklassen, vor allem in die Frischlinge. In dieser Beziehung wird in der jagdlichen Praxis der freien Wildbahn viel zu sehr gesündigt! Selbst dort, wo man gezielt eine qualitative Anhebung der Schwarzwildbestände anstrebt, ist man sich meist über diese Abhängigkeiten nicht genügend im klaren und erlegt viel zu wenige Frischlingen und demzufolge viel zu viele stärkere Stücke. Das Ergebnis sind die in den meisten deutschen Revieren anzutreffenden »Kindergesellschaften«, die fast nur aus Frischlingen und Überläufern sowie einer schon viel zu geringen Zahl zwei- und dreijähriger Sauen – die ja auch noch nicht ausgewachsen sind – bestehen und in denen ältere als dreijährige Keiler und Bachen höchstens noch als gelegentliche Ausnahmeerscheinungen auftreten. Zwar wird im jagdlichen Schrifttum und in Vorträgen immer wieder der Rat »alt werden lassen« propagiert. Dieser Rat ist zweifellos richtig. Bei keiner anderen Schalenwildart führt er hinsichtlich der Wildpret- und Trophäenstärke zu so deutlichen Erfolgen wie beim Schwarzwild. Dieses einfache Rezept läßt sich jedoch nur verwirklichen, wenn man die Frischlinge genügend dezimiert, dadurch die mittelalten Stücke schont und sie das Reifealter erreichen läßt.

Ist in dieser Beziehung der Nachteil zu geringen Frischlingsabschusses leicht zu erkennen, werden zwei andere Schwierigkeiten meist übersehen. Zunächst läßt es sich beim Abschuß grober Sauen selbst bei größter Vorsicht nie ganz vermeiden, daß versehentlich auch die eine oder andere führende Bache erlegt wird. Dies hat das Eingehen oder doch starke Kümmern der Frischlinge und außerdem vielfach einen konzentrierten Wildschaden zur Folge, da die Frischlinge, die ihre Mutter früh verloren haben, viel länger einen engen Lebensraum einhalten, oftmals in ein und demselben Getreideschlag bis zur Ernte verbleiben, und hier starken Wildschaden anrichten.

Da nun aber die meisten Jäger bemüht sind, führende Bachen zu schonen, müssen zwangsläufig mehr Keiler als Bachen zur Strecke kommen. Die dadurch bewirkte Verschiebung des Geschlechterverhältnisses führt einerseits zu einer weiteren Verknappung der durch den zu starken Abschuß grober Sauen ohnehin nur wenigen Keiler, andererseits zu einem höheren Zuwachs des Gesamtbestandes und damit nicht nur zu stärkeren Wildschäden während des Sommers, sondern auch zu einem immer stärkeren Absinken des Keileranteils. Ein ungenügender Frischlingsabschuß führt also zu einer Kettenreaktion, die den Keileranteil von Jahr zu Jahr geringer werden läßt. Die Seltenheit starker Keiler in unseren Wildbahnen beweist nicht nur die Richtigkeit dieser Berechnungen, sondern leider auch die falsche Art der Jagdausübung.

Auch beim Schwarzwild führt Enthaltsamkeit zum Ziel! Wenn heute in vielen Gegenden günstigstenfalls ein Hauptschwein auf etliche hundert Sauen zur Strecke kommt, liegt das keineswegs in der Natur des Schwarzwildes, sondern daran, daß aus verschiedenen Gründen zu wenige Frischlinge und zu viele grobe Sauen geschossen werden. Der Hegeweg zum Hauptschwein führt genau wie der zum Kapitalhirsch nur über die Entsagung – aber er führt beim Schwarzwild mit größerer Sicherheit als bei allen anderen Schalenwildarten zum Erfolg!

Nicht nur hinsichtlich der Qualität der Schwarzwildbestände, sondern auch bezüglich der Wildschadenverminderung wirkt sich die Erhaltung eines ausgeglichenen oder gar zugunsten der Keiler verschobenen Geschlechterverhältnisses, einer guten Altersklassengliederung und einer gesunden Sozialstruktur günstig aus:

1. Da ein wachsender Organismus und trächtige Stücke immer einen verhältnismäßig hohen Nahrungsbedarf haben, kann durch eine prozentuale Verminderung des Bachen- und Jungwildanteils der Nahrungsverbrauch des Gesamtbestandes herabgesetzt werden [s. BUBENIK 1959].
2. Bei guter Sozialstruktur wird das Entstehen der heute so häufigen »Kindergesellschaften« aus Überläuferbachen mit ihren Frischlingen vermieden, der Zuwachs des Gesamtbestandes in geregelte Bahnen gelenkt, die Führung der Großrotte von alten Bachen übernommen, das Territorium der Rotte vergrößert, dadurch entstehender Schaden mehr verteilt und vermindert.
3. Ältere, erfahrene Leitbachen lassen sich mitsamt ihrer Rotte leichter von wildschadengefährdeten Feldflächen vergrämen (vor allem durch Abschuß eines ihrer Frischlinge) und durch richtig praktizierte Ablenkmaßnahmen im Walde halten.

Eine gute Abschußplanung, wie sie vorstehend skizziert worden ist, und ihre Umsetzung in die Praxis dient also gleichermaßen der Erhaltung eines biologisch wie wirtschaftlich tragbaren, in seinen einzelnen Stücken gesunden und starken Wildbestandes in einer optimalen soziologischen Gliederung, der Heranziehung starker Trophäen und der Verminderung landwirtschaftlicher Wildschäden.

Abschußgrundsätze

Gegen eine Abschußplanung, wie sie vorstehend gezeigt worden ist, wird gelegentlich eingewandt, daß eine so genaue Erfüllung des geplanten Abschusses beim Schwarzwild wegen der Schwierigkeiten des Ansprechens, wegen der heimlichen Lebensweise der Sauen, wegen der alljährlich wechselnden Zuwachsrate, die ja von vornherein eine wirklich exakte Abschußplanung wie bei den anderen Schalenwildarten gar nicht zulasse, in der grünen Praxis unmöglich sei. Eine Reihe gut gepflegter und planmäßig bejagter Schwarzwildreviere haben im Laufe der Zeit das Gegenteil bewiesen. Zwar ist an allen drei Einwänden durchaus etwas Richtiges. Doch fallen beim Schwarzwild die Schwierigkeiten eines genauen Wahlabschusses in den einzelnen Altersklassen fort, wie er bei den anderen Schalenwildarten durchgeführt werden muß. Man soll nach Möglichkeit von den Frischlingen einer Bache immer den schwächsten erlegen, aus einer Überläuferrotte immer das schwächste Stück herausschießen, doch kommt es im wesentlichen auf die richtige Verteilung des Abschusses auf die Altersklassen an.

Machen wir uns einmal frei von dem für die anderen Schalenwildarten geltenden Schema der Abschußplanung und des damit zusammenhängenden Wahlabschusses, betrachten wir unvoreingenommen die in den vorigen Kapiteln zusammengestellten Erkenntnisse über die Vermehrungsbiologie des Schwarzwildes und über die Altersklassengliederung, so lassen sich daraus für eine entsprechende planmäßige Jagd ganz einfache Regeln ableiten, die zu dem gewünschten Erfolg führen und leicht zu verwirklichen sind:

- Abschuß von 70 bis 90% aller Frischlinge (je nach Zuwachs des betreffenden Jahres) und von einer Überläuferquote, die sich jeweils aus dem Zuwachs und dem getätigten Frischlingsabschuß ergeben muß.
- Vollständige Schonung aller groben Sauen mit Ausnahme des
- Abschusses von wirklichen Hauptschweinen, der zahlenmäßig nach dem vorhandenen Bestand festzusetzen und entweder einzeln für einen bestimmten Jäger oder ein bestimmtes Revier oder aber als sogenannter Gruppenkeiler festzusetzen ist.

Der hohe *Frischlingsabschuß* muß selbstverständlich bei allen sich bietenden Gelegenheiten durchgeführt werden. Besonders scharf zu bejagen sind mutterlose sowie im Herbst oder Frühwinter gefrischte Frischlinge, da bei ihnen die Gefahr besteht, daß sie den Winter ohnehin nicht überdauern. Im übrigen wird man natürlich aus den Rotten möglichst die schwächsten oder die krank scheinenden Frischlinge schießen. Sollte sich ausnahmsweise nachträglich zeigen, daß zuviele Frischlinge erlegt wurden, oder sollten in einem harten Spätwinter stärkere Fallwildverluste auftreten, so daß die Abschußquote unter den Frischlingen überschritten ist, kann man den geplanten Überläuferabschuß entsprechend herabsetzen.

Der *Überläuferabschuß* ist zweifellos ein außerordentlich vielschichtiges und problembeladenes Thema, das teilweise entsprechend kontrovers diskutiert worden ist. Es wäre schön, wenn man ihn einfach beiseite lassen könnte. Mit Rücksicht auf die Altersstruktur des ganzen Bestandes wird das aber meist nicht ratsam sein. In den sämtlichen Modelldarstellungen des vorigen Kapitels war ja auch ein Überläuferabschuß vorgesehen worden, zum Teil in sehr beträchtlicher Höhe. Auch das »Lüneburger Modell« sieht den Abschuß bis zu 20% bei den Überläufern vor, was – wie wir gesehen hatten – einen Abschuß von ⅔ aller vorhandenen Überläufer bedeuten kann.

In aller Regel wird also ein mehr oder minder hoher Überläuferabschuß notwendig sein. Die Frage ist nur: Wie und wann soll dieser getätigt werden? Als Überläufer gelten ja ab 1. April die vorjährigen Frischlinge. Sie können beim Wechsel in die Überläuferklasse theoretisch sowohl gut drei Monate als auch fünfzehn Monate alt sein. Daraus ergeben sich manche Schwierigkeiten, die zum Teil bereits auf Seite 82 besprochen worden sind.

Ein jahr- und gegendweise wechselnder Anteil der Frischlings- beziehungsweise Überläuferbachen frischt im zweiten Kalenderjahr seines Lebens selber schon. Es handelt sich dann funktionsmäßig um führende Bachen, die selbstverständlich nicht erlegt werden dürfen. Die Überläuferkeiler werden im allgemeinen im Laufe des Sommers aus den Mutterrotten ausgeschlossen und streifen nach einer kurzen Übergangszeit losen Zusammenhalts als Einzelgänger durch die Reviere. Sie sollten nach Möglichkeit geschont werden, um den Keileranteil nicht zu vermindern. Bei schlechtem Licht oder sonstigen Erschwernissen im Ansprechen, z. B. in hoher Vegetation, sollte man auch sowieso nicht auf einzelne Stücke schießen, da es sich hierbei allzu leicht um führende Bachen handeln kann, die entweder ihre Frischlinge abgelegt haben oder deren Frischlinge in der Bodenvegetation nicht zu sehen sind. Einzelne Sauen sollte man – zumindest vom Mittwinter bis in den Herbst hinein – überhaupt nur dann beschießen, wenn man sie einwandfrei ansprechen kann. Aus den sogenannten gemischten Rotten, also solchen aus führenden Bachen, Überläufern und Frischlingen, einen Überläufer herauszuschießen, erfordert große Schwarzwilderfahrung und gute Lichtverhältnisse; nur allzu leicht wird eine führende Bache erlegt.

Will man ganz sicher gehen, muß man sich also hinsichtlich des Überläuferabschusses auf die Bejagung der Überläuferrotten beschränken. Solche Überläuferrotten – vor dem 1. April Frischlingsrotten – treten fast ausschließlich bis etwa Sommeranfang auf. Ihre Bejagung ist deshalb in der Regel auch nur bis etwa Sommeranfang möglich.

Zu dieser Thematik schreibt STAHL [1980 und in anderen Veröffentlichungen]: »Vom 1. Februar bis 15. Juni soll die Jagd auf Schwarzwild grundsätzlich ruhen. Der Abschuß von Überläufern in der Schonzeit würde in der Praxis einer ganzjährigen Bejagung des Schwarzwildes mit den bekannten negativen Auswirkungen gleichkommen. In Schadenfällen können in der Zeit vom 1. Februar bis 31. März unter Beachtung der Gewichtsgrenze von 50 Kilogramm Frischlinge des Vorjahres und solche aus demselben Jahr erlegt werden.« STAHL möchte also im Frühjahr einen Überläuferabschuß nicht generell, sondern nur in Ausnahmefällen zur Wildschadensbekämpfung zulassen. Aus der von STAHL eingenommenen Blickrichtung ist dem sicherlich beizupflichten. Andererseits muß man sich darüber im klaren sein, daß man mit einem weitgehenden Verzicht auf die Bejagung der reinen Überläuferrotten zugleich die besten Chancen für den Überläuferabschuß mit den geringsten Fehlermöglichkeiten vergibt. Ist infolge eines entsprechend hohen Frischlingsabschusses nur ein sehr geringer Überläuferabschuß notwendig, wie beispielsweise in dem gezeigten

Modell 1, dann kann man diese wenigen Überläufer sicherlich auch noch später im Jahr schießen. Ist dagegen ein hoher Überläuferabschuß notwendig, so fragt sich, ob nicht in einer gezielten Bejagung der Überläuferrotten während des Frühjahrs das kleinere Übel liegt.

Auch wegen dieser Problematik ist es wiederum dringend zu empfehlen, den Frischlingsabschuß prozentual so hoch wie möglich zu veranschlagen, um dadurch den Überläuferabschuß möglichst niedrig halten oder gar im Extremfall ganz auf ihn verzichten zu können. Hinsichtlich des Frischlingsabschusses sollte man sich bemühen, ihn bis Ende Januar vollständig zu erfüllen. In der jagdlichen Praxis wird das allerdings oft nicht gelingen. Nach Meinung des Verfassers ist es dann besser, auch im Februar und März im Rahmen der Einzeljagd noch Frischlinge aus den jetzt oft ohne Bachen auftretenden und dadurch leichter zu bejagenden Frischlingsrotten herauszuschießen, als durch einen zu geringen Frischlingsabschuß den Altersklassenaufbau des gesamten Bestandes negativ zu beeinflussen.

Am 1. April werden aus den jetzt drei bis fünfzehn Monate alten Frischlingen Überläufer, aus den Frischlingsrotten Überläuferrotten. Nur diese sind gemeint, wenn von einem Überläuferabschuß zu Beginn des neuen Jagdjahres die Rede ist – nicht etwa die ein Jahr älteren Stücke, die ja am 1. April zu groben Sauen geworden sind! Nur so ist es auch zu verstehen, wenn die deutsche Bundesverordnung über die Jagdzeiten von 1977 die Frischlinge und Überläufer aus der Schonzeitregelung herausläßt und damit ihre ganzjährige Bejagung erlaubt. Um eventuelle Unklarheiten auszuschalten, heißt es beispielsweise in den Richtlinien für die Schwarzwildbewirtschaftung im Saarland [KALBHENN, 1984]: »Vom 1. 2. bis 30. 6. (Schonzeit) soll die Jagd auf Schwarzwild nur ausgeübt werden auf Stücke bis 30 kg.« Ähnliche Gewichtsregelungen sind auch anderwärts eingeführt worden.

Wie hoch der *Abschuß von alten, starken Keilern* sein darf, muß sich aus der Gliederung des Schwarzwildbestandes ergeben. Der Abschuß von 4 Hauptschweinen auf einen Frühjahrsbestand von 100 Sauen ist selbstverständlich nur in einem sehr gut gegliederten Bestand möglich. In schlecht gegliederten Beständen ist oftmals selbst auf etliche hundert Sauen nicht ein einziges Hauptschwein vorhanden. Während der Aufbauzeit eines richtig gegliederten Schwarzwildbestandes aus einem schlecht gegliederten wird es zweckmäßig sein, für mehrere Jahre überhaupt nur Frischlinge und Überläufer zu schießen. Soll später das eine oder andere Hauptschwein zur Strecke gebracht werden, muß auf deren Zahl selbstverständlich jeder versehentlich erlegte Keiler der mittleren Altersklassen angerechnet werden, da sonst wiederum eine ungünstige Verschiebung des Altersklassenverhältnisses eintritt. Während der Zeit der Korrektur eines schlecht gegliederten, in der Wilddichte aber richtigen Bestandes darf die Gesamtabschußziffer selbstverständlich nicht vermindert werden, da sonst eine Erhöhung der Wilddichte und zugleich verstärkte Wildschäden die Folge wären. Es muß also jetzt für die Zeit der Umgliederung des Bestandes eine noch größere Zahl von Frischlingen und Überläufern erlegt werden als in einem richtig gegliederten Bestand. Überhaupt sollen ja alle Maßnahmen der Schwarzwildhege nicht eine Vermehrung des Bestandes, sondern seine Verbesserung durch richtige Gliederung bezwecken.

Der selbst bei sehr guter Altersklassengliederung nur in geringem Maße notwendige

Abschuß alter Bachen muß an nicht führenden Bachen erfüllt werden, doch ist Vorsicht geboten. Einerseits gibt es keine Jahreszeit, während der nicht eben gesetzte Frischlinge beobachtet wurden. Andererseits ist zu bedenken, daß die Bache ihre Frischlinge in deren ersten Lebenswochen oft nicht bei sich hat. Wenn man nicht ganz sicher ansprechen kann, muß man immer damit rechnen, daß es sich vielleicht um eine führende Bache handelt, die ihre Frischlinge in der Dickung zurückgelassen hat.

Bei den winterlichen Drückjagden wird es sich kaum vermeiden lassen, daß versehentlich eine Bache zur Strecke kommt. Auch die Winternot fordert von Zeit zu Zeit unter den Bachen Opfer. In einem ideal gegliederten Schwarzwildbestand ist es oftmals überhaupt nicht nötig, einen planmäßigen Abschuß alter Bachen durchzuführen, da sich ein Ausfall durch Fehlabschüsse u. a. von selber ergibt. Ist bei notwendiger Reduktion eines Schwarzwildbestandes doch einmal der planmäßige Abschuß von Bachen erforderlich, so sollte er im Spätsommer, Herbst oder Winter mit Bachen erfolgen, die in diesem Jahr nicht geführt haben oder die nach Abschuß aller Frischlinge nicht mehr führen! Generell ist zu bedenken, daß durch den Abschuß alter Bachen, vor allem Leitbachen, die Sozialstruktur des Bestandes schwer geschädigt oder gar völlig durcheinander gebracht werden kann: mit allen bereits geschilderten Folgen hinsichtlich der Bestandesqualität und des Wildschadengeschehens.

Ist es dagegen bei gutem Licht möglich, in Überläuferrotten einzelne Stücke auf ihr Geschlecht anzusprechen, sollte man bevorzugt Überläuferbachen erlegen. Während sich nämlich durch den Abschuß eines Überläuferkeilers der künftige Keileranteil am Gesamtbestand verringert, wird er durch den Abschuß einer Überläuferbache prozentual erhöht. Eine leichte Verschiebung des Geschlechterverhältnisses zu Gunsten der Keiler erhöht aber nicht nur ihren Anteil am Gesamtbestand, sondern verringert gleichzeitig die Zuwachsrate, die jährlichen Schwankungen des Zuwachses und schließlich den Unterschied in der Wilddichte des Sommerbestandes von der des Frühjahrsbestandes. Das aber bedeutet bei gleicher Stärke des Frühjahrsbestandes ein Verringern der Wildschäden während des Sommers oder – umgekehrt betrachtet – ein Heraufsetzen der wirtschaftlich tragbaren Wilddichte. Es kann also bei einem zu Gunsten der Keiler verschobenen Geschlechterverhältnis ein höherer Grundbestand (Frühjahrsbestand) für wirtschaftlich tragbar angesehen werden als bei einem Geschlechterverhältnis 1:1 oder gar bei einem zu Gunsten der Bachen verschobenen Geschlechterverhältnis. Sowohl durch den höheren Keileranteil, als auch durch den damit größeren Gesamtbestand kann die Keilerzahl und damit wieder die mögliche Zahl zu streckender Hauptschweine beträchtlich anwachsen.

Für den in allererster Linie dringend notwendigen hohen Frischlingsabschuß hat man vielfach zur Erleichterung des Ansprechens Gewichtsgrenzen gezogen. Dabei hat man sich heute im allgemeinen auf den Wert von 40 kg geeinigt, den auch TÜRCKE [1978] und UECKERMANN [1977] festlegen. Ohne Rücksicht auf Alter und Gewicht müssen selbstverständlich alle dringend krankheitsverdächtigen sowie alle schwerverletzten Stücke erlegt werden. Soweit es sich nicht gerade um führende Bachen handelt, sollte man auch alle anomal gefärbten Sauen (meist sogenannte Schecken) aus der Wildbahn herausnehmen, dies um so mehr, als diese Farbanomalien rezessiv erblich sind und nur durch konsequenten Abschuß langsam ausgemerzt werden können.

Die korrekte Einhaltung der vorstehend beschriebenen Abschußgrundsätze seitens der Jäger ist sicherlich sehr weitgehend ein psychologisches Problem. Immer wieder wird argumentiert, daß es doch verständlich sei, wenn ein Jäger, der erhebliche landwirtschaftliche Wildschäden zu tragen habe, lieber ein stärkeres Stück Schwarzwild als einen geringen Frischling erlegen möchte. Demgegenüber war bereits festgestellt worden, daß einerseits der Abschuß eines Frischlings in Nähe der Bache weit mehr zur Wildschadenverminderung beiträgt, als etwa der Abschuß der Bache oder eines einzeln gehenden mittelalten Keilers, und daß andererseits eine nennenswerte Zahl alter, reifer Keiler mit beachtenswerten Trophäen nur erzielt werden kann, wenn unter Schonung aller mittelalten Stücke ein sehr scharfer Eingriff in die Frischlinge erfolgt. Ein weiterer Gesichtspunkt kommt noch hinzu. Wie sich aus der unterschiedlich hohen Nachkommenzahl von Frischlingsbachen, Überläuferbachen und Altbachen ergibt und wie KÖNIG [1980] anhand interessanter Modellrechnungen gezeigt hat, steigt der Zuwachs und damit die Abschöpfungsquote an, wenn durch scharfen Eingriff in die Frischlinge und entsprechende Schonung der älteren Stücke das Durchschnittsalter der Bachen angehoben wird. Durch die vorstehend aufgestellten Abschußgrundsätze kann also bei gleichem Grundbestand (Frühjahrsbestand) eine zahlenmäßig höhere Strecke, die nach den Berechnungen von KÖNIG sogar einen höheren Wildpretertrag bringt, erzielt werden. Es können also auch an der Schwarzwildstrecke entweder mehr Jäger beteiligt werden oder die einzelnen Jäger häufiger auf Schwarzwild zu Schuß kommen. Durch die vorstehend aufgezeigten Abschußgrundsätze werden also auch die Jagdmöglichkeiten, Jagderfolge und jagdlichen Freuden vermehrt.

Hegemaßnahmen

Bereits im ersten Kapitel dieses Abschnitts war gezeigt worden, daß der Hegebegriff hinsichtlich des Schwarzwildes – im Vergleich zu anderen Wildarten – mancherlei Einschränkungen bedarf. Trotzdem sind auch bezüglich des Schwarzwildes außer der Hege mit der Büchse im vorstehend beschriebenen Sinne noch eine Reihe weiterer Hegemaßnahmen angebracht.

An erster Stelle sei die Schaffung beziehungsweise Erhaltung und Pflege möglichst störungsfreier *Einstände,* insbesondere Kinderstuben, genannt, die sowohl das Dekkungsbedürfnis als auch die sonstigen Anforderungen erfüllen, welche die Sauen an Einstände stellen. Solche dem Lebens- und Ruhebedürfnis des Schwarzwildes entgegenkommenden Einstände sind nicht nur deswegen erforderlich, damit sich die Sauen in ihnen wohl fühlen, sondern auch, um sie während der besonders wildschadengefährdeten Sommermonate in diesen Einständen zu halten und sie nicht zu veranlassen, sich in große, ruhige Getreideschläge umzustellen, was zwangsläufig beträchtliche Wildschäden nach sich ziehen würde.

Eine direkte *Ausrichtung waldbaulicher Planungen* auf die Interessen von Wild und Jagd wird stets nur in ganz wenigen, besonders wichtigen Jagdrevieren möglich sein. Wo Forstwirtschaft und Jagd in einer Hand liegen oder wo eine enge Zusammenarbeit zwischen Forstmann und Jäger herrscht, lassen sich jedoch im einzelnen manche waldbauliche Maßnahmen – ohne irgendeine forstliche Beeinträchtigung – so durchführen, daß sie dem Wild zum Nutzen gereichen. Beispielsweise trägt eine Anlage der Pflanzreihen quer zur örtlichen Hauptwindrichtung zur Windberuhigung innerhalb der Dickung bei. Eine Ausrichtung der Pflanzreihen nicht senkrecht sondern parallel zu Straßen und vielbegangenen Wegen bietet einen weiterreichenden Sichtschutz. Im gleichen Sinne wirken verzögerte Läuterungen und Ästungen. In lichter werdenden Althölzern kann an eine flächen- oder horstweise Naturverjüngung, eine horstweise Einbringung deckungspendender Forstpflanzen oder Sträucher gedacht werden.

Ausgezeichnete Deckung liefern oft auch *Schilfgürtel* an Binnengewässern, Sümpfen, Spülflächen usw., die selbst bei nur kleinen Abmessungen von den Sauen gern als Einstand benutzt werden, wenn sie einigermaßen störungsfrei liegen. Bei größerer Flächenausdehnung sind sie geradezu ideale Einstände, da sie weitgehend vor menschlichen Störungen schützen. Soweit das Schilf genutzt wird, sollte dies so geschehen, daß stets genügend große Einstandsflächen erhalten bleiben. Einzelgänger sowie kleine und große Rotten schieben sich das ganze Jahr über auf trockenen Inseln innerhalb solcher Schilfdickichte ein.

Ebenfalls am Rande von Binnengewässern oder in sonstigen feuchten Niederungen können auch *Bruchwälder* beliebte Schwarzwildeinstände darstellen. Ihre Beliebtheit beruht wohl vor allem darauf, daß diese Bruchwälder meist während langer Jahreszeiten von Menschen nicht oder nur mühsam betreten werden können und somit einen sehr weitgehenden Schutz vor menschlichen Störungen bieten. Für die Lager oder Kessel der Sauen finden sich in den Bruchwäldern – wie in den beschriebenen Schilfpartien – höher gelegene trockene Stellen. Fallholz, Schilf und anderes pflanzliches Material zur Herrichtung von Schlaf- und Wurfkesseln sind im allgemeinen in genügender Menge vorhanden. Werden Bruchwälder unten so licht, daß sie den Sauen nicht mehr genügend Seitendeckung bieten, läßt sich diesem Übel leicht abhelfen. Durch eine kräftige Auflichtung des herrschenden Bestandes (meist Schwarzerle) kann in kurzer Zeit ein reichlicher, deckungspendender Unterwuchs erzielt werden. Das Ausschlagvermögen der Erlen aus dem Stock nach Abhieb ist groß und anhaltend. Andere Bruchholzarten dringen auch mittels Wurzelbrut in die entstandenen Lücken vor. Zusammen mit Sträuchern, Kräutern und Gräsern entsteht bei genügendem Lichteinfall rasch beste Deckung.

Sollte in einem Waldrevier vorübergehend einmal *nicht genügend Deckung vorhanden* sein, vielleicht weil die bisherigen Dickungen als jetzige Stangenhölzer unten zu licht und die künftigen Dickungen als niedrige, noch nicht geschlossene Kulturen für die Sauen zu offen sind, kann der Heger gewisse Hilfen leisten. LINDNER (persönliche Mitteilung) empfiehlt, in zu licht gewordene Stangenhölzer Strohballen in Haufen von 20 bis 30 Stück einzubringen, in die sich die Sauen einschieben oder die sie zur Herstellung von Wurfkesseln verwenden können. Da vielfach beobachtet worden ist, daß sich Sauen in Getreidehocken – die man heute allerdings kaum noch sieht – oder in Reisighaufen o. ä. einschieben, hat man gelegentlich zu dem Hilfsmittel gegriffen, künstlich »Sauhütten« zu errichten, indem man lockeres Reisig oder Reisigbündel selbständig oder an stehenden Stämmen hockenartig zusammengestellt hat. Der Verfasser wurde einst durch lautes Schnarchen auf einen großen Haufen hüttenartig aufgestellten Stackbusches aufmerksam. Als er sich ihm näherte und laut bemerkbar

Bei Schneefall lassen sich die Sauen gern im Kessel einschneien.

machte, fuhren erschreckt einige Überläufer aus dieser »Hütte« heraus. Geeignetes Reisig läßt sich im allgemeinen in genügenden Mengen im Walde finden. Mit Hilfe einer kräftigen Rosen- oder Heckenschere, notfalls einer Säge, kann man es passend zurechtschneiden, mittels Strohband oder Bindedraht bündeln und dann in zu lichten Dickungen oder Stangenhölzern aufstellen. Wo vorhanden und nicht anderweitig genutzt, kann zu diesem Zweck selbstverständlich auch Schilf sehr vorteilhaft verwendet werden.

Bietet sich nicht genügend großes unzugängliches Gelände an, muß überlegt werden, wie und wo ungestörte Ruhezonen als Wildeinstände geschaffen werden können. In erster Linie kommen hierfür größere Dickungskomplexe in Frage. Soweit rechtlich zulässig, sollten die durch sie hindurchführenden Wege für alle nicht befugten Personen gesperrt werden. Entsprechend müssen bei der Planung von Wanderwegen usw. die Einstandsgebiete, insbesondere die Kinderstuben, berücksichtigt werden. Stets ist dabei zu bedenken, daß es nicht nur um jagdliche Interessen geht, sondern in diesem Zusammenhang mehr noch um die Verhütung landwirtschaftlicher Wildschäden! Bei der Planung von Autostraßen kommt als weiterer Gesichtspunkt die Verhütung von Verkehrsunfällen mit Wild hinzu, so daß hier auch die Wechsel zu berücksichtigen sind. Gegebenenfalls sind hier entsprechende Schutzmaßnahmen einzuplanen.

Außer durch Störungsarmut und Deckungsangebot können *Waldeinstände* durch mancherlei weitere Hegemaßnahmen für das Schwarzwild attraktiv gemacht werden.

Ein ganz wesentlicher Faktor sind in den Einständen gelegene oder von ihnen aus leicht und auf gedeckten Wechseln erreichbare *Suhlen*. In ausgesprochen feuchten Einstandsgebieten, insbesondere in Schilfflächen, Bruchwäldern usw., gelegentlich auch in anderen feuchten Waldgebieten, sind sie im allgemeinen das ganze Jahr über in ausreichender Zahl und Qualität vorhanden. Anderwärts wird sich der Heger hierum kümmern müssen, wenn er die Sauen ganzjährig in diesen Einständen halten will. In Handarbeit oder heutzutage auch durch Einsatz entsprechender Maschinen werden mehr oder minder große und dem jeweiligen Untergrund entsprechend tiefe Mulden ausgehoben, die so liegen sollten, daß in ihnen auch das Regenwasser der Umgebung zusammenfließt. Wichtig ist, daß ein solches, im allgemeinen nur flaches Wasserbecken, das selbstverständlich gleichzeitig als Tränke und unter Umständen im Notfall auch als Löschwasserbehälter dienen soll, mindestens an einer Seite sehr flach und sanft von der Umgebung in das Wasserbecken abfällt, damit die Sauen sich hier ihr Schlammbad richten können.

Im ersten Jahr nach ihrer Anlage hält sich das Wasser vielfach nur kurzfristig in solchen Becken und versickert bald im Untergrund. Vom zweiten Jahr an stellt sich oft von selbst durch Bodenverdichtung eine genügende Wasserhaltung ein. Ist dies nicht der Fall, kann man künstlich nachhelfen. Im allgemeinen dürfte das Einbringen einiger Fuhren Lehm genügen. Für hartnäckige Fälle empfiehlt LINDNER (persönliche Mitteilung) folgendes Rezept: In einer geeignet erscheinenden Bodensenke ist eine Mulde im Ausmaß von 5 × 3 m mit einer Tiefe von rund 60 cm auszuheben und nach Entfernen etwa vorhandenen Steinmaterials mit einer starken Plastikplane auszulegen. Letztere ist dann mit einer mindestens 30 cm starken Lehmschicht auszufüttern, so daß die Sauen mit ihrem Tritt die Plane nicht durchstoßen können. Erstmals wird künstlich Wasser eingebracht, später genügt meist das Regenwasser. Nur unter ganz besonders schwierigen Verhältnissen und wenn es – etwa in Gehegen – finanziell tragbar erscheint, wird man statt der beschriebenen Plastikwanne eine ausbetonierte Wanne herrichten. Sowohl natürliche als auch künstliche Suhlen sollte man von Zeit zu Zeit von hineingefallenen Zweigen und eventuellem Unrat säubern.

Wenn irgend möglich, suchen die Sauen nach dem Suhlen nahe gelegene *Malbäume* auf. Im Walde sind vom Stangenholzalter ab genügend Möglichkeiten vorhanden. Können die Sauen wegen starker und tiefer Beastung der umstehenden Bäume nicht an die Stämme herankommen, kann der Heger durch Aufasten ein entsprechendes Angebot schaffen. Falls er nicht selber Waldbesitzer oder zuständiger Forstmann ist, muß er selbstverständlich vorher die Genehmigung einholen. Sind in der näheren Umgebung überhaupt keine geeigneten Bäume vorhanden, kann man durch das Einsetzen runder Pfähle oder Stammabschnitte künstlich Malbäume schaffen. Sie sollten einen Durchmesser von 20 cm oder mehr aufweisen, etwa 1½ m aus dem Boden herausragen und so tief und fest im Erdreich verankert sein, daß die Sauen – auch stärkere Stücke – sie nicht umdrücken.

Um die Sauen schnell an neu angelegte Suhlen und Malbäume zu gewöhnen, kann man gewisse Kunstgriffe anwenden. Etwas Holzkohlenteer an den Malbäumen scheint diese nach mehrfachen Beobachtungen für die Sauen besonders anziehend zu machen. Daß gelegentlich auch andere stinkende Substanzen in gleicher Richtung wirken können,

Baumsulze – wie an dem vegetationslosen näheren Umkreis deutlich zu erkennen, häufig und intensiv angenommen.

möge folgendes Beispiel zeigen: Ein waldbaulich ganz besonders passionierter Forstbeamter hatte um eine Nadelholzkultur herum einen Streifen Eicheln eingestuft. Prompt gingen die Sauen daran, die Eicheln wieder herauszubrechen. Also rammte der Revierbeamte im Abstand von etwa 5 m Stangen in den Boden und band an diese jeweils ein Strohbüschel, das er zuvor mit einem bekannten, speziell zur Schwarzwildabwehr angepriesenen Wildschadenschutzmittel getränkt hatte. Als er am Abend darauf an dieser Fläche entlangpirschte, wurde er Augenzeuge, wie ein mittelalter Keiler zunächst zwischen solchen Stangen nach Eicheln brach, schließlich eine der Stangen umstieß, sich auf den Strohwisch legte und mit dem Wildschadenschutzmittel die Schwarte einrieb. Allerdings kann dieses Beispiel weder als Wertmaßstab für dieses oder gar alle Wildschadenschutzmittel noch als Rezept aufgefaßt werden.

Weitere Attraktivität kann man den Einständen durch *Salzlecken* verleihen, denn wie alle anderen Schalenwildarten schätzen auch die Sauen das Salz sehr. Als Grundmaterial kommen vor allem das streubare Viehsalz sowie Salzlecksteine in Frage, letztere in Form der natürlichen Bruchsalzsteine, der sogenannten Pfannensteine aus Salinen und der handelsüblichen gepreßten Salzlecksteine. Lecksteine mit Zusätzen irgendwelcher Art sollte man erst verwenden, wenn das dortige Wild an die Salzlecken gewöhnt ist, da sie sonst unter Umständen nicht angenommen werden. Als Kunstgriff kann man zur ersten Gewöhnung Salzlecksteine mit Kochsalz überstreuen. Die Verwendung von Anisöl als Lockmittel wird von manchen Autoren empfohlen, während andere [z. B. WANDEL 1977] davon abraten, da dann die Gefahr einer Verschmutzung der Lecken durch Marder besteht.

Im Prinzip werden die Salzlecken für Schwarzwild genauso angelegt und hergerichtet wie diejenigen für andere Wildarten. Bei der Verwendung von Salzlecksteinen aller Art muß jedoch darauf geachtet werden, daß die Sauen die Steine selbst nicht fassen können, da sie die Steine sonst verschleppen und vergeuden. Die sogenannten Stocksulzen oder Stubbensulzen sollte man deshalb – wenn überhaupt – nur mit streubarem Viehsalz beschicken, Steine dagegen nur in Pfahl-, Stangen- oder Stammsulzen benutzen, in denen die Steine so hoch oder so geschützt angebracht sind, daß die Sauen nicht an sie herankönnen. Durch die Lösung des Salzes im Regenwasser wird die eigentliche – stets zu entrindende – Leckfläche immer wieder mit Salz überzogen und getränkt. Die Befriedigung des Salzbedürfnisses ist dann zwar etwas zeitraubender als bei einer direkten Zugänglichkeit der Steine, doch liegt gerade das im Interesse der Wildschadenverminderung. Damit möglichst viele Stücke gleichzeitig lecken können, sollten die Salzlecken stets in Gruppen von mindestens 3, besser von 6 oder noch mehr Exemplaren eingerichtet werden. Genaue Anleitungen für den Bau von Salzlecken – wie auch anderer Reviereinrichtungen – sind dem vorzüglichen Buch von WANDEL [1977] zu entnehmen.

Selbstverständlich muß in Nähe der Salzlecken Wasser zum Schöpfen zur Verfügung stehen. Wo irgend möglich, sollte man in den Einstandsgebieten örtliche Kombinationen von Wasserstellen zum Schöpfen, Suhlen, Malbäumen und Salzlecken schaffen. Umfassende Fürsorglichkeit des Hegers hinsichtlich der Einstände werden die Sauen durch deutliche Bevorzugung solcher Einstände und dadurch bedingte geringere landwirtschaftliche Wildschäden danken.

Sollen die Sauen weitestgehend im Walde gehalten werden, muß dort auch eine genügende Ernährungsgrundlage zur Verfügung stehen. Sie kann vom Heger wesentlich verbessert werden einerseits durch Förderung der natürlichen Ernährungsverhältnisse und andererseits durch künstliche Schaffung zusätzlicher Nahrung.

Die beste und beliebteste Nahrung für das Schwarzwild stellen *Eicheln und Bucheckern* dar. Eine waldbauliche Bevorzugung dieser beiden Mastholzarten ist deshalb auch für das Schwarzwild von Vorteil. Dabei braucht es sich nicht unbedingt um eine großflächige Einbringung zu handeln. Es hat sich – auch aus waldbaulichen Gründen – sehr bewährt, größere Nadelholzkulturen ringsum mit einem Trauf aus Roteiche einzufassen. Zwar sind die Früchte der amerikanischen Roteiche bei den Sauen nicht ganz so beliebt, wie diejenigen der europäischen Eichenarten, dafür beginnt die Roteiche aber sehr viel früher, zu fruktifizieren. Ansonsten kann man ältere Eichen- und Buchenüberhälter durch Freistellung im Bestand zu einer verstärkten Fruktifikation anregen.

Über die beschriebene Förderung der Mastholzarten hinaus kann man durch vielerlei waldbauliche Maßnahmen (richtige Holzartenmischung, zweckmäßige Durchforstung, Mehrstufigkeit, gegebenenfalls auch Kalkung usw. usw.) das allgemeine Boden- und Bestandesleben anregen und damit ebenfalls die natürliche Nahrungsgrundlage des Schwarzwildes über das ganze Jahr hinweg verbreitern.

Noch vielfältigere Möglichkeiten bieten sich für die *künstliche Schaffung zusätzlicher Nahrung*. Sie reichen von dem Anbau von Obst- und Wildobstbäumen an den Rändern breiterer Waldwege, über die Kleeansaat auf derzeit unbenutzten Schneisen, auf Feuerschutzstreifen, Stromleitungstrassen usw. bis zur Anlage von Wildäckern im Walde.

Bei letzteren ist hinsichtlich des Schwarzwildes auf zweierlei Dinge ein besonderes Augenmerk zu richten. Sollen sie auf die Sauen eine genügende Anziehungskraft ausüben und sie weitgehend von den landwirtschaftlichen Nutzflächen abhalten, müssen auf den Wildäckern Fruchtarten und innerhalb dieser Sorten angebaut werden, die von den Sauen den in dieser Gegend landwirtschaftlich angebauten Fruchtarten und Fruchtsorten mindestens gleichgestellt, wenn nicht vorgezogen werden. Welche Arten und Sorten das sind, ist gegendweise unterschiedlich und muß deshalb anhand der örtlichen Erfahrungen abgeklärt werden, am zweckmäßigsten in enger Zusammenarbeit mit dortigen Landwirten. Weiter ist bei der Wildackerbestellung darauf zu achten, daß nicht nur während einer kurzen Zeitspanne, sondern möglichst während des ganzen Sommers ein attraktives Nahrungsangebot vorhanden ist. Wegen aller Einzelheiten der Wildackerbestellung wird man sich zweckmäßigerweise mit erfahrenen, ortsansässigen Landwirten in Verbindung setzen. Meist wird man sogar die Wildackerbestellung von dortigen Landwirten durchführen lassen. Wer sich als Jäger eingehend über alle damit zusammenhängenden Fragen informieren will, sei vor allem auf die erschöpfende Darstellung von UECKERMANN und SCHOLZ [1970] verwiesen. Wertvolle Hinweise bezüglich einzelner in Frage kommender Pflanzen und ihres Anbaus finden sich auch bei EGGELING und Mitarbeitern [1978 und 1979], bei LETTOW-VORBECK [1976], bei RAESFELD [1978] und in anderen einschlägigen Abhandlungen.

Eine interessante Anregung aus der Praxis steuert SNETHLAGE [1982] zu diesem Thema bei. Er empfiehlt, in Nähe der Einstände sozusagen »vorgetäuschte« Wildäcker anzulegen, indem man an geeigneten Stellen weitläufig Kartoffeln im ungefähren Pflanzenabstand unterpflügt. Die Sauen werden sich eingehend damit beschäftigen, den ganzen »Acker« umzubrechen, um die Kartoffeln einzeln herauszusuchen. Haben sie das schließlich nach einigen Wochen erreicht und sieht der »Wildacker« jetzt wie eine Kraterlandschaft aus, wirft man in die Löcher nochmals Kartoffeln, wobei billige Abfallkartoffeln vollauf genügen, sät breitwürfig ein Gemisch von Lupinen, Serradella und Hafer darüber und schleppt die ganze Fläche mit einer schweren Egge. SNETHLAGE schreibt dazu: »Wir haben nun den Erfolg, daß sich die Sauen weitere 14 Tage mit den Kartoffeln vergnügen und daß trotzdem noch so viel von den Lupinen und der Serradella aufläuft, daß wir im Herbst eine schöne Äsung für Rehe und Rotwild haben.«

Im Gegensatz zu all diesen Maßnahmen der Nahrungsverbesserung spielt in der freien Wildbahn hinsichtlich des Schwarzwildes eine künstliche Fütterung, die ja bei Laien als Inbegriff der Hege schlechthin gilt, nur eine zweitrangige Rolle. Eine eigentliche Fütterungshege, wie man sie bei einigen anderen Wildarten betreibt, wird beim Schwarzwild nur in Gehegen durchgeführt. In der freien Wildbahn praktizieren wir für das Schwarzwild einerseits eine sogenannte Ablenkfütterung, die einer Verminderung der landwirtschaftlichen Wildschäden dient und deshalb im vorletzten Abschnitt dieses Buches behandelt wird, und eine Erhaltungsfütterung während der Notzeit. Auf sie sei an dieser Stelle kurz eingegangen.

Die Notzeit des Schwarzwildes ist nicht unbedingt identisch mit derjenigen der anderen Schalenwildarten. Bei länger anhaltendem Barfrost, bei welchem dem übrigen Schalenwild noch die volle Äsungspalette zur Verfügung steht, kann das Schwarzwild nicht mehr im Boden brechen. In einem mastlosen Jahr kann das bereits schwere Not bedeuten! Liegt dagegen Mast, wird diese auch noch unter leichter bis mittlerer Schneedecke gefunden. Erst hoher Schnee oder starke Harschbildung kann auch die Aufnahme der Mast vereiteln.

Es ist selbstverständlich, daß in der Notzeit für die Sauen eine Erhaltungsfütterung durchgeführt werden muß. Sie ist relativ leicht zu bewerkstelligen. So wählerisch die Sauen bei großem Nahrungsangebot auch sein können, so sehr nehmen sie als Allesfresser doch während der Notzeit mit allem vorlieb, was ihnen angeboten wird. Wer Gelegenheit hat, im Herbst preisgünstig Eicheln aufzukaufen und sie zweckmäßig zu lagern, tut seinen Sauen etwas besonders Gutes. Mais ist fast genauso beliebt, wobei es gleichgültig ist, ob man ihn als Körnermais oder in ganzen Kolben verfüttert. Oft ist es möglich, größere Partien von Getreide usw. billig aufzukaufen, die aus irgendwelchen Gründen für den menschlichen Genuß verworfen worden sind, sich als Futtermittel aber hervorragend eignen. Solche Gelegenheiten ergeben sich insbesondere in größeren Häfen, aber auch anderwärts aus den verschiedensten Anlässen, z. B. nach Schadensfeuern in landwirtschaftlichen Betrieben oder Lagerhäusern. Da bei längerem Frost meist kein Wasser mehr zur Verfügung steht, darf in der Notzeit keinesfalls nur Kraftfutter sondern es muß auch genügend Saftfutter vorgelegt werden. Kartoffeln werden von den Sauen ja ohnehin gern genommen, doch nehmen sie jetzt meist auch Rüben, um ihren Wasserbedarf zu decken. Gegendweise lassen sich auch größere Partien Abfallobst billig beschaffen. Da ein günstiger Einkauf vielfältige Informationen und oft auch die Abnahme großer Mengen zur Voraussetzung hat, ist eine diesbezügliche Zusammenarbeit mehrerer oder gar vieler Reviere empfehlenswert.

Eine *Herrichtung spezieller Futterplätze* mit Trögen, Tränken, Vorratsschuppen usw. ist meist nur in Gehegen üblich. In der freien Wildbahn genügt es, zu Beginn der Notzeit an geeigneten ruhigen Plätzen im Revier, möglichst im Walde, die den Sauen von der sommerlichen Ablenkfütterung oder von früheren Jahren her bekannt sind, das Futter auf dem Erdboden auszulegen. Um einerseits ein unnötig starkes Gefrieren des Saftfutters zu verhindern, andererseits den Sauen Arbeit zu verschaffen, mischt man das Futter zweckmäßigerweise unter größere Mengen Kaff. Fährt man diese regelmäßig im Herbst an und beschickt sie von Zeit zu Zeit mit kleinen Futtermengen, wie sich gerade die Gelegenheit ergibt, kann hier mit beginnender Wintersnot jederzeit eine massive Fütterung einsetzen, ohne daß die Sauen jetzt erst hergelockt werden müßten. Anderenfalls kann man sie mit dünn gestreutem Mais von bekannten Wechseln her an die Futterplätze heranführen.

Wer sich bereits im Herbst mit Futter eindecken will, muß an eine *richtige Lagerung* denken. Hackfrüchte können im Revier an den beabsichtigten Futterplätzen eingemietet werden. Die Mieten sind dann jedoch so zu schützen, daß die Sauen sich nicht beliebig selbst bedienen können und dann eventuell zum Beginn der Notzeit bereits alles Futter verbraucht haben. Das Hartfutter verwahrt man in trockenen, aber trotzdem luftigen Scheunen, Futterschuppen, Dachböden usw. Trockenes Getreide u. ä. kann ohne weiteres sackweise übereinander gestapelt werden. Heikel sind Eicheln, die leicht schimmeln und dann als Futter unbrauchbar sind. Sie müssen in nicht zu dicken Schichten ausgebreitet und häufiger umgeschaufelt werden. Die Herrichtung,

Die intelligenten Sauen verstehen auch, sich aus maschendrahtgeschützten Diemen Heu herauszuholen.

Lagerung und Verfütterung von Silage kommt im wesentlichen nur für Gehege in Frage und wird deshalb in dem diesbezüglichen Abschnitt behandelt.
An dieser Stelle sei lediglich noch darauf hingewiesen, daß nach einer winterlichen Notzeit die Fütterung so lange fortgesetzt werden muß, bis im Frühjahr wieder genügend natürliche Nahrung zur Verfügung steht!
Von großer Bedeutung ist ein *Angebot animalischer Nahrung*. Einerseits benötigen die Sauen diese animalische Nahrung – wie bereits in mehreren Kapiteln dargelegt – zu ihrem guten Gedeihen. Andererseits werden von den Sauen Tierkörper bzw. deren Überreste als Leckerbissen betrachtet. Sowohl zwecks vielseitiger Ernährung als auch zwecks Fesselung an das Revier sollte der Heger seinem Schwarzwild deshalb auch diese animalische Nahrung zukommen lassen. In erster Linie bieten sich hierfür die Aufbrüche von anderem Schalenwild an, in zweiter Linie die Überreste des heute leider so zahlreichen, an Autostraßen verunglückten Wildes aller Art. Auch anderweitig verunglücktes und sonstiges Fallwild kann vorteilhaft für diesen Zweck verwertet werden, soweit nicht der Verdacht einer seuchenhaften Erkrankung besteht. Aus letzterem Grund darf kein im Stall an irgendwelchen Krankheiten verendetes Vieh in der Natur ausgelegt werden, wie überhaupt etwaige veterinärpolizeiliche Bestimmungen zu berücksichtigen sind!
FREVERT [1957] berichtet, daß in Rominten in jedem Winter zahlreiche Kadaver von alten aber gesunden Pferden für die Sauen im Revier ausgelegt wurden, was sich dort bestens bewährt hat. Er schreibt: »Die Fütterung mit Mais, Kartoffeln, Rüben und Pferdefleisch erfüllte in ihrer Vielfältigkeit alle Ansprüche. Ganz besonders glaube ich, daß sich die Fleischfütterung besonders günstig auf die Stärke und Widerstandsfähigkeit der Sauen auswirkt. Man darf allerdings nur mit Pferden füttern und unter keinen

Umständen Kadaver von anderem Hausvieh, also etwa Kühe, Schweine u. a. zur Fütterung verwenden, ... Kühe und vor allem Schweine ... können alle möglichen Krankheiten ins Revier einschleppen, so daß man nur dringend davor warnen muß, andere Kadaver als die von Pferden zur Saufütterung zu verwenden. Es ist auch unbedingt abzulehnen, die Dachs- und Fuchskerne auf den Luderplatz zu bringen. Beide haben Finnen und Trichinen, und wer so leichtfertig ist, die Raubwildkerne an Sauen zu verfüttern, darf sich nicht wundern, wenn sein Schwarzwild trichinös wird und an Bandwürmern leidet. In strengen Wintern wurden in der Rominter Heide bis zu 150 Pferde totgeschossen und als Luder verwendet. Allerdings holten sich hiervon auch das Raubwild und vor allem die zahlreichen Kolkraben, die in der Heide überwinterten, ihren Teil.« KRAMER [1963] hat im Elchwald in Ostpreußen ähnlich verfahren und berichtet von gleich guten Erfahrungen.

Die sämtlichen Hegemaßnahmen dürfen nicht isoliert, jeweils für sich allein betrachtet und behandelt werden, sondern großräumig im Zusammenhang mit der gesamten Reviereinrichtung, Revierbewirtschaftung und Wildstandsbewirtschaftung. Dafür sind genaue Kenntnisse der Revierstruktur, des Wildbestandes und der auf den jeweiligen Lebensraum bezogenen Verhaltensweisen des Wildes notwendig. Nach Erkundung im Revier erfolgt die Planung am besten anhand einer Revierkarte. In diese sind alle Haupt- und Nebeneinstände, Nah- und Fernwechsel, natürliche Wasserstellen und Suhlen, Mast tragende Bestände usw. aber auch Hindernisse und Gefahrenpunkte wie etwa gefährliche Straßenabschnitte und dergleichen einzuzeichnen. Die Planung aller Hegemaßnahmen sollte so erfolgen, daß sie sowohl für die Hege des Schwarzwildbestandes als auch für die Abhaltung der Sauen von den landwirtschaftlichen Kulturflächen optimal sind. Beispielsweise sind alle Hegeeinrichtungen nach Zahl und Lage so zu projektieren, daß die Sauen auf ihrem Wechsel von den Einständen zu Fütterungen, Salzlecken, Wasserstellen usw. nach Möglichkeit den Wald nicht zu verlassen und innerhalb des Waldes gefährliche Straßen nicht zu überqueren brauchen. Der gesamte Raum mitsamt seinem Wild und allen jagdlichen und hegerischen Maßnahmen ist also ganzheitlich zu betrachten und zu gestalten.

Schwarzwildringe

Sinn und Aufgaben der Schwarzwildringe

Für die Durchführung einer planmäßigen Wildstandsbewirtschaftung ist eine gewisse Mindeststückzahl der betreffenden Wildart notwendig. Beim Schwarzwild kann man als absolutes Minimum einen Frühjahrsbestand (Grundbestand) von 50 Stücken, besser jedoch 100 Stücken, annehmen. Bedenkt man dazu die u. U. sehr erheblichen Schwankungen des Frühjahrsbestandes, wird man noch höher greifen müssen. Sowohl aus dieser Mindeststückzahl in Verbindung mit der jeweils tragbaren Wilddichte als auch aus den großen territorialen Ansprüchen der Sauen, insbesondere der alten Keiler, ergibt sich eine beträchtliche Mindestgröße für die Fläche, auf der die Bestandsbewirtschaftung zu planen und durchzuführen ist. In freier Wildbahn dürfte diese Mindestflächengröße bei 10 000 ha liegen. Wenn irgend möglich, sollte man jedoch auf 30 000 ha oder mehr gehen oder möglichst gar ein ganzes, in sich geschlossenes Schwarzwildvorkommen, das durch natürliche oder künstliche Grenzen weitgehend von anderen Schwarzwildvorkommen abgesondert ist, umfassen. Gleiche Schlußfolgerungen ergeben sich aus der im vorigen Kapitel erhobenen Forderung, alle Hegemaßnahmen auf großer Fläche ganzheitlich zu planen und durchzuführen.

Abgesehen von einigen großen Waldgebieten sind in den mitteleuropäischen Hauptschwarzwildländern die einzelnen Jagdreviere in der Regel zu klein. Es liegt deshalb der Gedanke nahe, eine mehr oder minder große Anzahl von Revieren in Form eines Hegeringes zu genügend großen Flächen zusammenzuschließen. Hinsichtlich des Rotwildes, gegendweise auch bezüglich anderer Schalenwildarten ist dies seit langem üblich. Hinsichtlich des Schwarzwildes sind derartige Bestrebungen dagegen relativ jung. Erste Ansätze gehen darauf zurück, daß man in einigen Rotwildringen oder allgemeinen Hochwildringen auch gemeinsame Absprachen über Schwarzwildbejagung, insbesondere über die Schonung von Zukunftskeilern, getroffen hat. Einer der bekanntesten und wohl auch erfolgreichsten Vorläufer in dieser Richtung war in den fünfziger und sechziger Jahren des 20. Jahrhunderts der Hegering Gartow in dem niedersächsischen Kreis Lüchow-Dannenberg unter der Leitung des damaligen Forstmeisters JUNACK. In erster Linie galten die Bemühungen dieses Hegerings dem dortigen, qualitativ besonders hochwertigen Rotwild und auch dem Damwild. Später wurde das Schwarzwild eingeschlossen. Auch anderwärts gab es gewisse Vorläufer, so z. B. seit 1955 in dem »Oder-Jagdverein« [HASSELBACH 1970].

In der Fachliteratur erfolgte eine erste umfassende Darstellung aller einen Schwarzwildring betreffenden Fragen, verbunden mit entsprechenden Planungsvorschlägen, in einem speziell auf eine planmäßige Bewirtschaftung unserer Schwarzwildbestände und ihre qualitative Anhebung abgestellten Buch [HENNIG 1963]. Von nun an machten die – zunächst nur von einigen wenigen Idealisten gegen vielfaches Unverständnis oder gar gegen Anfeindungen – verfochtenen Bestrebungen rapide Fortschritte. Das bislang bekannteste Beispiel auf großer Fläche ist das sogenannte »Lüneburger Modell«, das von dem Kreisjägermeister des Kreises Lüneburg, NORBERT TEUWSEN, ins Leben gerufen wurde und seit 1969 in der Mehrzahl der Jagdkreise des Regierungsbezirks Lüneburg Anwendung findet [s. insbes. TEUWSEN 1977 und STAHL 1979 und 1980]. In manchen anderen Gegenden versucht man seitdem, dem guten Beispiel zu folgen.

Im einzelnen werden sich Gründung, Organisation, Zielsetzung, Leitung, praktische Maßnahmen usw. nach den örtlichen Gegebenheiten zu richten haben. Grundsätzlich lassen sich die Aufgaben eines Schwarzwildringes in folgenden Punkten zusammenfassen:

1. Durchführung einer planmäßigen Wildstandsbewirtschaftung in dem im vorigen Abschnitt beschriebenen Sinne auf der großflächigen Basis des gesamten Schwarzwildringes.
2. Gemeinsame Durchführung der sonstigen Hegemaßnahmen, wie sie ebenfalls vorstehend beschrieben worden sind.
3. Enge Zusammenarbeit bei allen Maßnahmen zur Wildschadenverminderung.
4. Gerechte Verteilung der durch Wildschadenersatz entstehenden finanziellen Lasten.
5. Sonstige sachdienliche Vereinbarungen, beispielsweise über Wildfolge, Durchführung von Nachsuchen, Finanzierung unterschiedlicher Gemeinschaftsaufgaben usw.

Oftmals wird es nicht möglich oder auch nicht erwünscht sein, alle diese Aufgaben in vollem Umfang in die Zielsetzung des Schwarzwildringes aufzunehmen. Dann kann man sich durchaus auf einzelne Punkte beschränken, z. B. lediglich auf eine gemeinsame Wildstandsbewirtschaftung, oder auch hierbei nur auf gewisse Teilaspekte, etwa auf die Schonung aller mittelalten Sauen, auf die Bejagung grober Sauen nur während der Monate Oktober bis Dezember, auf die ganzjährige Schonung führender Bachen usw. Die Verfolgung solcher Teilaspekte ist immerhin oft nützlicher als gar nichts. Andererseits sollte man sich darüber im klaren sein, daß das angestrebte Ziel einer deutlichen qualitativen Anhebung der Schwarzwildbestände unter landwirtschaftlich und finanziell tragbaren Bedingungen umso leichter, schneller, vollständiger und billiger erreicht werden kann, je vollständiger die diesbezügliche Aufgabenstellung eines Schwarzwildringes abgesteckt und je konsequenter sie in die Praxis umgesetzt wird.

Eine bloße, mehr oder minder verbindliche Absprache mehrerer Reviernachbarn sollte deshalb stets nur ein allererster vorbereitender Schritt sein. Ihm sollte – auf genügend großer Fläche, d. h. unter Einschluß einer genügenden Anzahl von Revieren – der Aufbau einer festeren Organisation folgen. Die Praxis zeigt, daß derartige Bestrebungen von einer großen und ständig wachsenden Zahl von Jägern begrüßt und unterstützt werden. In der Bundesrepublik Deutschland hat deshalb auch der Gesetzgeber diese Bestrebungen in die seit dem 1. April 1977 geltende Fassung des Bundesjagdgesetzes aufgenommen. Es heißt dort in § 10 a: »Für mehrere zusammenhängende Jagdbezirke können die Jagdausübungsberechtigten zum Zwecke der Hege des Wildes eine Hegegemeinschaft als privatrechtlichen Zusammenschluß bilden. Abweichend ... können die Länder bestimmen, daß für mehrere zusammenhängende Jagdbezirke die

Jagdausübungsberechtigten zum Zwecke der Hege des Wildes eine Hegegemeinschaft bilden, falls diese aus Gründen der Hege ... erforderlich ist und eine an alle betroffenen Jagdausübungsberechtigten gerichtete Aufforderung der zuständigen Behörde, innerhalb einer bestimmten Frist eine Hegegemeinschaft zu gründen, ohne Erfolg geblieben ist.« Nähere Regelungen sind den Bundesländern übertragen.

Welche privatrechtliche Form für den Zusammenschluß zu einem Schwarzwildring gewählt wird, muß von den jeweiligen Gegebenheiten abhängen. Zweckmäßigerweise stimmt man das diesbezügliche Vorgehen sowohl mit der zuständigen Jagdbehörde als auch mit den zuständigen Gremien beziehungsweise Funktionären der jagdlichen Organisationen ab und läßt sich von einem einschlägig erfahrenen Juristen in rechtlicher Hinsicht beraten. In jedem Fall ist es von größter Wichtigkeit, daß die führenden Persönlichkeiten der Schwarzwildringe versierte und mit den örtlichen Verhältnissen bestens vertraute, in der betreffenden Gegend ansässige, für alle Mitglieder gut erreichbare Fachleute sind, die zeitlich und auch ansonsten die Möglichkeit haben, sich genügend um die Dinge zu kümmern und ihren Mitgliedern mit Rat und Tat zur Verfügung zu stehen. Auf diese Eigenschaften ist also bei Vorstandswahlen ein besonderes Augenmerk zu richten. Besonders gut geeignet sind in der Regel ortsansässige Forstbeamte, Berufsjäger und Landwirte, wobei letztere selbstverständlich ebenfalls langjährig erfahrene Jäger sein müssen. In einer schriftlich zu fixierenden Satzung sind die Aufgaben des Gesamtvorstandes sowie die Rechte und Pflichten der einzelnen Vorstandsmitglieder niederzulegen, desgleichen die Verbindlichkeit der beschlossenen Richtlinien, Umlagen usw. Auch der Umfang der selbstgestellten Aufgaben, die wichtigsten Teilaufgaben und die grundsätzliche Arbeitsweise des Ringes sind in der Satzung festzuschreiben.

Zweifellos erlegt die Bildung von Schwarzwildringen den einzelnen Revierinhabern gewisse Beschränkungen auf. Sie sollten jedoch bedenken, daß durch vertrauensvolle und sachlich richtige Zusammenarbeit auch die Schwarzwildschäden erheblich vermindert, die Qualität des Schwarzwildbestandes, vor allem die Zahl alter Keiler und damit die Aussicht auf Erbeutung starker Trophäen, bedeutend erhöht werden. Die auferlegten Beschränkungen machen sich letztlich für jeden Revierinhaber finanziell wie ideell reichlich bezahlt. Vor allem sollte jeder Jäger bedenken, daß wir unser Schwarzwild in der Kulturlandschaft auf die Dauer nur erhalten können, wenn wir es vernünftig bewirtschaften, d. h. wenn wir in großen Schwarzwildgebieten zur Erreichung des gemeinsamen Zieles Hand in Hand arbeiten.

Als Anhalt beziehungsweise Anregung werden in den folgenden Kapiteln die einzelnen Aufgabenkomplexe von Schwarzwildringen näher umrissen, wobei zu beachten ist, daß all diese Dinge je nach den örtlichen Gegebenheiten und Wünschen mehr oder minder stark variiert werden können.

Zusammenarbeit bei der Planung

Für jede konkrete Arbeit eines Schwarzwildringes muß eine möglichst exakte Planung die Voraussetzung sein. In allererster Linie gilt dies für die Wildstandsbewirtschaftung im engeren Sinne. Es müssen also gründliche Wildbestandsaufnahmen nach Gesamtzahl und Gliederung erfolgen.

Die Aufnahme des Schwarzwildbestandes – bereits auf Seite 109 beschrieben – läßt sich am besten im Winter bei Spurschnee durch ein gleichzeitiges Abfährten in allen Revieren des Schwarzwildringes und eine anschließende gemeinsame Auswertung bewerkstelligen. Die sicherste Methode ist die des »Kreisens«, bei dem alle in den einzelnen Revieren festgemachten Sauen addiert werden. Da bei der Wildbestandsaufnahme möglichst nicht nur die zahlenmäßige Stärke des Gesamtbestandes, sondern auch seine Zusammensetzung ermittelt werden soll, ist über das Abfährten in allen Revieren ein genaues Protokoll anzufertigen. Beispiel: im Revier A 31 Stück Schwarzwild, und zwar 1 Bache mit 4 Frischlingen, 1 Bache mit 5 Frischlingen, eine stärkere Rotte mit vermutlich 3 Bachen und 12 Frischlingen, 2 grobe Sauen gemeinsam, 3 einzelne stärkere Sauen, darunter ein sehr starker Keiler, wahrscheinlich Hauptschwein. Insbesondere bei einer mehrmaligen Wildzählung im Laufe eines Winters läßt sich auf diese Weise der Bestand recht genau feststellen. Soweit die Revierverhältnisse es erlauben, können diese Ergebnisse während des Frühjahrs durch direkte Beobachtung überprüft werden.

Gemischte Großrotte, Zeichen für einen gut strukturierten Bestand.

Die Schätzung des Zuwachsprozentes kann nach den Mastverhältnissen des vergangenen Herbstes und nach dem Winterverlauf aufgrund der Erfahrungen früherer Jahre erfolgen. Es genügt die Feststellung, ob ein unterdurchschnittlicher, ein durchschnittlicher oder ein überdurchschnittlicher Zuwachs zu erwarten ist. Danach kann der zu erwartende tatsächliche Zuwachs aus Frühjahrsbestand und Zuwachsprozent errechnet werden. Diese Vorausschätzungen können im Laufe des Frühjahrs und Sommers durch eine Zählung der führenden Bachen und der von ihnen jeweils geführten Frischlinge überprüft und berichtigt werden. Wichtig ist bei all diesen Zählungen, daß sämtliche Reviere des Schwarzwildringes zuverlässig Hand in Hand arbeiten.

Wildbestandsaufnahme, Zuwachsschätzung und Feststellung der Fallwildverluste (einschließlich sonstiger Verluste, etwa durch Straßenverkehr), daneben aber auch Erhebungen über die Höhe der Wildschäden, sollen dem Schwarzwildring die Feststellung ermöglichen, ob für das kommende beziehungsweise laufende Jagdjahr eine besonders scharfe Jagd empfohlen werden soll oder ob der Schwarzwildabschuß einzuschränken ist. Auch muß nach den Ergebnissen der Wildbestandsaufnahme die Höhe des Ernteabschusses festgelegt werden.

Wenn auch bei den gemeinsamen Planungen innerhalb eines Schwarzwildringes der Wildbestand wohl stets im Mittelpunkt stehen wird, so dürfen doch einige andere Fragen nicht übersehen werden. Es sind dies insbesondere die verschiedenen Hegemaßnahmen sowie der Gesamtkomplex derjenigen Maßnahmen, die der Verminderung und Regulierung der Schwarzwildschäden dienen. Noch andere Dinge können hinzukommen, so etwa gemeinsame Anschaffungen oder die finanzielle Unterhaltung von Gemeinschaftseinrichtungen.

Abschußverteilung – Abschußfreigabe – Abschußkontrolle

Da – wie bereits ausführlich dargelegt – beim Schwarzwild keine zahlenmäßig so genaue Abschußplanung zu erfolgen braucht wie bei den anderen Schalenwildarten, sondern lediglich der prozentual sehr geringe Ernteabschuß festzulegen ist, ansonsten aber nur allgemeine Bejagungsrichtlinien aufzustellen sind, liegen auch die diesbezüglichen Aufgaben eines Schwarzwildringes sehr viel einfacher als etwa diejenigen eines Rotwildringes. Aus den bereits in früheren Kapiteln beschriebenen Erkenntnissen und Folgerungen lassen sich nachstehende Regeln als Grundlage für die Vereinbarungen innerhalb der Schwarzwildringe bezüglich der Jagd ableiten, wobei jedoch etwaige gesetzliche Bestimmungen, insbesondere Verordnungen über Jagd- und Schonzeiten, zu beachten sind:

1. Zahlenmäßig unbegrenzter Frischlingsabschuß während des ganzen Jahres. Nur nach sehr harten Wintern mit hohen Fallwildverlusten kann bei gleichzeitiger Sperrung des Abschusses in allen anderen Altersklassen auch der Frischlingsabschuß gesperrt oder eingeschränkt werden: etwa derart, daß auf Beschluß in dem Schwarzwildring der gesamte Schwarzwildabschuß für ein Jagdjahr oder für gewisse Monate vollkommen untersagt ist, bei nachweislich stärkerem Wildschaden in

einzelnen Revieren aber der Abschuß einzelner Frischlinge auf den Schadensflächen freigegeben wird.

2. Zahlenmäßig unbegrenzter oder begrenzter Überläuferabschuß – selbstverständlich unter Ausnahme etwa schon führender Überläuferbachen – während der Monate April bis Juni einschließlich, bei starkem Wildschaden bis einschließlich Juli oder August. Vom Schwarzwildring sollte allen Revierinhabern empfohlen werden, den Überläuferabschuß in Überläuferrotten zu vollziehen, um das Erlegen führender Überläuferbachen oder eine Verwechslung mit älteren Stücken zu vermeiden. Nach harten Wintern mit hohen Fallwildverlusten muß der Schwarzwildring satzungsmäßig die Möglichkeit haben, den Überläuferabschuß ganz zu sperren.

3. Anstatt der beiden vorstehenden Regelungen kann auch eine unbegrenzte Freigabe aller Sauen bis zu einer bestimmten Gewichtsgrenze (z. B. 40 kg aufgebrochen) erfolgen.

4. Es ist zu empfehlen, unter den Frischlingen und Überläufern nach Möglichkeit mehr weibliche als männliche Stücke zu erlegen, darüber hinaus selbstverständlich die jeweils schwächsten Stücke einer Rotte.

5. Vollständige Schonung aller führenden Bachen und aller mittelalten Keiler während des ganzen Jahres. Nur einwandfrei angesprochene und bestätigte, als nicht führend bekannte Bachen dürfen ab 1. Juli, in Jahren nach guter Mast ab 1. September, bis Januar einschließlich erlegt werden.

6. Wo gescheckte Sauen vorkommen, dürfen diese – mit Ausnahme führender Bachen in der Zeit vom 1. Februar bis 30. Juni – als Hegeabschuß in allen Altersklassen und während des ganzen Jahres erlegt werden, auch in Zeiten, in denen wegen hoher Fallwildverluste des letzten Winters der gesamte Abschuß gesperrt ist.

7. Der Ernteabschuß starker Keiler muß nach ihrem Anteil am Gesamtbestand alljährlich vom Schwarzwildring zahlenmäßig festgelegt und in ähnlicher Weise freigegeben werden, wie es bei den Ia-Hirschen üblich ist. Ob man die Aufteilung dieses Ernteabschusses nach der Revierfläche, nach der Zahl der in dem jeweiligen Revier erlegten Frischlinge und Überläufer, nach der Höhe des Wildschadens oder nach anderen Gesichtspunkten vornimmt, muß örtlich entschieden werden. Auf den freigegebenen Ernteabschuß sind alle mittelalten (also zweijährigen und älteren) Keiler sowie alle führenden Bachen voll anzurechnen. Um eine Übereilung beim Ernteabschuß und dadurch bedingte Fehlabschüsse zu vermeiden, wird es zweckmäßig sein, den Ernteabschuß für einen Zeitraum von jeweils drei Jahren, dafür eventuell in Form von sogenannten Gruppenkeilern, freizugeben. In den ersten drei bis fünf Jahren der Hegearbeit eines Schwarzwildringes wird man gut tun, noch keinen Ernteabschuß freizugeben, also den Abschuß grober Sauen überhaupt zu sperren, um zunächst genügend stärkere Stücke heranwachsen zu lassen.

8. Von allen vorstehenden Abschußregelungen ausgenommen werden sollten selbstverständlich alle deutlich kranken oder schwer verletzten Stücke, die als Hegeabschuß immer zu erlegen sind. Es sollte jedoch die Bedingung gestellt werden, kranke Stücke an ein jagdkundliches oder veterinärmedizinisches Institut zur Untersuchung einzusenden. Die Bejagung bei Auftreten der Schweinepest wird in einem gesonderten Kapitel behandelt.

Lohn der Hege.

Außer der planmäßigen Jagd im Hinblick auf die richtige Gliederung des Schwarzwildbestandes muß auch die planmäßige Jagd im Hinblick auf die Verminderung landwirtschaftlicher Wildschäden innerhalb der Schwarzwildringe geregelt werden. Hierfür ist ein gutes Verhältnis und eine enge Zusammenarbeit zwischen den reinen Waldrevieren und den Feldrevieren notwendig. Während in den Feldrevieren während des ganzen Jahres – selbstverständlich im Rahmen der vorstehend aufgeführten Bejagungsrichtlinien – eine scharfe Jagd auf Sauen erfolgen darf, ja sogar erfolgen muß, soll im Innern des Waldes das Schwarzwild in der Zeit von Ende Januar bis Anfang September möglichst geschont werden. In den Waldrevieren sollte zu dieser Jahreszeit ein Abschuß nur in den an die Feldmark angrenzenden Beständen und höchstens vereinzelt bei sehr starken Schäden auf einem Wildacker vollzogen werden.
Sicherlich ist es für die Inhaber oder Betreuer der Waldreviere nicht leicht, während des Frühjahrs und Sommers erhebliche Mühen und Kosten in Wildäcker und Ablenkfüt-

terungen zu investieren, aber kaum ein Stück Schwarzwild zu schießen, während es auf den angrenzenden Feldern munter knallt. Sie sollten dann bedenken, daß sie im Gegensatz zu den Inhabern der Feldreviere keinen Wildschaden zu erstatten brauchen, daß die Sauen ihnen – jedenfalls soweit sie auch Waldbesitzer sind – erheblichen Nutzen bringen und daß sie schließlich durch die winterlichen Saujagden im Walde entschädigt werden.
Zweifellos wird es viel zum gegenseitigen Verständnis und zu einer noch besseren Zusammenarbeit beitragen, wenn die Inhaber der Feldreviere und die Inhaber der Waldreviere einander gegenseitig zur Jagd einladen, so daß die Besitzer beziehungsweise Beamten der Waldreviere auch im Sommer das eine oder andere Stück Schwarzwild auf Ansitz oder Pirsch im Felde erlegen, die Inhaber der Feldreviere dagegen an den winterlichen Saujagden im Wald teilnehmen können. Insbesondere sollte man sich gegenseitig die Möglichkeit zur Erlegung der Erntekeiler einräumen, ähnlich wie dies ja in einigen Hochwildringen hinsichtlich der Ia-Hirsche mit bestem Erfolg praktiziert wird. Gelegentlich wird man auch zu einer überrevierlichen Jagdausübung kommen, z. B. zu grenzübergreifenden Ansitz- oder Ansitzdrückjagden.
Sowohl für zukünftige Planungen als auch für die Überprüfung der Richtigkeit früherer Planungen ist es für jeden Schwarzwildring wichtig, genaue Aufzeichnungen über den durchgeführten Abschuß in Form einer detaillierten Abschußstatistik zu führen. Das setzt voraus, daß alle Revierinhaber in regelmäßigen, am besten monatlichen Zeitabständen zuverlässige Meldungen über Streckenzahlen mit Aufschlüsselung nach Erlegungsdatum, Geschlecht, Alter, Wildpretgewicht (aufgebrochen) und etwaigen Besonderheiten (Krankheiten, Verletzungen, Farbanomalien usw.) an den Vorstand des Schwarzwildringes geben. Einmal im Jahr, am besten gegen Ende des Jagdjahres, sollte mit einer Hauptversammlung eine Trophäenschau verbunden werden.

Zusammenarbeit bei Hegemaßnahmen

Die Zusammenarbeit innerhalb eines Schwarzwildringes sollte sich nicht nur auf die eigentliche Wildbestandsbewirtschaftung erstrecken, sondern auch auf die notwendigen Hegemaßnahmen. Hier können beispielhaft genannt werden die gemeinsame preisgünstige Beschaffung und Lagerung von Futter und Lecke, die Durchführung und Finanzierung der Notzeitfütterung im Winter und der Ablenkfütterung im Sommer, die Anlage von Suhlen, Salzlecken usw., die Bewirtschaftung von Grünäsungsflächen und Wildäckern, die Planung und Erhaltung von Schutzzonen und vieles andere mehr. Dabei kann diese Zusammenarbeit sowohl durch tätige Hilfe bei den verschiedensten Revierarbeiten als auch durch finanzielle Umlagen oder durch die gemeinsame Anstellung oder Mitbezahlung eines Berufsjägers erfolgen, der regelmäßige feste Aufgaben im Rahmen des Schwarzwildringes, z. B. die tägliche Beschickung der Fütterungen in mehreren Revieren, erfüllt.
Im einzelnen muß sich gerade diese hegerische Zusammenarbeit in ganz besonderem Maße nach den örtlichen Gegebenheiten sowie nach der beruflichen Zusammensetzung der Mitglieder und deren finanziellen Verhältnissen richten. In jedem Fall aber

sollten diese Hegemaßnahmen bei der Gründung eines Schwarzwildringes mit in die Überlegungen einbezogen werden.

Zusammenarbeit bei der Wildschadenverminderung und Wildschadenregulierung

Die vorstehend umrissenen Grundsätze und Leitlinien für Schwarzwildringe stoßen bei vielen Jägern auf Skepsis. Von ihnen wird auf die oftmals sehr hohen Schäden verwiesen, welche die Sauen in der Landwirtschaft anrichten und die in aller Regel der Jagdausübungsberechtigte in vollem Umfang ersetzen muß. Diese Einwände lassen sich dadurch überwinden, daß sich die Schwarzwildringe ihrerseits auch der Wildschadenproblematik annehmen und den einzelnen Revierinhabern sowohl durch gemeinschaftliche Maßnahmen zur Wildschadenverminderung als auch bei notwendigem finanziellen Wildschadenersatz unterstützen.

Hinsichtlich der Wildschadenverminderung ist vor allem an eine im Walde vorgenommene Ablenkfütterung einschließlich der in ein gesamtes Ablenksystem einbezogenen Grünäsungsflächen und Wildäcker zu denken. Diese Dinge werden in einem späteren Kapitel (s. Seite 245 f.) ausführlich geschildert. Es muß aber auch an andere gemeinsame Maßnahmen gedacht werden. Wird beispielsweise eine zeitweise oder dauernde Abzäunung der Wald-Feld-Grenze notwendig, so hat diese nur Sinn, wenn sie nicht an einer Reviergrenze halt macht und die Sauen den Zaun nun an seinen Flanken umgehen können. Hier müssen oftmals mehrere Revierinhaber gemeinsam handeln, u. U. unter Einschluß der jeweiligen Grundbesitzer. Solche Vorhaben lassen sich deshalb im Rahmen eines Schwarzwildringes meist leichter bewältigen und sollten mit zu seinen Aufgaben gehören. Auch die bereits behandelten Bejagungsunterschiede zwischen Waldrevieren und Feldrevieren aus Gründen der Wildschadenverminderung seien hier nochmals erwähnt.

Trotz aller Bemühungen werden sich landwirtschaftliche Schwarzwildschäden nicht vollständig vermeiden lassen. Und bei der heutigen Struktur unserer Landwirtschaft können oftmals sehr schnell beträchtliche Ersatzansprüche entstehen. Hier kann der Schwarzwildring dem ersatzpflichtigen Revierinhaber in zweierlei Hinsicht helfen, und zwar einerseits durch eigene Sachverständige, welche die Interessen des Revierinhabers vertreten, andererseits durch einen finanziellen Lastenausgleich in Form einer Wildschadensausgleichskasse.

Solche Wildschadensausgleichskassen waren in Deutschland erstmals vorgesehen im Reichsjagdgesetz von 1934. In dem Kommentar von SCHERPING und VOLLBACH [1938] heißt es hierzu: »Vollkommen neu ist die Möglichkeit der Schaffung eines Wildschadensausgleichsfonds ... Als Grundsatz gilt, daß der Ersatzpflichtige hierdurch nicht gänzlich befreit, sondern nur teilweise (zur Hälfte) entlastet werden soll. Andernfalls könnte die Gefahr entstehen, daß der Ersatzpflichtige kein Interesse mehr an der Niedrighaltung des Schadens hat. Verhältnismäßig geringer Schaden (bis 10% des Pachtwertes) wird nicht erstattet. Umlagepflichtig sind die Jagdgenossenschaften. Dies mit vollem Recht, da ja der Wildschaden, der in den gemeinschaftlichen Jagdbezirken entsteht, hierdurch zum Teil gedeckt werden soll. Umlagepflichtig sind auch, obwohl sie an den Ausschüttungen aus dem Ausgleichsfonds nicht teilnehmen, die Eigenjagdbesitzer, soweit der Wildschaden normalerweise durch das aus ihren Waldgebieten auf die gemeinschaftlichen Jagdbezirke auswechselnde Wild verursacht wird. Hierdurch werden insbesondere die großen Waldbesitzer, vor allem auch der Staat, zu der Erstattung des Wildschadens herangezogen werden.« In einer »Verordnung über die Wildschadensausgleichskassen« wurde 1937 Näheres geregelt. Auf diesen Grundlagen wurden für den damaligen Jagdgau Saarpfalz die Errichtung einer Wildschadensausgleichskasse für Schwarzwildschäden, für das Land Baden eine Wildschadensausgleichskasse für Rot-, Dam- und Schwarzwildschäden angeordnet. Damit waren außer den gesetzlichen Grundlagen zwei beispielhafte Lösungen geschaffen worden: eine nur für Schwarzwildschäden, die andere zugleich für die durch anderes Hochwild verursachten Schäden.

Nach Beendigung des zweiten Weltkriegs wurde nur im Saarland die Wildschadensausgleichskasse für Schwarzwildschäden weitergeführt. Nach verschiedenen Zwischenstufen wurde hier am 22. Dezember 1956 ein »Gesetz betreffend Regelung des Schwarzwildschadens im Saarland« erlassen.

Für die Bundesrepublik Deutschland eröffnet das Bundesjagdgesetz von 1952 die Möglichkeit zur gesetzlichen Einführung von Wildschadensausgleichskassen. Der diesbezügliche § 29 Abs. 4 bestimmt in der seit dem 1. April 1977 geltenden Fassung des Bundesjagdgesetzes: »Die Länder können bestimmen, daß . . . der Wildschadensbetrag für bestimmtes Wild durch Schaffung eines Wildschadensausgleichs auf eine Mehrheit von Beteiligten zu verteilen ist (Wildschadensausgleichskasse).« MITZSCHKE und SCHÄFER [1971] bemerken hierzu: »Das Wesen der Wildschadensausgleichskasse besteht darin, eine mehr oder minder große Zahl von aneinandergrenzenden Jagdbezirken z. B. die eines Rotwildgebietes, eines Kreises oder Regierungsbezirkes (oder alle Jagdbezirke des Landes) zur gemeinsamen Schadenstragung mit anteiliger Beitragspflicht (Hektarsatz) der Verpächter und Pächter zusammenzufassen. Eine solche Kasse kann die Rechtsform einer Anstalt oder Körperschaft des öffentlichen Rechts haben; sie kann aber auch zufolge Vereinbarung eines kleinen Kreises von Interessenten auf privatrechtlicher Grundlage beruhen.« Hier eröffnet sich also gerade für bereits bestehende oder zukünftige Schwarzwildringe ein äußerst nützliches Betätigungsfeld!

Nach der deutschen Wiedervereinigung ist im Landesjagdgesetz von Mecklenburg-Vorpommern vom 10. Februar 1992 die Einrichtung von Wildschadensausgleichskassen vorgesehen worden. § 27 lautet:

(1) Bei der Jagdbehörde ist für durch Schwarz-, Rot- bzw. Damwild verursachte Wildschäden eine Wildschadensausgleichskasse einzurichten.
Die Ausgleichskasse ist eine Körperschaft des öffentlichen Rechts.
(2) Beitragspflichtig sind alle Eigenjagdbesitzer und alle Jagdgenossenschaften. Für den Anbau von Mais und Kartoffeln hat auch der landwirtschaftliche Nutzer Beiträge zu leisten.
(3) Die Jagdbehörde setzt nach Anhörung des Jagdbeirates die Höhe der Beiträge unter Berücksichtigung der Wildschadenssituation fest.

(4) Die Jagdbehörde legt eine Eigenbeteiligung der Jagdausübungsberechtigten an der Schadensregulierung von mindestens 5 v. H. bis höchstens 10 v. H. des festgestellten Wildschadens fest.

Eine erste Kommentierung dieser Bestimmungen haben SIEFKE und VOTH [1993] vorgenommen. Die bisherigen Erfahrungen in der Praxis werden überwiegend positiv bewertet.

Berücksichtigung des Schwarzwildes in allgemeinen Hochwildringen

Reine Schwarzwildringe haben dort ihre Hauptbedeutung, wo die Sauen einzige Hochwildart sind. Hier wird dem Schwarzwild verständlicherweise seitens der Jäger ein besonders großes Interesse entgegengebracht. Meist kommen jedoch dort, wo überhaupt ein fester Bestand an Schwarzwild vorhanden ist, noch eine oder mehrere andere Hochwildarten vor, am häufigsten Rotwild, aber auch Damwild, Muffelwild oder – wenn auch nur selten – noch andere Hochwildarten. Auch in solchen Gegenden ist die Gründung von Schwarzwildringen durchaus sinnvoll, da die gemeinsame Bewirtschaftung dieses Wildes andere Anforderungen stellt als diejenige der anderen Hochwildarten. Häufig wird man jedoch auch die gemeinsame Bewirtschaftung des Schwarzwildes in einen allgemeinen Hochwildring integrieren. Ein solches Beispiel war bereits mit dem Hegering Gartow genannt worden. Ein weiteres bekanntes Beispiel ist der Hochwildring Süsing in der Lüneburger Heide, über den STAHL [1979 und 1980] ausführlich berichtet hat.

Beide Formen haben ihre Vor- und Nachteile. In einem reinen Schwarzwildring gelten alle Bemühungen ungeteilt den Sauen. In allgemeinen Hochwildringen läuft das Schwarzwild dagegen immer etwas Gefahr, als fünftes Rad am Wagen betrachtet und hinter den anderen Hochwildarten zurückgestellt zu werden. Andererseits bieten allgemeine Hochwildringe gewisse Vorteile, etwa dadurch, daß in ihnen eine besondere Fürsorge für die Sauen durch eine wohlwollendere Berücksichtigung bei der Abschußvergabe der Hirsche belohnt werden kann.

Ob der Weg eines reinen Schwarzwildringes oder der eines allgemeinen Hochwildringes gewählt wird, muß jeweils nach der konkreten Situation entschieden werden. In jedem Fall müssen die spezifischen Eigenheiten des Schwarzwildes bedacht und die daraus resultierenden Notwendigkeiten in der Hege und Bejagung berücksichtigt werden.

Das »Lüneburger Modell«

Auf Initiative des Kreisjägermeisters des Jagdkreises Lüneburg, NORBERT TEUWSEN, wurde im Jahre 1969 das »Lüneburger Modell« geschaffen. Da es mit Recht bei vielen gleichgerichteten Bestrebungen als Vorbild dient, sei es hier näher beschrieben.

Bei dem »Lüneburger Modell« handelt es sich zunächst noch nicht um einen Schwarzwildring o. ä., sondern um Richtlinien zur Schwarzwildbewirtschaftung, die in

Schwarzwildringen, Hochwildringen oder auch den allgemein üblichen Hegeringen in die Praxis umgesetzt werden können und nach Möglichkeit auch verwirklicht werden sollen. Tatsächlich haben sie in der Folgezeit im wesentlichen im Gesamtgebiet des Regierungsbezirkes Lüneburg Anwendung gefunden. Aus diesen praktischen Erfahrungen heraus haben sich Anregungen ergeben, die nach gründlichen Diskussionen in die Richtlinien aufgenommen worden sind. Eine erste Überarbeitung erfolgte 1977, die zweite 1980. Diese neueste Fassung des »Lüneburger Modells« wird hier [nach STAHL 1980] im vollen Wortlaut wiedergegeben:

»*Hegeziel*

Ein gesunder Schwarzwildbestand mit ausgewogener Altersgliederung, der in seiner Höhe für die Landeskultur tragbar ist und nachhaltig eine angemessene Bejagung ermöglicht.

Eine ausreichende Anzahl von Stücken muß das Zielalter von fünf Jahren und mehr erreichen.

Richtlinien

1. Stücke über 50 Kilogramm (aufgebrochen) sind zu schonen. Den Jägerschaften bzw. den Hegegemeinschaften (HGM) bleibt es überlassen, die Gewichtsschwelle zu senken. Die Toleranzgrenze soll zehn Prozent nach oben nicht überschreiten.
2. Aus einer Rotte ist zunächst immer das schwächste Stück zu erlegen.
3. Einzeln ziehende Stücke sind, soweit sie nicht unter 4. oder 10. einzuordnen sind, grundsätzlich zu schonen!
4. Bunte und kranke Stücke sind im ganzen Jahr bei Beachtung der gesetzlichen Schonzeit und waidmännischer Grundsätze ohne Gewichtsbegrenzung frei.
5. Frischlinge sind früh und scharf zu bejagen; sobald das Streifenmuster schwindet, sollte damit begonnen werden.
6. Von den Überläufern sind in erster Linie schwache zu strecken. Überläuferkeiler sind nach Möglichkeit zu schonen. Die eingangs genannte Gewichtsgrenze sollte in den Sommermonaten nicht ausgeschöpft werden.
7. Ein Stamm alter erfahrener Bachen ist zu erhalten.
8. Wenn erforderlich, können in den HGM einzelne Bachen ab 1. November freigegeben werden. Diese Abschüsse sollten der Einzeljagd vorbehalten bleiben.
9. Dabei sind vorrangig Bachen, die zur Unzeit, zumindest solche, die in der Zeit vom 1. Juli bis 30. November gefrischt haben, samt Nachwuchs dem Bestand zu entnehmen.
10. Gruppenkeiler sind innerhalb der HGM o. ä. kontingentiert freizugeben und ab 1. September zu bejagen. – Als jagdbar gelten Keiler, die mindestens fünf Jahre alt sind oder 100 Kilogramm und mehr (aufgebrochen) wiegen. – Das Gewaff soll, die Schwarte kann bei Trophäenschauen gezeigt werden.
11. Vom 1. Februar bis 15. Juni soll die Jagd auf Schwarzwild grundsätzlich ruhen. Der Abschuß von Überläufern in der Schonzeit würde in der Praxis einer ganzjährigen Bejagung des Schwarzwildes mit den bekannten negativen Auswirkungen gleichkommen. In Schadenfällen können in der Zeit vom 1. Februar bis 31. März unter

Beachtung der Gewichtsgrenze von 50 Kilogramm Frischlinge des Vorjahres und solche aus demselben Jahr erlegt werden.

Vom 1. April bis 15. Juni sind nur noch Stücke bis 25 Kilogramm aufgebrochen frei. Zur Abwendung unzumutbarer Schäden in der Zeit vom 1. Februar bis 15. Juni sind Anträge auf Abschuß stärkerer Stücke an die HGM bzw. an die Kreisjägermeister zu richten.

12. Die Intensität der Bejagung muß sich nach der Bestandesentwicklung richten und wird in der HGM geregelt. Eine Strecke mit folgender Gliederung ist anzustreben: Stärkere Stücke einschließlich Gruppenkeiler zehn Prozent, Stücke unter 50 Kilogramm: davon höchstens 20 Prozent Überläufer und mindestens 70 Prozent Frischlinge. Als Richtzahl muß gelten: auf drei bis vier Frischlinge ein Überläufer.

Die vorstehenden Grundsätze der Bejagung sollten bei Gesellschaftsjagden und auf der Einzeljagd konsequent angewendet werden. Unkundige Jäger sind eingehend zu unterrichten.

Das Schwarzwild ist, wie keine andere Wildart, auf die waidmännische Haltung der Jäger angewiesen. Das ›Lüneburger Modell‹ stützt sich auf freiwillige Beschlüsse der Jägerschaften im ehemaligen Regierungsbezirk Lüneburg. Seine Erfolge werden bundesweit anerkannt. Es fordert dem Jäger ein hohes Maß an Können und Verantwortungsbewußtsein ab. Loyalität ist die Grundlage für eine erfolgreiche Arbeit!«

Vergleicht man die Richtlinien des »Lüneburger Modells« mit den Ausführungen der vorhergehenden Kapitel, wird man feststellen, daß sie nicht in allen Punkten voll übereinstimmen. Diese Punkte seien nachstehend diskutiert.

In Punkt 9 heißt es, es seien »vorrangig Bachen, die zur Unzeit, zumindest solche, die in der Zeit vom 1. Juli bis 30. November gefrischt haben, samt Nachwuchs dem Bestand zu entnehmen«. Diese Forderung geht davon aus, daß es sich bei einem so späten Frischen um eine Abnormität handelt. Das ist sicherlich dann richtig, wenn es sich um das einmalige Frischen der betreffenden Bache handelt. Ein eventuelles zweimaliges Frischen ist dabei nicht berücksichtigt. Wir wissen heute, daß ein solches zweimaliges Frischen in verschiedenen Gegenden in unterschiedlicher Häufigkeit auftritt. Nähere Ausführungen zu dieser Frage waren bereits gemacht worden. Die im »Lüneburger Modell« erhobene diesbezügliche Forderung kann also nur für einen fest umschriebenen Raum, in diesem Fall die Lüneburger Heide, gelten. Vor einer eventuellen Übertragung auf völlig andere Lebensräume müssen erst die dortigen biologischen und ökologischen Gegebenheiten geprüft werden.

Die unter Punkt 11 genannte Schonzeitregelung schließt die Frühjahrsjagd auf Schwarzwild aus. Diese ist aber unter Umständen sinnvoll. Einerseits kommt das Schwarzwild jetzt weit häufiger als zu allen anderen Jahreszeiten bei Tageslicht in Anblick und kann sorgfältiger angesprochen werden. Andererseits trifft man in diesen Monaten die vorjährigen Frischlinge in Frischlingsrotten bzw. ab 1. April in Überläuferrotten an, kann hieraus das jeweils schwächste Stück, sogar gezielt ein weibliches Stück auswählen. Im späteren Jahr sind einzeln gehende Überläufer meist Keiler, die ja nach Möglichkeit erhalten werden sollen. Bei weiblichen Überläufern, die einzeln oder in gemischten Rotten auftreten, besteht die Gefahr, daß es sich um führende Bachen handelt. Ein in jeder Hinsicht sicherer Überläuferabschuß ist fast nur aus Überläuferrotten, also in der Zeit vom 1. April bis etwa Ende Juni möglich. In den Wochen vor dem 1. April handelt es sich um dieselben Stücke und Rotten, nur daß sie jetzt noch als Frischlinge klassifiziert werden. Gründliche Ausführungen zu diesem Thema waren bereits in mehreren früheren Kapiteln erfolgt.

Die Schonzeitregelung nach dem »Lüneburger Modell« sollte also nicht ohne weiteres auf andere Gegenden übertragen werden. Vielmehr sollten – ganz oder teilweise – folgende Alternativvorschläge in die Überlegungen mit einbezogen werden: Jagdzeit für Frischlinge (ausgenommen eventuell schon führende Frischlingsbachen) ganzjährig; Jagdzeit auf Überläufer (ausgenommen führende Überläuferbachen) ganzjährig; freigegebene Erntekeiler ganzjährig; alle anderen groben Sauen (falls überhaupt erlaubt) nur ab Spätsommer oder Herbst bis Jahresende. Die ganzjährige Bejagung der Frischlinge und Überläufer würde auch den Jagd- und Schonzeitregelungen der diesbezüglichen Bundesverordnung entsprechen.

Die unter Punkt 12 empfohlene prozentuale Aufteilung des Abschusses auf die einzelnen Altersklassen ist nur bei ganz bestimmten Bestandsgliederungen und Zuwachsverhältnissen empfehlenswert. Bei hohen Zuwachsraten, wie sie in der mitteleuropäischen Kulturlandschaft unter den heutigen Umständen offenbar weit häufiger eintreten als man allgemein geglaubt hatte, kann ein Frischlingsabschuß in Höhe von 70% des Gesamtabschusses nicht zu einem optimalen Altersklassenaufbau führen. In der Regel wird man den Frischlingsabschuß bedeutend höher, den Abschuß grober Sauen wesentlich niedriger ansetzen müssen. Auch die Richtzahl »auf drei bis vier Frischlinge ein Überläufer« kann nur bei ganz bestimmten Voraussetzungen empfehlenswert sein, wie aus den ab Seite 115 diskutierten Bestandesmodellen leicht ersichtlich ist. Die Regel müßte lauten: Frischlinge so viele wie irgend möglich bei allen sich bietenden Gelegenheiten erlegen, unter den Überläufern die zahlenmäßig notwendige Nachlese halten (möglichst in der Zeit vom 1. April bis Ende Juni aus den Überläuferrotten), grobe Sauen vollständig schonen bis auf den gemäß Bestandessituation ausdrücklich freigegebenen Abschuß!

Erfahrungen aus Schwarzwildringen

Nach den bereits erwähnten Vorläufern sind in den letzten Jahrzehnten diverse spezielle Schwarzwildringe gegründet worden beziehungsweise es haben sich bestehende Hochwildringe der Hege des Schwarzwildes angenommen. Erste Berichte liegen in der Literatur vor, so z. B. über den Hochwildring Süsing [STAHL 1979 und 1980, KLEYMANN 1980], aus der Göhrde [BEHRNDT 1977], dem Solling [BEHRNDT 1978], dem Spessart [HOPP 1980], dem Taunus [BARTOSCH 1979], dem Odenwald [GÜNTHER 1980], der Rheinpfalz [STAUFFER 1980] und von der Mosel [KREWER 1979].

Darüber hinaus hat Ende 1979 – Anfang 1980 A. LINDNER aufgrund des von der Hauptgeschäftsstelle des Deutschen Jagdschutz-Verbandes zur Verfügung gestellten

Anschriftenmaterials eine Umfrage durchgeführt mit dem Ziel, nähere Unterlagen über den derzeitigen Stand der Schwarzwildbewirtschaftung in entsprechenden Hegegemeinschaften zu erhalten. Von 16 solcher Hegegemeinschaften sind Antworten eingegangen. Diese hat LINDNER zusammengefaßt und dem Verfasser zur Veröffentlichung zur Verfügung gestellt, wofür ihm an dieser Stelle nochmals herzlich gedankt sei. Ergänzend weist er darauf hin, daß diese Zusammenfassung lediglich allgemeine Tendenzen aufweist:

- Schwarzwildringe oder ähnliche jagdliche Zusammenschlüsse entstanden mit Schwerpunkt anfangs der siebziger Jahre des 20. Jahrhunderts. Sie wurden in der Sorge um die Erhaltung des Schwarzwildes in der freien Wildbahn gegründet. In einigen Fällen wurde dabei die Bewirtschaftung bereits bestehenden Hochwildringen überantwortet.
- Um jede Konfrontation mit der Landwirtschaft zu vermeiden, wurde der Ausdruck »Schwarzwildhege« meist vermieden, sondern es wurden nur »Schwarzwildringe« oder auch »Gemeinschaften zur einheitlichen waidgerechten Bejagung des Schwarzwildes« gegründet.
- In den meisten Schwarzwildpopulationen war durch die bisherige Art der Bejagung – sprich »Schwarzwildbekämpfung« mit dem Schuß meist auf die »schwerste Sau« – die Sozialstruktur dieser Bestände vernichtet worden. In den jetzigen Zusammenschlüssen will man versuchen, den Schaden wieder zu beheben durch Schonung aller mittelalten Sauen, welche die tragende Säule jeder Schwarzwildpopulation sind. Damit will man gleichzeitig versuchen, die Klasse der erntereifen, also der mehr als fünfjährigen Sauen aufzustocken, um in Zukunft wieder hauende Schweine und starke Bachen zu haben. Frischlinge sind im allgemeinen ganzjährig frei, Überläufer meist zeitweise gesperrt, mittelalte Stücke vollständig geschont.
- Grundsätzlich soll mit der Verbesserung der Sozialstruktur keine zahlenmäßige Anhebung der Bestände verbunden sein, eine Auffassung, die in allen Antworten einhellig ausgesprochen wurde.
- Die Revierzusammenschlüsse müssen einen gewissen Flächenumfang erreichen, um bei der allgemein gegebenen geringen Wilddichte (0,25 bis 1,0/100 ha) wirksam zu werden. Die Umfrage bei den bestehenden Zusammenschlüssen ergab Flächengrößen von 9000 bis 50 000 ha, im Durchschnitt 22 000 ha. Die Größe der einzelnen daran beteiligten Reviere betrug im Schnitt etwa 500 ha. Ausreißer hinsichtlich des Flächenumfangs dieser Ringe nach unten sind vor allem dann möglich, wenn es sich um besonders waldreiche Gebiete mit hohem Anteil masttragender Laubhölzer (Eiche, Buche) handelt.
- Schwierigkeiten bei allen Planungen bereitet in den Anfangsjahren die Feststellung der Höhe und der Altersklassenzusammensetzung der betreffenden Schwarzwildbestände. Meist wird man sich dadurch helfen können, daß man die Abschüsse der vergangenen Jahre als Grundlage für die neue Planung nimmt und sich damit allmählich an die richtige Abschußhöhe herantastet.
- Die Durchführung von Ablenkfütterungen hat sich in jedem Fall bewährt, um die Sauen möglichst lange von der Feldflur fernzuhalten. Dagegen konnte man sich bisher nur in wenigen Fällen zur Gründung einer Fütterungsgemeinschaft durchringen.

Gern suchen die Sauen feuchte Waldpartien auf.

*In Forstkulturen werden Insekten,
Pilze und grüne Pflanzen aufgenommen, in Mäusejahren auch viele dieser Kleinnager gefangen.*

Im Hafer und anderem Getreide kann das Schwarzwild beträchtliche Schäden anrichten – desgleichen auf Kartoffeläckern.

Rüben werden dagegen in der Regel nur wenig angenommen.

Auch durch das Umbrechen von Grünland können beträchtliche Schäden entstehen.

Der Abschuß eines Frischlings oder geringen (nicht führenden) Überläufers aus der Rotte veranlasst die Leitbache meistens, diese Fläche längere Zeit zu meiden.

Morgens bummeln die Sauen oft noch lange durch den Wald, bevor sie sich einschieben.

Bachen und Überläufer sind gut zu sehen – aber sind vielleicht auch Frischlinge in der hohen Vegetation?

- Die Aufstellung von Gewährsmännern, denen die jeweils in ihrem Bereich erlegten Sauen vorzuzeigen sind, hat sich im allgemeinen bewährt. Sie stärkt auch – wie allgemein versichert wurde – das Vertrauensverhältnis innerhalb der Jägerschaft der jeweiligen Zusammenschlüsse. Die Maßnahme selbst dient vor allem der Erfassung von Geschlecht, Alter und Gewicht der erlegten Sauen und somit auch als Grundlage für die weitere Planung.
- Es besteht derzeit noch wenig Neigung zur Gründung von Wildschadensausgleichskassen, zumal ein beträchtlicher Teil der Wildschadenssumme durch Wildpreterlöse gedeckt wird. Bislang besteht nur eine solche Wildschadensausgleichskasse, eine weitere wird gegenwärtig angestrebt.

Zusammenfassend stellt LINDNER fest, daß sich die Schwarzwildringe im Grundsatz bewährt haben, auch wenn man zum Teil zunächst sehr zaghaft an ihre Gründung herangegangen ist. Erste Zusammenschlüsse wurden häufig nur auf die Dauer von ein bis zwei Jahren beschlossen, um dann erneut über einen endgültigen Zusammenschluß beraten zu können.

Diese von LINDNER zusammengestellten ersten Erfahrungsberichte sind jetzt über zwei Jahrzehnte alt. Seither haben sich in der Jägerschaft die Einstellungen gegenüber dem Schwarzwild schon sehr weit gewandelt. Viele der damals von wenigen Pionieren getragenen Anschauungen sind inzwischen in weiten Bereichen Allgemeingut der Jäger geworden. Im Grundsatz werden die in diesem Buch aufgezeigten Abschußrichtlinien von vielen Jägern auch ohne das Vorhandensein von Schwarzwildringen befolgt. Da im Idealfall die Ziele und Aufgaben entsprechender organisatorischer Zusammenschlüsse weit über die Abschußregelungen hinausgehen, sind sie mit der Änderung der Einstellung nicht überflüssig geworden. Die zu erfüllenden – regional unterschiedlichen – Aufgaben können aber weitgehend von den allgemeinen Hegeringen oder Hochwildringen wahrgenommen werden, was heute auch vielfach geschieht. Das hat den Vorteil, daß nicht einseitig nur eine Wildart gesehen, sondern daß diese in das Gesamtkonzept der dortigen Hege und Bejagung eingebunden wird. Selbstverständlich sind dabei immer die spezifischen Eigenheiten und Erfordernisse des Schwarzwildes zu berücksichtigen.

Schwarzwildgehege

Sinn und Aufgabe von Schwarzwildgehegen

Wildgehege der unterschiedlichsten Kategorien sind uns seit Jahrhunderten aus der Literatur bekannt. Von den in Mitteleuropa heimischen Wildarten wurde und wird das Schwarzwild mit am häufigsten in Gehegen gehalten. In diesem Buch müssen deshalb auch Hinweise auf die Gehegehaltung dieser Wildart erfolgen.

Die Begriffe Wildgehege, Wildpark, Gatterrevier usw. gehen sowohl in der Fachliteratur als auch in der jagdlichen Gesetzgebung mehr oder weniger durcheinander. Was rechtlich jeweils gemeint ist, wird von maßgeblichen Gesetzeskommentatoren [z. B. MITZSCHKE und SCHÄFER 1971] im Zusammenhang mit den einzelnen diesbezüglichen Bestimmungen erläutert, was nicht voll befriedigt. Besser wäre zweifellos eine klare, allgemeinverbindliche Begriffsfestlegung.

Das von einer Gruppe namhafter Fachleute unter Federführung von H.-H. HATLAPA [1978] erstellte Gutachten über tierschutzgerechte Haltung von Wild in Gehegen unterscheidet neben Tiergehegen (Zoologische Gärten, Safari-Parke und Tierschauen) unterschiedliche Arten von Wildgehegen, und zwar

Schaugehege, die wegen ihrer geringen Größe eine jederzeitige Beobachtung der Tiere gewährleisten,

Wildparke, die wegen ihrer größeren Ausdehnung die Begegnung mit dem dort gehaltenen Wild unter großräumigeren Gegebenheiten ohne Verwendung eines Kraftfahrzeuges ermöglichen,

Durchfahrparke, in denen die Begegnung mit dem Wild überwiegend durch die Benutzung eines Kraftfahrzeuges vermittelt wird,

Jagdgehege (Gatterreviere), welche die Mindestgröße eines Eigenjagdbezirkes haben und in denen die Wildbestände jagdwirtschaftlich genutzt werden,

Besondere Wildgehege, die der Forschung, Zucht, Arterhaltung, Landschaftspflege, Eingewöhnung, Überwinterung, Absonderung oder Liebhaberei dienen,

Wildfarmen, in denen Wild auf beschränktem Raum zu Zwecken wie Fleisch- und Pelzerzeugung gehalten wird.

Die Grenzen zwischen diesen unterschiedlichen Arten von Wildgehegen sind fließend, sowohl allgemein als auch speziell das Schwarzwild betreffend. So dienen etwa die besonderen Wildgehege oftmals neben ihrer eigentlichen Zweckbestimmung gleichzeitig als Schaugehege und sind zum Teil in ihrer Anlage und Ausdehnung, zumindest in einzelnen Abteilungen, als Wildparke anzusprechen. Prominenteste und vorbildlichste Beispiele dieser Art sind der »Wildpark Eekholt« in Schleswig-Holstein, das »Wisentgehege« am Rande des Sauparks bei Springe am Deister (Niedersachsen) und der »Wildpark Altenfelden« im Mühlviertel (Oberösterreich). Jagdgehege dienen gelegentlich, zumindest zeitweise, auch als Wildparke und/oder Durchfahrparke, beispielsweise der »Saupark« bei Springe am Deister. Dieser verbindet also zusammen mit dem zugehörigen Wisentgehege alle Wildgehegeformen mit Ausnahme der Wildfarm.

Im Zuge der immer mehr in den Vordergrund tretenden Erholungsfunktion der Landschaft gewinnen zunehmend alle diejenigen Gehegearten an Bedeutung, die der erholungssuchenden Stadtbevölkerung das Wild vor Augen führen. Je nach Temperament und Naturverbundenheit werden dabei Schaugehege, Wildparke oder Durchfahrparke bevorzugt. Schaugehege eignen sich besonders für den Besuch ganzer Familien mit Kindern oder geschlossener Schulklassen usw., weil sie auch dem Unkundigen oder Ungeduldigen mit großer Sicherheit das Wild vor Augen führen. Wer dagegen das Wild in seiner einigermaßen natürlichen Umwelt erleben möchte, wird gut angelegte, im Landschaftscharakter dem naturgemäßen Biotop entsprechende, jeden Eindruck der künstlichen Herrichtung vermeidende Gehege bevorzugen und diese entweder gänzlich zu Fuß durchwandern oder mit dem Kraftfahrzeug in sie hineinfahren, eventuell jedoch Abstecher zu Fuß unternehmen.

Während Schaugehege mehr die Funktion eines Zoologischen Gartens erfüllen, sind die größeren Wildparke, in denen der Besucher vom Wild nicht durch Zäune getrennt ist, in hervorragender Weise geeignet, den Besuchern die Heimatnatur und das einheimische Wild nahe zu bringen. Hochsitze, Beobachtungsschirme und ähnliches können die Wildbeobachtungen erleichtern, Einblicke in bevorzugt aufgesuchte Partien, auf Suhlen usw. den Eindruck des scheinbar freilebenden Wildes verstärken. Am Eingang, in Schutzhütten usw., sollten naturkundliche Erklärungen gegeben und auf die Bedeutung des Wildes in der Landschaft sowie auf die regulatorische und erhaltende Funktionen von Jagd und Jäger hingewiesen werden.

Die Anlage und Unterhaltung von Schaugehegen erfolgt im wesentlichen genauso wie diejenige von Zoologischen Gärten. Darauf wie auch auf den Betrieb von Wildfarmen wird in diesem Buch nicht näher eingegangen. Maßgebliches Standardwerk für alle Formen von Wildgehegen und alle damit zusammenhängenden Fragen ist das von HATLAPA und REUSS [1974] herausgegebene, auf das hier verwiesen sei.

Jagdgehege oder – wie sie früher allgemein genannt wurden und innerhalb der Jägerschaft auch heute meist noch genannt werden – Gatterreviere werden nach jagdwirtschaftlichen Gesichtspunkten betrieben. Das gilt im wesentlichen auch für die größeren Wildparke, nur daß hier selbstverständlich auf den Publikumsverkehr Rücksicht genommen werden muß.

Im Zuge ihrer Jahrhunderte alten Geschichte sind Jagdgehege aus den unterschiedlichsten Motivationen entstanden. Ihre älteste Zweckbestimmung war wohl die Vorratshaltung von Wildpret. Insbesondere an ständigen oder zeitweisen Residenzen wurden zu bestimmten Anlässen große Mengen von Fleisch benötigt. Die heute allgemein üblichen Frischhalte- und Konservierungsverfahren waren damals noch nicht gebräuchlich. Eine termingerechte Erbeutung so großer Mengen in freier Wildbahn war zu unsicher. Am zweckmäßigsten war also die Haltung genügend großer Stückzahlen lebenden Wildes in Gehegen, die eine jederzeitige Erlegung ausreichender Mengen von Wildpret erlaubten. Interessant ist in diesem Zusammenhang die frühere weitgehende Identität der Begriffe »Wild« und »Wildpret«. Das Wild wurde eben sehr weitgehend als Ernährungsfaktor gesehen.

Als weiteres Motiv kam die Jagdlust hinzu. Zweifellos aus den Uranfängen der Menschheit überkommen, führte die Jagdleidenschaft in Verbindung mit der Notwendigkeit, in den zwecks Vorratshaltung betriebenen Jagdgehegen in kurzer Zeit große Strecken erzielen zu müssen, zu besonderen Jagdformen, die sich in ihren Extremen weit von der ursprünglichen Zweckbestimmung entfernten und aus unserer heutigen Sicht nur als Irrwege bezeichnet werden können.

Als drittes Motiv ist die Verhinderung landwirtschaftlicher Wildschäden zu nennen. Wollte man zwecks Wildpretversorgung und zur Erhaltung genügender Jagdmöglichkeiten in größerem Ausmaß Wildbestände hegen, war das vielfach – nicht zuletzt aus politischen Gründen – nur dann möglich, wenn man die Wildeinstände gegenüber den landwirtschaftlichen Nutzflächen abzäunte. Gerade aus dieser Zielsetzung heraus sind viele der heute noch existierenden Großgatter entstanden.

Auch in der Gegenwart haben alle drei vorgenannten Motive durchaus ihre Bedeutung, wenn sich freilich in den Einzelheiten manches geändert hat. So muß der Begriff der Vorratshaltung heute durch den der intensiven jagdwirtschaftlichen Nutzung ersetzt werden. Daß eine solche im Gehege weit effektiver durchgeführt werden kann als in freier Wildbahn, unterliegt keinem Zweifel. Speziell sei in diesem Zusammenhang auf die schon in einem früheren Kapitel genannten Berechnungen von KÖNIG [1980] hingewiesen. Eine so exakte Bewirtschaftung ist in Vollendung nur in Jagdgehegen möglich. Das gilt sowohl hinsichtlich der Menge und des Wertes an erzeugtem Wildpret als auch hinsichtlich der maximalen Ausbeute an ausgereiften Trophäen, so daß damit wie auch in mancherlei anderer Hinsicht (z. B. Diplomatenjagden o. ä.) zugleich dem zweitgenannten Motiv Rechnung getragen wird. Schließlich ist die Erhaltung einer so hohen Wilddichte, wie sie die beiden vorgenannten Bestrebungen wünschenswert erscheinen lassen, in unserer Kulturlandschaft nur innerhalb eines Gatters möglich.

Wenn der Unterhaltung von Jagdgehegen also auch in der Gegenwart eine nennenswerte Bedeutung zukommt, so dürfen doch andererseits die hierin liegenden Gefahren nicht unterschätzt werden. Insbesondere wäre es ein verhängnisvoller Irrtum, wenn man – etwa von politischer Seite – den Schluß ziehen würde, daß man bei genügender Unterhaltung von Jagdgehegen auf das Wild in freier Wildbahn verzichten könne. Jagdgehege können und dürfen immer nur in Ergänzung zur freien Wildbahn, niemals als ihr Ersatz gesehen werden! Jede andere Einstellung würde über kurz oder lang zur Vernichtung des Wildes führen!

Die spezielle Literatur über Jagdgehege, ihre Planung, Anlage, Bewirtschaftung usw. ist nicht gerade reichlich. An monographischen Darstellungen sind dem Verfasser nur drei bekannt, und zwar über Rominten [FREVERT 1957], über die Schorfheide [BUCHHOLZ und CONINX 1969] und über den Saupark bei Springe [MUNZEL 1968 und 1971]. Hinzu kommen noch einige kleinere Arbeiten, so etwa von A. LINDNER [1979] über die Schwarzwildbewirtschaftung im Forstamt Thiergarten bei Regensburg oder die Zusammenstellung von Erkenntnissen über die Haltung von Schwarzwild in Jagdgehegen durch ERBACH [1980], ERL [1980] und TÜRCKE [1980]. Wer sich selber in der Praxis mit der Unterhaltung von Jagdgehegen für Schwarzwild befassen will, dem sei ein gründliches Studium dieser Spezialliteratur sowie des bereits genannten Standardwerkes von HATLAPA und REUSS [1974] empfohlen. In den beiden folgenden Kapiteln seien die wichtigsten Gesichtspunkte kurz zusammengestellt.

Planung und Anlage von Schwarzwild-Jagdgehegen

Jagdgehege müssen die gesetzlich vorgeschriebene Mindestgröße für Eigenjagdbezirke haben, in der Bundesrepublik Deutschland also in der Regel mindestens 75 ha. Für eine nennenswerte jagdwirtschaftliche Nutzung ist allerdings eine wesentlich größere Fläche notwendig, und tatsächlich haben alle namhaften Gatterreviere ein Vielfaches der erforderlichen Mindestgröße. Ein Schwarzwild-Jagdgehege, das diese Bezeichnung zu Recht führen will, sollte mindestens etwa 500 ha, besser über 1000 ha groß sein. Erst dann kann eine echte Bewirtschaftung nach jagdbetrieblichen Grundsätzen erfolgen.

Sowohl die Standortwahl im ganzen als auch die Auswahl der vom Gatter einzuschließenden Flächen müssen nach Biotop-Gesichtspunkten erfolgen. Wichtigster Bestandteil von Schwarzwildgehegen aller Art müssen alte, reichlich Mast spendende Eichen und Buchen sein, am besten in Form ausgedehnter Althölzer, gegebenenfalls auch in Form von Traufen, Überhältern usw. Sehr günstig sind auch außer Bewirtschaftung stehende alte Eichenniederwaldbestände und insbesondere die heute leider nur noch sehr selten anzutreffenden, ehemaligen sehr lichten Eichen-Hutewälder. Zur Erhaltung solcher, heute als Kulturdenkmäler außerordentlich wertvollen Waldbestände auf größerer Fläche können Sauparke geradezu eine hohe landschaftspflegerische Bedeutung gewinnen. Gleichzeitig eröffnet sich hier eine Möglichkeit zur Erwirtschaftung nennenswerter Erträge auf derartigen, waldbaulich nicht genutzten Flächen.

Weiterhin sind wichtig große geschlossene Einstände, die möglichst von bürstendichten Fichtendickungen bis zu lückigen angehenden Stangenhölzern und den vielfach von den Sauen besonders geschätzten Laubholzdickungen in Südhanglage reichen. Auch Bruchpartien sind in mehrfacher Hinsicht wertvoll. Falls nicht im Walde eine sehr reichliche Bodenflora zur Verfügung steht, ist für entsprechende Dauergrünäsungsflächen zu sorgen. TÜRCKE [1980] empfiehlt hierfür einen Anteil von 5% der Gesamtfläche mit einem Besatz von 60% Weißklee und 40% Süßgräsern (z. B. Deutsches Weidelgras). Er schreibt: »Es ist erstaunlich, wie gern diese Wiesen vom Schwarzwild angenommen werden. Voraussetzung ist natürlich die ständige Pflege der Weiden, 8 dz Thomasmehl/Kali, wenig Stickstoff (damit der Klee nicht vom Gras überwachsen wird) und das regelmäßige Mähen oder Mulchen.«

Schließlich ist auch an den Wasserbedarf der Sauen zum Schöpfen und Suhlen zu denken. Im einzelnen sind die bereits in einem früheren Kapitel besprochenen Hegemaßnahmen in einem Gehege, aus dem die Sauen ja nicht zeitweise auswandern können, mit besonderer Sorgfalt zu verwirklichen.

Die Abzäunung muß so erfolgen, daß sie weitestgehend schwarzwildsicher ist. Den besten Schutz bietet eine feste Mauer, wie sie beispielsweise den »Lainzer Tiergarten« bei Wien und den Saupark Springe umgibt. Bei Neuerstellung wird man darauf allerdings wohl aus Kostengründen verzichten müssen. Ältere Wildgatter wurden meist als Lattenzäune erstellt. Im Abstand von etwa 4 m wurden Pfähle (Eiche oder gut imprägniertes, möglichst verkerntes Nadelholz) eingegraben, längs aufgespaltene Fichtenlatten so daran genagelt, daß die runden Seiten nach außen, die glatten Seiten nach innen wiesen und die Abstände zwischen den Latten so gering waren, daß Sauen

Zweckmäßiger Zaun für Schwarzwild-Gehege (und auch für Forstkulturen usw.) – Erklärung im Text.

Schleusentor für Wildgehege.

Wildrost für Gehegetor.

nicht hindurchschlüpfen konnten. In neuerer Zeit wird statt der Latten meist grobes Drahtgeflecht an die Pfähle genagelt.

Ausführlichere Angaben über Rezepte, die sich im Forstamt Thiergarten bewährt haben, macht A. LINDNER [1979]: »Das Schwarzwildgatter sollte eine Höhe von 1,80 m haben, bei einem Abstand der Säulen oder Pfosten von 3 m. ... Wesentlich für jedes Gatter innerhalb des Sauparks bzw. als Begrenzung des Sauparks ist die Anbringung einer Bodenstange und einer weiteren ›Abweisstange‹ in etwa 40 cm Höhe – der ›Wurfhöhe‹ – deren Anbringung sich in jedem Falle bewährt hat. Zur Verhinderung von ›Sauschlüpfen‹ hat sich eine Bodendrahtbahn bewährt, die früher in den Boden eingegraben wurde, jetzt aber um die Bodenstange herumgebogen wird, so daß sie etwa ½ m in die Parkfläche hineinreicht. Der auf dem Boden aufliegende Teil dieser Drahtbahn wächst unverhältnismäßig rasch ein und behindert so das Brechen entlang des Gatterzaunes und damit auch meist jeden Ausbruchsversuch.« Anderen Ortes haben sich Zaunhöhen von 1,60 m und Pfostenabstände von 4-5 m als ausreichend erwiesen.

Selbstverständlich müssen auch die Gattertore ausbruchsicher sein. Sind sie nicht unter ständiger Kontrolle und besteht die Gefahr, daß sie durch Holzfuhrleute oder andere Besucher offen gelassen werden, sind Schleusentore, bei denen sich das erste Tor automatisch schließt, wenn das zweite geöffnet wird, oder Wildroste, die vom Wild nicht überschritten werden, zu empfehlen. Besondere Sorgfalt in der Abzäunung muß auch bei Gewässern aller Art geübt werden. Im einzelnen sei auch hier auf das Standardwerk von HATLAPA und REUSS [1974] verwiesen. Aus Rentabilitätsgründen sollte man möglichst dauerhaftes Material verwenden.

In größeren intensiv betriebenen Jagdgehegen sind oftmals kleinere Flächen als Eingewöhnungsgehege, Aufbewahrungsgehege o. ä. abzuteilen. Im einzelnen wird auf ihre Funktion später noch näher eingegangen. Für ihre Abzäunung dürfte im allgemeinen eine Höhe von 1,10 m bei ansonsten gleicher Qualität genügen. Hier sollte für jeweils etwa 10 Sauen 1 ha Fläche zur Verfügung stehen, wohingegen die Wilddichte in den eigentlichen Jagdgehegen 10 bis 40, im allgemeinen wohl etwa 20 Stück je 100 ha betragen dürfte.

Da im Gegensatz zur freien Wildbahn in Jagdgehegen meist eine ausgesprochene Fütterungshege betrieben werden muß, gehören auch alle diesbezüglichen Einrichtungen zur Anlage eines Jagdgeheges. Für die Herrichtung und/oder Aufbewahrung des Futters sind Silos bzw. für das jeweilige Futter geeignete Lagerschuppen o. ä. zu erstellen. In oder an ihnen beziehungsweise in ihrer Nähe sind eine größere Zahl von Futtertrögen anzubringen, da aus Gründen der Hygiene das Futter auf ständigen Futterplätzen nicht auf dem Erdboden ausgelegt werden sollte. Damit die Frischlinge nicht ständig von stärkeren futterneidischen Stücken verdrängt werden und ihnen gegebenenfalls besonderes Futter gereicht werden kann, sollten auf dem Futterplatz verteilt mehrere spezielle Frischlingsfütterungen (Frischlingsrechen, Frischlingskrale) gebaut werden: etwa stubengroße Abzäunungen, in die infolge geringen Lattenabstandes oder niedriger Durchschlupfe nur Frischlinge gelangen können und in denen diese gesondert gefüttert werden. A. LINDNER [a. a. O.] schreibt: »Eine Fütterungsanlage sollte jeweils ... für 300 ha erstellt werden. Als Standort ist eine trockene Südhanglage

Fangfütterung – Erklärung im Text.

zu bevorzugen, doch sollte auch ein – selbst im Winter – stets laufendes Rinnsal in nächster Nähe der Futterstelle vorhanden sein, da Schwarzwild besonders gerne während und nach der Äsungsaufnahme schöpft.« Nach anderen Erfahrungen kann eine Fütterung auch größere Flächen abdecken. In dem vorbildlich geführten rund 3000 ha großen Jagdgehege Stammham bei Ingolstadt wird [nach brieflicher Mitteilung von A. LINDNER] eine Fütterung je 100 ha betrieben. Zwecks Wasserversorgung haben sich auch Pumpe und Tränktrog bewährt; unter Umständen sind diese aus hygienischen Gründen sogar zu bevorzugen.
Weiter schreibt LINDNER: »Zur jagdlichen Bewirtschaftung eines Schwarzwildgatters ist der Bau von Fütterungen, die gleichzeitig auch als ›Fang‹, also als Fangfütterungen betrieben werden können, unerläßlich.« Auf die Verwendung dieser Fangfütterungen im Rahmen der Wildstandsbewirtschaftung wird im nächsten Kapitel näher eingegangen.
Wie weit in einem Jagdgehege auch rein jagdliche Einrichtungen, wie z. B. Hochsitze, Ansitzhütten, Schirme, Pirschsteige usw. zu installieren sind, muß sich nach den beabsichtigten Arten der Bejagung richten. Auf jeden Fall sind an den Fütterungen Beobachtungsstände zu schaffen, von denen aus ohne Störung des Wildes genaue Bestandeserhebungen nach Zahl, Altersklassenstruktur usw. sowie gegebenenfalls auch Foto- und Filmaufnahmen zu machen sind.
In größeren Jagdgehegen wird man im allgemeinen neben Schwarzwild noch anderes Schalenwild halten wollen. Wegen der auseinandergehenden Nahrungsansprüche ist

das durchaus möglich. Nur muß auch in dieser Beziehung sehr sorgfältig geplant werden. Die Haltung von Rehwild in Schwarzwildgehegen hat sich nicht bewährt. Nicht selten wird das Rehwild von den Sauen regelrecht verfolgt, gejagt, in Zaunecken getrieben, dort gerissen und verzehrt. Zumindest aber führt das Rehwild unter dem Schwarzwild ein Kümmerdasein. Man sollte es deshalb in Schwarzwildgehege niemals einsetzen, vorhandenes oder nachträglich einspringendes Rehwild abschießen.

Die gedeihliche Haltung von Rot- und Schwarzwild in beiderseitiger höherer Wilddichte gelingt höchstens in extrem großen Gattern. In kleineren Gehegen führt sie meist zu gegenseitigen Beeinträchtigungen. Weitgehend unproblematisch ist dagegen die Haltung von Schwarzwild gemeinsam mit Damwild und/oder Muffelwild.

Bewirtschaftung von Schwarzwild-Jagdgehegen

Es ist selbstverständlich, daß bei der in Gehegen üblichen hohen Wilddichte der Ernährung eine besondere Aufmerksamkeit gewidmet werden muß. Über die bereits erwähnte Förderung der Mastholzarten und die Anlage und Unterhaltung von Dauergrünlandäsungsflächen hinaus muß im allgemeinen massiv gefüttert werden, wohingegen die Anlage und Freigabe von Wildäckern in Schwarzwild-Jagdgehegen nur sehr kurzfristig nützt und deshalb meist unterlassen wird. Hinsichtlich der Planung, Anlage und Pflege von Wildäsungsflächen aller Art sei auf das diesbezügliche Werk von UECKERMANN und SCHOLZ [1970] verwiesen. Zur Schwarzwildfütterung in Großgehegen seien nachstehend einige Hinweise gegeben.

Die Fütterung ist – außer bei Vollmast – ganzjährig durchzuführen. Sie erfolgt in der Regel täglich zur gleichen Zeit. Die Sauen gewöhnen sich sehr schnell an Ort, Zeit und Futtermeister, erwarten letzteren bald am Futterplatz oder in seiner näheren Umgebung oder eilen auf den Ruf des Fütterers herbei.

Feste Futterplätze mit allen, im vorigen Kapitel genannten Einrichtungen sind in großen Jagdgehegen wegen ihrer vielseitigen Zweckmäßigkeit üblich. Sie haben jedoch auch Nachteile. Hier wären zunächst die unvermeidliche Anreicherung dieses Ortes mit Krankheitskeimen aller Art und die dadurch gegebene erhöhte Infektionsgefahr zu nennen. Aus diesem Grunde ist es notwendig, die speziellen Fütterungseinrichtungen, eventuell den ganzen Futterplatz, in regelmäßigen Abständen zu desinfizieren, am besten nach den Anweisungen eines den ganzen Wildbestand und besonders die Fütterungen überwachenden Tierarztes.

Weiter darf nicht verkannt werden, daß die Aufnahme großer Mengen hochwertigen Futters in der durch die Gegebenheiten des Futterplatzes und des dort herrschenden großen Andrangs und gegenseitigen Futterneides bedingten kurzen Zeit einerseits und der dann folgenden Pause von 24 Stunden andererseits der Natur des Schwarzwildes völlig widerspricht. So gesehen wäre es besser, zumindest Körnerfutter, Eicheln usw. über große Flächen auf dem Boden auszustreuen. Das läßt sich aber nur auf einem großen und absolut trockenen Futterplatz durchführen, der von Zeit zu Zeit als ganzes desinfiziert wird. Noch besser – wenn auch erheblich arbeitsaufwendiger – ist es, nur etwa die Hälfte des Futters an den großen, ständigen, gleichzeitig als Fang dienenden

Schwarzwildfütterung im Jagdgehege.

Winterfütterung.

Futterplätzen zu geben, die andere Hälfte dagegen an ständig wechselnden Plätzen im Revier über große Flächen auszustreuen. Damit würde man die Sauen veranlassen, nicht faul in der Nähe der Fütterungen herumzuliegen, sondern das gesamte Revier zu durchstreifen und schließlich bei der Nahrungsaufnahme die so wichtige Arbeit zu verrichten. Solche »fliegenden Körnungen« sollten in möglichst großer Zahl (etwa eine je 100 ha) über die Gesamtfläche des Geheges verteilt werden.

Die fliegenden Fütterungen können gleichzeitig dazu dienen, die Sauen als kostenlose Hilfswaldarbeiter zu beschäftigen, wie dies ERL [1980] dargelegt hat. In Stammham wurden die Sauen zum Niedertreten des Grases in den Kulturen verwandt, indem man Mais in diese Kulturen gestreut hat. Allerdings kann man dies nur bei schon etwas älteren Kulturen praktizieren, in denen nicht mehr die Gefahr besteht, daß die zu fördernden Forstpflanzen von den Sauen mit vernichtet werden. Immerhin können mit dieser Methode beträchtliche Kulturpflegekosten gespart und die Anwendung von Herbiziden vermieden werden.

Als Durchschnittswerte für die Erhaltung von 60 kg schweren Sauen geben BRÜGGEMANN und DRESCHER-KADEN [in HATLAPA und REUSS 1974] 80 g verdauliches Eiweiß und 550 g Gesamtnährstoff an. Bezüglich der Fütterung schreiben sie: »Bewährt haben sich hierbei Körnerfrüchte wie Mais, Gerste, Hafer sowie industriell hergestelltes Mischfutter, tierisches Eiweiß in Form von Aufbrüchen und Fleischresten, Rübenschnitzel, Eicheln. Als ausreichend werden angesehen:

1. 1,5 kg Zuckerrüben (zerkleinert),
   0,5 kg Mais;
2. 2,0 kg Gehaltsrüben (zerkleinert),
   0,6 kg Gerste;
3. 2,0 kg Gehaltsrüben (zerkleinert),
   0,5 kg ›Zuchtsauen-Ergänzungsfutter‹ nach DLG-Standard;
4. 2,0 kg Kartoffeln,
   0,5 kg Schweinemast-Alleinfutter;
5. 1,0 kg Getreide (Mais oder Gerste),
   0,325 kg Eiweiß-Konzentrat für Schweine nach DLG-Standard.

Sind getrennte Frischlingsfütterungen (Frischlingsrechen) vorhanden, kann man die Nahrungsansprüche dieser rasch wachsenden Tiere mit besonderen Rationsgestaltungen erfüllen.« Hierfür nennen sie als spezielles handelsübliches Präparat »Mischfutter für Saugferkel nach DLG-Standard«. Weiter weisen sie darauf hin, daß den Sauen aller Altersklassen ständig Wasser zur Verfügung stehen muß.

TÜRCKE [1980] empfiehlt für Frischlinge spezielles Frischlingsfutter (Ferkelstart-Futter), für die übrigen Sauen »Schwarzwildspezialfutter in Presslingen (14 mm, nicht kleiner) wie sie z. B. von der Firma Nagut, Lage (Lippe) u. a. angeboten werden, Mais, Silage und Kartoffelsilage mit Pantomehl vermischt.«

A. LINDNER [1979] führt zusätzlich eine Tagesration von 50 g Tierkörpermehl an. Mit Kartoffelsilage hat er umfangreiche und gute Erfahrungen gesammelt; Maissilage beurteilt er dagegen kritisch. Wörtlich schreibt er hierzu: »Der Versuch im Jahre 1975, die silierte Kartoffel durch Maissilage zu ersetzen, führte hier nach anfänglichen Erfolgen nach 5 bis 6 Monaten trotzdem zum Mißerfolg, weil die Maissilage einen zu hohen Rohfaseranteil hat, den die Sauen auf die Dauer nicht verwerten konnten. Er führte zu Störungen und Reizungen der Magenwände und des Darmtraktes mit der Folge von ganz offensichtlichen Reizungen und Erkrankungen des gesamten Verdauungssystems sowie zu Gewichtsverlusten. Unter diesen Umständen ist es nicht ratsam, sich bei den Sauen auf Maissilage umzustellen, die zwar kurzfristig möglich ist und bei Hausschweinen auf wenige Monate sehr positiv beurteilt wird, beim Schwarzwild aber mit Sicherheit auf die Dauer nicht vertreten werden kann.« Als weiteres Saftfutter nennt er Biertreber.

In kleinen Gehegen mit einer geringen Stückzahl kann im Hinblick auf den jeweils verfolgten Zweck für jedes einzelne Stück genau geplant und jedes überzählige Stück auf die sich am meisten anbietende Methode herausgenommen werden. In größeren Jagdgehegen wird man dagegen eine reguläre Wildstandsbewirtschaftung betreiben, die den Grundsätzen der freien Wildbahn folgt, die aus der für das Wild unüberwindbaren Begrenztheit des Revieres heraus jedoch sehr viel exakter verwirklicht werden kann. Da in gut geführten Jagdgehegen mit ihrer höheren Wilddichte praktisch jedes Stück an die Fütterungen kommt, kann hier eine alle Stücke erfassende Wildbestandsaufnahme nach Stückzahl, Geschlechterverhältnis, Altersklassenstruktur und Zustand aller Stücke erfolgen. Auf ihr und dem gesteckten Hegeziel aufbauend kann eine genaue Abschußplanung erstellt werden, wobei ein Geschlechterverhältnis von 1,1-1,2:1 angestrebt werden sollte. Schließlich kann unter den gegebenen Verhältnissen in aller Regel auch eine sehr viel gewissenhaftere Bejagung mit einer absolut korrekten Befolgung des Abschußplans durchgeführt werden. Letzteres ist allerdings auch von der praktizierten Art der Jagdausübung abhängig.

Soll der Abschuß auf der Einzeljagd, also im wesentlichen auf Pirsch und Ansitz erfolgen, ist dafür nicht nur eine genügende Kenntnis des Schwarzwildes überhaupt sondern auch eine genaue Kenntnis des hiesigen Bestandes notwendig. Soweit der Abschuß auf der Einzeljagd nicht durch streng revierkundige Personen erfolgt, sollte er also nur unter Führung des örtlichen Hegers durchgeführt werden.

Schwieriger ist eine genau dem Plan folgende Abschußdurchführung, wenn die Bejagung auf Gesellschaftsjagden (durchweg in den Monaten November bis Januar) erfolgen soll, da im allgemeinen die hierzu eingeladenen Gäste nicht genügend wild- und/oder revierkundig sind. Ganz besonders gilt dies für Repräsentationsjagden aller Art. Hier ist es selbst unter Beigabe eines revierkundigen Führers nicht immer möglich oder angebracht, dem Gast den Schuß auf ein zu schonendes stärkeres Stück zu untersagen.

Bei entsprechender Reviereinrichtung läßt sich jedoch auch unter diesen Umständen der angestrebte Erfolg durch einen Kunstgriff herbeiführen. Hierzu ist es notwendig, daß – wie von A. LINDNER [1979] empfohlen – die Fütterungen als Fangfütterungen eingerichtet und mit einem kleineren Aufbewahrungs- oder Hegegatter verbunden sind. In dem von LINDNER geleiteten Forstamt Thiergarten war dieses System perfekt installiert. Vor Beginn der Jagden wird möglichst der gesamte Bestand in den Fangfütterungen eingefangen und in engen Futtergängen sortiert. Die zu erhaltenden

Stücke (Bachen und Zukunftskeiler sowie die für den weiteren Bestandesaufbau notwendige Zahl gut entwickelter Frischlinge und Überläufer) werden durch Laufgänge in das Aufbewahrungsgatter geleitet, der Rest wieder aus der Fangfütterung entlassen. Die in dem Hegegatter befindlichen Stücke werden dort für die Tage oder Wochen der winterlichen Jagden verwahrt und gefüttert. Die anderen, auf den Jagden vorkommenden Stücke werden sämtlich zum Abschuß freigegeben, so daß jeder Jagdgast auf jedes vorkommende Stück schießen darf. Nach Abschluß der offiziellen Jagden sollte tunlichst eine »Beamtenjagd« erfolgen, auf der versucht wird, auch die restlichen, außerhalb der Aufbewahrungsgatter befindlichen Stücke zu erlegen. Nach Beendigung aller Jagden werden die im Aufbewahrungsgehege befindlichen Stücke wieder entlassen. Da sie nicht bejagt worden sind, ist ihre Vertrautheit erhalten geblieben, was sich auf die weitere Hege nur vorteilhaft auswirkt.

TÜRCKE [1980] äußert aufgrund seiner langjährigen Erfahrungen: »Für die Haltung des Schwarzwildes in Jagdgehegen wurde im Forstamt Saupark die Notwendigkeit eingesehen, von Zeit zu Zeit einen drastischen Eingriff in den Bestand vorzunehmen aus folgenden Gründen:

1. Die Tatsache, daß infolge (zu) spät geborener Frischlinge (in den Monaten Mai-Juli) eine Modifikation des Bestandes eintritt, führt zu einer ›Dezeleration‹: Die Frischlinge können in ihrer unzulänglichen Größe die Belastungen des Winters und der Nahrungskonkurrenz nie mehr aufholen, sind auch noch als Überläufer geringer im Vergleich zu Frischlingen, die z. B. im März/April geboren wurden. Diese Papierung des Bestandes hat nichts mit einer Degeneration zu tun, sondern die Einzelindividuen entwickeln sich zu einem Phänotypus, der letztlich unzulänglicher ist im Vergleich zum Normaltypus.
2. Um genetisch unbefriedigende Glieder einer Population auszumerzen, kommt man mit einer zaghaften Selektion in der Regel nicht aus. Ein scharfer Eingriff und ein neuer Aufbau des Bestandes unter gleichzeitiger Selektion geringer Individuen erscheint nach den gemachten Erfahrungen unumgänglich.
3. Das Prinzip einer ›dynamischen Wildstandsbewirtschaftung‹ [nach R. HENNIG] sollte für eine qualitative Förderung eines Wildbestandes, wo nur möglich, praktiziert werden.«

Bereits in dem Kapitel über Umwelteinflüsse auf die Bestandesentwicklung war auf den von TÜRCKE verwendeten Begriff der Dezeleration hingewiesen worden. Die ihm zugrunde liegenden Beobachtungen dürften im wesentlichen aus dem Saupark bei Springe stammen. Da diesbezügliche exakte Feststellungen weder aus der freien Wildbahn noch aus anderen Großgattern vorliegen, taucht die Frage auf, wie weit es sich hier möglicherweise um eine Modifikation handelt, die unter den speziellen Biotop-, Fütterungs- und/oder Bewirtschaftungsverhältnissen einzelner Gehege entstanden ist, wie weit diese Erkenntnisse auf die freie Wildbahn oder auf andere Großgehege zu übertragen sind und ob die negativen Auswirkungen eventuell auch in einem Großgehege durch eine so konsequente Wildstandsbewirtschaftung, wie für den Saupark des Forstamts Thiergarten beschrieben, vermieden werden können. Zu diesem gesamten Fragenkomplex sind dringend exakte vergleichende Untersuchungen nötig.

Die von TÜRCKE genannte »dynamische Wildstandsbewirtschaftung« ist für die meisten Wildarten durchaus naturgemäß. Das natürliche Artengleichgewicht der Biozönosen ist kein starres, sondern ein dynamisches, ein ständiges Ansteigen und Absinken der Siedlungsdichte der einzelnen Arten. Daß dieses in besonderem Maße für das Schwarzwild zutrifft, war bereits ausführlich gezeigt worden. In der freien Wildbahn wird es trotz aller Bemühungen seitens der Jäger niemals möglich sein, einen Schwarzwildbestand von Jahr zu Jahr konstant zu halten. Eine dynamische Abschußregelung und Bestandesentwicklung wird sich dort deshalb von selbst ergeben. Anders in Gehegen, in denen eine sehr viel genauere Bestandeskontrolle und Bejagung möglich ist. Hier kann das naturgemäße Prinzip der dynamischen Bestandesentwicklung gerade durch eine exakte Bewirtschaftung weitgehend durchbrochen werden. Möglicherweise können auch dadurch die von TÜRCKE unter dem Begriff der Dezeleration beschriebenen Erscheinungen mit verursacht werden. Es ist TÜRCKE deshalb beizupflichten, wenn er empfiehlt, von Zeit zu Zeit scharf in den Bestand einzugreifen und anschließend unter gleichzeitiger Selektion den Bestand wieder heranwachsen zu lassen.

Hierzu muß eindeutig klargestellt werden, daß es sich – wie TÜRCKE immer wieder betont hat – bei der von ihm beschriebenen Dezeleration nicht um eine Degeneration, also um eine negative Veränderung des Erbgutes (Genotypus), handelt, sondern lediglich um eine Modifikation, also um eine Veränderung des Erscheinungsbildes (Phänotypus). Demzufolge ist auch nicht eine – in früheren Zeiten oft propagierte – »Blutauffrischung« anzuraten. Vom genetischen Standpunkt aus wäre sie völlig nutzlos. Wegen der beim Schwarzwild herrschenden Sozialordnung, speziell wegen der engen verwandtschaftlichen Beziehungen innerhalb der Großrotten, könnten auch einzelne eingesetzte Stücke in einem Gehege mit eingesessenem Schwarzwildbestand nicht Fuß fassen, ja, wären weitgehend zum Kümmern oder gar zum Tode verurteilt, worauf insbesondere ERL [1980] hingewiesen hat. Soll dennoch aus irgendwelchen Gründen eine Einsetzung fremder Sauen in ein Jagdgehege mit eingesessenem Schwarzwildbestand erfolgen, können dafür nur zwei Methoden empfohlen werden, die auf die vorgenannten Schwierigkeiten Rücksicht nehmen.

Die erste und sicherlich zweckmäßigste Methode wäre der vorherige Totalabschuß des bisherigen Bestandes und eine nachfolgende Neuaussetzung. Hierbei ist es zweckmäßig, die neu auszusetzenden Stücke nicht sogleich in das Großgehege zu entlassen, sondern sie zunächst einige Monate in einem, innerhalb des Großgeheges enthaltenen Eingewöhnungsgatter zu halten und erst nach völliger Eingewöhnung die Tore zwischen dem Eingewöhnungsgehege und dem Großgehege zu öffnen und so den Sauen Gelegenheit zu geben, nach eigenem Ermessen zwischen beiden Gehegen hin und her zu wechseln und sich allmählich in das Großgehege umzustellen. Diese Methode ist von TÜRCKE im Saupark Springe praktiziert worden und wird von ihm empfohlen.

Die zweite Methode wäre, die einzusetzenden Stücke noch länger in dem Eingewöhnungsgatter zu halten, sie dort frischen und somit zu einem selbständigen nennenswerten Bestand heranwachsen zu lassen und erst diesen in den zuvor stark ausgedünnten eingesessenen Bestand zu entlassen.

In jedem Fall ist vor einer eventuellen Neueinsetzung sehr gewissenhaft zu prüfen, woher die in Aussicht genommenen Stücke kommen, ob es sich dort um einen hochwertigen Schwarzwildbestand handelt, ob sich eine solche Einbürgerung wirklich lohnt und ob jedes einzelne Stück absolut gesund ist und nicht etwa irgendwelche Krankheiten oder Parasiten einschleppt. Aus letzterem Grund müssen einzusetzende Stücke im Eingewöhnungsgehege besonders scharf auf ihren Gesundheitszustand hin beobachtet werden.

Generell ist in allen Gehegen dem *Gesundheitszustand des Wildes* ein ganz besonderes Augenmerk zu widmen. Durch die gegenüber der freien Wildbahn meist wesentlich höhere Wilddichte sind auch beträchtlich erhöhte Gefahren durch diverse Innen- und Außenparasiten sowie durch seuchenhafte Erkrankungen gegeben. Sollen Epidemien mit schweren Verlusten vermieden werden, muß der gesamte Wildbestand des Geheges ständig scharf auf seinen Gesundheitszustand hin kontrolliert werden. Außerdem ist auf ein etwaiges Auftreten ansteckender Wildkrankheiten in der Umgebung des Geheges zu achten, da ihr Überspringen auf den Gehegebestand mit seiner überhöhten Wilddichte katastrophale Folgen zeitigen kann. Um sie zu verhindern, müssen im Gehege rechtzeitig Gegenmaßnahmen eingeleitet werden.

Selbstverständlich wird der Heger bei jeglichem Zusammentreffen mit seinem Wild auf dessen Gesundheitszustand achten. Besonders intensive Beobachtungsmöglichkeiten ergeben sich an den Fütterungen. Es ist sowohl auf äußerlich sichtbare Krankheitsmerkmale (Abmagerung, Räudestellen, Durchfall usw.) als auch auf Verhaltensänderungen (schwerfällige oder unkoordinierte Bewegungen, apathisches oder auffällig nervöses Verhalten, Verlust der sonst üblichen Scheu usw.) zu achten. Beim Aufbrechen erlegter Stücke ist auf Organveränderungen, Organverfärbungen und Innenparasiten (Leberegel, Magen-, Darm- und Lungenwürmer usw.) zu achten. Fallwild ist zur Untersuchung einzusenden. In regelmäßigen Abständen sollten auch Losungsproben untersucht werden. Es ist zweckmäßig, eine ständige Zusammenarbeit mit einem Tierarzt zu vereinbaren, der sich speziell mit Wild und Wildkrankheiten befaßt, vielleicht selber Jäger ist. Regelmäßige Jagdeinladungen werden nicht nur sein Interesse beträchtlich steigern sondern ihm auch die Möglichkeit eröffnen, das Wild häufig und intensiv an den verschiedensten Stellen im Revier zu beobachten.

Neben der laufenden Gesundheitskontrolle sollten stets alle hygienischen Maßnahmen strikt befolgt werden, wie sie im einzelnen bereits genannt worden sind. Einzelne krank erscheinende Stücke sollten unverzüglich erlegt und ihre tierärztliche Untersuchung veranlaßt werden. Ein insgesamt mäßiger Gesundheitszustand des ganzen Bestandes läßt sich oftmals durch reichlichere oder zweckmäßigere Fütterung ausgleichen. Bei stärkerer Parasitierung lassen sich – im Gegensatz zur freien Wildbahn – in Gehegen wirkungsvoll Medikamente verabreichen. Bei drohenden Wildseuchen kann unter Umständen sogar nach Lebendfang an den Fütterungen der gesamte Bestand geimpft werden.

Abschließend ist die Frage nach einer Rentabilität von Jagdgehegen zu stellen. Bei den relativ hohen Betriebskosten (Instandhaltung des Gatters und aller anderen Einrichtungen, Fütterung, Personalkosten u. a.) wird sich lediglich aus der Wildpreterzeugung im allgemeinen kein Überschuß erwirtschaften lassen. Anders sieht es dagegen aus,

Im Herbst und Winter bringen die von der Bache gut zu unterscheidenden Frischlinge oft schon 30–50 kg (aufgebrochen) auf die Waage. Ihr Wildbret ist vorzüglich.

In ruhigen Revieren kann es vorkommen, daß die Sauen bereits vor dem Jäger am Ansitzplatz sind.

Für Drückjagden haben sich niedrige, offene Kanzeln besonders bewährt.

Schwarzwild muß so bald wie möglich aufgebrochen werden, besonders im Sommer. Das Öffnen des Schlosses ohne Beschädigung der Keulen erfordert Erfahrung und Sorgfalt.

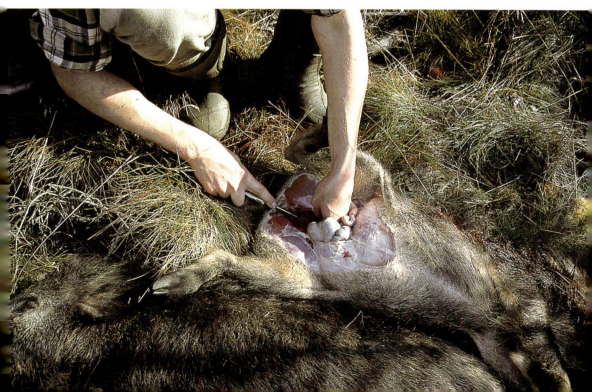

Blutige Darmentzündung bei Schweinepest. Auffallend ist die abschnittsweise unterschiedliche Form: Teile des Darmes sind hochgradig blutig durchtränkt, andere weisen lediglich punkt- oder strichförmige Blutungen auf.

Beim Aufbrechen und Versorgen des Schwarzwildes ist es wichtig, daß der Gallenblasengang (Pfeil) durch Unterschnitt bis zum Ansatz von der Leber abgelöst wird.

Das Vorkommen mehrerer Schalenwildarten macht Gesellschaftsjagden besonders attraktiv.

wenn die Bejagung außenstehenden Jägern gegen entsprechende Gebühren zugänglich gemacht wird. Durch Erhebung der heute zu erzielenden Jagdbetriebskostenbeiträge können deutliche Überschüsse erreicht werden. Wie hoch diese sein können, hängt sowohl von der Struktur des Schwarzwildbestandes, z. B. der Anzahl zu erlegender Hauptschweine, als auch von der Stärke des Bestandes, den sonstigen im Gehege vorhandenen Wildarten, der Einrichtung des Revieres, den Jagdarten, der verkehrsgünstigen Lage und manchen anderen Faktoren ab. Bei einer Nutzung als Repräsentationsjagd muß selbstverständlich der Repräsentationswert in Anschlag gebracht werden, was ebenfalls zu einem nennenswerten Gewinn führen dürfte.

Die Bejagung des Schwarzwildes

Die Bejagung im Jahresablauf

Wie gezeigt, gehört das Schwarzwild in einer Reihe europäischer Länder zu den Hauptjagdwildarten, liefert beträchtliche Mengen wertvollen Wildprets und stellt einen hohen Anteil am Gesamtwert der Jagdstrecken. Sowohl aus diesen Gründen als auch wegen der biologisch und wirtschaftlich notwendigen Regulierung der Schwarzwildbestände spielen jagdbetriebliche Überlegungen und Maßnahmen bei dieser Wildart eine besonders große Rolle. Nachdem die Bestandes- und Abschußplanung bereits behandelt worden ist, sei dieser Abschnitt der eigentlichen Jagdausübung gewidmet.

Bei den anderen Wildarten, und zwar sowohl beim Schalenwild als auch beim Niederwild, wird in der Regel vom Spätwinter bis in den Spätsommer oder Herbst geschont, um dann zu »ernten«. Beim Schwarzwild läßt sich ein solches Rezept in unserer intensiv genutzten Kulturlandschaft nicht durchführen. Bei ihm tritt im Laufe des Frühjahrs meist eine Verdoppelung bis Verdreifachung der Wilddichte ein. Wollte man die Sauen erst im Herbst und Winter jagen, müßte der Frühjahrsbestand niedriger gehalten werden, als wenn schon im Frühjahr und Sommer ein stärkerer Abschuß erfolgt. Der Frühjahrs- und Sommerabschuß von Frischlingen und Überläufern ermöglicht also, einen höheren Frühjahrsbestand und damit zugleich eine größere Zahl grober Sauen zu halten.

Weiter spricht für die Frühjahrs- und Sommerbejagung der etwa zu Beginn des Jagdjahres rasch anwachsende landwirtschaftliche Wildschaden. Zwar sollte man mit der Jagd nicht erst beginnen, wenn bereits ein fühlbarer Schaden entstanden ist, doch wird man sie dann intensiver betreiben, um Schäden auf den Feldern einzudämmen und beruhigend auf die Bauern zu wirken.

Auch rein jagdlich bietet der Frühjahrs- und Sommerabschuß Vorteile. In der Zeit der kurzen Nächte bekommt man die Sauen häufiger als zu anderen Jahreszeiten bei Tageslicht vor die Büchse; man kann dadurch genauer ansprechen und sicherer schießen. Bis Juni oder gar Juli treten die Überläufer vielfach rottenweise auf, so daß man sie klar als solche erkennen, oft ihr Geschlecht feststellen und die schwächsten Überläufer zum Abschuß auswählen kann. Ferner ist für die Jagd bis Anfang Juni die auf dem Felde noch geringe Deckung förderlich, zumal die Sauen dann meist auf den Kartoffeläckern brechen, von der Zeit der Milchreife ab aber das Getreide oft kaum mehr verlassen. Die Monate April bis einschließlich Juni sind also die günstigsten für den Abschuß der Überläufer.

Etwa von Anfang Juni an wird man auch die ersten, früh gesetzten Frischlinge erlegen, die jetzt oft schon ein Gewicht von aufgebrochen 15 kg oder mehr haben. Besonders dort wird man einen oder – wenn möglich – mehrere Frischlinge von der Bache fortschießen, wo heftiger Wildschaden entsteht, also vor allem in großen Getreideschlägen, in denen sich ständig führende Bachen mit ihren Frischlingen aufhalten. In solchen Getreideschlägen werden von den Sauen oft zahlreiche stubengroße Lücken verursacht. Auf ihnen kann man vom Hochsitz aus, vielfach bei vollem Tageslicht, einen oder mehrere Frischlinge erlegen. Das veranlaßt die Bachen meist für einige Zeit zum Abwandern, so daß hier der weitere Wildschaden verringert wird.

Eine günstige Gelegenheit zum Sommerabschuß bietet sich auch unmittelbar nach der Getreideernte auf den Stoppeln. Die Nächte sind jetzt schon wesentlich länger, doch ermöglichen die hellen Stoppeln auch bei mäßigem Licht noch ein sicheres Ansprechen und Schießen, vor allem vom Hochsitz aus, da sich die Sauen gut gegen den hellen Untergrund abheben.

In den Einzelheiten wird auf die verschiedenen Jagdmethoden jeweils gesondert eingegangen. BRIEDERMANN [1977] und WACKER [1974] haben statistisch die Effektivität der wichtigsten Jagdarten beziehungsweise die Gesamtstrecken in verschiedenen Zeiteinheiten untersucht. Die Ergebnisse dieser Arbeiten werden jeweils an den entsprechenden Stellen aufgeführt.

Voraussetzung für eine jahreszeitlich sinnvolle Durchführung der Schwarzwildjagd ist, daß keine gesetzlichen Hemmnisse im Wege stehen. Bis vor wenigen Jahren zählte das Schwarzwild zu den Wildarten ohne Schonzeit; lediglich führende Bachen waren während einiger Frühjahrsmonate geschützt. Diese Regelung war ganz und gar unbefriedigend und führte dadurch zu der immer energischer vorgetragenen Forderung nach einer regulären Schonzeit auch für das Schwarzwild. Dabei war man sich durchweg darüber im klaren, daß eine Schonzeitregelung für Schwarzwild anders aussehen mußte als für die anderen Schalenwildarten. Gerade die sonst als strikte Schonzeit geltenden Frühjahrs- und Frühsommermonate mußten für den Frischlings- und Überläuferabschuß unbedingt offen gehalten werden, wenn man nicht entweder im Sommer übermäßig hohe landwirtschaftliche Wildschäden riskieren oder die Schwarzwilddichte ganz radikal senken wollte.

Für die Bundesrepublik Deutschland ist jetzt ein Weg beschritten worden, der sowohl der Forderung nach einer gesetzlichen Schonzeit als auch dem Erfordernis des notwendigen Frischlings- und Überläuferabschusses im Frühjahr und Frühsommer Rechnung trägt. Nach der diesbezüglichen Verordnung vom 2. April 1977 hat Schwarzwild nunmehr eine reguläre Schonzeit vom 1. Februar bis 15. Juni einschließlich. Vorbehaltlich der Bestimmungen des § 22 Abs. 4 des Bundesjagdgesetzes darf die Jagd jedoch das ganze Jahr auf Frischlinge und Überläufer ausgeübt werden. Die zitierte Bestimmung des § 22 Abs. 4 besagt, daß etwa schon führende Frischlingsbachen und Überläuferbachen zu schonen sind. Die Bundesländer können von diesen Schonzeitregelungen abweichende Bestimmungen erlassen, was gegebenenfalls zu beachten ist. Andererseits gebieten sowohl die Waidgerechtigkeit als auch die ausführlich erörterten Zweckmäßigkeitsüberlegungen, daß führende Bachen nicht nur während der genannten Schonzeit sondern das ganze Jahr hindurch mit der Jagd zu verschonen sind.

Während der Frischlingsabschuß das ganze Jahr über mit größtmöglicher Intensität fortgeführt wird, sollte der Überläuferabschuß im wesentlichen bis Ende Juni erledigt sein. Bis dahin kann man die jeweils schwächsten, möglichst gar weiblichen Stücke aus den Überläuferrotten herausschießen. Später lösen sich diese auf. Die Überläuferbachen haben dann oft selbst schon Frischlinge, und als Überläuferkeiler werden jetzt allzu leicht mittelalte Stücke erlegt. Im übrigen sollen die Überläuferkeiler ja nach Möglichkeit geschont werden, um den Keileranteil des Bestandes zu erhöhen. Von der Jahresmitte an sollte man sich also im wesentlichen auf den Frischlingsabschuß beschränken. Je konsequenter dies geschieht, desto mehr reife Keiler werden heranwachsen und können als Erntekeiler freigegeben werden.

Bei der Jagd auf alle Schalenwildarten hat sich für das Erlegen altersmäßig ausgereifter und stärkemäßig auf der Höhe befindlicher männlicher Stücke der Begriff »Ernteabschuß« eingebürgert. Damit soll ausgedrückt werden, daß der Jäger nun die Früchte seiner oft langjährigen Hege und Entsagung ernten darf. Für jeden Jäger ist es selbstverständlich, daß er in unserer Kulturlandschaft kapitale Rothirschgeweihe nur dort »ernten« kann, wo zuvor über viele Jahre hinweg eine sorgfältige Hege mit der Büche betrieben worden ist, wo man in den Jugendklassen stark durchforstet, aber eine gewisse Zahl gut veranlagter Hirsche hat ausreifen lassen.

Das Schwarzwild macht uns die Heranziehung kapitaler Trophäen leichter als alle anderen Schalenwildarten. Abgesehen von einem Abschuß besonders kümmerlicher Frischlinge und Überläufer sowie kranker, verletzter, gescheckter oder sonstwie grob abnormer Stücke ist bei ihm kein Wahlabschuß nötig. Es genügt für die Erzielung kapitaler Trophäen, die Keiler das nötige Alter von sechs bis acht Jahren erreichen zu lassen. So ist es eigentlich erstaunlich, daß starke Keiler derartig selten sind. Der Grund liegt darin, daß die meisten Keiler schon im Alter von zwei, drei oder höchstens vier Jahren erlegt werden, wobei dreijährige oder gar vierjährige Keiler mancherorts schon eine Sensation sind. Bei allen anderen Schalenwildarten gilt es als Sünde und ist mit Recht verpönt, ein mittelaltes, gut veranlagtes männliches Stück abzuschießen. Beim Schwarzwild erntet ein Jäger heute nach dem Erlegen eines solchen Zukunftskeilers oft noch Glückwünsche aus den Reihen seiner Waidgenossen! Während es bei den Hirschen durch bewußte Schonung der mittleren Altersklassen gelingt, planmäßig eine größere Zahl reifer Trophäen heranzuziehen, ist die Erlegung eines Hauptschweines in vielen Gegenden ein extrem seltener Glücksfall.

Das brauchte nicht zu sein. Auch beim Schwarzwild können wir – wie ausführlich gezeigt – eine bedeutende Zahl starker Keiler heranziehen, wenn wir fast den gesamten Abschuß in den beiden Jugendklassen erfüllen und die mittleren Altersklassen schonen. Wo auf genügend großer Fläche dieses einfache Rezept streng befolgt wird, läßt sich auch beim Schwarzwild ein prozentual den anderen Schalenwildarten ebenbürtiger beziehungsweise sogar überlegener Ernteabschuß erreichen.

Zu welcher Jahreszeit und bei welcher Jagdart dieser Ernteabschuß durchgeführt wird, ist im Grunde gleichgültig. Doch sollte man ihn möglichst nicht im Spätwinter oder Frühjahr durchführen, da dann doch einmal eine Verwechslung mit einer starken Bache unterlaufen kann. Ob der hegende Jäger aber »sein Hauptschwein« im Sommer bei gutem Licht auf dem Felde, beim herbstlichen oder winterlichen Mondscheinansitz, auf einer speziell auf dieses, zuvor sicher bestätigte Hauptschwein abgestellten Drückjagd oder bei noch einer anderen Jagdart erlegt, ist von den Revierverhältnissen, vom jägerischen Können und nicht zuletzt vom persönlichen Geschmack abhängig. Stets aber ist das Erlegen eines wirklichen Hauptschweins höchste Waidmannsfreude und sollte immer auch höchster Lohn für langjährige mühevolle Hege und nicht immer leichte Entsagung sein. Ein altes, wehrhaftes Hauptschwein heranzuhegen und gerecht zu strecken, sollte für den Schwarzwildjäger das gleiche bedeuten wie für den Rotwildjäger ein Ia-Hirsch!

Waidgerechte Schwarzwildjagd

Der in Jahrhunderten gewachsene Begriff der Waidgerechtigkeit [s. insbes. bei CHAMPENOIS, KARFF, HENNIG und SCHULZE 1970 sowie bei K. LINDNER 1979] gilt als eine der Grundfesten des Jagdwesens im deutschsprachigen Raum. Er beinhaltet heute im wesentlichen die Ethik unseres Waidwerks [HENNIG 1989, 1990, 1996] und ist in diesem Sinne auch in die Jagdgesetzgebung eingeflossen. Für die Praxis der Schwarzwildbejagung ergeben sich in diesem Zusammenhang einige konkrete Fragen, die als heiße Eisen gelten, die aber nichtsdestoweniger an dieser Stelle erörtert werden müssen.
An erster Stelle sei die *Nachtjagd* genannt. Insgesamt gilt sie unter den Jägern als etwas anrüchig und ist in manchen Ländern auf Schalenwild (ausgenommen Schwarzwild) und einige weitere Wildarten gesetzlich verboten. Auf Schwarzwild wird sie dagegen allgemein ausgeübt und läßt sich wohl auch nicht umgehen. Zwar ist das Schwarzwild – wie in dem Kapitel über das Individualverhalten gezeigt – ursprünglich tagaktiv, doch hat es sich in unserer Kulturlandschaft unter dem Einfluß vielfältiger menschlicher Tätigkeiten, insbesondere der intensiven Bejagung, auf eine sehr weitgehende Nachtaktivität umgestellt. So kann in Anbetracht der hohen Anpassungsfähigkeit der Sauen und der von ihnen angerichteten landwirtschaftlichen Wildschäden nicht auf die Nachtjagd verzichtet werden. Sie findet in Form von Ansitz und Pirsch bei Mondschein weit verbreitete Anwendung. Tatsächlich kommt dabei – wie auch die wissenschaftlichen Erhebungen und Analysen von BRIEDERMANN [1977] und WACKER [1974] zeigen – eine beträchtliche Zahl von Sauen zur Strecke. Selbst SNETHLAGE [1982], der sowohl in seinem bekannten Buch als auch ansonsten in Wort und Schrift stets ganz besonders für die waidgerechte Bejagung unseres Schwarzwildes eingetreten ist, hält die Mondscheinjagd auf dem Felde für unerläßlich und befürwortet sie, sofern die Lichtverhältnisse und sonstigen Umstände ein genügendes Ansprechen und sicheres Schießen zulassen.
Damit ist das Kernproblem angeschnitten: Nachtjagd ja – aber nur, wenn genügendes Ansprechen und sicheres Schießen möglich! In den zwei bis drei Wochen um die Sommersonnenwende herum ist es bei klarem Himmel in Norddeutschland die ganze Nacht hindurch hell genug, um auf freiem Feld gegen einigermaßen hellen Hintergrund eine Überläuferrotte ansprechen oder Bache und Frischlinge voneinander unterscheiden zu können. In der übrigen Jahreszeit reicht das Mondlicht etwa von zwei Nächten vor Vollmond bis zwei Nächte nach Vollmond, auf hellen Stoppeln oder bei Schnee einige Nächte länger. Dünne Bewölkung kann als Mattscheibe wirken und den Beleuchtungseffekt eventuell etwas günstiger gestalten, dichte Bewölkung dagegen selbst in der Vollmondnacht eine verantwortungsbewußte Bejagung verhindern.
Grundsätzlich muß bei der Nachtjagd noch mehr als sonst die Forderung gelten, daß

nur auf einwandfrei angesprochene Stücke geschossen werden darf, und auch dann nur, wenn ein wirklich sauberes Abkommen möglich ist. Ersteres, um Fehlabschüsse zu vermeiden, letzteres, um die beschossenen Sauen sicher zur Strecke zu bringen. Bei Nacht ist es praktisch unmöglich, den Anschuß zu finden und eine Nachsuche durchzuführen. Ein Warten bis zum nächsten Tag kann in warmen Sommernächten bedeuten, daß das empfindliche Schwarzwild bereits verhitzt und nicht mehr zu verwerten ist.

Die Forderung nach einem verantwortungsbewußten Schießen gilt selbstverständlich nicht nur für die Nachtjagd sondern für jegliche Schwarzwildjagd. Es werden wohl von keiner Schalenwildart so viele Stücke krankgeschossen wie vom Schwarzwild. Jeder Schweißhundführer, in dessen Bereich Sauen vorkommen, wird dies bestätigen. Und es werden wohl von keiner anderen Schalenwildart so viele Stücke verludert gefunden oder später als Krüppel zur Strecke gebracht. Das liegt zum Teil daran, daß auf Schwarzwild oftmals bei Lichtverhältnissen geschossen wird, bei denen kein Jäger einen Schuß auf anderes Schalenwild abgeben würde. Es liegt zum Teil aber auch daran, daß auf Sauen bei allen Lichtverhältnissen viel leichtsinniger geschossen wird als auf anderes Schalenwild. Mancher Jäger, der einen ähnlichen Schuß auf Rotwild wegen zu schlechten Lichts, zu großer Entfernung, nicht genügend freien Schußfelds, unsicheren Abkommens o. ä. unterlassen würde, läßt sich bei Schwarzwild dazu hinreißen, »mal hinzulangen« nach dem Motto »nicht geschossen ist auch gefehlt«. Dabei sind sich diese Jäger meist nicht bewußt, daß eine solche Einstellung gegenüber dem Schwarzwild genauso unwaidgerecht ist wie gegenüber jedem anderen Wild! Die Waidgerechtigkeit, die ethische Haltung gegenüber dem Geschöpf, gebietet uns, den Schuß genauso verantwortungsbewußt abzugeben wie auf jedes andere Wild!

Außer für ein sorgfältiges, sicheres Abkommen gilt das selbstverständlich auch für die Ausrüstung, insbesondere Büchse, Munition und Zielfernrohr. Bei Kontroll- und Übungsschießen auf dem Schießstand sind sowohl die Ausrüstung als auch die eigenen Fertigkeiten von Zeit zu Zeit, mindestens einmal im Jahr, zu überprüfen. Das Wild kann nicht als Übungsobjekt dienen, sondern auf das Wild sollte nur schießen, wer sich seiner Ausrüstung und seines Könnens sicher ist. Als besonders lobenswert seien einige dem Verfasser in den letzten Jahren bekannt gewordene Jagdherren genannt, die nur solche Jäger in ihr Revier eingeladen haben, die aus dem laufenden oder vorhergehenden Jagdjahr die Jahresschießnadel des DJV besaßen!

Ein weiteres heißes Eisen ist das *Ankirren zwecks Abschusses*. Gefühlsmäßig wendet sich jeder waidgerechte Jäger dagegen, Wild durch künstlich dargereichtes Futter anzulocken, etwa schußgerecht vor den Hochsitz zu bringen, um es dann abzuschießen. In der Praxis ist diese Methode jedoch sehr weit verbreitet, auch in Revieren und bei Jägern, denen man ansonsten eine absolut waidgerechte Behandlung des Schwarzwildes bescheinigen muß. Von diesen Jägern wird argumentiert, daß es in erster Linie darauf ankomme, zwecks Wildschadenverminderung und damit indirekt zwecks Erhaltung hoher Schwarzwildbestände einen zahlenmäßig genügend hohen Abschuß zu erfüllen, diesen darüber hinaus so, daß in allererster Linie Frischlinge, in zweiter Linie Überläufer erlegt, alle mittelalten Stücke, insbesondere alle führenden Bachen und die Zukunftskeiler dagegen geschont werden, und daß schließlich auch noch sicher geschossen werden soll, um ein Krankschießen weitestgehend auszuschließen. All diese Forderungen ließen sich aber in vielen Revieren nur dann erfüllen, wenn es gelänge, die Sauen in günstigem Gelände vor geeigneten Hochsitzen in sichere Schußposition zu bringen. Es sei doch besser, zu diesem Kunstgriff des Ankirrens zu greifen, als durch zu geringen Abschuß die Schwarzwilderhaltung insgesamt zu gefährden, die falschen Stücke, vielleicht gar führende Bachen zu erlegen oder durch unsichere Schußabgabe dem Wild unnötige Qualen zu bereiten.

Zweifellos dürfen diese Argumente nicht einfach beiseite geschoben werden. Für eine Beurteilung muß im Einzelfall geprüft werden, ob das schußgerechte Ankirren vor Hochsitzen wirklich dazu dient, einen in jeder Hinsicht sorgfältigeren Abschuß zu tätigen oder ob jetzt auch hier auf jede sich zeigende Borste, vielleicht gar auf den jeweils »dicksten Klumpen« (also auf die führenden Bachen) geschossen wird, das Ankirren also nur dem »Fleischmachen« dient. Wie die meisten anderen Jagdmethoden und jagdlichen Hilfsmittel, kann auch das Ankirren sowohl anerkennenswerten als auch verwerflichen Zwecken dienen!

In groben Zügen kann man zu diesem Thema vielleicht die folgenden Regeln aufstellen. Das schußgerechte Ankirren vor Hochsitzen ist scharf zu trennen sowohl von der Notzeitfütterung als auch von der in einem späteren Kapitel zu besprechenden Ablenkfütterung (s. Seite 249). In wirklich harter Notzeit wird kein waidgerechter Jäger an der Fütterung jagen: Ernstlich hungerndes Wild, das in äußerster Existenznot die vom Menschen gebotene Hilfe annehmen will, darf nicht an den Fütterungen abgeschossen werden, will man damit nicht eine Hegemaßnahme in ihr Gegenteil verkehren! Im Bereich der sommerlichen oder ganzjährigen Ablenkfütterung sollte man nicht oder höchstens ausnahmsweise schießen, um sie nicht weitgehend unwirksam werden zu lassen. Ein schußgerechtes Ankirren vor günstig gelegenen Hochsitzen kann jedoch dann akzeptiert werden, wenn es tatsächlich der »Hege mit der Büchse« in dem genannten Sinne und der Abgabe sicherer Schüsse dient und nicht mißbraucht wird. Die Frage nach der Waidgerechtigkeit des Ankirrens zum Abschuß kann also nicht generell sondern nur nach den jeweiligen Umständen entschieden werden.

Eine besondere Bedeutung gewinnt das Ankirren bei drohender oder bereits ausgebrochener Schweinepest. Jetzt muß die Schwarzwilddichte deutlich gesenkt werden. Hierfür kann, wie in dem Kapitel »Die Bejagung beim Auftreten der Schweinepest« ausgeführt, die Kirrung ein wertvolles Hilfsmittel sein. Bezüglich der Einzelheiten sei auf das genannte Kapitel verwiesen.

Generell müssen für jedes Ankirren eventuelle landesrechtliche Regelungen beachtet werden!

Zur waidgerechten Jagdausübung gehört selbstverständlich auch die Beachtung des jagdlichen Brauchtums. Das Schwarzwild zählt seit alters her zum Hochwild. Damit gebühren ihm auch dieselben Gebräuche wie den anderen Hochwildarten, also Brüche, Totsignal (»Sau tot«), gerechtes Verbringen, Aufbrechen, Streckelegen, Zerwirken, Zerlegen usw. Einige dieser Punkte werden in späteren Kapiteln noch näher behandelt.

Ansitz

Nach den statistischen Erhebungen von BRIEDERMANN [1977] wurden in der DDR gut die Hälfte aller Sauen vom Ansitz aus erlegt. In den anderen europäischen Ländern dürfte der Anteil ähnlich hoch sein, denn zweifellos ist die Ansitzjagd auf Schwarzwild besonders erfolgversprechend und wird im größten Teil des Jahres weit mehr betrieben als alle anderen Jagdarten.

Prinzipiell kann der Ansitz überall ausgeübt werden, wo mit Sauen zu rechnen ist, also zwischen Einständen und an ihren Rändern, an Suhlen, Wechseln, Fraßplätzen usw. Da die Bevorzugung der einzelnen Örtlichkeiten seitens des Schwarzwildes im Jahresverlauf stark wechselt, muß durch häufiges, möglichst sogar tägliches Abfährten aufgeklärt werden, welche Feldflächen, Waldbestände, Wechsel usw. gegenwärtig stärker oder seltener angenommen werden. Solche genauen Kenntnisse über den örtlichen Schwarzwildbestand und sein derzeitiges Verhalten sind unabdingbare Voraussetzung für eine erfolgreiche Ausübung der Ansitzjagd.

Für die endgültige Auswahl des Ansitzplatzes müssen darüber hinaus eine ganze Reihe weiterer Überlegungen angestellt werden. An erster Stelle hat hier die Generalplanung zu stehen, wo wegen des Wildschadensgeschehens eine verstärkte Bejagung durchzuführen ist, also insbesondere auf dem Felde und in feldnahen Waldbeständen, und wo zwecks wirkungsvoller Ablenkung jagdliche Ruhe herrschen soll, während des Sommerhalbjahres also im Innern größerer Waldgebiete. Diverse jagdliche Überlegungen müssen hinzukommen, etwa das bei dem gegenwärtigen Vegetationsstand vorhandene Schußfeld, die Windrichtung, die Möglichkeiten, den vorgesehenen Ansitzplatz zu erreichen, ohne das Wild oder seinen Hinwechsel zu stören, die durch landwirtschaftliche Arbeiten, Spaziergänger o. ä. zu erwartenden Störungen usw. Sollen mehrere Jäger gleichzeitig ansitzen, muß auch berücksichtigt werden, daß sie sich gegenseitig nicht stören oder gar gefährden.

Am günstigsten ist für die Ansitzjagd ein Hochsitz. Dieser sollte neben absoluter Betriebssicherheit eine gewisse Bequemlichkeit bieten, da der Ansitz sonst zur Qual werden kann und als Folge davon oftmals zu früh abgebrochen wird. Sitz, Rückenlehne, Fußstützen usw. müssen also körpergerecht konstruiert sein. Durch witterungsbeständige oder mitgebrachte Sitzkissen läßt sich die Bequemlichkeit erhöhen. Eine überdachte oder gar geschlossene Kanzel kann gegen Witterungsunbilden schützen, beeinträchtigt aber Wahrnehmung und Naturgenuß. Außer genügender Bewegungsfreiheit – auch in dicker Winterkleidung – sollte neben dem Jäger so viel Platz vorhanden sein, daß er Gewehr, Fernglas, gegebenenfalls auch Verpflegung, Thermosflasche, Rauchutensilien usw. griffbereit und doch sicher ablegen kann. Brüstung bzw. Fenster müssen so konstruiert sein, daß sie einen ungezwungenen Anschlag und damit ein sorgfältiges Schießen erlauben. Dazu gehört auch, daß der Hochsitz in nicht zu dünne lebende Bäume eingebaut oder an sie angelehnt, sondern nach Möglichkeit freistehend und so stabil gebaut ist, daß er nicht bei jedem Wind schwankt und damit ein sicheres Schießen unmöglich macht.

Am ehesten werden all diese Forderungen von ständigen festen Kanzeln erfüllt. Bei windstillem, gutem Wetter sind aber auch offene Leitersitze sehr angenehm. Diese können ebenfalls fest installiert sein. In Feldrevieren mit ständigem oder häufigem Schwarzwildvorkommen sollten aber möglichst auch einige transportable Hochsitze, Ansitzwagen o. ä. vorhanden sein, um sie jeweils an den Brennpunkten des Wildschadengeschehens aufstellen zu können.

In bergigem oder hügeligem Gelände, an Wallhecken (Knicks) oder sonstigen Geländeerhöhungen kann man auch zu ebener Erde Ansitzschirme oder Ansitzhütten erstellen oder Erdlöcher graben, an die hinsichtlich ihrer Einrichtung die gleichen Anforderungen zu stellen sind wie an Hochsitze. Nur dort, wo keine festen Ansitzeinrichtungen vorhanden sind und ihre Installation nicht lohnt, kann man sich provisorisch auch auf einem Ansitzstuhl, einem Baumstubben, Stein o. ä. oder gar auf dem Erdboden ansetzen. In diesem Fall wird man möglichst einen stärkeren Baumstamm als Rückenstütze wählen, der einem Bequemlichkeit bietet und zugleich die eigenen Konturen gegen den Hintergrund verwischt.

Sichtschutz ist gegenüber Schwarzwild wegen des relativ schlechten Sehvermögens der Sauen ziemlich unwichtig. Selbst der frei vor einem Baumstamm sitzende Jäger wird von den Sauen nicht erkannt, sofern er keine hastigen Bewegungen macht. Eine Sichtverblendung von Hochsitzen ist deshalb nur dann notwendig, wenn der Jäger auf ihnen für die Sauen gegen den hellen Himmel sitzen würde und mit einem unbemerkten Anwechseln der Sauen bis dicht unter den Hochsitz gerechnet werden kann. Falls allerdings auch anderes Schalenwild, insbesondere Rotwild, vorkommt, sollte der Jäger

Begegnung bei vollem Tageslicht.

auf Sichtschutz bedacht sein, denn abspringendes sonstiges Schalenwild läßt unweigerlich auch die Sauen abgehen beziehungsweise hindert sie am Auswechseln aus der Deckung.
Unbedingt zu beachten ist der Wind. Es ist schon beobachtet worden, daß Sauen auf 300 m Entfernung und gar noch weiter den ansitzenden Jäger gewittert haben. In unebenem Gelände, an Waldrändern, auf Lichtungen usw. muß nicht nur die Hauptwindrichtung sondern auch die Möglichkeit berücksichtigt werden, daß der Wind abgelenkt wird oder hin und her schlägt (küselt). Hochsitze machen – entgegen weit verbreiteten Ansichten – keineswegs immer unabhängig von der Windrichtung. Vielmehr erreicht nach einer gewissen, unterschiedlich großen Entfernung auch die Wittrung des auf dem Hochsitz anwesenden Jägers den Erdboden. Die langjährige örtliche Erfahrung muß den Jäger lehren, welche Hochsitze oder sonstigen Ansitzplätze bei welcher Windrichtung benutzt werden können.
Einzelgänger oder vorsichtig auswechselnde Rotten sind auch empfindlich gegenüber Geräuschen, insbesondere gegenüber solchen metallischen Ursprungs. Daran ist stets zu denken, wenn man auf dem Ansitz mit Gegenständen hantiert. Hochsitzfenster sollte man – sofern sie sich nicht lautlos öffnen lassen – schon zu Beginn des Ansitzes öffnen, nicht erst, wenn das Wild erwartet wird oder gar schon anwesend ist. Fensterrahmen, Brüstungen usw. von Hochsitzen und Ansitzhütten sollten nicht aus Eisen sein, damit beim Anstoßen mit dem Fernglas oder Gewehr keine metallischen Geräusche entstehen. Daß der Jäger selber und etwaige Begleitpersonen sich so leise wie möglich verhalten müssen, ist selbstverständlich.
Besondere Umsicht muß man auch bezüglich des Hinweges zum Ansitzplatz walten lassen. Häufig von Menschen begangene Wege werden von den Sauen als »Menschenwechsel« anerkannt und stören nicht. Frische Menschenspuren abseits solcher Wege können die Sauen jedoch zur sofortigen Umkehr veranlassen. Man sollte deshalb auf dem Weg zum Ansitzplatz nicht den vermutlichen Anwechsel der Sauen kreuzen, sondern lieber einen Umweg in Kauf nehmen. Darüber hinaus ist es um so besser, je kürzer der Anmarsch von einem viel begangenen Weg zum Ansitzplatz ist.
Zu welcher Uhrzeit der Ansitzplatz bezogen wird, muß sich nach den Gegebenheiten richten. In großen Getreideschlägen, in denen die Sauen rund um die Uhr stecken, sind sie meist auch tagaktiv. Letzteres trifft oft auch auf große Dickungskomplexe im Wald zu. Hier ist der Ansitz vor allem in den späteren Nachmittagsstunden oft lohnend. Ich selber habe an solchen Örtlichkeiten oder überhaupt in ruhigen Waldteilen auch schon in der Mittagszeit Erfolg gehabt. Auch dort, wo von nahen Einständen ungestörte Wechsel auf ruhige Felder führen, erscheinen die Sauen im Sommer oftmals noch bei vollem Tageslicht. Soweit irgend möglich, sollte der Ansitzplatz sehr rechtzeitig vor der Zeit bezogen werden, zu der man die Sauen erwartet. Ist mit ihrem Erscheinen erst mehrere Stunden nach Einbruch der Dunkelheit zu rechnen, sollte man den Ansitzplatz trotzdem schon bei Tageslicht aufsuchen, um nicht im Dunkeln unvorhergesehen mit Schwarzwild oder anderem Wild zusammenzustoßen, dadurch erhebliche Unruhe im Revier zu verursachen und so den Erfolg der Jagd in Frage zu stellen.
Wie lange der Ansitz ausgedehnt wird, hängt in erster Linie von den Lichtverhältnis-

sen ab. Ist die Abenddämmerung so weit fortgeschritten oder steht der Mond bereits so tief, daß man nicht mehr korrekt ansprechen oder sicher schießen kann, sollte man den Ansitz abbrechen – es sei denn, daß man in kurzen Sommernächten bis zum Beginn der Morgendämmerung warten und auch den Frühansitz noch ausnutzen will. Allerdings liegen die Hauptaktivitätsphasen des Schwarzwildes bis gegen Mitternacht, so daß in der zweiten Nachthälfte im allgemeinen die Erfolgsaussichten geringer sind. Die günstigsten Ansitzzeiten liegen also vom mittleren Nachmittag bis gegen Mitternacht. Der Frühansitz ist zwar in der Regel weniger ergiebig, kann aber auch zum Erfolg führen. Will man ihn ausüben, sollte man vor Beginn des Büchsenlichts auf dem Ansitzplatz sein und sich auch jetzt auf einen mehrstündigen Ansitz einstellen. Nicht selten bummeln die Sauen morgens bei vollem Tageslicht noch stundenlang im Feld und vor allem im Wald umher, bevor sie sich einschieben. Dabei halten sie keineswegs unbedingt ihre Wechsel ein, sondern können einem überall begegnen.

Die wichtigste Tugend des Ansitzjägers muß Geduld sein. Während für den Ansitz auf anderes Schalenwild eine einzige Abendstunde genügen mag, führt auf Schwarzwild oft nur der vielstündige Daueransitz zum Erfolg. Das kann bei Wind und Kälte eine erhebliche Strapaze sein. Zweckentsprechende Kleidung, vielleicht auch ein guter Ansitzsack, sind dann notwendig. Selbst durch mehrfachen vergeblichen Ansitz darf man sich nicht entmutigen lassen. Wie die bereits in dem Kapitel über das Territorialverhalten wiedergegebenen Abfährtungsergebnisse von BRÜTT [1957] gezeigt haben, suchen die Sauen nicht Nacht für Nacht dieselben Feldflächen auf, sondern legen immer wieder eine oder mehrere Pausennächte ein. Selbst derjenige Jäger, der an einem stark heimgesuchten Acker ansitzt, wird sich also oftmals mehrere Nächte gedulden müssen, bis er Schwarzwild in Anblick bekommt.

Die Erfolgschancen können unter Umständen dadurch erhöht werden, daß mehrere Jäger gleichzeitig an verschiedenen Stellen des Revieres ansitzen. In dem Fall sind zur Vermeidung von gegenseitigen Störungen oder gar Unfällen genaue Verabredungen zu treffen. Insbesondere ist zweifelsfrei festzulegen, wer wann auf welchem Weg welchen Ansitzplatz bezieht, wie lange angesessen wird, wer wen abholt beziehungsweise wo man sich trifft, was zu geschehen hat wenn einer schießt, wie eine gegenseitige Benachrichtigung bei besonderen Vorkommnissen oder geänderten Entscheidungen des Jagdleiters erfolgen soll usw. An diese Verabredungen muß sich jeder Jäger strikt halten.

Jagen mehrere Jäger in einem Revier, so ist es selbstverständlich, daß der Revierinhaber oder Revierbetreuer genau darüber unterrichtet sein muß, welcher Jäger wann und wo im Revier ist. Diese Kenntnis dient nicht zuletzt der Sicherheit jedes einzelnen Jägers. Auch der Revierinhaber beziehungsweise Revierbetreuer sollte deshalb einen Waidgenossen, einen Familienangehörigen oder sonst irgendjemand informieren, wann er wohin ins Revier geht und wann er zurückzukommen beabsichtigt. Leider passieren immer wieder Unfälle, insbesondere bei der Ansitzjagd, indem ein Jäger nach mehrstündigem Ansitz mit vor Kälte klammen Gliedmaßen vom Hochsitz stürzt, sei es, daß er auf nassen oder vereisten Leitersprossen ausgerutscht ist, sei es, daß eine Leitersprosse gebrochen ist. Verletzt und bewegungsunfähig liegt er dann unter Umständen am Fuße des Hochsitzes. Ist er allein im Revier, hört bei Nacht meist niemand seine Hilferufe und vielleicht nocht nicht einmal das geschossene Jägernotsignal (Schuß – Doppelschuß – Schuß). Mit schweren Verletzungen oder in einer kalten Winternacht kann das seinen Tod bedeuten, bis er endlich am nächsten Tag vermißt wird. Hat er dagegen eine entsprechende Verabredung getroffen, wird man ihn nach Verstreichen einer gewissen Frist suchen und ihm Hilfe leisten können.

Pirsch

Die Pirsch ist in der Literatur vielfach als Krone der Jagd besungen worden. Was das jagdliche Können und die persönlichen Leistungen des Jägers anbelangt, ist das sicherlich richtig. Andererseits darf nicht übersehen werden, daß diese Jagdart gerade im Hochwildrevier schwerwiegende Nachteile mit sich bringen kann. Durch häufiges pirschen, besonders während der Dämmerung und nachts, kann alles Hochwild in äußerstem Maße beunruhigt und vergrämt werden. Man spricht geradezu davon, daß man ein Hochwildrevier »leer pirschen« kann. Die reine Pirschjagd sollte im Hochwildrevier deshalb äußerst sparsam angewandt werden, ganz besonders dann, wenn auch Rotwild vorhanden ist. Daß sie dennoch – auch auf Schwarzwild – sehr erfolgreich sein kann, zeigen die Erhebungen von BRIEDERMANN [1977], nach denen in der DDR gut ein Drittel der Sauen auf der Pirsch zur Strecke gebracht worden ist.

Im Mai und Juni kann die Pirsch auch bei Tageslicht zu häufigeren Erfolgen führen. Während des übrigen Jahres kommt hauptsächlich die Mondscheinpirsch in Frage, und zwar vorwiegend auf dem Felde, nur nach guter Mast auch in winterkahlen Eichen- bzw. Buchenalthölzern oder dort, wo an Wald- oder Schneisenrändern, auf Blößen usw. einzelne alte Eichen oder Buchen reichliche Mast spenden.

Die Pirschjagd wird am zweckmäßigsten in Form eines »Pirschen-Stehens« ausgeübt. Langsam und vorsichtig pirscht man unter Beachtung des Windes und ständiger aufmerksamer Beobachtung des Geländes auf laubfreien Wegen oder speziellen Pirschsteigen durchs Revier. Besonders vorsichtig wird man sich solchen Örtlichkeiten nähern, an denen bevorzugt mit Sauen zu rechnen ist. An diesen Stellen sowie an Aussichtspunkten, die einen weiten Überblick über die Feldmark gestatten, wird man gern längere Zeit verweilen, das Gelände mehrfach gründlich mit dem Glas absuchen (ableuchten), dabei selbstverständlich nicht nur auf Schwarzwild sondern auch auf alles andere Wild achten und schließlich anhand der sich bietenden Lage den weiteren Pirschgang planen. Dabei ist auch auf Geräusche zu achten, und zwar nicht nur auf die vom Schwarzwild selber verursachten, sondern auch auf das Schrecken des Rehwildes, nach dem man in einigen Gegenden den Weg des Schwarzwildes geradezu akustisch verfolgen kann, sowie auf die Rufe von Eulen, die ebenfalls manchmal die Sauen ankündigen.

Führt der Weg an Hochsitzen vorbei, wird man diese gern besteigen, um sich von oben einen besseren Überblick zu verschaffen und um auf ihnen eine Zeit lang zu verweilen. So können im Laufe einer Vollmondnacht mehrere Ansitze auf verschiedenen Hochsitzen mit zwischenzeitlichen Pirschgängen abwechseln. Im Walde oder am Waldrand wird man sich – wenn keine Sitzgelegenheit vorhanden ist – an einen stärkeren

Stamm lehnen und dort einige Zeit bewegungslos verharren. Im nächtlich-stillen Wald so an einen lebenden Baum angelehnt zu sein, seine feinen und sanften Bewegungen zu erfühlen, den leisesten Geräuschen zu lauschen, die lebendige Ganzheit des Organismus Wald zu erahnen, in sich aufzunehmen und mit ihr eins zu werden, gehört mit zu den schönsten Naturerlebnissen.

Während man im Walde meist Gelegenheit hat, für den Schuß an einem Baum anzustreichen, fehlt auf dem Felde im allgemeinen eine derartige Möglichkeit. Der liegende, kniende oder sitzende Anschlag läßt sich häufig wegen der Vegetation oder wegen Unebenheiten des Geländes nicht durchführen. Will man nicht in die Verlegenheit kommen, in dem relativ unsicheren Anschlag stehend freihändig schießen zu müssen, kann man vorteilhaft einen Zielstock mitführen.

Häufiger als die eigentliche, von vornherein als solche geplante Pirschjagd wird man ein Anpirschen von außerhalb der Schußentfernung gesichteten Sauen vornehmen. Nicht selten sieht man im Frühjahr oder nach Aberntung der Felder vom Ansitz aus in der Ferne Sauen. Stehen sie dort im Gebräch oder ahnt man, wohin sie ziehen wollen, kann man versuchen, sie anzupirschen. Das muß allerdings sofort geschehen, da sich die Sauen meist nicht lange an einem Platz aufhalten, sondern bald weiterziehen.

Trotz aller notwendigen Eile muß ein solches Anpirschen überlegt und vorsichtig geschehen. Am wichtigsten ist auch hierbei die Beachtung des Windes. Weiter hat es leise zu geschehen, wenngleich im Gebräch stehende Sauen, vor allem in der Rotte, bei weitem nicht so empfindlich auf Fremdgeräusche reagieren wie anderes Wild. Auch ist sorgfältig darauf zu achten, daß man nicht anderes Wild verpirscht, da dessen Abspringen unweigerlich die Flucht der Sauen auslösen würde. Weit weniger wichtig als bei allen anderen Schalenwildarten ist dagegen die Deckung. Hat man einen dunklen Hintergrund, etwa den Waldrand, oder hat man bei geschlossener Schneedecke ein knöchellanges Schneehemd an, kann man unter Vermeidung aller hastigen Bewegungen langsam genau auf die Sauen zugehen. Sichert ein Stück der Rotte, bleibt man bewegungslos stehen, bis es im Gebräch fortfährt. Auf diese Weise kann man sich ohne jede Deckung bis auf Büchsenschußweite nähern, ruhig in Anschlag gehen, durchs Zielfernrohr ein passendes Stück auswählen, warten bis es breit steht und schließlich einen sauberen Schuß abgeben.

Will man sein Hochwildrevier schonend bejagen, wird man also die reine Pirsch gar nicht oder nur ausnahmsweise ausüben, ansonsten ein sich bietendes Anpirschen entfernter Sauen als Teil der Ansitzjagd betreiben.

Der Vollständigkeit halber sei noch das Pirschenfahren erwähnt. Bei uns ist es heute nicht mehr üblich und wäre wohl auch nur noch in sehr wenigen Revieren durchführbar. In einigen Ländern des östlichen Europas wird es jedoch heute noch in alter Weise mit dem Pferdewagen beziehungsweise im Winter mit dem Pferdeschlitten durchgeführt. Ich selber habe es in den wildreichen Wäldern der jugoslawischen Donauauen ausgiebig kennen gelernt. Diese vielstündigen Pirschfahrten mit dem zweispännigen kutschartigen Jagdwagen oder dem Panjewagen durch die herbstlichen Wälder gehören mit zu meinen schönsten jagdlichen Erinnerungen, zumal hier nicht nur der Naturliebhaber und Jäger sondern auch der Pferdefreund auf seine Kosten kommt.

In erster Linie gelten diese Pirschfahrten zwar anderem Schalenwild, in Jugoslawien und Ungarn vor allem dem Rotwild, doch kommt dabei auch immer wieder einmal Schwarzwild in Anblick. Gelegentlich kann es direkt vom haltenden Wagen aus erlegt werden. Häufiger sieht man es in größerer Entfernung, steigt dann vom Wagen ab und pirscht die Sauen zu Fuß an. Zwar ist der Erfolg insgesamt meist deutlich geringer als bei den speziell auf Schwarzwild ausgerichteten Jagdarten, doch ist der Erlebnisgehalt dafür umso höher.

Sonstige Arten der Einzeljagd

Ansitz und Pirsch sind die klassischen Arten der Einzeljagd. Auf Schwarzwild gibt es noch einige Varianten, die zwar relativ selten angewandt werden und die streckenmäßig nur eine untergeordnete Rolle spielen, die aber in ihrer Vielfältigkeit und wegen ihrer hohen Anforderungen an das jagdliche Können besondere Reize bieten.

Zuerst sei das *Ausgehen der Fährte* erwähnt. Nach einer Neuen wählt man sich eine Fährte, meist eine Einzelfährte aus. Im Schnee läßt sie sich mit dem Auge gut halten. Sind im Revier nur wenige Dickungen, dafür aber viele Althölzer mit kleinen Verjüngungshorsten, Erlenbrücher, Moore mit Schilfpartien o. ä. vorhanden, in denen sich die Sauen erfahrungsgemäß gern stecken, kann man sich bei gutem Wind auf der Fährte vorsichtig bis dicht an den Schlafkessel heranpirschen. Auf die explosionsartig aus dem Lager herausfahrende Sau einen erfolgreichen Schuß abzugeben, erfordert allerdings gute Nerven und eine sehr sichere Beherrschung der Büchse. Doch selbst bei diesen Voraussetzungen wird ein solches Unternehmen nur selten gelingen. Nach FREVERT [1957] wurde diese Jagdmethode in Rominten gern angewandt. In den meisten unserer Reviere ist sie kaum anwendbar, da sich die Sauen in größeren, dichten Nadelholzdickungen einschieben, in denen diese Jagdart nicht durchführbar ist.

Erfolgversprechender ist die *Jagd mit einem guten Saufinder,* also mit einem Hund, der die Sauen sucht, findet und so lange verbellt, bis sich der Jäger zwar möglichst schnell aber dennoch leise und mit gutem Wind herangepirscht hat und zu Schuß gekommen ist. In der DDR war die Jagd mit dem Saufinder nach BRIEDERMANN [1977] mit etwa 2% an der Gesamtstrecke beteiligt, an der persönlichen Strecke einzelner Jäger jedoch mit mehr als 25%! Diese letztere Angabe zeigt, daß diese Methode durchaus erfolgreich sein kann, wenn die erforderlichen Kenntnisse, die geeigneten Hunde und schließlich Erfahrung und Gewandtheit vorhanden sind.

R. FRIESS, der viele Jahre lang sehr intensiv mit Hunden auf Sauen gejagt und der sich speziell mit der Auswahl, Zucht, Abrichtung und Führung von Hunden für die Saujagd befaßt hat, schreibt [1963] hierzu: »Diese Jagdart kann bei guter Revierkenntnis, täglichem Abspüren mit dem Hund auch ohne Schnee ziemlich erfolgreich sein, namentlich auf die stets einzeln gehenden Keiler, die im Sommer etwas reviertreu geworden sind. Der Hund wird auf dem Einwechsel des Keilers, möglichst zeitig am Vormittag geschnallt, nachdem man durch Abspüren und Umschlagen der Dickung seinen heutigen Standort wenigstens leidlich sicher bestätigt hat. Die Hauptsache ist dabei, daß der Hund wohl gern und hartnäckig an Sauen jagt, aber ja nicht zu scharf ist.

Im Spessart verwendeten die alten Jäger dazu meist ›langhaarige Dackel‹, die oft erster Kreuzung von Dachshund und Spitz entstammten: zu meiner Zeit solche Dackel, die ohne Zweifel auch einen Schuß Wachtelblut hatten und meist wirklich sehr nette, gute und kluge Dackel waren.

Wenn nun der Hund die Sau in der Dickung stellte, suchte der Jäger mit bestem Wind und völlig lautlos sich heranzuwaidwerken. Der Hund durfte aber mindestens nicht zu nahe an den Keiler heran und ihn nicht ›forcieren‹, damit er nicht staubaus ging. Sonst sah man Roß und Reiter niemals wieder! Am besten war es, wenn der Hund ihn nur so auf 10 bis 20 Schritt hartnäckig kläffend nach Spitzart umkreiste.

Starke Sauen fühlen sich dann zunächst gar nicht bemüßigt, sich viel um den feigen Kläffer zu kümmern, und bleiben ruhig stehen oder sitzen oder weichen dem Radau langsam aus. Dann muß der Hund sofort wieder folgen und erneut um die Sau kreisen und kläffen.

Wenn der Jäger nun mit gutem Wind und vor allem auch wirklich lautlos herankommen kann, so kommt er in nicht zu dunklen und dichten Dickungen nach einigem Hin und Her meist endlich zum Schuß. Der Hund wird schon schärfer, wenn er die Nähe des Herrn merkt, und rückt dann dem Keiler näher auf. Der Keiler aber ärgert sich allmählich schwer, und wenn er sonst vertraut ist, beginnt er, gegen den Kläffer vorzustoßen und schließlich diesen regelrecht zu jagen. Der flüchtet natürlich hinter den Herrn und bringt so den Keiler oder auch mal eine stärkere Bache, die Führerin einer Rotte und namentlich von Frischlingen ist, dem Jäger unmittelbar vor den Lauf. Also Vorsicht beim Abspüren und Bestätigen! – Daß dann rasch und sicher geschossen werden muß, ist klar. Denn auf diesen Kläffer kann sich der Jäger nicht verlassen, wenn die Sau ihn wirklich annehmen sollte.«

Von reinen Zufallsbegegnungen, wie z. B. beim Schnepfenstrich, beim Hasenanstand usw., abgesehen, kann der mit seinem Revier und den Gewohnheiten des Schwarzwildes vertraute Jäger auch noch bei der einen oder anderen Gelegenheit auf Sauen zu Schuß kommen. Insbesondere kann man dafür das Bedürfnis des Schwarzwildes nach animalischer Nahrung ausnutzen. So ist es nicht selten, daß Sauen das an sich für den Fuchs ausgelegte Luder annehmen. Auch auf Hasen- oder Kaninchenklage, Fiepläute eines Rehkitzes usw. stehen sie gelegentlich zu, was sich der erfahrene Lockjäger bewußt zunutze machen kann. Da selbst Schweißfährten von den Sauen gearbeitet werden, kann es sich unter Umständen lohnen, sich bis zum Ende des Büchsenlichts an einem vielleicht am Nachmittag gestreckten Stück Rot-, Dam- oder Rehwild anzusetzen, wenn dieses noch ein Stück weit geflüchtet ist und dabei einen viel benutzten Schwarzwildwechsel gekreuzt hat. Ob auch eine ausnahmsweise vom Jäger gelegte Schleppe zu einem Hochsitz Erfolg bringt, dürfte im wesentlichen davon abhängen, wie intensiv die Sauen hier bejagt werden, d. h. wie weit sie von der mit der Schleppe verbundenen Menschenspur vergrämt werden.

Zudrücken

Eine Jagdart ist erstaunlicherweise sehr wenig verbreitet, obwohl sie – keineswegs nur bei Schwarzwild, sondern auch bei anderen Schalenwildarten – in gekonnter Anwendung überaus erfolgreich sein kann: das vorsichtige Zudrücken des Wildes durch nur einen einzigen Treiber für ebenfalls nur einen einzigen oder einige wenige Schützen. Diese Jagdart setzt genaueste Kenntnisse des Revieres und des örtlichen Wildbestandes, besonders der unter den gegebenen Voraussetzungen angenommenen Wechsel, voraus.

Große Dickungen sind für diese Jagdart ungeeignet. Dienen aber in dem betreffenden Revier erfahrungsgemäß kleine Dickungen, Verjüngungshorste, Schilflöcher o. ä. den Sauen häufiger als Tageseinstand, so kann diese Jagdart viel Freude und beträchtliche Erfolge bescheren. Sie kann auf Verdacht ausgeübt werden, besser jedoch nach vorheriger Bestätigung bei einer Neuen.

Wichtigste Voraussetzung für ein Gelingen solcher Jagd ist, daß der Schütze vom Wild nicht bemerkt wird. Er muß sich also mit äußerster Vorsicht auf seinen Stand begeben, der so sein soll, daß er von ihm aus den vermutlich angenommenen Wechsel beschießen, daß das Wild aber weder im Einstand noch beim Auswechseln von dem Schützen Wind bekommen kann. Auf dem Stand hat der Schütze bewegungslos und ruhig zu verharren bis er zu Schuß kommt oder bis der Treiber ihn nach erfolglosem Ablauf der Unternehmung abholt.

Der Treiber kann seine Aufgabe auf unterschiedliche Art erfüllen. Führt er einen auf Schwarzwild spezialisierten Hund, kann er mit diesem am Riemen die Fährte arbeiten. Er wird dabei manch wertvolle Erkenntnisse über das Verhalten der Sauen im Einstand, vor allem über ihre Widergänge vor dem Einschieben, gewinnen. Da die Widergänge so angelegt sind, daß das Stück den auf der Fährte sich nähernden Feind bemerken muß, wird die Sau nicht im Lager überrascht, sondern wird sich rechtzeitig und vorsichtig davonstehlen. Das bedeutet, daß sie dem Schützen meist im Troll, zumindest aber nicht in besonders hoher Geschwindigkeit kommt und dieser dadurch sauber schießen kann.

Hat der Treiber keinen entsprechenden Hund zur Verfügung, kann er im Schnee die Fährte mit den Augen verfolgen. Liegt kein Schnee, wird er sich im Zickzack ganz langsam durch die Dickung »hindurchhusten«, also etwa so benehmen, wie ein Pilzsucher. Auch jetzt wird das Wild rechtzeitig auf ihn aufmerksam und in ruhigem Tempo den Einstand verlassen.

Die größte Kunst ist es, den Auswechsel richtig vorherzusagen. Ist der Rückzugsweg aus diesem Einstand nicht schon aus der Erfahrung heraus bekannt, kann man davon ausgehen, daß die Sauen als Fluchtwechsel die am besten gedeckten Wechsel bevorzugen und sich dadurch meist die Fluchtwechsel der Sauen und die Fluchtpässe des Fuchses decken. Weiterhin kann man davon ausgehen, daß die Sauen gerade bei Störungen durch Menschen bestrebt sein werden, die nächstgelegene größere Dickung zu erreichen. Sehr oft kommen einzelne Sauen bei dieser Jagdart auf dem Einwechsel zurück. Durch die genannten Bevorzugungen ergeben sich oftmals die entscheidenden Hinweise. Selbstverständliche Voraussetzung sowohl für diese Entscheidung als auch für diese Jagdart überhaupt ist eine genaueste Kenntnis des betreffenden Revieres! Wer eine so genaue Revierkenntnis nicht hat, sollte auf diese Jagdart verzichten, da er ansonsten nur unnötig stört.

Gesellschaftsjagden

Gesellschaftsjagden auf Sauen sind uns aus der Literatur seit über 1000 Jahren in der unterschiedlichsten Art bekannt. In vielfältigen Abwandlungen haben sie sich über die Zeiten erhalten, und es würde allein ein umfangreiches Buch füllen, wollte man ihre Geschichte von den Anfängen bis zur Gegenwart niederschreiben. Auch heute noch werden Gesellschaftsjagden auf Sauen in vielfältiger Weise betrieben, und manche Jäger kennen überhaupt nur diese Art von Jagd auf Schwarzwild. Dennoch kommt ihr heutzutage bei weitem nicht mehr die Bedeutung zu, die ihr gelegentlich beigemessen wird. Nach BRIEDERMANN [1977] wurden in der DDR etwa 9% aller Sauen auf Gesellschaftsjagden erlegt. Wenn dieser Anteil sicherlich gegendweise stark schwankt, so dürfte er im großen und ganzen auch auf die übrigen Hauptschwarzwildländer zutreffen.

Gegenwärtig können wir vom Anlaß her zwei Gruppen von Gesellschaftsjagden auf Sauen unterscheiden, und zwar einerseits die sehr kurzfristig aufgrund des Abfährtungsergebnisses angesetzte Jagd auf festgemachte Einzelstücke oder Rotten und andererseits die langfristig vorausgeplante und vorbereitete Wildjagd, die teils nur auf Schwarzwild, teils zugleich auf anderes Schalenwild durchgeführt wird.

Kann nach einer Neuen – am besten, wenn es bis gegen Morgen, also bis kurz vor dem Einwechseln der Sauen in ihre Tageseinstände geschneit hat – ein einzelnes freigegebenes Hauptschwein oder eine Rotte mit Frischlingen frühmorgens oder spätestens im Laufe des Vormittags festgemacht werden, können telefonisch rasch einige Schützen herbeigerufen und die notwendigen Treiber – meist in dem Revier tätige Waldarbeiter – alarmiert werden. Bei der gebotenen Eile wird man meist nur wenige, in der Nähe wohnende und sofort abkömmliche Jäger herbeirufen. Wegen ihrer geringen Zahl wird man oftmals den Einstand, in dem die Sauen festgemacht sind, nicht vollständig abstellen sondern nur die wichtigsten Wechsel besetzen. Diesbezüglich wie auch hinsichtlich des Einsatzes der zur Verfügung stehenden Treiber und Hunde muß der Jagdleiter weitgehend improvisieren. Von seiner Erfahrung und manchmal auch von seiner Intuition wird weitgehend der Erfolg abhängen.

Ganz anders liegen die Dinge bei einer langfristig vorausgeplanten Wildjagd. Einerseits kann man in freier Wildbahn meist nicht so lange vorhersagen, ob und wo am Jagdtag Sauen stecken werden. Andererseits kann der Ablauf der gesamten Jagd wie der jedes einzelnen Treibens genauestens geplant, die benötigte Zahl der Schützen und Treiber festgelegt und namentlich eingeladen, sonstiges Personal, Hunde, Fahrzeuge und Gerätschaften bereitgestellt, Essen im Revier und/oder nach der Jagd vorbereitet, notwendige Quartiere bestellt werden.

Zweckmäßig ist es, wenn man für eine solche Wildjagd einige Treiben mehr plant und vorbereitet, als tatsächlich genommen werden können. Beschert dann das Wetter zum

Jagdtag eine Neue, können frühmorgens vor der Jagd die einzelnen Treiben noch abgefährtet und nach dem Abfährtungsergebnis die zu nehmenden Treiben bestimmt werden. Dadurch läßt sich der Jagderfolg unter Umständen beträchtlich erhöhen.
Grundsätzlich sollte man bei allen Hochwildjagden die Treiben lieber etwas zu groß als zu klein wählen. Dafür kann man eventuell einige Schützen mitten ins Treiben hineinstellen, wenn dadurch keine Schützen oder Treiber gefährdet werden. Außen ist das Treiben ringsum abzustellen, nach Möglichkeit so, daß keine unbeschießbaren Lücken zwischen den Schützen bleiben. Muß auf sehr engen Schneisen geschossen werden, kann man je zwei Schützen Rücken an Rücken stellen, so daß jeder Schütze stets nur nach einer Seite zu beobachten und zu schießen hat. Besser ist es jedoch, die Schützen nicht zwischen Dickungen oder unmittelbar an deren Rändern sondern mit mindestens 100 m Abstand von den Dickungen in raumen Althölzern o. ä. anzustellen. Sie werden dann nicht so sehr vom Wild überrascht, haben mehr Zeit, anzusprechen und das richtige Stück auszuwählen und können meist sicherer schießen. Läßt es sich aus irgendwelchen Gründen nicht vermeiden, die Schützen unmittelbar an eine Dickung zu stellen, kann man durch sogenannte Krähenfüße, also durch ganz schmale, von den Schützenständen aus schräg in die Dickung hineingeschnittene Beobachtungslinien, einer Überraschung der Schützen durch Wild vorbeugen.

Der Schützenstand selbst sollte mehrere Tage vor der Jagd genau festgelegt und markiert, nach Möglichkeit als sorgfältig vorbereiteter Schirm hergerichtet werden. Er sollte so groß sein, daß sich der Schütze – gegebenenfalls mit Begleiter – in ihm bequem bewegen kann. Da bei Hochwildjagden die einzelnen Treiben oftmals recht lange dauern, sollte in dem Schirm eine einfache Sitzbank vorhanden sein. Die meist aus grünen Nadelholzzweigen geflochtenen Schirmwände dürfen nur so hoch sein, daß der Schütze auch im Sitzen gut beobachten, eventuell auch schießen kann. Im allgemeinen wird er allerdings zum Schießen aufstehen, was jedoch vorsichtig geschehen muß, damit das Wild die Bewegung nicht eräugt.

Ganz besonders ist bei der Planung und Herrichtung der Schützenstände darauf zu achten, daß durch Schüsse keine Menschen gefährdet werden können. Dabei ist nicht nur an die unmittelbaren Nachbarstände, sondern – vor allem in welligem Gelände und bei geschlängelten Wegen – auch an weiter entfernte Schützenstände zu denken. Grundsätzlich darf mit der Kugel niemals in das Treiben hineingeschossen werden. Ausnahmen dürfen vom Jagdleiter nur dann genehmigt werden, wenn wegen der dortigen Geländegestaltung o. ä. eine Gefährdung der Treiber vollkommen ausgeschlossen ist. Weiter ist bezüglich der Sicherheit an Straßen, öffentliche Wege, Häuser usw. zu denken. Damit revierunkundigen Gästen nicht in der Eile Irrtümer unterlaufen, markiert man zweckmäßigerweise deutlich die zum Schießen freigegebenen beziehungsweise gesperrten Sektoren, beispielsweise durch in den Boden gesteckte, entrindete Äste, durch Strohwische, durch farbige Holzpflöcke oder durch Farbmarkierungen an Bäumen. Schließlich ist jeder einzelne Schütze – sofern er nicht mit den Revierverhältnissen bestens vertraut oder aus anderen Gründen ein Irrtum unmöglich ist – persönlich auf seinen Stand zu bringen und einzuweisen. Stets ist daran zu denken, daß für moderne Büchsengeschosse der Gefahrenbereich 3-5 km beträgt! Deshalb darf auch niemals gegen den freien Himmel geschossen werden, wenn Wild über eine

Geländeerhöhung wechselt. Auch dies ist bereits bei der Auswahl der Stände zu bedenken, gegebenenfalls sind die Schützen nochmals ausdrücklich darauf hinzuweisen. Schließlich sind von allen Jagdteilnehmern die allgemeinen Sicherheitsregeln für Gesellschaftsjagden zu beachten, wie sie bei jedem Jagdscheininhaber als bekannt vorausgesetzt werden dürfen und wie sie in den bundesdeutschen Jagdscheinen abgedruckt sind.

Sowohl beim Anstellen als auch auf dem Stand haben sich die Schützen so leise und bewegungslos wie möglich zu verhalten. Wenn die Sauen zwar nur schlecht äugen, so nähern sie sich doch oft – vor allem, wenn sie bereits einschlägige Erfahrungen besitzen – dem Dickungsrand mit größter Vorsicht, schleichen innen an ihm entlang, sichern wohl auch eine Weile bewegungslos, ehe sie die schützende Dickung verlassen. Ein Schütze, der sich nicht ruhig verhält, wird leichter wahrgenommen und verdirbt sich selbst manchen Anlauf.

Ob erst nach dem Anblasen oder – was bei Hochwildjagden zweckmäßiger ist – bereits nach Einnehmen des Standes geschossen werden darf, muß vor Beginn der Jagd vom Jagdleiter eindeutig angesagt werden. Keinesfalls darf nach dem Abblasen geschossen werden. Vor dem Abblasen darf der Stand weder verlassen noch verändert werden. Dafür ist es notwendig, daß alle Schützen die Signale kennen, um nicht eventuell für die Treiber bestimmte Signale für ein Abblasen zu halten! Weiter ist vom Jagdleiter genau anzusagen, was freigegeben ist, ob gegebenenfalls auf Füchse mit Schrot geschossen werden darf usw. Nach Beendigung des Treibens wird bei Hochwildjagden zweckmäßigerweise jeder Schütze vom Jagdleiter oder einer von ihm beauftragten, revierkundigen Person von seinem Stand abgeholt. Dabei hat er alle abgegebenen Schüsse zu melden, Anschüsse genau anzugeben, sonstige wichtige Feststellungen mitzuteilen. Schütze und Abholer haben gemeinsam eventuelle Anschüsse zu suchen und zu verbrechen.

Die Hauptleistung haben die Treiber zu vollbringen. Sie müssen dafür sorgen, daß die Sauen aus der Dickung heraus und vor die Schützen gebracht werden. Das ist gar nicht immer leicht. Erfahrene Einzelstücke und führende Bachen wissen, daß es in der Dickung trotz aller scheinbaren Bedrängnis sehr viel sicherer ist als draußen, und sie setzen alles daran, in der Dickung bleiben zu können. Wer schon Gelegenheit hatte, sich nach einer Jagd anhand des Fährtenbildes über die Manöver der Sauen zu informieren, kennt einige dieser Tricks. Hier hat sich ein einzelner Keiler wie ein Hase gedrückt und die lärmenden Treiber auf wenige Schritte an sich vorübergehen lassen, dort hat sich eine ganze Rotte zwischen den Treibern hindurch oder um sie herum in den bereits getriebenen Dickungsteil zurückgeschlichen, eine andere Rotte scheint mit den Treibern in der Dickung regelrecht Verstecken gespielt zu haben usw. Wo häufiger auf Sauen getrieben wird, lassen sich diese meist nur von erfahrenen Treibern herausbringen, die in tadelloser Disziplin Seitenrichtung und Abstand halten und sich im Treiben nicht etwa den Weg des geringsten Widerstandes suchen, sondern im Gegenteil gerade die dichtesten Partien durchgehen. Dabei brauchen sie keinen Lärm zu veranstalten. Gerade ein leises Durchdrücken bringt meistens die besseren Erfolge. Trotzdem muß manchmal mehrfach hin und zurück getrieben werden, ehe die Sauen endlich die Dickung verlassen. Doch selbst das führt nicht immer zum Erfolg.

Mit großer Sicherheit bringt man die Sauen nur durch Einsatz erfahrener Hunde aus der Dickung. Oftmals ist der Einsatz einiger weniger Treiber mit guten Hunden sehr viel erfolgreicher als der Einsatz einer gewaltigen Treiberwehr ohne Hunde. Ob letztere schon zu Beginn des Treibens zu schnallen sind oder erst, wenn die Treiber mit den Hunden am Riemen auf Sauen gestoßen sind, muß sowohl nach den gegebenen Umständen als auch nach der Qualität und Erfahrung der Hunde entschieden werden. Oft wird man einzelne, hierfür geeignete und auf Sauen erfahrene Hunde als Finder frei suchen lassen, die anderen Hunde erst schnallen, wenn die Finder lautgeben. Man wird also – und dies ist das günstigste – mit entsprechend zusammengesetzten und gut eingejagten Meuten auf die Sauen jagen. Nähere Ausführungen hierzu werden im Kapitel »Die Saumeute« gemacht.

Stehen keine eingejagten Meuten zur Verfügung – und das ist heute die Regel – muß man unter den vorhandenen Hunden ausprobieren, welche für diesen Zweck besonders geeignet sind. In erster Linie werden sich Vertreter derjenigen Rassen bewähren, die im Rahmen der Meutejagd als Finder geeignet sind. Generell gibt es aber keine speziellen Hunderassen, wie etwa für die Schweißarbeit, die Baujagd, Such- und Stöberjagden usw. Prinzipiell kommen nicht nur alle Jagdhunderassen sondern auch manche andere Hunde für diesen Zweck in Frage. Wirklich gute Sauhunde, die mit dem intelligenten und wehrhaften Schwarzwild in vollendeter Weise umzugehen verstehen, sind indes höchst selten. Auch dressurmäßig ist diesbezüglich nicht viel zu machen, es sei denn durch Anleitung seitens eines anderen erfahrenen Sauhundes sowie durch langjährige Praxis, sofern die nötigen Anlagen vorhanden sind.

Der gute Sauhund soll passioniert auf Schwarzwild sein und alle anderen Wildarten unbeachtet lassen. An die Sauen soll er scharf herangehen, andererseits aber wieder genügend vorsichtig sein, um nicht geschlagen zu werden. Aus letzterem Grunde sollte er auch nicht zu groß und zu schwer, sondern klein, leicht, temperamentvoll und beweglich sein. Sehr gut bewährt haben sich Wachtel, Bracken, Jagd- und Foxterrier, wo nicht zu viel Schnee liegt auch Teckel.

Rotten sollen durch scharfen Einsatz der Hunde nach Möglichkeit in der Dickung gesprengt werden, damit sie nicht geschlossen einem Schützen sondern jeweils einzeln oder höchstens in kleinen Gruppen einer Mehrzahl von Schützen kommen. Nur dadurch können größere Strecken erzielt werden.

Neben den klassischen Drück- und Treibjagden hat sich in neuerer Zeit eine weitere Form der Gesellschaftsjagd eingeführt und in erfreulichem Ausmaß durchgesetzt: die Ansitz-Drückjagd. Bei ihr wird in aller Regel nur ein einziges Treiben pro Tag genommen, dieses dafür jedoch sehr viel größer angelegt, und zwar – je nach Revierverhältnissen – mehrere hundert oder gar mehrere tausend Hektar. In diesem großen Bereich werden auf Hochsitzen, in Ansitzschirmen usw. die aus dem Revier hinausführenden Wechsel sowie die wichtigsten Wechsel innerhalb des Revieres besetzt. Ein einziger oder einige wenige Treiber – im allgemeinen zuständige Forstbeamte oder sonstige revierkundige Jäger – gehen mit Hund durch die Einstände und veranlassen durch angemessene Beunruhigung das Wild zum Auswechseln. Spätestens in einigem Abstand von dem verlassenen Einstand fallen die Sauen in ruhiges Tempo und halten die Wechsel ein. Die ansitzenden Jäger haben viel bessere

Gelegenheit als bei den herkömmlichen Drück- und Treibjagden, das Wild anzusprechen und saubere Schüsse anzubringen.

Die Vorteile dieser Jagdart liegen auf der Hand: Es passieren weitaus weniger Fehlabschüsse und es wird weit weniger Wild krankgeschossen; außerdem ist die Gesamtstrecke bei richtiger Durchführung im allgemeinen höher, es braucht also seltener gejagt und das Wild beunruhigt zu werden. Für die teilnehmenden Jäger kann es freilich eine rechte Strapaze sein, an eisigen Wintertagen mehrere Stunden ansitzen und scharf aufpassen zu müssen. Zu einer solchen Jagd ist deshalb die gleiche Ausrüstung (dicke Winterbekleidung, Ansitzsack, Thermosflasche mit heißem Tee oder Kaffee usw.) notwendig wie zu einem gleichlangen Ansitz. In der Tat handelt es sich ja um eine Ansitzjagd, nur daß durch die Beunruhigung der Einstände das Wild zum Hin- und Herwechseln veranlaßt wird.

Diese neue Jagdart bringt sowohl vom Gesichtspunkt der Wildstandsbewirtschaftung als auch von der Zielsetzung, möglichst viele, darunter auch weniger geübte Jäger erfolgreich zur Gesellschaftsjagd auf Sauen heranzuziehen, deutliche Vorteile. Ihre weitere Verbreitung – bei zu kleinen Einzelrevieren auch im Zusammenwirken mehrerer Reviere eventuell im Rahmen eines Schwarzwildringes – wäre durchaus zu begrüßen.

Bei allen größeren Jagden ist außer den Schützen und Treibern ein Nachsuchenkommando und ein Bergekommando bereitzustellen. Schwierige Nachsuchen bei schlechten Schüssen wird man aus den verschiedensten Gründen meist auf den nächsten Tag verschieben. Oft lassen aber die Pirschzeichen am Anschuß vermuten, daß die Sau mit ausgezeichneter Kugel nicht mehr weit gegangen und inzwischen verendet ist. In diesem Fall wird es sich um eine kurze Totsuche handeln, die sofort durchzuführen ist. Dafür sind einer oder mehrere revierkundige Jäger und Schweißhundführer abzustellen, die derartige Nachsuchen nach den Anweisungen des Jagdleiters sowie nach den Angaben seiner Helfer und der Schützen durchführen. Selbstverständlich ist auch das Nachsuchenkommando bewaffnet und gibt etwa notwendige Fangschüsse.

Das Bergekommando hat alles während der Jagd einschließlich der am Jagdtag durchgeführten Nachsuchen zur Strecke gebrachte Wild ordnungsgemäß zu versorgen – Schalenwild also aufzubrechen – und zum Sammelplatz zu verbringen. Dafür müssen ihm selbstverständlich die notwendigen Fahrzeuge und sonstigen Gerätschaften zur Verfügung stehen. Am Ende der Jagd hat das Bergekommando auch nach den Anweisungen des Jagdleiters ordnungsgemäß Strecke zu legen. Der Jagdleiter hat genau zu kontrollieren, ob die gelegte Strecke mit den Angaben der Schützen übereinstimmt. Etwaigen Widersprüchen muß nachgegangen werden, bis sie aufgeklärt sind, damit nicht etwa erlegtes Wild im Revier liegen bleibt und verludert.

Die Saumeute

Einst wurde die Schwarzwildjagd mit großen Saumeuten betrieben, die aus Findern und schweren Packern bestanden. Die Finder hatten die Sauen zu suchen und zu verbellen; die beigehetzten Packer hatten die Sauen zu halten und zu decken, damit die Jäger sie mit der Saufeder abfangen konnten. Diverse künstlerische Darstellungen geben uns Zeugnis von diesen Jagden.

Heute werden weder solche Jagden betrieben noch dafür geeignete Meuten gehalten. Nur in wenigen Revieren existieren heutzutage überhaupt noch Meuten für die Saujagd, die dann aber anders aufgebaut sind und auch anderen Zwecken dienen, nämlich die Sauen vor die Schützen zu bringen, und zwar möglichst einzeln nach Sprengung der Rotte.

R. FRIESS [1963], der sich lange Zeit speziell mit dem Aufbau und dem Einsatz zeitgemäßer Saumeuten befaßt hat, schreibt dazu: »Ich kam unter den sehr schwierigen Umständen, die mich sechzehn Winter zwangen, mit eigenen Meuten in uferlosen Dickungen zerrissener Bergwälder auf Sauen zu jagen, zu folgendem System. Nötig waren da vier Staffeln:

1. Ein bis zwei gute Kopfhunde vor und nach dem Schuß, welche die Meute zusammenhielten, also scharfe Bracken und Brackenabkömmlinge, die auch als Schweißhunde am Riemen gingen.
2. Solojäger und Schweißhunde, die das noch schmissen, was die Meute nicht mehr fertigbrachte, insbesondere das Finden von einzelnen Sauen (Keilern), wenn die Fährte nicht mehr stand oder ganz verloren war; die ganz zuverlässig nach dem Schuß, zum Bestätigen, Vorsuchen und tagelangen Nachsuchen am Riemen, zuverlässig fährtenlaut und scharf bei der Hatz auch ohne jede Hilfe durch andere Hunde waren, das waren Deutsche Wachtelhunde stammbuchmäßiger Zucht auf Leistung.
3. Die Beihunde zum Füllen der Meute, zum Hinausjagen gesprengter Sauen und als Hilfe für die Kopf- und Schweißhunde an kranken Sauen: hochstämmige, scharfe Dackel, die am besten einen Schuß Terrier oder Wachtel hatten.
4. Die »Triarier«, reine Terrier aus Arbeitsstämmen, die Sturmböcke im Kampf und Keif vor und nach dem Schuß, zum Sprengen sehr hartnäckiger und starker Rotten, wenn die Beihunde nicht mehr in ihre Phalanx einbrechen konnten. Ferner als kleine, aber absolut sichere Packer an angeschossenen Sauen und auch als Rücken- und Seitensicherung neben der Riemenarbeit in brenzligen Dickungen.«

Im einzelnen ist dieses Buch von FRIESS ein einzigartiger, umfassender, zeitlos gültiger Erfahrungsbericht über die Saujagd mit der Meute im Zeitalter der Feuerwaffe. Wer heute eine leistungsfähige Saumeute aufbauen und mit ihr jagen will, sollte dieses Buch lesen, da es unmöglich ist, die unzähligen darin aufgeführten praktischen Erfahrungen hier wiederzugeben.

Auch FREVERT [1957] macht äußerst interessante Angaben zu diesem Thema, und zwar aufgrund seiner Erfahrungen mit der in Rominten gehaltenen Saumeute. Neben einigen Einzelhunden verschiedener Rassen bestand sie vor allem aus Deutschen Bracken, Steierischen Hochgebirgsbracken und einigen Brandelbracken. Gehalten wurde diese etwa 25 Hunde umfassende Meute in einer speziell hierfür eingerichteten Zwingeranlage, betreut wurde sie von einem Rüdemeister und einem Rüdejungen, welche die Meute auch während der Jagd führten.

Besonderer Wert wurde in Rominten auf das Einjagen der Meute gelegt. Unter den Verhältnissen dieses Spitzen-Staatsjagdrevieres war es unbedingt erforderlich, daß die

Meute zuverlässig an Sauen jagte, alles andere Wild aber in Ruhe ließ. Um dies zu erreichen, wurde die Meute in einem Hatzgatter von 15 ha Größe an geringen Sauen trainiert. Erst wenn die Meutehunde zwei Jahre lang im Hatzgatter eingejagt waren, wurden sie mit zur freien Jagd genommen. Da sie bis dahin kein anderes Wild kennen gelernt hatten, waren sie so auf Sauen spezialisiert, daß sie anderes Wild nicht beachteten. Zeigte doch einmal ein Hund Interesse an anderem Wild, wurde er sofort aus der Meute ausgeschieden. Ein weiterer Zweck des kleinen Hatzgatters war es, die Hunde daran zu gewöhnen, nicht über das Treiben hinaus weit nachzujagen. Durch blasen des »Hunderufs« unmittelbar vor dem Füttern wurden die Hunde darauf abgerichtet, diesem Hornsignal auch während der Jagd zu folgen, so daß sie zusammengerufen und aufgekoppelt werden konnten.

Wegen der notwendigen beträchtlichen Aufwendungen einerseits und des ebenso notwendigen häufigen praktischen Einsatzes andererseits wird es heute nur an den allerwenigsten Stellen möglich sein, eine spezielle Saumeute zu unterhalten. Wo dies jedoch möglich ist, sollte es von passionierten Jägern durchgeführt werden, da es sowohl jagdlich als auch kulturgeschichtlich höchst bedauerlich wäre, wenn die Saumeuten und Meutejagden auf Sauen gänzlich aussterben würden.

Die Bejagung beim Auftreten der Schweinepest

In den letzten Jahren ist in mehreren Gegenden Deutschlands die Schweinepest aufgetreten. Sie gefährdet nicht nur das Schwarzwild, sondern sie kann in der kommerziellen Schweinezucht ungeheure wirtschaftliche Schäden verursachen. Es liegt deswegen im allseitigen Interesse, diese gefährliche Seuche so weit wie irgend möglich einzudämmen.

Jede Seuche kann sich umso leichter ausbreiten, je höher die Siedlungsdichte der befallenen Tierart ist. Zwecks Eindämmung der Schweinepest müssen die Jäger also versuchen, die Wilddichte des Schwarzwildes so weit wie möglich zu senken, also möglichst viele Sauen zu erlegen, und zwar nicht nur in dem eigentlichen Seuchengebiet, sondern auch in mehr oder minder weit gezogenen Randzonen, in welche die Seuche vordringen könnte. Durch starke Ausdünnung der Bestände soll erreicht werden, daß sich die Seuche »totläuft«.

Früher (und teilweise auch heute noch) wurde propagiert, daß in Schweinepestgebieten jegliche Abschußbeschränkungen fallen müssen, also jedes vorkommende Stück Schwarzwild wahllos zu erlegen sei. Aufgrund unserer heutigen Kenntnisse über das Sozialleben des Schwarzwildes wird die Zweckmäßigkeit solcher Empfehlungen immer fraglicher. In jüngster Zeit hat vor allem der Leiter der Forschungsstelle für Jagdkunde und Wildschadenverhütung in Bonn, Dr. Michael Petrak [1997], ganz eindeutig Stellung genommen. Er fordert, »daß alle Maßnahmen zu unterlassen sind, die die normale Raumnutzung in Frage stellen und zu unkontrollierten Ausweitungen und Verwirbelungen der Bestände führen. Die Sozialstruktur und Raumnutzung des Schwarzwildes werden wesentlich durch die führenden Stücke und Leitbachen in den als Mutterfamilien anzusprechenden Rotten bestimmt. ... Das Erlegen führender

Stücke führt zu einer wesentlichen und unkontrollierten Vergrößerung des Aktionsraumes. ... Unter Berücksichtigung dieses Sachverhaltes ist die Erlegung führender Stücke mit dem Tierschutz sowie der Seuchenbekämpfung offensichtlich nicht vereinbar, da damit nicht nur das angestrebte Ziel einer Verminderung des potentiellen Ausbreitungsrisikos der Schweinepest verfehlt wird, sondern genau das Gegenteil eintritt.« Als Konsequenz fordert er zwar, noch nicht einjährige Stücke im Rahmen der Einzeljagd intensiv zu bejagen, ältere Stücke dagegen zu schonen und alle »Jagdarten zu meiden, die zu großen Aktionsräumen und Versprengungen der Sauen führen, d. h. insbesondere keine Durchführung von Drückjagden etc.«

Noch weit mehr als unter normalen Verhältnissen geht es also bei ausgebrochener oder von der Nachbarschaft her drohender Schweinepest darum, einen möglichst hohen Jugendabschuß (Frischlinge und eben aufgerückte Überläufer) durchzuführen, die festgefügte Sozial- und Raumordnung aber durch Schonung älterer Stücke, besonders führender Bachen, zu erhalten sowie die Bestände nicht durch starke Beunruhigung (Drückjagden, vor allem mit scharfen Hunden) zu »verwirbeln«. Weiträumige Ansitzdrückjagden (über 1000 ha) mit nur leichter Beunruhigung der Einstände, auf denen ausschließlich Frischlinge freigegeben werden, dürften nicht schaden. Vor allem aber ist die Einzeljagd sehr zu intensivieren.

Mehrstündige Ansitze, gegebenenfalls mit mehreren Jägern auf verschiedenen Hochsitzen, können zu allen Jahreszeiten, vor allem im Frühjahr und Frühsommer, beträchtliche Erfolge bringen. Führende Bachen und diesjährige Frischlinge haben einen hohen Nahrungsbedarf und sind in der Zeit der kurzen Nächte abends bereits bei vollem Tageslicht unterwegs, oft schon am späten Nachmittag. Das Gleiche gilt für die vorjährigen Frischlinge, also die jetzigen Überläufer, die nun oft ohne Bachen als reine Überläuferrotten auftreten. Aus ihnen kann man bedenkenlos Stücke auswählen, möglichst die schwächsten.

Durch Kirrung mit Körnermais können die Erfolgsaussichten der Ansitzjagd erheblich gesteigert werden. Als Kirrplätze bieten sich Schneisen zwischen oder am Rand von Dickungen, an die Einstände angrenzende Althölzer usw. an. Lassen sich von Hochsitzen aus lückige Dickungen einsehen, kann das Kirren an freien Stellen innerhalb der Dickung besonders erfolgreich sein. In größeren Revieren sollten mehrere Kirrungen unterhalten werden, um je nach Windrichtung eine für den Ansitz auswählen und nach einem Schuß oder anderen massiven Störungen in den nächsten Tagen eine andere Kirrung, an welche die Sauen bereits gewöhnt sind, aufsuchen zu können.

Frischlinge wird man unter normalen Verhältnissen erst schießen, wenn die Jugendstreifung verschwunden ist. Dann sind die Frischlinge etwa vier bis sechs Monate alt und wiegen aufgebrochen um 15 kg. Damit sind sie im Wildhandel bereits gut absetzbar. Im Zeichen der Schweinepest sollte man schon früher in die Frischlinge eingreifen. Bei gutem Zureden nimmt der Wildhändler sie auch mit 10 kg, und bereits vorher kann man sie in der eigenen Küche abwechslungsreich verwerten. Selbst Frischlinge von 5 kg, die also nur wenig mehr wiegen als ein starker Hase, schmecken bei richtiger Zubereitung vorzüglich. Wenn man nicht gerade einen massiven Knochen erwischt, gehen die meisten hochwildtauglichen Geschosse durch diese kleinen Frischlinge hindurch, ohne große Zerstörungen anzurichten.

Da manche Jäger nicht gerade darauf erpicht sind, solche »Miniatursauen« zu erlegen, kann die Überzeugungsarbeit durch gewisse Anreize verstärkt werden. So hat in Mecklenburg-Vorpommern der Landwirtschaftsminister 1997 für Einnahmeausfälle Ausgleichszahlungen ausgelobt, die sich für alle vor dem 30. Juni erlegten Frischlinge unter 10 kg auf DM 50,– pro Stück, bei Schwarzwild, dessen Wildbret wegen Schweinepest verworfen worden ist, auf DM 50,– bei Frischlingen, auf DM 100,– bei den übrigen Stücken belaufen. Für die Jäger in den Verwaltungsjagden dieses Landes, also insbesondere in den Staatsforsten, wurde eine andere Regelung gefunden. Sie durften alle bis zum 30. Juni erlegten Frischlinge, die aufgebrochen unter 10 kg wogen, kostenlos behalten. Für je drei dieser geringen Frischlinge, die sie bis zu dem genannten Stichtag erlegt hatten, durften sie ein selber erlegtes Stück Schwarzwild bis 30 kg kostenlos behalten. Bei entsprechendem Fleiß konnten sie also nennenswerte Mengen Schwarzwildbret kostenlos erlangen.

Von verschiedenen Seiten ist auch ein Fang der noch kleinen Frischlinge in den Monaten Mai und Juni mit entsprechend konstruierten Frischlingsfallen vorgeschlagen worden. Größere Erfolge scheinen dabei aber nicht eingetreten zu sein. Im Falle einer beabsichtigten Nachahmung sind die einschlägigen gesetzlichen Bestimmungen zu beachten. Nach § 19 Abs. 1 Nr. 7 des deutschen Bundesjagdgesetzes müssen Saufänge von der Jagdbehörde genehmigt werden.

In den Schweinepestgebieten müssen in der Regel von allen erlegten Sauen Blut und/oder Organproben nach genauer Vorschrift entnommen und an eine amtliche Untersuchungsstelle eingesandt werden. Die jeweiligen Vorschriften sind strikt zu beachten!

Der Schuß auf Schwarzwild

Schwarzwild wird heutzutage fast ausschließlich mit der Schußwaffe bejagt. Dabei zeigt die Erfahrung, daß die Sauen gegenüber Schußverletzungen härter sind als alle anderen europäischen Schalenwildarten. Mehr noch als bei allem anderen Wild muß es deshalb das Bestreben des Jägers sein, einen möglichst rasch tötenden Schuß anzubringen.

Am günstigsten ist der klassische Blattschuß, der das Herz oder die zum oder vom Herzen führenden Hauptblutgefäße öffnet. Dafür ist zu beachten, daß das Herz beim Schwarzwild tiefer und weiter vorn liegt als bei dem anderen Schalenwild. Die Abbildung auf Seite 13 dieses Buches zeigt die anatomischen Verhältnisse des Schwarzwildes. Jeder Jäger sollte sich diese Abbildung genau ansehen. Bedauerlicherweise entspricht die Lage der 10 auf den Schwarzwildscheiben (stehender Überläufer und laufender Keiler) für das jagdliche Übungs- und Wettkampfschießen nach der DJV-Schießvorschrift nicht diesen anatomischen Gegebenheiten und ist dadurch irreführend!

Dieser Schuß, der Herz oder Hauptblutgefäße öffnet, wirkt mit absoluter Sicherheit tödlich. Allerdings bleiben die Sauen – unter häufiger Ausnahme der Frischlinge – mit ihm fast nie am Anschuß, sondern flüchten bis zu 50 m, des öfteren weiter, im Extremfall bis zu 150 oder gar 200 m, bis sie verendet zusammenbrechen.

Unterschiedlich ist die Wirkung, wenn Herz und Hauptgefäße nicht direkt getroffen werden sondern das Geschoß im Brustraum lediglich die Lunge durchschlägt. In diesem Fall kommt es darauf an, welche Zerstörungen das Geschoß in der Lunge anrichtet. Ein glatter Lungendurchschuß, der keine größeren Gefäße trifft, kann unter Umständen ausgeheilt werden. Sehr starke Zerstörungen des Lungengewebes mit den entsprechenden inneren Blutungen wirken dagegen ähnlich wie ein Herzschuß. Zwischen diesen beiden Extremen liegt die durchschnittliche Wirkung eines Lungenschusses. Es kommt nicht selten vor, daß Sauen mit ihm noch etliche hundert Meter oder gar über einen Kilometer weit flüchten.

Der auf anderes Schalenwild erfahrene Jäger wird versucht sein, auch das Schwarzwild durch den erprobten und bewährten Hochblattschuß auf den Anschuß bannen zu wollen. Auch SNETHLAGE [1974] gibt diese Empfehlung. Allerdings muß man dafür sehr genau die Anatomie des Schwarzwildes kennen. Die Wirbelsäule liegt bei den Sauen nämlich im Bereich des Blattes sehr viel tiefer als bei unserem sonstigen Schalenwild. Wird sie voll getroffen, führt das selbstverständlich zum sofortigen Verenden. Sehr häufig führt ein beabsichtigter Hochblattschuß beim Schwarzwild jedoch zu einem sogenannten Krellschuß. Die eigentliche Wirbelsäule mit dem Rückenmark und den Hauptnervensträngen wird überschossen und das Geschoß geht lediglich durch die darüber befindlichen, beim Schwarzwild besonders langen Dornfortsätze. In den meisten Fällen hat ein solcher Schuß zur Folge, daß das beschossene Stück im Feuer zusammenbricht oder seitlich umfällt, jedoch augenblicklich oder nach einer gewissen Zeit – die von einigen Sekunden bis zu einer Viertelstunde dauern kann – wieder hoch wird und flüchtig abgeht. Obwohl jetzt oftmals viel Schweiß sowie Knochensplitter von den Dornfortsätzen und Wildpretfetzen am Anschuß liegen, kommt ein solches Stück in aller Regel nicht zur Strecke. Wer nicht ein besonders erfahrener Schwarzwildjäger ist, sollte den Versuch eines Hochblattschusses deshalb unter allen Umständen unterlassen!

Ähnlich ist es mit dem so oft propagierten Schuß hinter die Teller. Auch im Halsbereich liegt die Wirbelsäule sehr tief, so daß dieser Schuß ebenfalls sehr oft zum Krellschuß führt. Wird er aber bewußt tief angebracht, so kann er zum Durchschießen des Schlundes und der Drossel führen. Das Stück kommt oft nicht zur Strecke, sondern verendet erst später nach schweren Qualen. Der Schuß hinter den Teller sollte deshalb ebenfalls nur von ganz besonders erfahrenen Schwarzwildjägern und auch von diesen nur bei besten Lichtverhältnissen und auf kurze Entfernung praktiziert werden. Unter diesen günstigen Voraussetzungen richtig angebracht, bewirkt er den schlagartigen Tod des beschossenen Stückes.

Bei entsprechender Erfahrung des Schützen kann auch der Schuß auf ein schräg stehendes Stück sehr vorteilhaft sein. Beim Schuß schräg von vorn sucht man das Abkommen am Halsansatz. Das Geschoß dringt jetzt zwischen Hals und Blattschaufel in den Brustkorb ein. Wegen der hier vorn sehr tief liegenden Wirbelsäule wird diese meist erfaßt, und das Stück verendet im Feuer. Es muß aber die Voraussetzung für einen absolut sicheren Schuß gegeben sein, da es sonst leicht zu einem Gebrechschuß kommen kann. Beim Schuß schräg von hinten sucht man das Abkommen – je nach dem Grad der Schrägstellung – etwa auf den letzten Rippen. Das Geschoß dringt jetzt schräg von hinten in den Brustraum ein, nachdem es unter Umständen die Leber durchschlagen hat. Geht es im Brustkorb weit genug nach vorn, erfaßt es dort häufig noch die Wirbelsäule und führt dadurch zum sofortigen Zusammenbrechen des Stückes. Diese Schrägschüsse können also gegebenenfalls zu einer schlagartigeren Wirkung führen als Breitschüsse. Allerdings setzen sie eine sehr genaue Kenntnis der Anatomie des Schwarzwildes und ein gutes räumliches Vorstellungsvermögen voraus, da ja anders als beim Breitschuß kein stets gleicher Haltepunkt angegeben werden kann sondern dieser nach der jeweiligen Schrägstellung des Stückes gewählt werden muß. Der auf Schwarzwild noch nicht so erfahrene Jäger sollte deshalb möglichst warten, bis das ausgewählte Stück vollkommen breit steht, und er sollte dann bestrebt sein, einen Tiefblattschuß anzubringen, der das Herz trifft.

Rutscht der Schuß etwas zu weit nach hinten, führt dies häufig zum Leberschuß. Bei genügend wirksamem Geschoß ist auch dieser stets tödlich. Allerdings können Sauen damit manchmal noch mehrere Stunden leben und – vor allem wenn sie durch zu frühe Nachsuche oder andere Mißgeschicke aufgemüdet werden – noch sehr weit gehen. Noch mehr trifft dies für Weidwundschüsse zu, die zu sehr schwierigen und langwierigen Nachsuchen führen können. Nur wenn gleichzeitig die Nieren erheblich mitbetroffen sind, können sie zu einem schnellen Erfolg führen.

Die Wirkung von Knochenschüssen ist sehr unterschiedlich. Wird die Hals- oder Brustwirbelsäule voll getroffen, führt dies – wie bereits erwähnt – zum augenblicken Verenden. Wird die Wirbelsäule weiter hinten getroffen, wird das Stück mehr oder minder bewegungsunfähig und kann durch einen zweiten Schuß erlöst werden. Schüsse durch beide Keulen, die beide Oberlaufknochen oder das Becken zertrümmern, oder Schüsse, die beide Vorderläufe zerschmettern, lassen das Stück ebenfalls bald zur Strecke kommen. Wegen der damit verbundenen Qualen wird man solche Schüsse jedoch weitestgehend zu vermeiden suchen. Schüsse, die nur die Knochen eines Laufes treffen, lassen Sauen noch sehr weit gehen und werden häufig – vor allem wenn sie tief sitzen – ausgeheilt. Wohl am übelsten sind Gebrechschüsse. Sie sind für das Stück ungeheuer schmerzhaft und lassen es – selbst bei sorgfältigster Nachsuche – nur selten zur Strecke kommen, so daß diese Stücke nach langen Qualen verhungern. Vereinzelt werden allerdings selbst diese schweren Verletzungen soweit ausgeheilt, daß das Stück überlebt, wenn auch zeitlebens mit schwersten Behinderungen.

Zur Vermeidung unnötiger Qualen für das Wild ist es eine selbstverständliche Verpflichtung des Jägers, sich durch entsprechende Übungen auf dem Schießstand die notwendigen Schießfertigkeiten anzueignen und zu erhalten. Das gilt insbesondere auch für den Schuß auf flüchtige Sauen. Glücklicherweise stehen heutzutage fast überall Anlagen für das Schießen auf die laufende Keilerscheibe zur Verfügung. Jeder Schwarzwildjäger, insbesondere derjenige, der Gelegenheit hat, an Drückjagden teilzunehmen, sollte von diesen Übungsmöglichkeiten intensiven Gebrauch machen, es sei denn, daß er über vielfältige, regelmäßige Praxis verfügt. Bei diesen Schießübungen ist jedoch stets zu bedenken, daß einerseits die Ringeinteilung auf den Scheiben nicht mit der Anatomie der Sauen übereinstimmt, und daß andererseits die in der Praxis oft

Gebrechschuß.

von den Schießstandverhältnissen abweichende Geschwindigkeit der Sauen, Schußentfernung, Schneisenbreite usw. sowie die gegenüber den Übungswaffen abweichende Geschoßgeschwindigkeit der Hochwildbüchsen berücksichtigt werden müssen.
In den meisten europäischen Schwarzwildländern ist auf Schwarzwild nur der Schuß mit Einzelgeschossen zulässig. Nur in wenigen Ländern ist auch der Schrot- bzw. Postenschuß erlaubt, in einigen wenigen gar die Benutzung von Gewehren mit gezogenem Lauf verboten. Auf die waffentechnischen Dinge wird in dem Kapitel auf der Seite 211 eingegangen. Hier sei nur erwähnt, daß auf Schwarzwild, insbesondere auf Stücke vom Überläufer an aufwärts, und auf die im allgemeinen in Frage kommenden Schußentfernungen ausschließlich der Schuß mit einem genügend wirksamen Einzelgeschoß als waidgerecht angesehen werden kann, da nur er mit genügender Sicherheit das beschossene Stück zur Strecke bringt, wogegen der Schrot- bzw. Postenschuß die Sauen sehr oft erst nach langen Qualen eingehen und verludern läßt. Sollte ein Jäger als Gast in einem fernen Land aus jagd- oder waffenrechtlichen Gründen auf den rauhen Schuß angewiesen sein, so sollte er einerseits die stärksten Posten wählen, andererseits sich auch mit ihnen auf die normale Schrotschußentfernung beschränken. Dann kann der Schuß auf Frischlinge und geringe Überläufer im Treiben durchaus erfolgreich sein. Falls irgend zulässig sollte er jedoch aus den glatten Läufen Flintenlaufgeschosse verschießen.

Zeichnen und Pirschzeichen

Man liest oder hört immer wieder von Jägern, Schwarzwild zeichne nicht. Das trifft zumindest so generell nicht zu. Richtig ist, daß die Sauen das klassische Zeichnen der anderen Schalenwildarten, etwa beim Blattschuß oder beim Weidwundschuß, vermissen lassen. Bei diesen Schüssen rucken sie manchmal, keineswegs immer, leicht zusammen, wobei jedoch meist nicht sicher ist, ob dieses Zusammenrucken ein Quittieren der Kugel bedeutet oder lediglich eine Schreckreaktion auf den Schußknall oder auf das in der Nähe eingeschlagene Geschoß. Ein nicht beobachtetes Zeichnen ist beim Schwarzwild noch lange kein Hinweis auf einen Fehlschuß! Dennoch gibt es beim Schwarzwild gelegentlich ein eindeutiges Zeichnen, aus dem man gewisse Rückschlüsse auf den Sitz der Kugel ziehen kann.

Wie bereits im vorigen Kapitel gezeigt, bricht Schwarzwild bei einigen Schüssen im Feuer zusammen. Das kann das Zeichen für einen tödlichen Schuß sein, es kann aber auch das Ergebnis eines Krellschusses sein, nach dem das Stück mehr oder minder rasch wieder auf die Läufe kommt und dann flüchtig abgeht. Bei einem Zusammenbrechen im Feuer sollte der Jäger deshalb mit schußbereiter Büchse so schnell wie möglich zu dem Stück eilen oder – falls wegen der Geländegestaltung oder aus anderen Gründen nicht möglich – sofort mit schußbereiter Büchse wieder in Anschlag gehen und das Stück über Kimme und Korn oder durchs Zielfernrohr beobachten, um gegebenenfalls unverzüglich einen zweiten Schuß abgeben zu können. Sieht man, daß das am Anschuß gebliebene Stück nicht rasch verendet, vielleicht gar bei einem Rückgratschuß Qualen leidet, gibt man den Fangschuß.

Bleibt ein Stück Schwarzwild nicht am Anschuß sondern geht auf den Schuß hin flüchtig ab, läßt sich ein tödlicher Schuß oft daran erkennen, daß die Sau in der Flucht mit dem Gebrech den Boden pflügt und daß die Fluchten bald steif und verkrampft wirken. Ein Pflügen des Bodens mit dem Gebrech kann auch bei einem Vorderlaufschuß vorkommen. Sieht der erfahrene Jäger dagegen die typischen verkrampften Fluchten, kann er bedenkenlos folgen und wird bald vor dem verendeten Stück stehen.

Bei schweren Laufschüssen sieht man in der Flucht meist den betreffenden Lauf schlenkern oder man kann erkennen, daß dieser Lauf nicht angesetzt wird. Gebrechschüsse werden oft durch ein- oder mehrmaliges Hin- und Her- oder Hochschleudern des Kopfes quittiert.

Der Kugelschlag, also das beim Auftreffen des Geschosses verursachte Geräusch, ist bei unseren heutigen schnellen Büchsengeschossen häufig nicht sicher wahrnehmbar. Abseits befindliche Personen können ihn oft viel deutlicher hören als der Schütze selber. Im übrigen gehört zu seiner Ausdeutung viel Erfahrung.

Einfacher läßt sich ein Klagen des Wildes erkennen und deuten. Allerdings klagt Schwarzwild nur sehr selten, erwachsene Stücke wohl überhaupt nicht. In den meisten Fällen ist das Klagen ein Zeichen für einen sehr schmerzhaften Schuß, insbesondere Rückgratschuß oder Nierenschuß. Hierbei kann es zu einem sehr lang anhaltenden Klagen kommen. Ich selber habe aber auch Fälle erlebt, in denen starke Überläufer einmal ganz kurz aufklagten, als sie einen auf der Stelle tödlichen Schuß in die Wirbelsäule erhielten. Das dürften jedoch Ausnahmen sein.

Verendet das beschossene Stück nicht am Anschuß, verfolgt man den Fluchtweg so weit wie möglich mit Augen und Ohren. Nicht selten sieht oder hört man das Stück zusammenbrechen und im Verenden mit den Läufen schlagen (schlegeln). Das Anfliehen von Bäumen oder das Flüchten im Kreis oder Halbkreis ist fast immer ein sicheres Zeichen, daß man das Stück dort verendet finden wird.

Hat man das beschossene Stück nicht zusammenbrechen sehen oder hören, muß der Anschuß aufgesucht und sehr gewissenhaft auf Pirschzeichen untersucht werden: nach Schnittborsten, Schweiß, Knochensplittern usw. Ist ein Ausschuß vorhanden, werden sie sämtlichst in Schußrichtung aus dem Stück herausgerissen und finden sich in einer mehr oder minder deutlichen Bahn bis zu einer Entfernung von mehreren Metern hinter dem Anschuß. Sie sind nicht nur auf dem Boden sondern auch auf niedrigen Pflanzen, liegenden Zweigen usw. zu suchen. Mitunter findet man hier auch Lungen-, Leber- oder Wildpretfetzen, vereinzelt bis zu Faustgröße, sowie Magen- oder Darminhalt.

Die Länge und Färbung der Borsten variiert je nach Jahreszeit, die Färbung auch von Stück zu Stück. Bei ein und demselben Stück werden die Borsten umso länger, je höher sie am Körper sitzen. Auffällig lang sind die Rückenborsten, die Federn, die man nach Krellschuß am Anschuß findet. Besonders kurz und dunkel sind dagegen Schnittborsten von den Läufen und vom Kopf. Von Wintersauen findet man am Anschuß außer Schnittborsten auch Unterwolle. Um mit der Zeit einige Übung im Ansprechen der Schnittborsten zu bekommen, sollte man sich bei jedem erlegten Stück Schwarzwild die Borsten der verschiedenen Körperregionen ansehen. Von herausgerissenen oder ausgefallenen unterscheiden sich die abgeschossenen »Schnittborsten« dadurch, daß sie keine Wurzeln mehr haben.

Vom Schweiß ist der Lungenschweiß am auffälligsten: hellrot und blasig. Herzschweiß sowie Schweiß aus den großen Gefäßen ist nicht ganz so hell und nicht blasig, er ist jedoch meist mit Lungenschweiß gemischt, da bei Schüssen durch den Brustraum immer auch die Lunge verletzt wird. Die Menge des Herz- und Lungenschweißes hängt im allgemeinen nur von der Größe des Ausschusses ab. Der Wildpretschweiß ist deutlich dunkler, nochmals erheblich dunkler der Leberschweiß, in dem sich meist Leberstückchen befinden. Weidwundschweiß enthält meist Magen- oder Darminhalt und ist etwas wässerig.

An gefundenen Knochensplittern läßt sich meist klar erkennen, ob sie von Flachknochen (Rippen, Dornfortsätzen) oder von den Röhrenknochen der Läufe stammen. Schwieriger sind Knochensplitter von Becken- oder Kieferknochen anzusprechen. Bei Gebrechschüssen liegen jedoch meist auch Zähne am Anschuß.

Für eine Bewertung der Schußverletzung und der daraus für die Nachsuche zu ziehenden Konsequenzen sind alle Feststellungen zusammenfassend auszuwerten, also das eventuell beobachtete Zeichnen sowie alle am Anschuß vorgefundenen Pirschzeichen. Beispielsweise kann Wildpretschweiß von den unterschiedlichsten Körperstellen herrühren. Finden sich dazu Splitter von Flachknochen, kann die Zahl der Möglichkeiten bereits erheblich reduziert werden. Findet man nun noch lange Rückenborsten und hat man im Augenblick des Schusses ein kurzfristiges Zusammenbrechen beobachtet, ist durch alle Zeichen gemeinsam ganz eindeutig der Krellschuß nachgewiesen. Hat man dagegen kein Zeichnen beobachtet und entdeckt man am Anschuß neben Wildpretschweiß und Wildpretfetzchen nur undefinierbare Schnittborsten, sollte man gründlich weitersuchen. Vielleicht findet man dann doch noch – eventuell erst einige Meter weiter in der Fluchtfährte – den Splitter eines Röhrenknochens, der den Laufschuß nachweist. Je mehr und je genauere Pirschzeichen man findet, ein desto genaueres Bild kann man sich von dem Sitz der Kugel machen und desto besser kann man für die Nachsuche planen. Lassen sich überhaupt keine Pirschzeichen finden, obwohl man anhand des Fährtenbildes (eventuell Eingriffe) sicher ist, am Anschuß zu stehen, sollte man darauf achten, ob irgendwo im Boden die meist deutliche Schramme des Geschoßeinschlages oder in einem Baumstamm, Ast o. ä. eine Geschoßspur zu sehen ist. Nur dann, wenn anhand eindeutiger Zeichen einwandfrei geklärt ist, daß der Schuß das Stück nicht erreicht haben kann, darf die weitere Nachsuche abgebrochen werden.

Nachsuche

Sprechen eindeutiges Zeichnen und/oder eindeutige Pirschzeichen dafür, daß das beschossene Stück eine gute Kugel hat und mit Sicherheit inzwischen verendet ist, darf man getrost der Schweißfährte nachgehen oder frei verlorensuchen. Das Stück müßte dann äußerstenfalls in einer Entfernung von 200 m vom Anschuß liegen. Sollte das wider Erwarten nicht der Fall sein, muß man unverzüglich die Nachsuche abbrechen und genauso wie bei allen unklaren Fällen den Anschuß und die beobachtete Fluchtfährte, insbesondere auch den eventuell beobachteten Einwechsel in die Dickung usw. sorgfältig verbrechen, alles weitere aber der korrekten Nachsuche überlassen.
Der Erfolg einer solchen Nachsuche hängt sehr weitgehend von der Gründlichkeit der getroffenen Vorbereitungen ab. Zunächst muß selbstverständlich der Revierinhaber beziehungsweise Revierbetreuer benachrichtigt werden, ist das Stück auf eine nahe Grenze zu geflüchtet, selbstverständlich auch ein Verantwortlicher des Nachbarreviers. Sodann ist der Beginn der Nachsuche festzulegen. Niemals sollte eine Nachsuche bei zweifelhaften Schüssen zur Nachtzeit erfolgen. Ist die Tageszeit also bereits soweit fortgeschritten, daß eine erfolgversprechende Nachsuche am selben Tag nicht mehr durchzuführen ist, sollte man sie lieber gleich auf den nächsten Tag festsetzen, dann aber so früh wie möglich, also Beginn etwa mit Sonnenaufgang. Ist das Stück dagegen so frühzeitig beschossen worden, daß eine erfolgversprechende Nachsuche noch am selben Tag durchgeführt werden kann, sollte man zwischen Schuß und Nachsuche mehrere Stunden verstreichen lassen. Oft ist das Stück dann inzwischen verendet oder doch so krank und steif geworden, daß es nicht nochmals über eine größere Entfernung flüchtet. Die Zwischenzeit kann man (am Tage) nutzbringend dafür verwenden, daß man durch Abfährten wahrscheinlicher oder möglicher Fluchtwechsel, günstiger Spürbahnen usw. sich ein Bild zu machen trachtet, wohin das kranke Stück geflüchtet ist und in welcher Dickung es sich möglicherweise gesteckt hat. Weiter ist ein Schweißhundführer mit einem auf Sauen erfahrenen Schweißhund und eine den Verhältnissen

und Gelegenheiten entsprechende Zahl von Jägern, die nach Möglichkeit gute Kugelschützen sein sollten, hinzuzuziehen. Zwecks Zeitersparnis legt man den Treffpunkt am besten an unverfehlbarer Stelle im Revier fest.

Zum Beginn der eigentlichen Nachsuche weist man den Schweißhundführer genau auf Anschuß und Fluchtfährte ein. Die dann folgende Arbeit auf der Wundfährte überläßt man dagegen vollständig ihm. Falls der Schweißhundführer dieses Revier nicht selber genügend kennt, sollte er durch einen revierkundigen Jäger begleitet werden. Der Revierinhaber kann inzwischen mit allen zur Verfügung stehenden Schützen die Dickung, in der vermutlich das kranke Stück steckt, vollständig oder an den wahrscheinlichen Fluchtwechseln abstellen, wobei stets auch der Rückwechsel zu besetzen ist, es sei denn, daß er aus dem Walde heraus aufs freie Feld führt. Erweist sich bei der späteren Nachsuche, daß das kranke Stück lediglich durchgewechselt ist, zieht er die angestellten Schützen schnellstmöglich ab und umstellt mit ihnen die nächste in Frage kommende Dickung. All diese Abfährtungs-, Vorgreif- und Abstellaktionen sollten ebenso schnell wie leise und unter Vermeidung der unmittelbaren Dickungsränder erfolgen, um nicht das kranke Stück vorzeitig anzurühren und damit die Nachsuche ungünstig zu beeinflussen.

Um gegebenenfalls auf der Wundfährte zurückgreifen oder bei einer etwa notwendigen Nachsuche mit einem zweiten Hund sich über die erste Arbeit orientieren zu können, sollte der Schweißhundführer oder der ihn begleitende Jäger von Zeit zu Zeit, vor allem beim Überqueren von Schneisen usw. oder an anderen besonders wichtigen Stellen die Schweißfährte verbrechen. Ein besonders auffälliges Verbrechen muß dort erfolgen, wo die Nachsuche aus irgendwelchen Gründen für eine längere Zeit unterbrochen wird, später aber wieder aufgenommen werden soll, also etwa bei Einbruch der Dunkelheit, an einer Reviergrenze, zu deren Überschreitung erst der zuständige Revierinhaber oder Revierbetreuer hinzugezogen werden muß o. ä. Letzterer Hinweis deutet darauf hin, wie wichtig es ist, schon vor Beginn der Nachsuche Kontakt mit den in Frage kommenden Nachbarrevieren aufzunehmen beziehungsweise überhaupt schon generell Vereinbarungen über Wildfolge zu treffen. In dieser Hinsicht eröffnet sich ein wichtiges Tätigkeitsfeld für Schwarzwildringe.

Hunde sollten für die Nachsuche auf Schwarzwild nur solche verwandt werden, die bereits Erfahrungen mit dieser Wildart haben. Für die Arbeit auf der Wundfährte sind vor allem der Hannoversche Schweißhund und sein kleinerer Vetter, der Bayerische Gebirgsschweißhund, prädestiniert. Doch kommen auch viele andere Jagdhunderassen in Frage. Gern und erfolgreich werden zu diesem Zweck Teckel geführt, die – bei entsprechender Erfahrung – oft Hervorragendes leisten. Bei hohem Schnee können sie allerdings wegen ihrer Kurzläufigkeit beträchtliche Schwierigkeiten haben. Auch sind sie für eine etwa notwendig werdende Hetze nicht schnell, ausdauernd und kräftig genug. Speziell für die Hetze kann man bei Nachsuchen aber gegebenenfalls einen oder mehrere weitere Hunde am Riemen mit einigem Abstand nachführen, die auf Anweisung des Schweißhundeführers geschnallt werden.

Ob und wann der Schweißhundführer seinen Schweißhund und/oder andere nachgeführte Hunde schnallt oder schnallen läßt, muß seiner Erfahrung und Entscheidung überlassen bleiben. Wird die kranke Sau von den Hunden in einer Dickung gestellt, darf

Jede Nachsuche muß mit einer gründlichen Untersuchung des Anschusses beginnen. Im Hintergrund ist eine spezielle Drückjagdkanzel zu sehen.

– außer wenn ausdrücklich etwas anderes verabredet worden ist – zwecks Vermeidung von Unfällen nur der Hundeführer herangehen und den Fangschuß geben beziehungsweise das kranke Stück mit der blanken Waffe abfangen. Die vorgestellten Jäger dürfen nur schießen, wenn das Stück ihnen schußgerecht kommt. Beim Fangschuß muß selbstverständlich Rücksicht auf die stellenden Hunde genommen werden.

Auf ein flüchtiges krankes Stück versucht man, den Schuß dort anzubringen, wohin man auch ein gesundes Stück schießen würde, also möglichst auf oder eben hinter das Blatt. Der Fangschuß auf kurze Entfernung – sowohl mit der Langwaffe als auch mit der Kurzwaffe – wird am günstigsten von der Seite eben hinter den Teller auf die Halswirbelsäule gegeben, notfalls von der Seite auf das Herz. FRIESS [1963] empfiehlt den Schuß von der Seite in den Gehörgang. Muß der Fangschuß von vorn gegeben werden, ist er – je nach Situation – auf den Stich, zwischen die Lichter oder von oben auf die Halswirbelsäule zu setzen. Bricht ein Stück nach einem Fangschuß zusammen, tut man im Zweifelsfall gut daran, einen zweiten Fangschuß in aller Ruhe auf kürzeste Entfernung abzugeben, um die Sau mit absoluter Sicherheit zu töten. Dabei darf jedoch die Laufmündung niemals aufgesetzt werden, sondern es ist stets ein Abstand von etwa 10 cm zu halten!

Zum Abfangen des Schwarzwildes mit der blanken Waffe dient in erster Linie die Saufeder. Wenn irgend möglich, wird der Stich mit ihr hinter dem Blatt tief angesetzt und schräg nach vorn geführt, um das Herz zu treffen. Hat sich ein (krankgeschossenes) von den Hunden gestelltes Stück Schwarzwild zwecks besserer Verteidigung gegen die Hunde rückwärts so eingeschoben, daß Rücken und Flanken nicht sichtbar und erreichbar sind, muß die Saufeder von vorn oder von schräg vorn in den »Stich«, also zwischen den Vorderläufen in den Brustkorb, gestoßen werden. In der alten Literatur wurde gelegentlich empfohlen, in einer solchen Situation die Sau zum Annehmen zu reizen und sie dann so auf die Saufeder auflaufen zu lassen, daß letztere durch den Stich in den Brustraum eindringt. FREVERT [1957] macht jedoch darauf aufmerksam, daß dies höchstens bei Frischlingen und geringen Überläufern praktikabel sei, da selbst der kräftigste Mann dem Anprall eines annehmenden stärkeren Stückes Schwarzwild unmöglich standhalten könne. Und FRIESS [1963] weist darauf hin, daß ein annehmendes Stück Schwarzwild seinen Wurf dicht über dem Erdboden habe und somit durch den Kopf den Stich vollkommen verdecke, daß also das genannte Rezept gar nicht zu verwirklichen sei. In aller Regel wird man sich also mit der Saufeder auf das oben genannte Abfangen beschränken müssen.

Haben sehr scharfe und absolut zuverlässige Hunde in genügender Zahl ein Stück Schwarzwild sicher gebunden, kann ein erfahrener Jäger auch mit dem Hirschfänger oder (besser) mit dem breiteren und dadurch besser öffnenden und nicht so knochengierigen Waidblatt abfangen. Hierin unerfahrene Jäger sollten das jedoch unterlassen, da es nicht ungefährlich ist. Letzteres gilt selbstverständlich erst recht für ein Abfangen mit dem Nicker, wenn auch nicht verschwiegen sei, daß ich in meiner Jugend einen bärenstarken, mit Schwarzwild ganz besonders erfahrenen Forstbeamten gekannt habe, der selbst mittelstarke Sauen noch mit dem Nicker abfing. War ein krankes Stück von seinen Hunden in der Dickung gestellt, ging er heran, reizte die Sau bis sie ihn annahm, sprang im letzten Moment zur Seite, brachte die Sau durch einen ganz besonderen Trick zu Fall, warf sich auf sie und fing sie mit dem blitzschnell gezogenen Nicker mit Herzstich ab. Dazu gehört zweifellos ein großes Maß an Kraft, Erfahrung und Mut. Nur allzu leicht kann ein derartiger Versuch eines Unerfahrenen im Krankenhaus enden. Die Tricks sollen hier deshalb im einzelnen lieber nicht beschrieben werden.

Alle vorgestellten Schützen haben unbedingt so lange auf dem ihnen zugewiesenen Stand zu verbleiben, bis entweder das Signal »Sau tot« das erfolgreiche Ende der Nachsuche anzeigt oder bis sie abgeholt oder abgerufen werden. Ein vermeintlicher Fangschuß darf keinesfalls zum Verlassen des Standes verleiten. Allzu oft geht gerade in der Dickung ein Fangschuß fehl oder führt zumindest nicht zum vollen Erfolg, so daß die Nachsuche keineswegs beendet ist. Auch ein sich aus der umstellten Dickung entfernender Hetzlaut darf nicht übereilt gedeutet werden. Denn es ist durchaus möglich, daß ein Hund auf ein gesundes Stück Schwarzwild oder gar ein Stück einer anderen Wildart gestoßen ist und dieses vorübergehend hetzt, bis er zu seinem Führer zurückkehrt. Falsches Verhalten einzelner Teilnehmer kann nicht nur zum Scheitern der Nachsuche, sondern auch zu schwersten Unfällen führen!

Waffen, Munition und Zubehör

Nach dem deutschen Bundesjagdgesetz in der seit dem 1. April 1977 geltenden Fassung müssen Büchsenpatronen zur Verwendung auf Schwarzwild ein Mindestkaliber von 6,5 mm und eine Auftreffenergie auf 100 m (E_{100}) von mindestens 2000 Joule (also 200 mkg der früheren Maßeinheit) aufweisen. Welche Büchsenkaliber und welche Laborierungen demnach in Frage kommen, läßt sich aus den ballistischen Tabellen aller einschlägigen Fachbücher und Kataloge entnehmen. In manchen anderen Ländern gelten ähnliche gesetzliche Bestimmungen. Wo es keine diesbezüglichen Vorschriften gibt, sollte man trotzdem zum eigenen Nutzen gewisse Mindestanforderungen an die zur Saujagd verwendeten Patronen stellen.

Die durch solche Mindestanforderungen gezogenen Grenzen sind jedoch außerordentlich weit. Für ihre Ausfüllung verbleibt dem einzelnen Jäger ein weiter Spielraum. Einige Gedanken und praktische Erfahrungen mögen dem noch wenig erfahrenen Schwarzwildjäger die Auswahl erleichtern.

Für die mitteleuropäischen Verhältnisse reichen die bei uns allgemein verbreiteten Standardlaborierungen der Kaliber 6,5 mm bis 8 mm für die meisten Zwecke vollkommen aus. Die 7 mm- und 8 mm-Kaliber haben sich seit langem bestens bewährt. Die Kaliber 6,5 × 57 (R) und 6,5 × 68 (R) haben erst neuerdings einen größeren Siegeszug angetreten, desgleichen einige amerikanische Kaliber, insbesondere .308 und .30/06.

Der Verfasser hat auf alle einheimischen Schalenwildarten ausgezeichnete Erfahrungen mit der 6,5 × 57 in der Laborierung mit dem 6 g-Geschoß gemacht. Selbst bei relativ schlechten Schüssen wurde noch mittelstarkes Wild häufig an den Platz gebannt. Die Fluchtstrecken waren in aller Regel deutlich geringer als bei größeren Kalibern. Weitere Vorteile sind die große Rasanz und der minimale Rückstoß. Nachteile sind der schon bei mittelstarkem Wild häufig fehlende Ausschuß, die leichte Ablenkbarkeit beziehungsweise Zerlegbarkeit des Geschosses an Hindernissen und die oft beträchtlichen Blutergüsse auf der Einschußseite. Zwar kann man diese Nachteile durch eine andere Geschoßwahl mehr oder minder stark verringern, doch gehen dann teilweise auch die genannten großen Vorteile verloren.

Auch in den etwas stärkeren Kalibern gibt es keine Laborierungen, die alle Vorteile in sich vereinen. Viele Jäger loben die gute Wirkung der Teilmantel-Rundkopfgeschosse auf das Wild, doch ergeben diese Geschosse bei stärkeren Stücken oft keinen Ausschuß, somit auch nicht die für eventuelle Nachsuchen so wichtige Schweißfährte. In dieser Hinsicht günstiger sind einige neuere Geschoßkonstruktionen, so etwa die H-Mantel-Geschosse und die ihnen ähnlichen Nosler-Geschosse. Eine hervorragende neuere Entwicklung ist das ABC-Geschoß. Nach den eigenen Erfahrungen des Verfassers mit diesem Geschoß in den Kalibern 7 × 64 und 8 × 68 S ergab sich in fast allen Fällen ein Ausschuß, und die Ablenkungs- und Zerlegungsgefahr an Zweigen usw. war extrem gering. Damit empfiehlt sich dieses Geschoß gerade für die Jagd im Walde, für den Schwarzwildansitz am hohen Getreide usw. Andererseits schien dem Verfasser die an den Platz bannende Wirkung dieses Geschosses etwas geringer zu sein, als bei einigen anderen Laborierungen, so daß es in manchen Fällen Fluchtstrecken gab, auf

denen jedoch fast stets sehr reichlich Schweiß lag, so daß die Schweißfährte mit den Augen gut zu verfolgen war, auch ohne Schnee und auf ungünstigem Untergrund.
Für die altherkömmlichen Saujagden, bei denen auf das flüchtige Wild meist schlechter geschossen wird, sollte man eher das stärkere Kaliber mit einem Geschoß wählen, das auch bei geringen Flugbahnhindernissen nicht so leicht abgelenkt wird und mit großer Sicherheit einen Ausschuß ergibt. Die bewährtesten Saujagdpatronen sind wohl nach wie vor die 9,3 × 62 beziehungsweise die 9,3 × 74 R. Vor allem letztere wird zu Saujagden sehr viel in Doppelbüchsen geführt.
Wer Gelegenheit hat, auf das starke Schwarzwild Ost- und Südosteuropas zu jagen, wird auch für Pirsch und Ansitz zu diesen größeren Kalibern oder zu sonstigen stärkeren Patronen, z. B. 8 × 68 S, greifen. Der Verfasser hat auf starkes Schalenwild auch ausgezeichnete Erfahrungen mit der .300 Weatherby Magnum gemacht, der die .300 Winchester Magnum sehr ähnlich ist.
Welchen Gewehrtyp man wählt, hängt nicht zuletzt von den Jagdgelegenheiten ab. Weitaus am meisten verbreitet ist in Mitteleuropa zweifellos die Repetierbüchse, die es in allen Jagdkalibern in erstklassigen Ausführungen gibt. Sie ist sicherlich nicht nur wegen ihres relativ günstigen Preises beliebt, sondern auch wegen ihrer durchweg hervorragenden Schußpräzision, ihrer Robustheit, ihrer Funktions- und Handhabungssicherheit und noch einiger anderer waffentechnischer Vorteile. Wer eine gute Repetierbüchse besitzt und mit ihr vertraut ist, kann sie vorteilhaft für alle Arten der Schwarzwildbejagung verwenden.
Letzteres gilt auch für kombinierte Waffen. Gerade die Besitzer von Büchsflinten und Drillingen, die mit ihrer Waffe das Flüchtigschießen vom Niederwild her gewöhnt sind, kommen oft auf Drückjagden besonders gut zurecht.
Nur wer wirklich oft an großen Hochwildjagden oder speziellen Saujagden teilnimmt, sollte sich hierfür eventuell eine Spezialwaffe zulegen. Früher gehörte es vielfach zum guten Ton unter Hochwildjägern, hierfür eine Doppelbüchse in schwerem Hochwildkaliber zu besitzen. Heute werden zwar auch noch beziehungsweise wieder erstklassige Doppelbüchsen gebaut, doch sind sie recht teuer und haben neben ihren Vorteilen auch nicht zu übersehende waffentechnische Nachteile, die gerade durch die Verbindung von zwei Kugelläufen entstehen.
Bei manchen waffentechnisch modern eingestellten Jägern gilt deshalb die Selbstladebüchse als Nachfolgerin der Doppelbüchse. Allerdings gibt es erst seit sehr wenigen Jahren Selbstladebüchsen, die in ihrer ganzen Ausführung dem Geschmack der Jäger im deutschsprachigen Raum entsprechen. Die Abzugscharakteristik ist bei den Selbstladebüchsen durchweg ungünstiger als bei den anderen genannten Büchsenkonstruktionen. Das mag dazu beigetragen haben, daß sich die Selbstladebüchse bislang noch nicht recht hat durchsetzen können. Für die Zukunft kann ihr aber wohl eine größere Verbreitung vorausgesagt werden.
Bei den waffentechnischen Nachteilen der Doppelbüchsen und der günstigen Entwicklung der Selbstladebüchsen, wird die Doppelbüchse auch in der Zukunft möglicherweise nur geringe Verbreitung erfahren. Eine andere Laufkombination hat dagegen für die Hochwildjagd eine unbestreitbare Bedeutung: der Doppelbüchsdrilling. Er hat zwar auch die waffentechnischen Nachteile, die zwei Kugelläufe in einer Waffe mit sich

bringen. Diese Nachteile werden aber in gewisser Weise dadurch ausgeglichen, daß man hier im Gegensatz zu Doppelbüchse oder Selbstladebüchse einen Schrotschuß zur Verfügung hat. Meist werden ja bei Hochwildjagden auch Füchse, gelegentlich sogar Hasen freigegeben. Dann ist der Schrotlauf von großem Vorteil. Nach jahrzehntelanger Pause werden seit einigen Jahren endlich wieder Doppelbüchsdrillinge angeboten. Die Preise liegen allerdings zwangsläufig sehr hoch. Eine solche Waffe wird sich also nur derjenige zulegen, der sehr häufig Gelegenheit hat, an Hochwildjagden teilzunehmen. Er wird den Doppelbüchsdrilling dann als Krone seiner Ausrüstung für die Hochwildjagd betrachten.

Neben Büchsengeschossen muß in einem Buch über Schwarzwild auch des *Flintenlaufgeschosses* gedacht werden. Seine Bedeutung ist zwar nicht so groß, wie sie gelegentlich hingestellt wird. Der Verfasser hat bei einer Gesamtstrecke von etlichen hundert Stücken Schalenwild bislang nur ein einziges mit Flintenlaufgeschoß erlegt, und auch aus unmittelbarer Anschauung ist ihm kein weiterer Fall bekannt. Für größere Saujagden – insbesondere in Ländern, in denen gezogene Läufe nicht zugelassen sind – hat das Flintenlaufgeschoß dennoch eine Berechtigung. Seine Hauptbedeutung dürfte es bei Nachsuchen gewinnen. Nicht selten wird der Hundeführer von krankgeschossenen Sauen angenommen, wenn er ihnen in der Dickung zu nahe kommt. Der erste Schuß kann leicht fehl gehen. Für einen zweiten Schuß ist die Repetierbüchse in einer solchen Situation nicht immer schnell genug. Büchsflinte oder Drilling, in den Schrotläufen mit Flintenlaufgeschoß geladen, sind hier unter Umständen günstiger.

Wer aus seiner Waffe Flintenlaufgeschosse verwenden will, sollte auf jeden Fall zunächst eine entsprechende Erprobung auf dem Schießstand vornehmen. Denn keineswegs jeder Schrotlauf verschießt diese Geschosse mit ausreichender Präzision. Wer diesbezüglich keine Erfahrung hat, kann auf der Scheibe Wunder erleben! Selbst wenn ein Schrotlauf überhaupt eine befriedigende Leistung mit diesen Geschossen aufweist, reicht sie meist nur bis zu 35 oder 40 m, nur bei wenigen Schrotläufen bis 50 m. Damit ist auch die äußerste empfehlenswerte Schußentfernung für diese Geschosse umrissen.

Für die bei Nachsuchen meist in Frage kommende Schußentfernung von wenigen Metern ist die Aufhaltekraft der Flintenlaufgeschosse ausgezeichnet, was bei annehmenden Sauen lebensrettend sein kann. Gering ist dagegen die Flugbahnstabilität. Da in dieser Beziehung in Jägerkreisen oft gegenteilige Meinungen verbreitet sind, sei aus Gründen der Unfallverhütung eine entsprechende Angabe aus dem maßgeblichen Werk von LAMPEL [1971] wörtlich wiedergegeben: »Besonders leicht werden Flintenlaufgeschosse aus ihrer Flugbahn abgelenkt ... Streift ein Flintenlaufgeschoß auch nur schwach an einem Ast, an Baumrinde oder sonstwie an, schon kann starke Ablenkung eintreten. Es pendelt dann verstärkt und kann, zumal bei wiederholtem Anstreifen oder Aufsetzen, eine ganz andere Zielrichtung annehmen ... Es zerlegt sich nicht, behält sein volles Gewicht und büßt daher an seiner Auftreffenergie nur wenig ein, so daß es abgelenkt noch großes Unheil anrichten kann.« Dabei ist zu bedenken, daß die Höchstreichweite, also der Gefahrenbereich, der Flintenlaufgeschosse bis zu 1400 m beträgt! Ein großer Vorteil kann dagegen die Nichtzerlegung sein, wenn bei Nachsuchen in der Dickung durch Zweige hindurchgeschossen werden muß, wobei leicht zerlegende Geschosse u. U. die Hunde gefährden könnten.

Der Schrotschuß auf Schwarzwild gilt im deutschen Sprachraum und in den ost- und südosteuropäischen Ländern wegen seiner unzuverlässigen Wirkung als nicht waidgerecht. In den meisten dieser Länder ist er auch gesetzlich verboten. In anderen europäischen und außereuropäischen Ländern ist er dagegen erlaubt und verbreitet oder gar ausschließlich üblich. Ist man dort aus gesetzlichen oder anderen Gründen als Gast gezwungen, ausschließlich glatte Läufe zur Schwarzwildjagd zu benutzen, sollte man nach Möglichkeit Flintenlaufgeschosse verwenden. Ist auch dieses aus irgendwelchen Gründen nicht möglich, sollte man wenigstens die stärksten Posten nehmen und sich auch damit auf geringe Sauen und die maximale Schrotschußentfernung von etwa 40 m beschränken! Die stärksten im Handel befindlichen Posten sind wohl die amerikanischen »Buckshot«, die in ihrer stärksten Ausführung im Kaliber 12 gerade 9 Posten von jeweils etwa 8 mm Durchmesser enthalten.

Wichtig für winterliche Jagden, ganz besonders für Nachsuchen in verschneiten Dickungen oder sonstigem schwierigen Gelände, ist ein *Mündungsschoner,* der zuverlässig das Eindringen von Schnee oder anderen gefährlichen Dingen in den Lauf verhindert. Schon mancher schwere Unfall ist dadurch entstanden, daß derartige Hindernisse im Lauf zu Waffensprengungen geführt haben!

Für die Pirsch- und Ansitzjagd auf Schwarzwild ist auch ein gutes *Zielfernrohr* wichtig. Da gerade auf Schwarzwild sehr oft bei schlechten Lichtverhältnissen geschossen werden muß, sollte es eine möglichst hohe Dämmerungsleistung aufweisen. Für die reine Ansitzjagd haben sich sehr die Zielfernrohre 8 × 56 bewährt, als Standardzielfernrohre für unterschiedliche Zwecke solche mit vier- oder sechsfacher Vergrößerung. Wer sein Zielfernrohr gleichermaßen für Pirsch und Ansitz, eventuell sogar aus Altersgründen auch zum Flüchtigschießen verwenden will, kann heute zu einem Zielglas mit variabler Vergrößerung greifen. Stets sollte er jedoch ein erstklassiges Markenfabrikat wählen, da er sonst bittere Enttäuschungen erleben kann! Bei der Auswahl des Absehens ist wiederum an das Schießen bei schlechtem Licht zu denken. Hierfür haben sich am meisten die Absehen 1 und 4 bewährt.

Schließlich muß noch etwas zur Verwendung von *Faustfeuerwaffen* gesagt werden. Zwar gelten sie in den europäischen Ländern zur eigentlichen Bejagung des Wildes als ungeeignet und als nicht waidgerecht. Für den Fangschuß und damit überhaupt für Nachsuchen bieten sie dagegen wesentliche Vorteile. Für den Hundeführer können sie hier u. U. lebensrettend sein. SNETHLAGE [1982] schreibt hierzu: »In sehr engen Dickungen ist die Büchse nur hinderlich. Unbewaffnet ist der Jäger aber auch hilflos, wenn er die kranke Sau auf einige Schritte vor sich hat oder gar angenommen wird. Da ist eine Pistole mit großem Kaliber eine gute Aushilfe, wenn man mit ihr umzugehen versteht. Man trägt sie geschützt im Futteral, sie ist nicht im Wege und man ist im geeigneten Augenblick doch eher schußfertig, als wenn man die Büchse erst von Schnee reinigen muß oder der verstopfte Lauf einem womöglich um die Ohren fliegt.« Ähnlich hatte sich in der allerersten Schwarzwildmonographie bereits KIESSLING [1925] ausgedrückt: »Bei der Nachsuche verbietet sich jedoch in Dickungen, namentlich bei Schneeanhang, nicht selten auch der Gebrauch der Büchse, weshalb es angebracht ist, für solche Fälle eine selbsttätige Pistole mitzuführen. Sie muß aber, um gründlich zu wirken, schweres Kaliber, also 9 mm, aufweisen.«

Nach dem deutschen Reichsjagdgesetz von 1934 und der ersten Fassung des ihm folgenden Bundesjagdgesetzes von 1952 war jegliche Verwendung von Faustfeuerwaffen auf Schalenwild verboten. Es gab zwar damals eine Reihe von Schweißhundführern, die dieses Verbot sehr bedauerten, bei Nachsuchen auf Schwarzwild sicherheitshalber eine Faustfeuerwaffe mitführten und gegebenenfalls unter Berufung auf übergesetzlichen Notstand auch davon Gebrauch machten. Im großen und ganzen geriet jedoch diese Verwendung der Faustfeuerwaffe über Jahrzehnte in Vergessenheit. Erst auf das immer stärkere Drängen aus Kreisen der Jägerschaft wurde in der seit dem 1. April 1977 geltenden Fassung des Bundesjagdgesetzes der Fangschuß mit der Faustfeuerwaffe ausdrücklich zugelassen, wenn die Mündungsenergie der Geschosse mindestens 200 Joule beträgt.

Diese vom Bundesjagdgesetz geforderte Mindestenergie wird gerade eben von den in Jägerkreisen weit verbreiteten Selbstladepistolen im Kaliber 7,65 mm Browning erreicht. Für den Fangschuß auf Schwarzwild sind diese kleinen Vollmantelgeschosse jedoch erfahrungsgemäß vollkommen ungenügend. Speziell für Nachsuchen auf Sauen sollte man wesentlich stärkere Faustfeuerwaffen verwenden. Sowohl aus waffentechnischen Gründen als auch wegen der für diese Zwecke günstigeren Munition empfehlen sich am meisten gute double action-Revolver der Kaliber .38 Special und besonders .357 Magnum. Selbst in letzterem Kaliber gibt es heute bereits erstklassige Revolver im Taschenformat. Zwar gibt es noch deutlich stärkere Faustfeuerwaffen, doch sind diese wegen ihres überaus harten Rückstoßes nur für ausgesprochene Spezialisten im Umgang mit diesen Superkalibern zu empfehlen. Als Faustfeuerwaffenmunition für Fangschüsse auf Schalenwild kann man vorteilhaft Teilmantel-, Vollmantel- oder Bleigeschosse mit abgeplatteter Spitze und Scharfrand (sog. semiwadcutter) verwenden, und zwar in der stärksten, für die jeweilige Waffe zulässigen Laborierung.

Die spezielle blanke oder kalte Waffe für Schwarzwild ist die *Saufeder*. Ihre Blüte war zur Zeit der großen Meutejagden, wo sie zum Abfangen der von den schweren Packern gedeckten Sauen diente. Heute findet man sie in der jagdlichen Praxis nur noch selten. Dennoch sei sie als spezielle Schwarzwildwaffe besprochen. Ihre Gesamtlänge beträgt etwa 2 m. Auf einem Eschenschaft sitzt die hohl geschmiedete Klinge, in deren Hülse der Schaft hineinragt. Das Blatt läuft spitz zu und ist an beiden Seiten oder (besser) kreuzweise vierschneidig scharf. Am hinteren Ende der Klinge befindet sich eine mit Lederriemen befestigte Parierstange (Knebel) aus Hirschhorn, ganz zünftig aus der Stange eines Rot- oder Damspießers. Der Schaft ist kreuzweise mit Lederriemen umwickelt, um ein Abgleiten der Hände zu verhindern.

Unter Umständen können auch – wie bereits beschrieben – Hirschfänger und Waidblatt zum Abfangen von Sauen eingesetzt werden. Zum Lüften und Aufbrechen dient wie bei anderem Schalenwild der Nicker. Zum Öffnen des Schlosses kann man bei stärkeren Stücken vorteilhaft das Waidblatt oder eine Säge, eventuell auch ein Beil verwenden.

Der Fang des Schwarzwildes

Vor Einführung der Schußwaffen war der Fang eine wichtige Methode der Wildschweinjagd. Fallen der unterschiedlichsten Art, Fallgruben und die dem Prinzip nach heute noch gebräuchlichen Saufänge dürften dafür in Gebrauch gewesen sein.

Daß auch in neuerer Zeit unter Ausnahmeverhältnissen der Schwarzwildfang in freier Wildbahn eine Bedeutung erlangen kann, hat sich in den ersten Jahren nach dem zweiten Weltkrieg gezeigt, als einerseits das Schwarzwild sich mancherorts in geradezu katastrophaler Weise übervermehrt hatte, andererseits die Jäger wegen des damaligen Waffenverbots seitens der Siegermächte zu einer regulären Bejagung nicht in der Lage waren. Zwangsläufig befaßte man sich wieder mit dem Fang als derzeit einzigem Mittel der Bejagung. Nach einem Aufruf der Allgemeinen Forstzeitschrift beschrieb KLIETSCH [1948] Anlage und Betrieb von Saufängen, HARNACK [1948] und KLINGELHÖFER [1948] nahmen dazu Stellung und SIEBOLD [1949] faßte in einem »Beitrag zur gegenwärtigen Wildschweinplage« die damalige Situation einschließlich der damaligen »Bekämpfungsmaßnahmen« zusammen. Trotz der Not der Zeit scheint der Fang nicht sonderlich erfolgreich gewesen zu sein. SIEBOLD teilt mit, daß nach einem Streckenbericht der Landesforstverwaltung Hessen von 10 549 Sauen nur 609, also rund 6%, in Saufängen gefangen worden seien. Die weit überwiegende Strecke wurde mit den wenigen, von den Besatzungsbehörden ausgegebenen Gewehren erzielt.

In der Bundesrepublik Deutschland ist es nach § 19 Abs. 1 Nr. 7 des BJG verboten, »Saufänge, Fang- oder Fallgruben ohne Genehmigung der zuständigen Behörde anzulegen.« In anderen Ländern gelten ähnliche gesetzliche Beschränkungen.

Während der Fang von Schwarzwild in freier Wildbahn heute in normalen Zeiten keinerlei Bedeutung mehr hat, wird in Gehegen nach wie vor ein Lebendfang betrieben. Dabei kann man grob folgende Zweckbestimmungen unterscheiden:

- Fang zur Markierung, Untersuchung, Behandlung, Impfung o. ä. mit anschließender sofortiger Freilassung,
- Fang zur zeitweisen Verwahrung in einem Aufbewahrungsgatter (Hegegatter) für die Dauer der Gesellschaftsjagden und anschließender Wiederfreilassung,
- Fang zum Lebendverkauf an oder Tausch mit anderen Gehegen, in seltenen Fällen zur Aussetzung in der freien Wildbahn.

Soweit juristische Fragen berührt werden, sind selbstverständlich die jeweils zutreffenden, von Land zu Land unterschiedlichen gesetzlichen Bestimmungen über Fang, Ein- und Ausfuhr, Lebendversand und Aussetzen von Wild zu beachten, vor allem auch die veterinärpolizeilichen Vorschriften.

Zum Einfangen des ganzen Bestandes und seiner Sortierung vor Beginn der Gesellschaftsjagden eignen sich besonders die bereits mehrfach erwähnten Fangfütterungen, wie sie im Forstamt Thiergarten gebräuchlich sind. Es handelt sich dabei um Futterhäuser, in die das Wild hineinwechseln kann und in denen die Fütterung vorgenommen wird. Die Einlaßöffnungen sind gerade so hoch, daß auch das stärkste Stück Schwarzwild ohne Schwierigkeiten hindurchwechseln kann. Durch Falltore können sie schlagartig geschlossen werden. Die Auslösung der Falltore erfolgt, sobald genügend viele Sauen oder die richtigen Stücke im Haus sind. Von erhöhten Stegen aus kann das Wild mittels langer Stangen in kleinere Unterabteilungen beziehungsweise in Laufgänge getrieben werden. Nach Vereinzelung oder weiterer Sortierung können die gefangenen Stücke behandelt oder in den zum Aufbewahrungsgehege führenden Laufgang gedrückt werden. Die behandelten oder mitgefangenen unerwünschten Stücke werden wieder entlassen. So kann nach und nach der gesamte Bestand gefangen und behandelt oder sortiert werden. Die Störung des Wildes ist bei dieser Methode relativ gering, weil die Sauen die Futterhäuser aus der ganzjährigen Fütterung als positive Örtlichkeiten kennen.

Ähnlich kann man nicht überdachte Futterkrale anlegen, in denen ganzjährig gefüttert wird und die ebenfalls durch Falltore schlagartig verschließbar sind. Die Auslösung erfolgt zweckmäßigerweise von einem Hochsitz aus, von dem man sowohl das Innere des Krals als auch seine Umgebung einsehen kann. Das Sortieren erfolgt hier, indem man die in den birnenförmigen Kral eingeschlossenen Stücke in immer kleinere Abteilungen treibt, in denen man sie schließlich einzeln hat und sie nun behandeln oder in eine Transportkiste, einen Laufgang oder zurück in die Freiheit entlassen kann.

Solche Fangfütterungen kann man in den unterschiedlichsten Größen und Variationen anlegen oder auch – wie z. B. in Stammham geschehen – als transportable Fänge gestalten. Sollen gezielt bestimmte Stücke oder Rotten gefangen werden, ist die Auslösung der Falltore bei direkter Beobachtung vorzunehmen. Ansonsten kann man eine Trittauslösung installieren, mit deren Hilfe ein automatischer Fang erfolgt.

Zur Handhabung stärkerer und keineswegs ungefährlicher Sauen im Fang kann man sich heute vorteilhaft der medikamentösen Immobilisation mittels Narkosegewehr bedienen. Allerdings sind dafür erhebliche Kenntnisse und Erfahrungen Voraussetzung, soll diese Methode erfolgreich und ohne Wildverluste praktiziert werden. Sie sollte deshalb ausschließlich solchen Personen vorbehalten bleiben, die eine einschlägige Ausbildung genossen und unter Anleitung einige Erfahrung in der Handhabung dieser Mittel gesammelt haben.

Neu und hoffentlich nur von vorübergehender Wichtigkeit ist die Absicht, in Gebieten, die durch Schweinepest gefährdet sind, im Mai und Juni ganz geringe, noch gestreifte Frischlinge wegzufangen. Hierfür sind aufgrund früherer Erfahrungen [STUBBE et al. 1984] transportable Drahtkäfige mit automatischer Fangvorrichtung konstruiert worden. Die Einlaßöffnung ist so dimensioniert, daß nur diese geringen Frischlinge hineinkönnen. Beködert werden diese Fallen mit Mais, bei dessen Aufnahme ein Mechanismus ausgelöst wird, der das Zufallen des Eingangstores bewirkt.

Sau tot

Aus: Die deutschen Jagdsignale.

Versorgung, Verwertung und Beurteilung erlegten Schwarzwildes

Schwarzwildbret als hochwertiges Nahrungsmittel

Alles Wildbret gilt als besonders hochwertiges Nahrungsmittel. Sowohl qualitativ als auch geschmacklich ist es aufgrund der naturgemäßen Ernährung des Wildes, seiner vielfältigen Bewegung und artgerechten Lebensweise dem Fleisch des Hausviehs weit überlegen, ganz besonders dem Fleisch aus moderner Massentierhaltung. Seit jeher wird es geradezu als Diätkost empfohlen.
Als ganz besonders delikat gilt das Wildbret vom Schwarzwild. Von den meisten Kennern wird es dem Wildbret aller anderen Schalenwildarten vorgezogen. Daß sich dies im Wildbretpreis (noch) nicht widerspiegelt, dürfte im wesentlichen daran liegen, daß vor allem bei Nichtjägern Hirschbraten und Rehrücken als Inbegriff kulinarischer Genüsse gelten, Wildschwein aber – wohl in Parallele zum Hausschwein – als etwas Gewöhnliches.
Eine der wichtigsten Voraussetzungen für volle Qualität und Schmackhaftigkeit des Wildbrets ist eine schonende Gewinnung. In diesem Zusammenhang sind Erkenntnisse wichtig, über die K. Nentwich [1992] nach experimentellen Untersuchungen in Zusammenarbeit mit der Leipziger Universität berichtet hat. Sie hat dabei die Erlegung auf Ansitzjagd (ohne Streß für das Wild) und Drückjagd (mit Streß) simuliert. In Zusammenfassung der Ergebnisse der Drückjagdsimulation schreibt sie: »Die Folge ist eine nachweisliche Qualitätsminderung des Produktes, was in der stark verminderten Haltbarkeit des Fleisches und damit eingeschränkten Verwendbarkeit in der Verarbeitung sowie Einbußen im Geschmack seinen Ausdruck findet. ... Die weitestgehende Vermeidung von Streßsituationen trägt wesentlich zur Erhaltung der qualitätsbestimmenden Eigenschaften des hochwertigen Produktes ›Wildbret‹ bei«. Sie meint, daß man zwar auf Drückjagden nicht gänzlich verzichten könne, diese aber mit möglichst wenig Streß für das Wild durchführen solle.
Das moderne Konzept richtig durchgeführter Ansitzdrückjagden dürfte auch der schonenden Wildbretgewinnung entgegenkommen: Das Wild wird durch vorsichtige Beunruhigung weit weniger gestreßt, und die Schützen werden im großen und ganzen besser schießen, so daß das Wildbret nicht so sehr zerschossen wird und die Stücke ohne den zusätzlichen, meist besonders gravierenden Streß einer Nachsuche zur Strecke kommen. Über alle tierschützerischen, wildstandspfleglichen und jagdbetrieblichen Gesichtspunkte hinaus hat die Bejagungsart also auch erhebliche Auswirkungen auf die Qualität des gewonnenen Wildbrets.
Auch wenn das Wild zur Strecke gekommen ist, muß es weiterhin sehr sorgfältig behandelt werden, wenn es in jeder Hinsicht seine volle Qualität behalten soll. Das beginnt mit der Behandlung im Revier sobald der Erleger an das Stück herangetreten ist und setzt sich fort über den Transport und die Behandlung in der Wildkammer bis zur Zubereitung in der Küche.

Die Versorgung im Revier

Die Gefahr des Verhitzens und Verderbens ist beim Schwarzwild weit größer als bei den anderen Schalenwildarten. Erhöht wird diese Gefahr dadurch, daß Schwarzwild viel mehr als anderes Hochwild in den Sommermonaten erlegt wird, sogar an schwül-heißen Juli- und Augusttagen, an denen es auch nachts nur wenig abkühlt. Beim Schwarzwild ist deshalb nach der Erlegung eine möglichst baldige und korrekte Versorgung notwendig.

In aller Regel wird man Sauen unmittelbar am Erlegungsort aufbrechen. Nur wenn ein rasches Verbringen an einen Sammelplatz oder in die Wildkammer gewährleistet ist, kann man das Aufbrechen bis dahin aufschieben. Gegebenenfalls kann man erlegte Stücke für eine kurze Zwischenzeit lüften, indem man in der Mittellinie der Bauchwand einen langen Schnitt führt, der Schwarte, Weiß und Bauchfell teilt, so daß die sich zwischen dem Gescheide bildenden Gase entweichen können.

Beim Transport auf einem Wildwagen müssen die Sauen einzeln und luftig nebeneinander liegen, nicht etwa in einem großen Haufen übereinander. Bis zum Wildwagen hin kann man die Sauen ziehen, und zwar immer vorwärts, also mit dem Strich. Hat man keine Hilfsmittel, faßt man sie an einem bzw. mit zwei Personen an beiden Vorderläufen. Zweckmäßig ist es, dabei das Stück vorn anzuheben, da sonst das Gebrech immer wieder an Stubben, niedrige Pflanzen oder Bodenunebenheiten stößt und das Ziehen erschwert. Hat man einen kräftigen Strick, Gurt oder Riemen zur Verfügung, schlingt man diesen fest um das Gebrech und zieht die Sau jetzt leichter als an den Vorderläufen. Vorteilhaft ist es, wenn sich an dem Gurt ein Haken befindet, den man am Gebrech einhaken kann. Im Handel gibt es fertige Abschleppgurte mit unterschiedlichen praxiserprobten Haken. Ebenso nützlich sind kurze Stangen, die an einem Ende einen Haken, am anderen Ende einen Handgriff haben. Mit richtig befestigtem Strick bzw. Haken hebt man das Gebrech beim Ziehen automatisch an und kann sich die Arbeit so wesentlich erleichtern. Besonders bequem lassen sich die Sauen im Schnee ziehen. Außer bei sehr dicker Schneedecke ist vom Schleifen dann abzuraten, wenn man eine besonders schöne Winterschwarte oder von ihr den »Saubart« nutzen will. Im letzteren Fall ist sogar zu empfehlen, die Federn an Ort und Stelle, noch vor dem Abtransport, zu rupfen, wofür man sie jeweils einzeln oder in kleinen Büscheln herausreißt.

Geringe Frischlinge kann man allein tragen, stärkere Sauen mit mehreren Personen, indem zwei Träger je zwei Läufe oder vier Träger je einen Lauf fassen. Auch kann man jeweils die Vorder- und Hinterläufe zusammenbinden, zwischen diesen eine Stange hindurchschieben und so die Last auf die Schultern zweier Träger verteilen. Auch beim Tragen und Fahren sind die Sauen stets mit den Kopf voran zu transportieren. Bei Keilern ist in jedem Fall darauf zu achten, daß die Waffen nicht beschädigt werden.

Das Aufbrechen erfolgt im Prinzip genauso wie bei anderem Schalenwild, doch sind einige Besonderheiten zu beachten. Der Schlund braucht nicht verknotet zu werden, da im Gegensatz zu den Wiederkäuern kein Mageninhalt aus dem Schlund austreten und das Wildbret verschmutzen kann. Den Hals, der gelegentlich in Parallele zum Rotwild, jedoch bei den Sauen nicht besonders treffend, als Träger bezeichnet wird, braucht man deswegen nicht der Länge nach, sondern kann ihn auch quer aufschärfen, lediglich um Drossel und Schlund zu durchtrennen. Das Zwerchfell muß bis zur Trichinenschau wenigstens teilweise (Zwerchfellpfeiler) im Wildkörper verbleiben. An der Leber befindet sich die relativ große und gut sichtbare Gallenblase, die vorsichtig entfernt werden muß, damit keine Gallenflüssigkeit auf die Leber läuft und diese entwertet. Die Brandadern, also die großen Venen, die auf der Innenseite des Rückens am Becken liegen, werden durch mindestens 1 cm lange Schnitte geöffnet. Nach dem Aufbrechen oder – was praktischer ist – gleich zu Beginn schärft, schlägt oder sägt man entlang des Brustbeins den gesamten Brustkorb auf. Zumindest bei stärkeren Stücken wird die Schwarte zwischen Blättern und Rippen aufgeschärft, damit auch diese Partien gut auskühlen können. Sowohl diese Lüftungsschnitte als auch der Brustkorb und die Bauchdecke werden durch Hineinklemmen von Holzstückchen offen gehalten. Genauso werden die Keulen gespreizt.

In der Brusthöhle oder im Bauchraum befindlicher Schweiß muß entfernt werden. Am besten hängt man das Stück dafür mit dem Kopf nach oben auf. Ist das im Augenblick aus Gewichtsgründen nicht möglich, stellt man sich zwischen die Hinterläufe und richtet das Stück durch Hochziehen der Vorderläufe auf. Restlicher Schweiß, gegebenenfalls auch Magen- und Darminhalt, werden zunächst mit der bloßen Hand, später in der Wildkammer mit sauberen Tüchern herausgewischt und das Stück innen abgetrocknet. Wasser soll man nach alten Regeln nicht verwenden. In einer gut eingerichteten und gegen Fliegen gesicherten Wildkammer kann man aber auch ruhig klares Leitungswasser zum Auswaschen oder Ausspritzen aufgebrochenen Wildes verwenden. Das ist auf jeden Fall besser, als Verunreinigungen in der Bauchhöhle zu belassen. Das Wildbret sollte jedoch hinterher abgetrocknet werden.

Hat man das Stück im Revier aufgebrochen, muß es bis zum Abtransport an einem schattigen, möglichst etwas zugigen Platz aufgehängt oder abgelegt werden. Gegen Fliegen kann man es mit grünen Zweigen abdecken. In jedem Fall sollte es so bald wie möglich in der kühlen, zugigen und fliegensicheren Wildkammer zum endgültigen gründlichen Auskühlen aufgehängt werden. Dort bleibt es mindestens so lange hängen, bis es vollständig ausgekühlt ist, wofür man mindestens 24 Stunden rechnet, bei starken Stücken auch 36–48 Stunden. Nach den Erfahrungen von SNETHLAGE [1982] sollten Sauen, vor allem stärkere Stücke, zum Auskühlen mit dem Kopf nach unten aufgehängt werden.

Zunehmend besitzen gut eingerichtete Wildkammern einen Kühlraum, in dem das Wild aufgehängt und bis auf die geforderten 7°C heruntergekühlt werden kann. Für kleinere Privatreviere, für die solche Einrichtungen nicht lohnen, gibt es kleine transportable Kühlkammern für jeweils ein einziges oder einige wenige Stücke Schalenwild. Im Interesse der Wildbrethygiene sollte irgendeine solche Vorrichtung zur Verfügung stehen.

Wildbrethygiene

Das Fleisch des Schwarzwildes wird im wesentlichen der menschlichen Ernährung zugeführt. Es ist also ein Lebensmittel, und zwar ein überaus wohlschmeckendes und wertvolles. Entsprechend sorgfältig muß es behandelt werden.

Die Sorgfaltspflicht des Jägers beginnt bereits vor dem Schuß: Wild, das sichtlich krank oder unnatürlich abgekommen ist oder das sich auffällig verhält (fehlende Scheu vor Menschen, Fluchtunfähigkeit, unkoordinierte Bewegungen, unnormale Lautäußerungen usw.) sollte zwar bevorzugt erlegt, dann jedoch besonders kritisch betrachtet werden.

Auch eine sorgfältige Schußabgabe ist nicht nur aus jagdlichen und Tierschutzgründen wichtig, sondern auch im Hinblick auf die Wildbrethygiene. Das beginnt schon mit der Patronenwahl. Es gibt Geschosse, die im Wildkörper (von außen nicht sichtbar) gewaltige Hämatome verursachen und dadurch oftmals große Fleischpartien genußuntauglich machen. Diese Geschosse sollte man nicht verwenden. Aber selbstverständlich verursachen auch die anderen Jagdbüchsengeschosse mehr oder minder große Zerstörungen. Man sollte deshalb nach Möglichkeit den Schuß so anbringen, daß die wertvollen Bratenteile nicht betroffen werden. Am günstigsten ist (bei allem Schalenwild) der Schuß etwa eine Handbreit hinter das Blatt – selbst auf die Gefahr hin, die Leber zu beschädigen. Besonders nachteilig sind Weidwundschüsse, da durch sie das Gescheide mehr oder minder stark verletzt und Magen- und Darminhalt in der ganzen Bauchhöhle verteilt und zum Teil auch in das Fleisch hineingepreßt werden.

Vor dem Aufbrechen wird das erlegte Stück äußerlich gründlich betrachtet, ob es irgendwelche »bedenklichen Merkmale« (Räude, offene Knochenbrüche oder andere Verletzungen, die nicht durch die Erlegung verursacht sind, Eiterstellen, Geschwüre usw.) aufweist. Auch ist Schwarzwild, das äußerlich stark verunreinigt ist (z. B. durch Suhlen) vor dem Aufbrechen grob zu reinigen.

Beim Aufbrechen sind die inneren Organe einzeln und insgesamt auf bedenkliche Merkmale hin zu betrachten: ungewöhnliche Verfärbungen oder Gerüche, Fleckenbildung, Schwellungen, Vereiterungen, Geschwüre, Verwachsungen, nicht durch die Erlegung zu erklärende Blutungen u. ä.

Erlegtes Wild, bei dem die genannten oder andere »bedenkliche Merkmale« festgestellt worden sind oder bei dem diesbezügliche Zweifel bestehen, ist der amtlichen Fleischuntersuchung (amtlicher Tierarzt, Veterinäramt) zugänglich zu machen. Unabhängig davon muß jedes Stück Schwarzwild auf Trichinen untersucht werden. Dafür sind beim Aufbrechen die Zwerchfellpfeiler im Stück zu belassen. Da die Trichinose beim Menschen eine sehr schwere Erkrankung ist, dient die Trichinenuntersuchung der Gesundheit aller Personen, die von diesem Stück essen. In Ländern ohne Fleischbeschaupflicht sollte man Fleisch von Wild- oder Hausschweinen nur in voll durchgebratenem oder durchgekochtem Zustand essen!

Nach Beendigung des Aufbrechens muß das Stück auf eine Temperatur von +7° C heruntergekühlt werden. Das ist meist nur in einer entsprechenden Kühlkammer – wie schon im vorigen Kapitel beschrieben – zu erreichen.

Die rechtlichen Grundlagen zur Wildbrethygiene finden sich im Fleischhygienegesetz, in der Fleischhygieneverordnung und in der »Allgemeinen Verwaltungsvorschrift über die Durchführung der amtlichen Untersuchungen nach dem Fleischhygienegesetz«. BERT und HADLOK haben in ihrem vom Deutschen Jagdschutzverband (DJV) herausgegebenen Informationsheft (1995) diese Vorschriften praxisgerecht zusammengestellt und anhand vieler Fotos erläutert. Ausführliche Darstellungen hat KUJAWSKI

(1992) in seinem Buch »Wildbrethygiene – Fleischuntersuchung« (Versorgen, Verwerten, Trophäenbehandlung) gegeben.

Zerwirken und Zerlegen

Das Zerwirken und Zerlegen erfolgt – wenn irgend möglich – in der entsprechend eingerichteten und ausgerüsteten Wildkammer, und zwar frühestens nach vollständiger Auskühlung des Stückes.

Bei sehr kleinen Frischlingen kann man nach E. HORN [1995] die noch zarte Schwarte am Braten belassen. Für diesen Fall empfiehlt die Autorin, die Borsten mit einem glühenden Eisen abzusengen. Alle anderen Stücke müssen abgeschwartet werden. Im Gegensatz zum sonstigen Haarwild läßt sich die Sauschwarte nicht abziehen, sondern muß Schnitt um Schnitt abgeschärft werden. Soll eine schöne Winterschwarte genutzt werden, ist darauf zu achten, daß sie nicht eingeschnitten wird und daß auch die Haarwurzeln in der Schwarte bleiben. Die Schnittrichtung ist dann also mehr zum Kern hin zu führen.

Hat ein Stück Schwarzwild auf den Wildbretteilen dicke Schichten Weiß (Fett), so wird man zunächst diese entfernen. Anschließend wird das Stück in die einzelnen Teile zerlegt. Zunächst trennt man Blätter, Keulen, Rippen einschließlich Dünnungen, und Kopf ab. Das verbleibende Stück kann man unterschiedlich aufteilen. Trennt man nur den sehr kurzen Hals (Genick) ab, behält man ein langes Rückenstück übrig, das man gegebenenfalls ein- oder mehrfach unterteilen kann. Vielfach wird aber auch der Hals einschließlich des vorderen Rückenstückes (Widerrist) abgetrennt. Zwecks Platzersparnis beim Einfrieren kann man aus den Keulen die Knochen herauslösen. Selbstverständlich kann man die Bratenteile, vor allem bei stärkeren Stücken, auch gleich noch weiter zerlegen und Filets, Schnitzel usw. daraus schneiden. Das empfiehlt sich vor allem dann, wenn das Wildbret portionsweise eingefroren wird. Soll der Kopf nicht insgesamt genutzt werden, löst man wenigstens die Zunge und die dicken Backenmuskeln ab. Will man den Bregen (Gehirn) haben, muß man den Schädel aufsägen oder aufschlagen.

Für die gewichtsmäßige Aufteilung allen Schalenwildes gilt die grobe Faustregel, daß der Rücken ein Sechstel, die beiden Keulen je ein Sechstel, die beiden Blätter zusammen ein Sechstel, das gesamte Kochfleisch ein Sechstel und der für die Ernährung im wesentlichen nicht verwertbare Rest ebenfalls ein Sechstel des Gesamtgewichts (aufgebrochen und ausgeschweißt) wiegt.

Spezielle Erhebungen hinsichtlich eines Wildbret-Verteilungsschlüssels für Schwarzwild hat G. GENDRICH [1978] veröffentlicht. Seine wichtigsten Ergebnisse werden in der nachfolgenden Tabelle zusammengestellt. In der ersten Spalte sind die von ihm unterschiedenen Wildteile aufgeführt. In der zweiten Spalte sind die von ihm ermittelten durchschnittlichen Gewichtsanteile zusammengestellt, wozu bemerkt sei, daß sich in den unterschiedlichen Altersklassen keine wesentlichen Abweichungen ergaben. Die dritte Spalte ist dann von Bedeutung, wenn bei einem kiloweisen Verkauf der unterschiedliche Wert der einzelnen Teile berechnet werden muß. Der Wildmarktpreis bezieht sich ja stets auf das ganze, aufgebrochene und ausgeschweißte Stück, also einschließlich der nicht verwertbaren Teile. Und auch das Wildbret muß sehr unterschiedlich veranschlagt werden, je nachdem, von welchen Körperpartien es stammt. Die in der dritten Spalte unter dem Stichwort »Verrechnungsgrundlage« aufgeführten Prozentwerte beziehen sich auf den Kilopreis des ganzen Stückes. Ist also für das ganze Stück ein Kilopreis von € 5,00 bezahlt worden, so würde sich für die Keulen ein Kilopreis von € 9,25, für die Rippen dagegen nur ein Kilopreis von € 3,75 ergeben. Der Wert der Schwarte kann sehr variieren.

Gewichts- und Wertverhältnisse beim Schwarzwild nach GENDRICH

Wildteil	Gewichtsanteil in %	Verrechnunsgrundlage in % (abgerundet)
Rücken	16,3	165
Keulen	24,0	185
Blätter	16,9	80
Genick	4,7	80
Rippen	13,4	75
Kopf	7,4	15
Schwarte	17,3	3

Wird, z. B. bei Sommersauen, die Schwarte fortgeworfen und auch der Kopf nicht genutzt, müßte der Preis für die Bratenteile geringfügig erhöht werden. Andererseits kann der Kilopreis für den Rücken geringfügig gesenkt werden, wenn der Hals am Rücken verbleibt. Hinsichtlich des Arbeitsaufwandes schreibt GENDRICH: »Soll die mit dem Zerwirken des Schwarzwildes verbundene, zumeist zeitraubende Arbeit berücksichtigt werden, sind die in der Endtabelle angegebenen Sätze der Verrechnungsgrundlage um 10 % zu erhöhen.« Etwaige Verdienstspannen sind in dieser ganzen Rechnung nicht berücksichtigt.

Mit Hilfe dieser Wertprozente ist es nicht nur möglich, den Preis einzelner Teile beim Kleinverkauf, sondern auch eventuelle Abzüge für schlechte Schüsse zu berechnen. Für das durch den Schuß zerstörte Wildbret muß der nach der Tabelle errechnete Kilopreis abgezogen werden. Unter Umständen kann bei einem schlechten Schuß allerdings ein noch größerer Abzug notwendig werden, beispielsweise dann, wenn infolge des schlechten Schusses der verbliebene Rest dieses Körperteils nicht mehr als Braten, sondern nur noch als Gulasch verwendbar ist.

Wildbretverwertung

Schwarzwild gilt in Kennerkreisen als große Delikatesse. Voraussetzung ist allerdings die richtige Behandlung und Zubereitung des Wildbrets. In Gaststätten bekommt man nicht selten »Wildschweinbraten« (und anderes Wild) vorgesetzt, bei dessen Verzehr es einem verständlich wird, warum es so viele Menschen gibt, die keinerlei Wild essen, weil sie »den Wildgeschmack« nicht mögen. Was häufig als »Wildgeschmack« angepriesen wird, ist der sogenannte »Hautgout«, der zu den Zeiten, als man Wildbret noch nicht durch Einfrieren über längere Zeit frisch halten konnte und in denen es längere Transportzeiten überstehen mußte, aus durchsichtigen Gründen als besonders fein propagiert wurde. Hautgout ist aber nichts anderes, als beginnender oder gar schon fortgeschrittener Verwesungsgeruch und Verwesungsgeschmack. In Verwesung übergehendes Fleisch gehört aber nicht in die Küche oder gar auf die Festtafel, sondern auf den Luderplatz!

Die Schmackhaftigkeit des Wildbrets ist also sehr weitgehend eine Angelegenheit der richtigen Vorbehandlung. Das beginnt mit der Frage, wie lange Wild abhängen oder ablagern soll, bis es verbraucht oder eingefroren wird. Im Haushalt des Verfassers und in vielen anderen ihm bekannten Haushalten wird alles Wild, sobald es vollkommen ausgekühlt ist, weiter verarbeitet. Höchstens im Hochwinter bleibt es einmal für wenige Tage in der Wildkammer hängen. Bei richtiger Zubereitung ist auch dieses frische Wildbret keineswegs zäh. Es hat zwar keinen Einheits-»Wildgeschmack«, dafür schmeckt es aber nach Wildschwein, nach Reh, nach Hase oder was es jeweils tatsächlich ist!

Wer trotz allem meint, Wild unbedingt abhängen lassen zu müssen, sollte vorher alle durch den Schuß, durch ausgetretenen Magen- oder Darminhalt, durch falsche Vorbehandlung oder aus irgendwelchen anderen Gründen verfärbten Teile, desgleichen unter der Haut sitzendes geronnenes Blut entfernen und das ganze Stück oder seine einzelnen Teile keinesfalls länger ablagern lassen, als es seine natürliche Farbe behält. Soll Wildbret, das geringfügig gelitten hat, doch noch verwertet werden, kann man es durch Abwaschen mit geeigneten Mitteln oder durch Einlegen in eine entsprechende Beize notdürftig retten. Sowohl dieserhalb als auch bezüglich einer Fülle leckerer Küchenrezepte sei auf das hervorragende Buch von E. HORN [1995] verwiesen. Nachstehend seien nur noch einige Hinweise für den Jäger gegeben, der das ganze Stück im eigenen Haushalt verwerten will.

Die Leber wird in aller Regel vom Erleger selber verspeist. Dafür gilt als Feinschmeckerregel, daß Wildleber so frisch wie möglich gebraten werden, ja, nach Möglichkeit gar nicht erst vollständig auskühlen soll. Wo in Hochwildrevieren ein sehr hoher Schalenwildanfall herrscht, kann man aus den Lebern eine Wildleberpastete bereiten, die auf Vollkornbrot oder Toast äußerst delikat schmeckt. Bei Hausschlachtungen kann man das Aroma der Leberwurst durch Hinzugabe von Wildschweinleber im Verhältnis 1:1 wesentlich verfeinern. Auch andere Wurstsorten lassen sich durch Zusatz von Wildschwein verbessern oder gar rein aus Schwarzwildbret herstellen.

Während die Wildschweinnieren meist auf unterschiedliche Weise verwertet werden, ist vielfach unbekannt, daß man das Herz nicht nur zu Gulasch verarbeiten, sondern jegliches Schalenwildherz nach Entfernung der harten Übergänge in die großen Gefäße und anatomisch vorgegebener Zerlegung wundervoll als Steaks braten kann. Der Verfasser ißt das Herz sogar weit lieber als die Leber.

Für die Verwertung des gesamten Kochfleisches hat sich im Haushalt des Verfassers eine Methode sehr bewährt, die nachstehend kurz skizziert sei. Die einzelnen Partien werden zunächst bis zur leichten Bräunung angebraten, dann mit viel Gemüsezwiebeln und den notwendigen Mengen Salz, Paprika und eventuellen weiteren Gewürzen im Dampfdruckkessel gegart, von sämtlichen Knochen befreit, kleingeschnitten, mit der angefallenen Soße gut vermischt, portionsweise in Plastikbeutel abgefüllt und eingefroren. Zur Bereitung einer ebenso schnellen wie leckeren Mahlzeit kann der gefrorene Inhalt eines solchen Beutels in den Inhalt einer Gemüsekonserve geworfen und mit diesem zusammen langsam erhitzt werden. Eine halbe Stunde nach Beginn der Vorbereitungen steht der fertige Wildeintopf auf dem Tisch. Wer mag, kann kurz vor dem Servieren noch einen Schuß Sherry hinzugeben.

Die eigentlichen Bratenstücke sowie herausgelöste Filets, Schnitzel usw. können auf die unterschiedlichste Weise zubereitet werden, worüber vor allem das bereits genannte Buch von E. HORN [1995] Auskunft gibt. Gespickt wird Wildschweinbraten nicht, damit er gut saftig bleibt.

Hat ein Stück Schwarzwild genügend Weiß, verwendet man selbstverständlich nur dieses für jegliches Anbraten – nicht etwa den sonst für Wildgerichte so sehr beliebten Hausschweinspeck. Alles zum Anbraten nicht verwertete Weiß kann man – im Prinzip genauso wie das Fett der Hausschweine – zu den verschiedenen Sorten von Schmalz verarbeiten. Für denjenigen, dessen Figur so etwas noch erlaubt, gibt es kaum etwas Delikateres als ein würziges Roggenbrot mit Wildschweinschmalz.

Außer diesen Leckereien und dem obligaten kalten Wildbraten bietet das Wildschwein noch etwas ganz Besonderes für die kalte Platte, nämlich den geräucherten Wildschweinschinken. Bezüglich des Pökelns sei jedoch darauf hingewiesen, daß Wildschweinschinken sehr viel schneller und stärker Salz aufnimmt als Hausschweinschinken. Will man nicht einen total versalzenen Wildschweinschinken zurückbekommen, sollte man deshalb mit dem Räuchern nicht einen beliebigen Schlachtermeister sondern nur einen speziell mit Wildschweinschinken erfahrenen Räucherer beauftragen.

Trophäenbehandlung

Die bekanntesten und begehrtesten Trophäen des Schwarzwildes sind die Keilerwaffen: die Gewehre (Eckzähne des Unterkiefers) und die Haderer (Eckzähne des Oberkiefers). Bei ihrer Sicherung am gestreckten Stück ist zu beachten, daß die Gewehre bis zu zwei Drittel oder gar drei Viertel ihrer Länge im Unterkiefer stecken. Will man sie nicht beschädigen, muß also der Unterkiefer weit hinter dem sichtbaren Teil der Gewehre abgesägt werden. Vorsichtshalber führt man den Sägeschnitt hinter dem dritten Zahn der geschlossenen Backenzahnreihe, insgesamt also hinter dem vierten Backenzahn. Von dort aus arbeitet man sich vorsichtig vorwärts, bis man an die Zahnwurzel kommt. Die Haderer reichen zwar nicht so weit nach hinten; der Einfachheit halber wird man aber den ganzen Schädel in einer senkrechten Ebene durchsägen.

Aus den abgesägten Kieferteilen werden die Waffen entweder roh herausgemeißelt – was allerdings eine nicht einfache, viel Geschick erfordernde Arbeit ist – oder sie werden nach Kochen (etwa 30-60 Minuten) aus dem Kiefer herausgezogen beziehungsweise herausgedrückt, sodann innen und außen von allen Weichteilen befreit und gründlich gereinigt. Zur Verhinderung des gefürchteten späteren Platzens gibt es kein garantiert sicheres Mittel, wohl aber eine ganze Reihe von Empfehlungen. Zunächst soll man die Waffen längere Zeit in einem kühlen, nicht zu trockenen Raum sehr langsam trocknen lassen. Sind sie durch Kochen stark entfettet worden, soll man sie wieder einfetten, eventuell einige Tage in flüssiges Fett legen. Auch soll es sich gegen das Platzen bewährt haben, die Gewehre mit Holzkitt oder noch besser mit Zahnzement auszugießen. Der Verfasser hat recht gute Erfahrungen mit einer Füllung von Stearin und Glyzerin zu gleichen Teilen gemacht. Beide Ausgangsstoffe werden erwärmt, flüssig vermischt und in die Gewehre eingefüllt, wo das Gemisch schnell erkaltet und steif wird. Was beim Einfüllen überläuft, wird auf der Außenfläche der Gewehre verrieben. Dadurch werden sie zunächst stark eingefettet, später ständig von innen nachgefettet, was dem Platzen entgegenwirkt. LEICHTFUSS [1980] nennt das Ausgießen der Keilerwaffen mit Holzleim oder Zweikomponentenkleber. Letzteres empfiehlt auch HILDEBRANDT [1994]. Trotz aller solcher Maßnahmen sollte man die Keilerwaffen

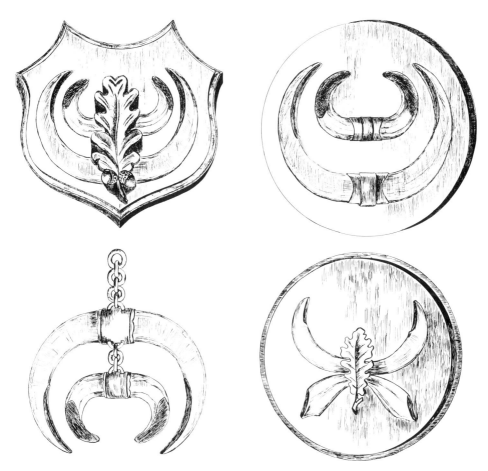

Verschiedene Formen der Aufmachung von Keilerwaffen und Bachenhaken (unten rechts).

niemals so aufhängen, daß sie der direkten Sonnenbestrahlung oder der direkten Wärme eines Kamins, Ofens oder Heizkörpers ausgesetzt sind. Auch sollte man sie zum Aufsetzen auf das Trophäenbrett möglichst nicht anbohren, sondern mit Hilfe eines in die Füllung beider Gewehre beziehungsweise Haderer eingelassenen Dübels befestigen. Aufgesetzt werden die Keilerwaffen im allgemeinen auf ein rundes oder herzförmiges dunkles Eichenbrett, wobei die Verbindungsstellen der Gewehre und Haderer meist mit einem geschnitzten oder silbernen Eichenblatt, gelegentlich auch auf andere Weise abgedeckt werden. Eine seltenere Art der Aufhängung ist es, die Keilerwaffen in Silberfassungen zu einem Wandgehänge verarbeiten zu lassen. Hat man die Waffen mehrerer Keiler in einer Jagdzeit, auf einer Jagdreise o. ä. erbeutet, kann man sie in geschmackvoller Anordnung gemeinsam auf einer größeren Tafel aufsetzen oder zu einem größeren Wandgehänge verarbeiten lassen. Dem persönlichen Geschmack und Erfindungsreichtum sind kaum Grenzen gesetzt. Doch sollte man stets daran denken, daß durch allzuviel Beiwerk die Trophäe, die ja das Wesentliche bleiben soll, leicht in den Hintergrund gedrängt wird. Deshalb ist für den Kenner eine schlichte Aufmachung meist am ansprechendsten.

Von alten, starken Bachen kann man sich die den Keilerwaffen entsprechenden, jedoch schwächeren und auch anders aussehenden Haken (Eckzähne des Ober- und Unterkiefers) wie Keilerwaffen aufsetzen oder fassen lassen. Selbstverständlich werden Keilerwaffen und Bachenhaken vor dem Aufsetzen beziehungsweise Fassen nur gründlich gesäubert, niemals gebleicht.

Einzelne Gewehre, Haderer oder Haken kann man sich unter Umständen auch zu Schmuck verarbeiten lassen. So sah der Verfasser einst eine ausgefallene Art der Verarbeitung am Hals einer hübschen jungen Dame. Es handelte sich um ein einzelnes Gewehr eines alten, starken Keilers. Leider war es nicht vollständig, sondern hinter der Schleiffläche war nur ein etwa gleichlanger Teil stehengeblieben, der Rest abgesägt. Am abgesägten Ende steckte das Gewehr in einer verzierten Silberfassung.

Früher war es vielfach üblich, ganze Keilerköpfe zu präparieren und an die Wand zu hängen. Dieser Brauch ist stark zurückgegangen, nicht zuletzt wohl wegen der meist kleiner gewordenen Wohnungen. Wer jedoch eine große Wohnhalle, Diele o. ä. hat, wird sich vielleicht auch heute noch einen ganzen Keilerkopf hinhängen wollen. Grundsätzlich sollte man dafür nur das Haupt eines wirklichen Hauptschweins in voll ausgereifter Winterschwarte nehmen und die Arbeit von einem erfahrenen Präparator ausführen lassen. Ist eine solche Aufmachung beabsichtigt, muß schon beim Zerwirken des Stückes genügend Schwarte an der Kopfpartie belassen werden, vor allem auf der Unterseite. SNETHLAGE [1982] empfiehlt, die Schwarte bis hinter dem Blatt dran zu lassen. Weiter schreibt er dazu: »Ich habe es immer als bedauerlich empfunden, wenn die starken Gewehre in dem Kopf bleiben. Man muß dann meistens eine Leiter, mindestens einen Stuhl haben, um sich von ihrer Güte zu überzeugen. Deshalb finde ich es eine gute Lösung, wenn man an dem ausgestopften Kopf die Gewehre durch Abgüsse ersetzen läßt und die echten Gewehre darunter so aufhängt, daß man sie richtig ansehen und beurteilen kann.«

Außer den vorgenannten bieten sich vom Schwarzwild noch einige weitere Trophäen an. Für den Hut des Jägers ist der Saustutz oder Saubart zu nennen. Dabei handelt es sich um die Federn, also die langen Rückenborsten von Keiler oder Bache, die möglichst bald nach der Erlegung gerupft und später mehr oder minder kunstvoll gebunden werden. Damit der Saustutz die gewünschte Form ein für allemal behält, kann man ihn unten an den Wurzeln in Siegellack eingießen.

Für den Fußboden des Jägerheims bieten sich ganze Sauschwarten an. Voll ausgereifte Winterschwarten mit dicker und dichter Unterwolle sind auch als Schreibtischunterlage ideal, da sie gut gegen die Fußbodenkälte schützen. Will man sich eine Sauschwarte gerben lassen, kann sie aber nicht sofort zur Gerberei schaffen, muß man sie auf der Fleischseite kräftig einsalzen und – Fleischseite nach oben – ausgebreitet oder besser aufgespannt an der Luft trocknen lassen, und zwar keinesfalls in der Sonne, sondern am besten in einem kühlen, zugigen Raum.

Vermessung und Bewertung der Keilerwaffen

Seit über einem halben Jahrhundert ist es allgemein üblich, Spitzentrophäen nach einem internationalen Punktsystem zu bewerten und zu vergleichen. Die Internationale Formel für Keilerwaffen wurde 1937 von FRIEDRICH HÜBNER, Berlin, entwickelt und bis heute unverändert beibehalten. Sie wird nachstehend in der besonders übersichtlichen und praxisgerechten Aufmachung von BIEGER und NÜSSLEIN [1977] wiedergegeben. NÜSSLEIN, der selber an der Entwicklung der formelmäßigen Bewertung der europäischen Jagdtrophäen maßgeblich beteiligt war, bemerkt dazu ergänzend: »Bei der Gewährung von Zuschlägen sollen vor allem Gleichmäßigkeit der Ausbildung der Waffen, Glanz und Farbe, bei den Haderern eine starke Krümmung Berücksichtigung finden. Mit Abzügen sollen vor allem Unregelmäßigkeiten oder Ungleichheiten getroffen werden. Beschädigte (oder abgebrochene) Waffen gelten nicht als unregelmäßig. Gänzlich unregelmäßige Waffen eignen sich nicht zur Bewertung oder

Formel

I. Messungen: Punkte:
   1. Länge des linken Gewehrs
      Länge des rechten Gewehrs   Durchschn. in cm × 1   _____

   2. Breite des linken Gewehrs
      Breite des rechten Gewehrs   Durchschn. in mm × 3   _____

   3. Umfang des linken Haderers   in cm × 1   _____
      Umfang des rechten Haderers   in cm × 1   _____

II. Zuschläge (Schönheitspunkte)   von 0-5 Punkte
   davon für Gewehre bis 2 Punkte
   für Haderer   bis 3 Punkte

                             Summe I.1-I.3 und II.:   _____

III. Abzüge (Fehler)   von 0-10 Punkte
                              Endgültige Summe   ======

Anweisung für die Anwendung

I. 1. Länge der Gewehre: Messung auf der äußeren Krümmung in cm, auf 1 mm genau. Wenn die Spitze eines Gewehrs abgebrochen ist, wird nur die tatsächliche Länge gemessen.
2. Breite der Gewehre: Messungen an der breitesten Stelle mit Zirkel oder Schieblehre in mm. Abnorme Auswüchse werden nicht gemessen.
3. Umfang der Haderer: Messung an der stärksten Stelle in cm auf 1 mm genau, ohne Eindrücken des Meßbandes. Abnorme Auswüchse werden nicht gemessen. Unebenheiten sind bei der Messung nicht zu berücksichtigen.

II. Zuschläge (Schönheitspunkte)		0-5 P.	
Es gilt folgendes Schema:			
Schönheitspunkte für Gewehre			0-2 P.
und zwar			
Färbung an der Schleifecke der Gewehre dunkelbraun bis schwarz, gleichmäßige Wölbung der Ober- und Außenflächen der Gewehre, ausgedehnte Schleifflächen, Ausbildung der Spitzen oder kreisförmige Krümmung der Gewehre	einseitig	1 P.	
	beiderseitig	2 P.	
Schönheitspunkte für Haderer			0-3 P.
Krümmung der Haderer	einseitig	1 P.	
	beiderseitig	2 P.	
Farbe der Schleiffläche der Haderer	einseitig	0,5 P.	
	beiderseitig	1 P.	

III. Abzüge (Fehler)		0-10 P.	
Es gilt folgende Aufteilung:			
Schleiffläche der Gewehre			0-3 P.
und zwar			
Schleiffläche unter 4 cm	einseitig	1,5 P.	
	beiderseitig	3 P.	
Schleiffläche unter 5 cm	einseitig	0,5 P.	
	beiderseitig	1 P.	
Ungleichheit der Gewehre in Länge, Breite u. Form			0-3 P.
Ungleichheit der Haderer in Länge und Form			0-3 P.
Mißverhältnis zwischen Gewehren und Haderern			0-1 P.

Prämiierung.« Ein von ihm auf dem Formblatt durchgeführtes Beispiel wird nachstehend wiedergegeben.

Formblatt und Beispiel für die Bewertung der Keilerwaffen [nach BIEGER-NÜSSLEIN]

Nr.	Angaben		Maße	Summe	Mittel	Faktor	Punkte
I. 1.	Länge der Gewehre	l	23,6 cm	47,8 cm	23,9 cm	1	23,9
		r	24,2 cm				
2.	Breite der Gewehre	l	27,6 mm	55,4 mm	27,7 mm	3	83,1
		r	27,8 mm				
3.	Umfang der Haderer	l	6,9 cm	—		1	6,9
		r	7,1 cm			1	7,1
II.	Zuschläge (Schönheit) (Begründung angeben)			Haderer sehr stark gekrümmt			4,0
	Summe I.1–I.3 und II.						125,0
III.	Abzüge (Fehler) (Begründung angeben)			keine			—
						Wertziffer	125,0

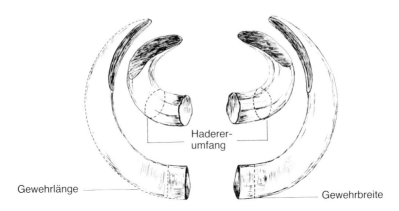

Messanweisung für die Bewertung von Keilerwaffen.

Auf den großen internationalen Jagdausstellungen seit Düsseldorf 1954 gelten gleichmäßige, gegenüber der Internationalen Jagdausstellung von Berlin 1937 etwas herabgesetzte Prämiierungsgrenzen, und zwar für die

    Bronzemedaille   110-114,9   Punkte
    Silbermedaille   115-119,9   Punkte
    Goldmedaille ab   120   Punkte

Die Spitzenwerte von Keilerwaffen aus den wichtigsten Schwarzwildländern hat zuletzt BRIEDERMANN [1990] zusammengestellt. Sie werden nachstehend wiedergegeben.

Wertziffern der 10 weltstärksten Keilerwaffen [nach BRIEDERMANN 1990]

Land	Erlegungsjahr	Punkte
Bulgarien	1986	158,20
Polen	1930	151,00
Bulgarien	1983	150,30
Sowjetunion	1976	149,20
Rumänien	1978	144,00
Sowjetunion	1976	143,65
Sowjetunion	1976	143,25
Bulgarien	1973	143,00
Rumänien	1969	142,85
Jugoslawien	1969	142,30

Die offizielle Vermessung der oben genannten weltstärksten Keilerwaffen von 1986 aus Bulgarien hat nach BRIEDERMANN folgende Einzelwerte ergeben:

Länge des linken Gewehres	25,6 cm
Länge des rechten Gewehres	28,6 cm
Breite des linken Gewehres	35,5 mm
Breite des rechten Gewehres	38,3 mm
Hadererumfang links	8,4 cm
Hadererumfang rechts	8,5 cm

Zahnkunde und Altersbestimmung am erlegten Stück

Aus den verschiedensten Gründen kann es wichtig oder zumindest interessant sein, das Alter eines erlegten Stückes zu ermitteln und die Richtigkeit des vor der Erlegung erfolgten Ansprechens zu überprüfen. Wie bei den Cerviden zieht man dafür auch beim Schwarzwild das Gebiß heran. Es ist deshalb notwendig, sich mit Aufbau und Entwicklung des Schwarzwildgebisses näher zu befassen.

Das vollständige Dauergebiß des Schwarzwildes besitzt 44 Zähne, je 11 in jedem Ober- und Unterkieferast. Die Abbildung auf S. 233 zeigt den voll bezahnten Unterkiefer einer erwachsenen Bache.

Der neugeborene Frischling hat dagegen erst ein so bruchstückhaftes Milchgebiß, daß er damit zur genügenden Aufnahme fester Nahrung noch nicht imstande wäre. Erst im Alter von einem guten Vierteljahr, also etwa zu der Zeit, zu der die Jugendzeichnung verschwindet, ist das Milchgebiß vollständig. Es weist in jedem Kieferast 3 Schneidezähne, 1 Eckzahn und 3 Backenzähne auf. Die meisten dieser Milchzähne lassen sich ihrem Bau nach deutlich von den späteren Dauerzähnen unterscheiden. Alle unteren Schneidezähne, ganz besonders die äußeren, sind im Milchgebiß stiftförmig, im Dauergebiß meißelförmig, die vier mittleren Dauerschneidezähne flachgedrückt mit jeweils einer sehr deutlichen Stabilisierungsleiste in der zungenseitigen Mittellinie, die beiderseits von je einer tiefen Rille eingerahmt ist. Auch die Milcheckzähne sind stiftförmig mit rundem Querschnitt, die Dauereckzähne, vor allem die des Unterkiefers, dagegen von dreieckigem Querschnitt. Schließlich ist der dritte Milchbackenzahn dreiteilig, sein Nachfolger dagegen nur zweiteilig (von oben gesehen einteilig).

Als erster Zahn des Dauergebisses erscheint ein relativ kleiner Zahn zwischen dem Eckzahn und dem vordersten Milchbackenzahn. Im Oberkiefer steht er unmittelbar vor dem vordersten Milchbackenzahn, im Unterkiefer dagegen mit sehr deutlichem Abstand etwa in der Mitte der großen Lücke, die zwischen dem Eckzahn und dem vordersten Milchbackenzahn besteht. TÜRCKE [1978] bezeichnet ihn deshalb treffend als Lückenzahn. Er kommt keineswegs bei jedem Stück Schwarzwild vor. Wenn er aber auftritt, bricht er im Alter von fünf bis sechs Monaten durch. Ein Frischling, der diesen Zahn besitzt, ist also mindestens 5 Monate alt.

Die im Milchgewiß vorhandenen drei Backenzähne und ihre Nachfolger sind Prämolaren, die hinter ihnen gleich als Dauerbackenzähne durchbrechenden sind Molaren. Letztere werden als M I, M II und M III bezeichnet. Die Prämolaren werden mit P bezeichnet und im Milchgebiß mit arabischen, im Dauergebiß mit römischen Ziffern gezählt. Die Numerierung ist allerdings nicht einheitlich. Um nicht mit den Prämolaren in Schwierigkeiten zu kommen, bezeichnen einige Autoren [z. B. KIESSLING 1925 und TÜRCKE 1978] den Lückenzahn mit P Ia und numerieren dann die drei Prämolaren der geschlossenen Backenzahnreihe mit 1-3 beziehungsweise mit I-III, also entsprechend den anderen Schalenwildarten. Andere Autoren zählen P1-4 bzw. I-IV.

Im Lebensalter von etwa 6-7 Monaten, also nur etwas später als der Lückenzahn, bricht als nächster in der geschlossenen Backenzahnreihe M I gleich als Dauerzahn durch. Die beiden letzten Backenzähne folgen mit etwa 12 beziehungsweise mit 21-24 Monaten. Da M III als letzter Zahn überhaupt, also auch erst nach dem Auswechseln sämtlicher Milchzähne, erscheint, schließt er die gesamte Entwicklung zum fertigen Dauergebiß ab. Ist er voll durchgebrochen, hat das Stück ein Lebensalter von etwa zwei Jahren oder mehr. Einschränkend muß jedoch darauf aufmerksam gemacht werden, daß der hintere Teil des sehr langen M III manchmal auch in höherem Lebensalter noch teilweise vom Zahnfleisch verhüllt bleibt.

In der Abbildung auf Seite 233 wird die gesamte Gebißentwicklung bis zum Alter von etwa zwei Jahren dargestellt, und zwar – in Abstimmung mit den Angaben anderer Autoren – im wesentlichen nach dem Schwarzwildalter-Merkblatt von BRIEDERMANN [1965]. Bei denjenigen Zähnen, die bereits im Milchgebiß vorhanden sind, ist in arabischen Ziffern angegeben, in welchen Lebensmonaten etwa die Milchzähne gegen die Dauerzähne ausgewechselt werden. Bei denjenigen Zähnen, die gleich als Dauerzähne geschoben werden, ist in römischen Ziffern angegeben, in welchen Lebensmonaten sie durchbrechen. C. STUBBE [1993] hat darauf hingewiesen, daß innerhalb einer Population beträchtliche individuelle Unterschiede bestehen können.

Bis etwa zur Vollendung des zweiten Lebensjahres läßt sich also das Schwarzwildalter recht genau ermitteln. In der Praxis wird meist eine viel gröbere Feststellung genügen, nämlich ob es sich um einen Frischling, einen Überläufer oder eine grobe Sau handelt. Dafür genügt es oft, die Unterlippe des erlegten Stückes herunterzuklappen und die unteren Schneidezähne zu betrachten. Sind sie noch sämtlichst als Milchzähne vorhan-

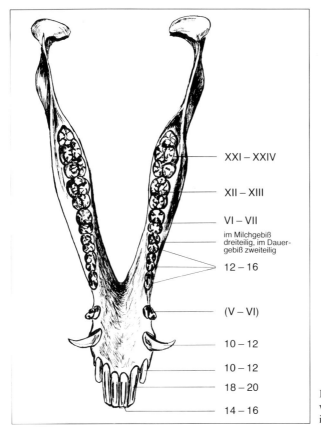

Dauerbezahnter Unterkiefer einer erwachsenen Bache – nähere Erklärung im Text.

den, ist das Stück weniger als zehn Monate alt. Sind lediglich die äußeren Schneidezähne gewechselt, ist das Stück etwa ein Jahr alt. Befinden sich die inneren Schneidezähne im Wechsel, ist das Stück etwa 1¼ Jahr alt; befinden sich die mittleren Schneidezähne im Wechsel, ist das Stück 1½ Jahr alt. Sind alle Dauerschneidezähne voll ausgewachsen, bilden die vier mittleren demzufolge vorn eine fast gerade Linie (gegenüber einer unregelmäßigen oder gebogenen Linie vorher) und zeigen sie an der Spitze sämtlich erste Anschliffspuren, so ist das Stück etwa 1¾ Jahr alt. Lediglich im letzteren Fall kann es zur Kontrolle ratsam sein, seitlich das Gebrech aufzuschärfen, um nachzusehen, ob der letzte Backenzahn bereits vorhanden ist. Ist er durchgebrochen, ist das Stück rund zwei Jahre alt.

Für die richtige Einordnung eines erlegten Stückes in eine Altersklasse ist nicht nur sein tatsächliches Lebensalter sondern auch der Erlegungszeitpunkt zu berücksichtigen. Beispielsweise kann ein sehr spät gesetzter Frischling bereits im Alter von weniger als einem halben Jahr zum Überläufer werden, ein sehr früh gesetzter dagegen erst im Alter von 1¼ Jahr. Während ersterer eventuell noch mit den letzten Milchzähnen im April bereits als grobe Sau zu klassifizieren ist, würde letzterer im Spätwinter mit vollständigem Dauergebiß noch als Überläufer gelten. Der Gebißbe-

Schnellorientierung für die Altersklassenzuordnung
durch Herunterklappen der Unterlippe und Betrachtung der Schneide- und Eckzähne

Frischling

Milchgebiß: alle Schneide- und Eckzähne noch als Milchzähne (schmal bzw. stiftförmig), erst ab Alter 10 Monate beginnen äußere Schneidezähne und Eckzähne zu wechseln.

Überläufer

Übergangsgebiß: äußere Schneidezähne (meißelförmig) und Eckzähne (pyramidenförmig) sind gewechselt; innere und mittlere Schneidezähne werden bis zum Alter von gut $1^1/_2$ Jahren gewechselt (danach breiter und mit zungenseitiger Stabilisierungsleiste); meist ungleiche Länge der vier vorderen Schneidezähne, dadurch unregelmäßige Schneidezahnfront; beim Überläuferkeiler zeigen Gewehre und Haderer oft schon deutliche Schleifflächen.

Achtung: Ab Spätsommer können bei sehr früh (Januar, Februar) gefrischten Stücken (jetzt gut $1^1/_2$ Jahre alt) alle Schneide- und Eckzähne gewechselt sein; die vorderen Schneidezähne weisen aber erst sehr geringe Benutzungsspuren auf; im Zweifelsfall Gebrech aufschärfen und nachsehen, ob letzter Backenzahn durchgebrochen!

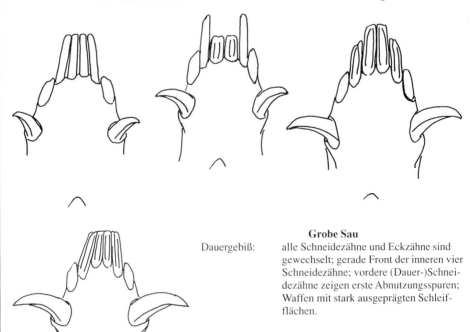

Grobe Sau

Dauergebiß: alle Schneidezähne und Eckzähne sind gewechselt; gerade Front der inneren vier Schneidezähne; vordere (Dauer-)Schneidezähne zeigen erste Abnutzungsspuren; Waffen mit stark ausgeprägten Schleifflächen.

fund sowie die Angaben der folgenden Übersicht und die dazugehörigen Zeichnungen sind für eine richtige Klassifizierung also stets zum Erlegungsmonat in Beziehung zu setzen.

Bis zum vollendeten zweiten Lebensjahr gibt die Gebißentwicklung den sichersten Anhalt für die Altersbestimmung. Der Anfänger darf sich nicht durch einen eventuell sehr starken Abschliff der Milchbackenzähne täuschen lassen. An der Zweiteiligkeit beziehungsweise Dreiteiligkeit des dritten Prämolaren kann er ja erkennen, ob es sich hier noch um Milchzähne oder bereits um Dauerzähne handelt.

So sicher und exakt die Altersbestimmung bis zur Vollendung des Dauergebisses auch ist, so schwierig wird sie später. Mancherlei Methoden sind ausprobiert worden. Eine von ihnen, die von DUB [1952] erarbeitete Methode mit dem Dubschen Dorn, machte sich das unterschiedliche Längenwachstum der Backenzahnreihe des Oberkiefers und der darüber befindlichen Schädelpartie zu Nutze. Sie ist sehr umständlich, da für ihre Anwendung erst der Schädel sorgfältig abgekocht und gereinigt werden muß. Leider hat sie aber auch späteren Nachprüfungen nicht genügend standgehalten, so daß sie nicht in die Praxis eingegangen ist.

Eine von LOCKOW und STUBBE [1992] erarbeitete Methode geht von der Unterkieferbreite, der Breite der Eckzahnalveole (Öffnung im Unterkiefer für Keilergewehr) sowie der Zahnhöhe des letzten Prämolaren und des zweiten Molaren aus. Mit Hilfe dieser Werte kann aus entsprechenden Nomogrammen das Alter abgelesen werden. Notwendig ist das Herauslösen des Unterkiefers, die Ermittlung der genannten Werte mit einer Schublehre und das Vorhandensein der Nomogramme, also die Erfüllung von Voraussetzungen, die in der jagdlichen Praxis nicht immer erfüllt sein werden. Dafür scheint nach den bisherigen Untersuchungen diese Methode bei männlichem Schwarzwild im Alter von zwei bis sechs Jahren recht sicher zu sein. Ihre Bewährung in der Praxis wird sich erweisen.

Alle anderen Versuche haben sich direkt mit den Zähnen befaßt. Die naheliegende, weil bei den Cerviden bestens bewährte Methode nach der Backenzahnabnutzung ist von mehreren Autoren mehr oder minder gründlich herangezogen und vor allem von BRIEDERMANN [1990] zusammenfassend und kritisch dargestellt worden. Bereits IFF [1983] hatte zur Backenzahnabnutzung angemerkt: »Dieser Prozeß ist aber stark beeinflußt durch die Art des Fraßes und durch die geologische Härte des Bodens.« Er meint demzufolge: »Der Abnutzungsgrad der schmelzhöckrigen Backenzähne ist beim Schwarzwild nur ganz bedingt als Altersmerkmal brauchbar.« Unter Hinweis auf diese Einschränkungen kann nach den Zusammenstellungen von BRIEDERMANN [a. a. O.] und IFF [a. a. O.] folgendes grobes Bild entworfen werden.

Bei Vollendung des zweiten Lebensjahres, also bald nach Vervollständigung des Dauergebisses, ist der erste Molar (M I) rund eineinhalb Jahre im Gebrauch. Er weist demzufolge bereits einen deutlichen Anschliff auf, und auch M II zeigt erste Abnutzungsspuren, während M III noch fast völlig neu wirkt. Ein Jahr später sind bei M I die Höcker schon weitgehend weggeschliffen und an ihrer Stelle Dentinflächen vorhanden; M II zeigt nunmehr einen deutlichen Anschliff, M III erste Spuren. Mit vier bis fünf Jahren sind M I und M II stark, M III schwach angeschliffen; mit sechs bis sieben Jahren sind M I und M II ziemlich glatt, M III stark angeschliffen; mit acht bis zehn

Jahren sind alle drei Molaren praktisch glatt. Spätestens jetzt, oft auch schon wesentlich früher, setzt ein Zerfall des Gebisses ein.

Für eine Groborientierung (nur nach Herunterklappen der Unterlippe, also ohne Aufschärfung des Gebrechs) kann auch die Schneidezahnabnutzung Anhaltswerte vermitteln. So weisen nach BRIEDERMANN [1990] beim zweijährigen Stück erst die innersten Schneidezähne geringe Abnutzungsspuren auf. Beim vierjährigen und älteren Stück zeigen dagegen alle Schneidezähne starke Abnutzungsspuren.

Zur Altersschätzung zweijähriger und älterer Sauen dienen heute oft die Eckzähne, also die Keilerwaffen beziehungsweise die Bachenhaken. Zum näheren Verständnis muß ausführlicher auf ihre Entwicklung eingegangen werden.

Am größten werden die Keilergewehre. Sie sind etwa halbkreisförmig. Mit ihrem hinteren Ende liegen sie längs im Unterkiefer, treten etwa im rechten Winkel aus ihm heraus und richten schließlich ihre Spitze wieder etwas nach hinten oben. Zu etwa ⅔ bis ¾ ihrer Länge bleiben sie im Unterkiefer verborgen, nur der kleinere Teil tritt frei zutage. Während die Gewehre im frei liegenden Teil massiv sind, ist der im Kiefer verborgene Teil hohl. Nach hinten zu werden ihre Wandungen immer dünner, bis sie schließlich am hinteren offenen Ende papierdünn sind. Hier, an diesem offenen Ende, wachsen die Gewehre zeitlebens weiter und schieben sich ständig mehr nach vorn aus dem Kiefer heraus. Würden sie vorn nicht abgenutzt werden – was in seltenen pathologischen Fällen vorkommt – würden sie im Bogen immer weiter wachsen, bis sie schließlich ein Öffnen des Gebrechs verhindern und dadurch den Hungertod des Keilers herbeiführen.

Im Normalfall stehen den Gewehren die oberen Eckzähne, die Haderer, entgegen. Diese sind zunächst etwa pyramidenförmig und schräg nach vorn gerichtet, nehmen aber mit zunehmendem – ebenfalls das ganze Leben über anhaltenden – Längenwachstum eine immer stärker gekrümmte Form an, bis sie schließlich ebenfalls etwa halbkreisförmig sind und eine nach oben gerichtete Spitze haben.

Gewehre und Haderer sind in ihrer Stellung zueinander so angeordnet, daß sie sich in ihrem freiliegenden Teil ständig aneinander reiben. Dadurch wird einerseits die Schneide der Gewehre stets messerscharf gehalten, andererseits aber auch ein beträchtlicher Teil des laufenden Zuwachses weggeschliffen. Solange noch ein gewisses, wenn später auch nur sehr geringes Schädelwachstum vorhanden ist, bleibt der Abschliff etwas hinter dem Zuwachs zurück, so daß sowohl die Gewehre und Haderer insgesamt als auch ihre Schleifflächen immer länger werden. Etwa vom vollendeten achten Lebensjahr an gleichen sich Zuwachs und Abschliff aus, so daß jetzt keine Verlängerung mehr stattfindet.

Während eines bedeutenden Lebensabschnittes wird also die Schleiffläche der Gewehre von Jahr zu Jahr länger. Auf dieser Tatsache beruht die wohl verbreitetste Altersschätzungsmethode an Keilern. Sehr viele Jäger rechnen nach der Regel: 1 cm Schleiffläche = 1 Jahr. Dieser Regel ist jedoch mit erheblichen Vorbehalten zu begegnen. So kann unter Umständen ein starker Überläuferkeiler, dessen Dauergebiß noch nicht ganz vollständig und der deshalb noch keine zwei Jahre alt ist, Gewehrschleifflächen von 3-3,5 cm aufweisen! Hier handelt es sich also unter Umständen um einen Überläufer, nicht etwa um einen zwei- oder dreijährigen Keiler – wie dies nicht selten behauptet wird. In der Jugend ist der Abschliff also zunächst wesentlich größer als nach der Regel. Im höheren Alter ist es umgekehrt. Länger als 7 cm dürfte wohl keine Schleiffläche sein, obwohl Keiler wesentlich älter werden können. Das kommt daher, daß sich später Zuwachs und Abschliff ausgleichen. Wenn man also überhaupt diese Regel anwenden will, so ist das nur mit gewissen Korrekturen möglich. Dafür muß man in der Jugend – wie gezeigt – beträchtliche Abzüge, im Alter entsprechende Zuschläge machen. So dürfte ein Keiler mit etwa 6,5 cm Schleiffläche sicher schon siebenjährig sein, ein Keiler mit 7 cm Schleiffläche mindestens achtjährig. Ein noch höheres Alter läßt sich mit dieser Methode nicht feststellen, und auch innerhalb dieser Zeitspanne scheint diese Methode nicht sehr sicher und genau zu sein. Falls die beiden Gewehre unterschiedlich lange Schleifflächen aufweisen, muß der Mittelwert herangezogen werden, es sei denn, daß auf einer Körperseite eine Abnormität des Gewehres oder Haderers vorliegt, was selbstverständlich die Verwendung für diese Altersschätzungsmethode ausschließt.

Eine andere, neuere Methode der Altersschätzung reicht zwar auch nur bis zum Alter von etwa 8 Jahren, sie gilt aber als weitaus exakter. Aufgrund der Anregungen verschiedener Autoren, insbesondere aufgrund der Gedanken von Snethlage [1933] ist sie von Brandt [1961 und 1965] erarbeitet und später von verschiedenen anderen Autoren überprüft, verfeinert und propagiert worden, insbesondere von Briedermann [1965] und Wacker [1978]. Sie beruht darauf, daß bis zum Alter von 7 oder 8 Jahren die Breite der Gewehre ständig zunimmt. Dadurch kommt es, daß die Gewehre bis zu diesem Alter in Richtung auf ihr offenes Ende immer breiter werden, während sie später von hier bis zum Beginn der Schleiffläche eine gleichbleibende Breite haben (s. Abbildung S. 238). Der Breitenunterschied der Gewehre unmittelbar unterhalb der Schleiffläche und kurz vor dem offenen Ende ist umso größer, je jünger der Keiler ist. Erst wenn die Gewehre an beiden Stellen gleich breit sind, darf der Keiler auch in den Waffen als voll ausgewachsen und damit als mindestens sieben- bis achtjähriges Hauptschwein betrachtet werden (Trophäenreifealter nach Wagenknecht).

Aus den genannten Breitenunterschieden läßt sich eine Formzahl errechnen. Dafür wird mit einer Schublehre der Gewehrdurchmesser etwa 1 cm (breiteste Stelle) über dem offenen Ende und unmittelbar vor Beginn der Schleiffläche gemessen und dann der erste Wert durch den zweiten geteilt:

$$\text{Formzahl} = \frac{\text{Durchmesser am offenen Ende}}{\text{Durchmesser an der Schleifecke}}$$

Diese Formzahl wird auf zwei Dezimalen genau berechnet. Nach Brandt und Briedermann lassen sich Formzahl und Lebensalter einander wie folgt zuordnen:

Gewehr-Formzahl	Lebensalter des Keilers	Bezeichnung
um 1,80	ca. 1 Jahr	Überläuferkeiler
1,50-1,21	2-4 Jahre	geringer Keiler
1,20-1,05	5-7 Jahre	hauendes Schwein
1,04-1,00	8 Jahre oder älter	Hauptschwein

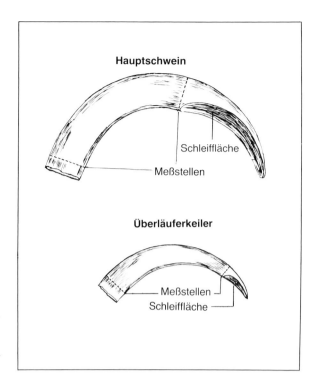

Die einzige einigermaßen stichhaltige Altersschätzung erlegter Keiler nach deren Gewehren kann mit Hilfe der Formzahlen vorgenommen werden – wie näher im Text beschrieben.

WACKER [1978] hat hierzu eine Schieblehre-Tafel entwickelt, die auf einfachste Weise die nötigen Messungen an den Keilergewehren und ihre Umsetzung in das jeweilige Alter erlaubt. Daraus ergeben sich sogar Werte auf ein Jahr genau. Ob diese Werte wirklich so genau stimmen, vermag niemand zu sagen, da bislang das nötige Vergleichsmaterial fehlt. Vorsichtshalber sollte man deshalb auch bei Benutzung der Schieblehre-Tafel von WACKER das festgestellte Alter nicht auf ein Jahr genau sondern nach den in obiger Tabelle genannten Altersgruppen angeben.

Im sehr hohen Alter scheinen die Gewehre an ihrem offenen Ende wieder etwas schmäler zu werden. So führt UECKERMANN [1977] einen 17 Jahre alten Gehegekeiler an, dessen Gewehrformzahl 0,72 betrug. Die Schleifflächen waren übrigens 4,3 bzw. 4,6 cm lang.
Nach dem gleichen Schema hat BRANDT [a. a. O.] auch Formzahlen für die Haderer errechnet und zum Lebensalter in Beziehung gesetzt. Allerdings gibt er selber hierfür eine geringere Genauigkeit als bei den Gewehrformzahlen an, und aus der breiteren Praxis ist dem Verfasser eine Anwendung der Hadererformzahlen zur Altersbestimmung nicht bekannt geworden. Dennoch seien sie hier der Vollständigkeit halber aufgeführt:

Haderer – Formzahl	Lebensalter des Keilers
1,20	2- 4
1,00	4- 6
0,95	6- 8
0,90	8-10
0,85	10-12
0,80	12-14
0,75	14-16
0,70	16-18

Gebrech eines reifen starken Keilers.

Beim Hauptschwein nimmt also der Hadererdurchmesser von der Schleifecke zum offenen Ende hin mit zunehmendem Alter immer mehr ab.

SNETHLAGE [1982] hat vorgeschlagen, auch die Hadererformen zur Altersschätzung heranzuziehen. Die Haderer sind ja anfangs pyramidenförmig, um sich mit zunehmenden Alter immer mehr zu krümmen, bis sie endlich etwa einen Halbkreis bilden. Mangels vergleichbarer Zahlenangaben kann diese Methode aber vorerst nicht mehr als einen sehr groben Anhalt geben.

Eine Altersschätzungsmethode nach den Bachenhaken des Unterkiefers wurde von BLAUPOT TEN CATE [1955] entwickelt und beruht auf ähnlichen Erkenntnissen wie die zuvor beschriebene Altersschätzungsmethode nach den Keilergewehren. Nach dem

Zahnwechsel haben die Unterkieferhaken der Bache zunächst eine außerordentlich große Ähnlichkeit mit den Gewehren eines gleichalten Überläuferkeilers. Beim weiteren Wachstum werden diese Unterkieferhaken der Bache jedoch nicht wie die Keilerwaffen am hinteren Ende immer breiter sondern im Gegenteil immer schmäler, so daß sich das ursprünglich weit offene Ende immer mehr schließt, bis endlich bei der alten Bache nur eine stecknadelkopfgroße Öffnung bleibt. An der aus dem Unterkiefer herausragenden Spitze werden die Unterkieferhaken von den Oberkieferhaken, die zeitlebens außen etwa die Form und Größe der Haderer eines jungen Überläuferkeilers behalten, insgesamt jedoch mandelförmig aussehen, abgeschliffen. Durch diesen Abschliff an der Spitze und die zunehmende Verengung am anderen Ende verschiebt sich mit zunehmendem Lebensalter die breiteste Stelle der unteren Bachenhaken von hinten nach vorn. Bei der ganz jungen Bache liegt sie kurz über dem offenen Ende, bei der ganz alten Bache unmittelbar vor der Schleifecke. Die Abbildungen unten sollen diese Verhältnisse verdeutlichen. Nach den dort gemachten Angaben kann man eine Bache anhand ihrer Unterkieferhaken in eine grobe Altersklasse einordnen.

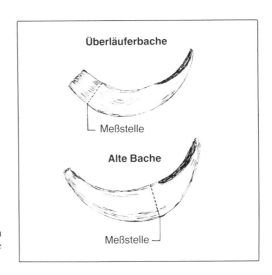

Die Unterkieferhaken der Bache können einen groben Anhalt für das Lebensalter geben – nähere Erklärung im Text.

HECK und RASCHKE [1980] machen noch darauf aufmerksam, daß sich bei den Oberkieferhaken mit zunehmendem Alter die Wurzelform verändert. So wird die anfangs nur schwache Längsfurche mit zunehmendem Alter immer ausgeprägter. Bei der alten Bache wirkt die Wurzel der Oberkieferhaken zweigeteilt und schließlich gar stärker zerklüftet. Ein genaues Alter dürfte sich dieser Entwicklung jedoch nicht zuordnen lassen, genauso wenig wie dem mit zunehmendem Alter stärker werdenden Abschliff der Oberkieferhaken.

In Parallele zu anderen Schalenwildarten kann gehofft werden, daß in der Zukunft auch beim Schwarzwild die Zahnzementmethode zur Möglichkeit einer genaueren Altersbestimmung führen wird. Bislang fehlt aber noch entsprechendes, umfangreiches Vergleichsmaterial. Generell ist hinsichtlich der Altersbestimmung beim Schwarzwild noch einige Forschungsarbeit zu leisten.

Schwarzwild und Landeskultur

Das Schwarzwild in der Forst- und Landwirtschaft

Wollte man die forstwirtschaftliche Bedeutung des Schwarzwildes rein nach dem Nutzen-Schaden-Gesichtspunkt betrachten, würde man weder dieser Wildart noch der Lebensgemeinschaft Wald gerecht werden. Biologisch richtiger und für die Waldwirtschaft alles in allem wichtiger ist eine Betrachtung der landschaftsbiologischen Funktion einer jeden Tierart im Rahmen der gesamten Biozönose. Diesbezüglich war in dem Kapitel »Das Wildschwein in der natürlichen Lebensgemeinschaft« wie auch in einigen anderen Kapiteln bereits gezeigt worden, daß die Sauen in mehrfacher Hinsicht eine wichtige Funktion innerhalb der Lebensgemeinschaft des Waldes erfüllen. Für den Forstmann kommen noch eine Reihe weiterer Gesichtspunkte hinzu.
Durch das intensive Brechen bewirkt das Schwarzwild eine Auflockerung des Bodens und eine Vermengung der Rohhumusauflage mit dem Mineralboden, die sich bodenverbessernd und vielfach verjüngungsfördernd auswirkt. Ferner sind zu nennen die in vielen Revieren zu beobachtende flächenweise Vertilgung des Adlerfarns, die starke, oft für den Waldbau entscheidende Vertilgung von Mäusen (einschließlich von Wühl- und sogar Spitzmäusen) und endlich die massenweise Vernichtung von forstschädlichen Insekten. Auch die Weiserwirkung des Schwarzwildes darf nicht übersehen werden. Durch besonders intensives und regelmäßiges Brechen in bestimmten Beständen geben die Sauen dem Forstmann oft wertvolle Hinweise auf eine beginnende Übervermehrung einzelner Insektenarten in Waldböden, die ohne die Sauen vielfach gar nicht bemerkt würde, so daß man nun verstärkte Kontrollen durchführen und rechtzeitige Gegenmaßnahmen einleiten kann. Schließlich muß noch die Bedeutung des Schwarzwildes als »Gesundheitspolizei« des Waldes erwähnt werden. Durch die rasche Beseitigung von Fallwild trägt es zweifellos zur Eindämmung einer drohenden Wildseuche bei.
Gegenüber den vielen genannten Vorzügen darf nicht völlig übersehen werden, daß die Sauen auch gewisse Forstschäden verursachen können. Insbesondere sind zu nennen der Fraß von gesäten oder für die Naturverjüngung gedachten Eicheln und Buchekkern, die Zerstörung junger Forstpflanzen beim Brechen, eine geringe Beschädigung von Baumwurzeln oder eine gelegentliche Förderung unerwünschter Vegetationstypen. Einen ausgefallenen Vorgang hat RÜHE [1997] beschrieben. Er fand bei strengem Frost in einem Verjüngungshorst sieben benachbart liegende Ruhelager von Sauen. Sie bestanden aus insgesamt über 1000 jungen Bäumchen (hauptsächlich Buche, aber auch Esche und Ahorn) von $1/2$ bis 2 m Länge, die von den Sauen oberirdisch abgebissen und zu den Ruhelagern zusammengetragen worden waren. Wo nicht gerade eine sehr stark überhöhte Schwarzwilddichte herrscht, wird der Forstschaden aber in der Regel nicht schwerwiegend sein. Gravierender sind manchmal die indirekten Folgen, die durch eine Beschädigung von Kulturzäunen entstehen können. In Schwarzwildrevieren müssen deshalb unter Umständen die gegen andere Wildarten vorgesehenen

Im Wald machen sich die Sauen durch eine Auflockerung des Bodens sowie durch die Vertilgung von forstschädlichen Insekten und Mäusen sehr nützlich und sind deshalb vom Forstmann gern gesehen.

Kulturzäune stabiler ausgeführt (s. S. 162 und 164) und häufiger kontrolliert und eventuell repariert werden, was höhere Kosten und gelegentlichen Ärger verursacht.

Ob im konkreten Fall der forstwirtschaftliche Nutzen oder der forstwirtschaftliche Schaden überwiegt, hängt im wesentlichen von den jeweiligen Revierverhältnissen ab. Unter den weitaus meisten Verhältnissen dürften die Sauen schon bei dieser Betrachtungsweise im Walde überwiegend nützlich sein. Rechnet man die allgemeinen landschaftsbiologischen Funktionen hinzu und betrachtet das Schwarzwild als Glied der Lebensgemeinschaft Wald, so wird verständlich, daß diese Wildart bei den Forstleuten durchweg in einem sehr hohen Ansehen steht.

Ein weniger günstiges Bild bietet sich leider, wenn man das Verhältnis des Schwarzwildes zur Landwirtschaft betrachtet. Zwar können die Sauen auch auf landwirtschaftlichen Nutzflächen gewisse nützliche Tätigkeiten entfalten, so etwa die Vertilgung von Schadinsekten und vor allem von Mäusen. Doch überwiegt hier in aller Regel der Schaden, der unter Umständen sehr empfindlich werden kann.

Die stärksten landwirtschaftlichen Schwarzwildschäden treten in den Monaten April bis August oder September auf. Kartoffelschläge werden während dieser ganzen Zeit heimgesucht, wobei die Sauen örtlich unterschiedliche Sorten deutlich bevorzugen. Der

Schaden kann sich potenzieren, wenn es sich um Saatkartoffelanbau handelt. Wird nämlich die betreffende Fläche zu einem festgelegten Mindestprozentsatz beschädigt, wird der gesamte Schlag als Saatkartoffeln aberkannt und die verbleibende Ernte kann nur als Speise- oder gar nur als Futterware verwertet werden, was selbstverständlich eine ganz erhebliche Wertminderung bedeutet.

Sehr starke Schäden richten die Sauen auch in Weizen, Hafer, grannenloser Gerste und Gemenge an, vorwiegend in der Zeit der Milchreife, aber auch in der Vollreife, wobei sich der Mähdrescher beziehungsweise die durch ihn bedingte späte Ernte sehr nachteilig auswirkt. Maispflanzungen haben gleich nach der Saat und von der Milchreife bis zur Ernte stark unter den Sauen zu leiden. Letzteres gilt auch für Erbsen und Bohnen, während Roggen und Rüben nur örtlich und meist unbedeutend geschädigt werden.

Außer den eigentlichen Fraßschäden treten im Getreide vielfach starke Tritt- und Lagerschäden auf, besonders dort, wo Bachen mit Frischlingen oder größere Rotten ihren Tageseinstand in großen Getreideschlägen nehmen. Solche Schäden können auch im Roggen beträchtlich sein, da dieser wegen seiner hohen Halme als Einstand gern angenommen wird.

Nach der Getreideernte flauen die landwirtschaftlichen Schwarzwildschäden stark ab. Zwar ziehen die Sauen zunächst noch gern auf die Stoppeln, um die vor allem beim Mähdrusch ausgefallenen Körner aufzulesen oder nach Mäusenestern zu brechen, doch entsteht dabei kein nennenswerter Schaden. Auch die Kartoffeln werden jetzt viel weniger heimgesucht. Die Sauen bleiben nun meist im Walde, vor allem in Jahren mit Eichel- und Buchelmast.

Vom Herbst bis zum zeitigen Frühjahr können zwei andere Arten des landwirtschaftlichen Schwarzwildschadens recht merklich werden. Auf ehemaligen Kartoffelschlägen brechen die Sauen oft stark. Sind diese Felder nachfolgend mit Wintergetreide bestellt, so können durch das Brechen beträchtliche Fehlstellen entstehen. Dieser Schaden sieht allerdings auf den ersten Blick schlimmer aus, als er zur Zeit der Ernte tatsächlich ist.

Ein anderer bedeutender Schwarzwildschaden kann auf Wiesen und Weiden entstehen. Bei starkem Befall brechen die Sauen hier nach Insektenlarven und drehen dabei die Grasnarbe so stark um, daß kaum noch Grünes zu sehen ist. Oft genügt zum Beheben dieses Schadens ein Zurückdrehen der hochgebrochenen Schollen oder ein Übereggen mit nachfolgendem Walzen, manchmal muß aber auch eine Weide völlig neu angelegt werden, was erhebliche Kosten verursacht.

Ein hoher Schaden kann auch entstehen, wenn die Sauen im Winter Kartoffelmieten aufbrechen und im Gefolge eine größere Menge von Kartoffeln erfriert. Zwar gilt ein solcher Schaden nach dem deutschen Bundesjagdgesetz nicht als Wildschaden und braucht demzufolge nicht ersetzt zu werden, doch verärgert er verständlicherweise die Bauern erheblich. Dieser Schaden läßt sich leicht vermeiden, wenn man die Mieten nicht auf dem Felde, sondern auf dem Hof oder in unmittelbarer Nähe des Dorfes anlegt oder die Kartoffeln – wie es heute aus anderen Gründen üblich ist – in Kartoffelscheunen einlagert. Ähnlich verhält es sich mit den Schäden an Zäunen und eventuell auch noch an anderen Einrichtungen. Haben die Sauen auf ihrer Suche

Schwarzwildschäden im Haferfeld.

nach Mäusenestern sehr tiefe Löcher gebrochen, kann dadurch auch der Einsatz hochwertiger schwerer landwirtschaftlicher Maschinen beeinträchtigt werden. Auch diese Schäden sind nach dem Gesetz zwar nicht ersatzpflichtig, doch können sie natürlich das Verhältnis zwischen Jäger und Landwirt trüben.

Wildschadenverminderung

Durch mancherlei Maßnahmen können die landwirtschaftlichen Schwarzwildschäden ganz beträchtlich vermindert werden. Diese Maßnahmen lassen sich in vier Gruppen zusammenfassen, und zwar
1. landwirtschaftliche Maßnahmen,
2. Schutz der gefährdeten Flächen,
3. Ablenkung der Sauen von den landwirtschaftlichen Nutzflächen,
4. jagdliche Maßnahmen.
Erfahrungsgemäß werden manche Feldflächen von den Sauen gern und häufig aufgesucht, andere dagegen seltener. Auf ersteren sollte man, wenn die Besitzverhältnisse und der Anbauplan es erlauben, keine Fruchtarten oder Fruchtsorten anbauen, die vom Schwarzwild bevorzugt angenommen werden. Deren Anbau sollte man

möglichst auf diejenigen Äcker verlegen, die weniger gefährdet sind. Besonders schwarzwildgefährdet sind vor allem Äcker im Walde oder in Waldnähe. Im einzelnen müssen Abfährtungsergebnisse und jahrelange Kenntnis des Reviers und des Wildbestandes nähere Aufschlüsse geben.

Vom Schwarzwild bevorzugte Feldfrüchte sind Mais, Weizen, grannenlose Gerste, Hafer, Gemenge, Erbsen und Bohnen. Weniger gern oder überhaupt nicht angenommene Feldfrüchte sind alle begrannten Getreidearten und Rüben. Starke Schäden können ferner auf Wintersaaten nach Kartoffeln entstehen, so daß man hier auf gefährdeten Flächen Sommergetreide wählen sollte. Unter den Kartoffelsorten werden einige von den Sauen anderen deutlich vorgezogen. Welche Sorten bevorzugt werden und welche man demzufolge nicht auf gefährdeten Flächen anbauen sollte, müssen jeweils die örtlichen Erfahrungen lehren, da sich in dieser Beziehung kaum allgemein gültige Regeln aufstellen lassen. Allgemein kann jedoch gesagt werden, daß sich durch einen geschickten, auf den örtlichen Erfahrungen aufbauenden Anbauplan die landwirtschaftlichen Schwarzwildschäden beträchtlich vermindern lassen.

Stellen sich im Laufe des Sommers auf einem Acker stärkere Schwarzwildschäden ein, sollte dieses Feld zum frühesten Termin abgeerntet und allen anderen Flächen vorgezogen werden, um den Schaden durch eine hinausgezögerte Ernte nicht noch zu vergrößern. Ansonsten sollten die Getreideschläge in Waldnähe zuerst gemäht werden, um den Sauen den gedeckten Wechsel in die Feldmark zu nehmen. Allein der Zwang, über freies Feld wechseln zu müssen, kann die Sauen veranlassen, mehr im Walde zu bleiben. Außerdem wird durch eine frühzeitige Mahd der an den Wald grenzenden Getreideschläge die Jagd an der Wald-Feld-Grenze erleichtert, was für die Verminderung der Feldschäden von erheblichem Vorteil ist.

Diese landwirtschaftlichen Maßnahmen lassen sich in konsequenter Weise am ehesten in Eigenjagdbezirken sowie dort verwirklichen, wo der gesamte gemeinschaftliche Jagdbezirk oder zumindest die wildschadengefährdeten Lagen in den Händen einiger weniger Landwirte sind. Bei überwiegend kleinbäuerlichem Besitz ist die Sache bedeutend schwieriger. Durch ein gutes und gegenseitig verständnisvolles Verhältnis zwischen Jagdausübungsberechtigten und bäuerlicher Bevölkerung lassen sich jedoch auch hier manche Dinge zum beiderseitigen Nutzen regeln. Gerade in Schwarzwildrevieren sollte es deshalb das Bestreben der dortigen Jäger sein, ein gutes, vertrauensvolles und verständnisinniges Verhältnis zu den Landwirten zu pflegen.

Sichtscheuchen sind auf Schwarzwild ohne jede Wirkung. Selbst Lärmscheuchen, die im Abstand weniger Minuten einen schußähnlichen Knall erzeugen, nützen nur für ganz kurze Zeit, oft nur für eine einzige Nacht oder nicht einmal solange. Das gleiche gilt für die sogenannten Geräuschfolien.

Etwas länger hält meist – aber nicht immer – die Wirkung brauchbarer Verwitterungsmittel. An Handelspräparaten nennt UECKERMANN [1977] Arbin, Kornitol, M 7 und Raulaut. Das letztgenannte Mittel sowie die meist einfach und billig in größeren Mengen aus Frisiersalons zu beschaffenden Menschenhaare werden einfach rund um die zu schützende Fläche auf dem Boden ausgelegt. Mit den anderen Mitteln werden Lappen oder besser eine Schnur, beispielsweise Bindegarn, getränkt und in einem knappen halben Meter Höhe um das Feld herum aufgehängt. Etwa alle 14 Tage ist

Zu niedrige Feldschutzzäune können von starken Sauen übersprungen werden – die Frischlinge können durch grobmaschige Zäune hindurchschlüpfen.

eine Nachbehandlung notwendig. Im einzelnen sind die jeweils mitgelieferten Gebrauchsanweisungen zu beachten. Auch manche andere stinkende Substanzen haben sich gelegentlich bewährt. Generell muß aber festgestellt werden, daß heute alles Wild durch den vielfältigen Gebrauch verschiedener Chemikalien in der modernen Landwirtschaft sowie durch ihre immer weitergehende Motorisierung so sehr an fremdartige Gerüche gewöhnt ist, daß die Wirkung der Verwittrungsmittel immer geringer werden dürfte.
Ein weitgehend sicherer Schutz ist nur durch Abzäunung der gefährdeten Flächen möglich. Wenn auch unter extremen Bedingungen vereinzelt beobachtet worden ist, daß starke Sauen noch größere Höhen überspringen können, genügt als Höhe für einen Feldschutzzaun gegen Schwarzwild ein Meter. Am zweckmäßigsten ist ein kräftiges Knotengeflecht, das an stabilen Pfählen straff gespannt verankert und durch Heringe, Bodenlatte oder auf dem Boden gespannten Stacheldraht gegen Hochheben und Durchkriechen gesichert werden muß.
Sollen größere Feldkomplexe auf Dauer fest abgezäunt werden, müssen für eventuell doch eingedrungenes Wild in Zaunecken Aussprünge beziehungsweise speziell für Schwarzwild sogenannte Sauklappen eingebaut werden. Letzteres sind nur einseitig aufzustoßende, auch für starke Sauen genügend große Klappen, die durch ihr Eigengewicht selbsttätig wieder zufallen. Sauen, die durch einen Zaun an ihrem

Rückwechsel in den Wald gehindert werden, ziehen an diesem Zaun entlang. Von Zeit zu Zeit, vor allem in Ecken, versuchen sie, den Zaun zu durchbrechen. Stoßen sie dabei auf die in Richtung vom Feld in den Wald leicht zu öffnenden Sauklappen, merken sich die intelligenten Sauen nicht nur diese Stellen, sondern suchen später auch bei unbekannten Zäunen in Ecken nach solchen Klappen. Durch Anschlag am Zaun dürfen sich die Sauklappen in Gegenrichtung selbstverständlich nicht öffnen lassen.

Will man nur für eine Vegetationsperiode oder gar für noch kürzere Zeit ein bestimmtes Feld abzäunen, kann man dafür vorteilhaft einen Elektrozaun verwenden. Zum Schutz gegen Sauen muß man dafür drei Drähte, und zwar möglichst Stacheldrähte (gesetzliche Vorschriften beachten!), in einer Höhe von 20, 40 und 60 cm über den Erdboden spannen. Allerdings bieten Elektrozäune nicht in jedem Fall einen genauso sicheren Schutz wie stabile Feldschutzzäune. CLAUSSEN [1997] empfiehlt aufgrund umfangreicher eigener Versuche, einen Elektrozaun mit einem Duftzaun oder einem auch für die Sauen gut sichtbaren Zaun (Lappen, Signalband o. ä.) zu kombinieren. Die Sauen würden dadurch rechtzeitig auf den Elektrozaun aufmerksam und würden ihn meiden. Alle vorgenannten Schutzmaßnahmen sind umso wirkungsvoller, je kleiner die dadurch zu sichernde Fläche ist. Das bedeutet aber andererseits, daß die restlichen Teile der Feldmark ungeschützt bleiben und auf ihnen unter Umständen ein entsprechend höherer Wildschaden entstehen kann. Sehr begrüßenswert ist deshalb jeder Versuch, die Sauen möglichst weitgehend im Walde festzuhalten. Bereits SNETHLAGE hat in seiner bekannten Monographie Gedanken und Vorschläge veröffentlicht, die Sauen während der Wildschadensmonate durch Anbieten von Leckerbissen im Walde zu halten. Über eine systematische Ablenkung der Sauen von den Feldern durch Wildäcker und Fütterungen habe ich in einem früheren Buch [1963] spezielle Ausführungen gemacht. Über die konsequente Verwirklichung von Ablenkfütterungen und dadurch erzielte Erfolge haben in neuerer Zeit vor allem MEYNHARDT [1978 und 1979] aus der damaligen DDR und GÜNTHER [1980] aus der Altbundesrepublik berichtet.

Zur Anlage und Bewirtschaftung von Wildäckern waren bereits bei den Hegemaßnahmen einige Angaben und Literaturhinweise erfolgt. Hinsichtlich einer wildschadenvermindernden Wirkung sind einige Punkte besonders zu beachten. Soll ein Wildacker Anziehungskraft auf die Sauen ausüben, muß er folgende Forderungen erfüllen:

1. Möglichst ungestörte Lage im Walde (vielleicht sogar zwischen Dickungen) oder am Waldrand, so daß die Sauen ihn auf gedeckten Wechseln erreichen können, auf ihm das Gefühl der Sicherheit haben und auch gegen scharfen Wind geschützt sind.
2. Anbau der vom Schwarzwild in dieser Gegend besonders bevorzugten Sorten.
3. Rechtzeitige Bestellung, so daß der Wildacker den anderen landwirtschaftlichen Nutzflächen entwicklungsmäßig etwa 14 Tage voraus ist.

Allein durch Wildäcker wird man die Sauen meist nicht genügend vom Feld ablenken können, zumal die Wildäcker in manchen Revieren zeitweise eingegattert werden müssen, wenn man überhaupt Pflanzen hochbringen will. In den Zeiten des hauptsächlichen Wildschadens ist es deshalb zweckmäßig, die durch die Wildäcker beabsichtigte Ablenkung der Sauen vom Feld durch eine im Walde vorgenommene Fütterung zu unterstützen. Hierbei ist ein Futter anzubieten, das von den Sauen den Feldfrüchten gleichgestellt oder vorgezogen wird. Am besten hat sich eine Körnung mit Mais bewährt, und dieser sollte deshalb auch stets in erster Linie verwandt werden. Ergänzend kann man alles andere, gerade vorhandene Futter als Abwechslung anbieten, so zum Beispiel die beim Pflanzkartoffelanbau ausgemerzten Stauden, die meist billig zu haben sind und mitsamt dem Kraut in den Wald gefahren werden. Selbst stark angefaulte Kartoffeln werden vom Schwarzwild gern angenommen.

Wichtig ist es bei dieser Ablenkungsfütterung, das Futter so anzubieten, daß die Sauen nicht etwa schnell satt werden und dann doch auf die Felder hinausziehen, sondern daß sie möglichst viel Zeit für die Futtersuche brauchen und es ihnen dann in den kurzen Sommernächten an der Zeit fehlt, noch aufs Feld zu wechseln. Da der Nahrungserwerb der Sauen nicht nur ihrer Sättigung, sondern auch der Befriedigung ihres großen Bewegungsbedürfnisses dient, muß man zur Ablenkung von den Feldern den Sauen im Walde sowohl bevorzugte Nahrung, als auch bei deren Aufnahme genügend »Arbeit« bieten.

Hat man durch häufiges Abfährten die Einstände und Wechsel der Sauen festgestellt, sollte man in ihrer Nähe an vielen verschiedenen Stellen die Körnung in Alt- und Stangenhölzern, auf wenig benutzten Schneisen oder auf kleinen Ödflächen vornehmen. Am besten streut man das Futter täglich dünn über große Flächen (1 ha oder mehr) aus. Damit der Mais nicht großenteils von Vögeln, vor allem Eichelhähern, Tauben usw. weggeholt wird, ist es angebracht, ihn erst gegen Abend zu streuen.

Kann man aus Zeitgründen die Fütterung nicht täglich beschicken, empfiehlt GENDRICH [1976] eine Flaschenfütterung. Hierfür nimmt man am besten Sektflaschen, füllt sie mit Maiskörnern und legt sie auf den Fütterungsflächen aus. Die Sauen entdecken sehr bald, daß jedesmal Maiskörner aus den Flaschen herausfallen, wenn sie diese kräftig anstoßen und über den Boden rollen.

Versuchsweise habe ich selber einst vier mit Maiskörnern gefüllte Sektflaschen auf einem ziemlich regelmäßig von Sauen aufgesuchten Wildacker ausgelegt. In der zweiten Nacht hatten die Sauen die Flaschen entdeckt und restlos geleert. Von nun an habe ich sie einige Zeit lang täglich gefüllt – die Sauen haben sie genau so regelmäßig über Nacht geleert. Nach dem Aussehen der Flachen haben die Sauen diese wohl ins Gebrech genommen und den Mais herausgeschüttelt. Leider habe ich das nie direkt beobachten können. Auch die Flaschen mußten also jeden Tag wieder gefüllt werden. Die Sauen werden aber möglicherweise länger gebraucht haben, als wenn sie die ausgestreuten Körner aufgenommen hätten. Vor allem dürfte der in den Flaschen enthaltene Mais anderen Interessenten (anderem Schalenwild und vor allem Tauben und Eichelhähern) unzugänglich gewesen sein.

Ähnlich funktioniert der von H. BRUSS [1978] beschriebene »Schweinekreisel«. Er besteht aus einem stabilen und fest im Boden verankerten Pfosten und einem stabilen Faß. Eine mit mindestens zwei Wirbeln versehene, mehrere Meter lange Kette wird auf einer Seite am Boden des Fasses, auf der anderen Seite mit einem Laufring am Pfahl befestigt, so daß das Faß in einem der Kettenlänge entsprechenden Abstand vom Pfahl beliebig gerollt werden kann. Das Faß wird nun mit einigen

Ablenkfütterung im Walde.

wenigen, knapp 2 cm großen Löchern versehen und mit Mais gefüllt. Wenn die Sauen das Faß anstoßen und hin- und herrollen, fällt jeweils etwas Mais heraus und kann von den Sauen aufgenommen werden. Der Mais in dem Faß hält wesentlich länger vor als der in den Flaschen.
Flaschenfütterung und Schweinekreisel haben sich in der Praxis vielfach bewährt, vor allem für die Ablenkfütterung, da die Sauen mit Hilfe dieser einfachen Mittel über Stunden an einem Platz gefesselt werden können und der Maisverbrauch sparsamer ist als bei offenem Ausstreuen. Große, gelegentlich sogar mehr oder minder komplizierte Futterautomaten für Schwarzwild [GENDRICH 1977] haben sich dagegen für eine Verwendung in der freien Wildbahn offenbar nicht durchgesetzt, sondern nur seltenen Eingang in Gehege gefunden.
Im allgemeinen haben die Sauen sehr schnell herausgefunden, wo ihnen besondere Genüsse geboten werden. Wenn man für ständigen Nachschub und Störungslosigkeit sorgt, werden die Sauen viel lieber ihre Leckerbissen in dem ihnen sympathischeren Wald aufnehmen als aufs Feld ziehen. Die Notwendigkeit, sich ihre Lieblingsspeise »erarbeiten« zu müssen, stößt sie dabei keineswegs ab, sie kommt vielmehr ihrem Bewegungsbedürfnis entgegen.
Wegen der Eigenart des Schwarzwildes, nicht Nacht für Nacht die gleichen Stellen aufzusuchen, sondern immer wieder Pausennächte einzulegen, in denen andere Flächen angenommen werden, muß innerhalb eines größeren Bezirkes ein ganzes System von Wildäckern und Fütterungsflächen angelegt werden, damit die Sauen die Möglichkeit haben, auch zwischen den Ablenkungsflächen abzuwechseln. Während man für die Anlage von Wildäckern im allgemeinen an geeignete, bereits vorhandene

Felder oder Ödflächen gebunden ist, hat man für die Körnungen meist größere Auswahlmöglichkeiten. Man sollte sie unter Zuhilfenahme der Revierkarte so zwischen den Wildäckern einplanen, daß man den Sauen innerhalb des Waldes einen oder besser nach ihrer eigenen Wahl mehrere verschiedene Rundgänge über Wildäcker und Fütterungsflächen ermöglicht. Dabei ist zu beachten, daß die Sauen dunkle und gedeckte Wechsel lieben und deshalb einen vom Heger geplanten Rundwechsel innerhalb des Waldes umso lieber annehmen, je mehr er ihrem Sicherheitsbedürfnis entgegenkommt. Auch müssen sämtliche Ablenkungsflächen innerhalb des Waldgebietes so verteilt sein, daß die Sauen sich auch im Walde die nötige Bewegung verschaffen können. Durch eine Fütterung in einem einzigen, für Schwarzwildverhältnisse kleinen Revierteil könnte man die Sauen veranlassen, trotz des angebotenen Futters über die Felder zu wechseln, wobei sie natürlich auch zu Schaden gehen. Zu Beginn der Fütterung ist es zweckmäßig, die Sauen auf »Kirrbahnen« mit ganz dünn gestreutem Mais von Ablenkungsfläche zu Ablenkungsfläche zu lenken. Nach ganz kurzer Zeit kennen sie alle Flächen und werden sie – bei richtiger Anlage – immer wieder aufsuchen. Eine wirkungsvolle Ergänzung der Wildäcker und Körnungen sind im Walde liegende Salzlecken und Luderplätze, die mit Aufbrüchen (jedoch nicht mit eingegangenen Haustieren, Schlachtabfällen u. ä.) beschickt werden.

Zweifellos erfordert die Anlage und Unterhaltung von Wildäckern sowie eine richtige, regelmäßige Fütterung auf mehreren größeren Flächen einen erheblichen Aufwand an Arbeit und Kosten. In mehreren Hochwildrevieren konnte jedoch der Beweis erbracht werden, daß trotz eines gleichzeitig erhöhten Schwarzwildbestandes durch eine richtige Revierbewirtschaftung der Wildschaden stark vermindert werden kann: Nicht nur die entstehenden Kosten werden voll ausgeglichen, sondern sogar bedeutende Einsparungen erzielt.

Die bisher behandelten Maßnahmen zur Verminderung landwirtschaftlicher Schwarzwildschäden können durch eine zweckmäßige Bejagung wirkungsvoll unterstützt werden. Zweckmäßiges Jagen bedeutet dabei nicht nur einen genügend hohen Abschuß und seine richtige Aufgliederung auf die einzelnen Altersklassen, sondern auch die richtige Durchführung der Frühjahrs- und Sommerjagd. Da das Ziel aller Maßnahmen die Abhaltung der Sauen von den landwirtschaftlichen Nutzflächen sein soll, ist das Schwarzwild – indem man die besprochenen Abschußrichtlinien einhält – auf dem Felde, an der Wald-Feld-Grenze und in den an die Feldmark grenzenden Waldbeständen scharf zu bejagen, im Innern des Waldes jedoch zu schonen. Die Sauen, die wohl unser intelligentestes Wild sind, lernen schnell, wo ihnen Gefahr droht und wo sie sich sicher fühlen dürfen. Finden sie im Walde reichliche, abwechslungsreiche und schmackhafte Nahrung, dazu genügende Bewegungsmöglichkeit bei der Nahrungsaufnahme und vielfältige Auswahl- und Abwechslungsmöglichkeiten hinsichtlich der Wildäcker und Körnungen, werden sie schließlich von Ende Januar bis zum Herbst im Walde von der Jagd verschont und dort auch sonst wenig beunruhigt, auf dem Felde dagegen immer scharf bejagt, so werden sie auch während der wildschadengefährdeten Frühjahrs- und Sommermonate gern im Walde bleiben. Nach den Untersuchungen von WLAZELKO und LABUDZKI [1992] besteht hier auch eine Altersabhängigkeit. So nehmen ältere Sauen lieber Waldnahrung (sofern genügend vorhanden) als Feldnahrung und halten sich insgesamt lieber im Wald als in der Feldmark auf. Also auch aus Gründen der Wildschadenverminderung ist es wichtig, scharf in die Jugendklassen, in allererster Linie in die Frischlinge, einzugreifen, die höheren Altersklassen dagegen weitgehend zu schonen.

Wenn die Wildäcker nicht zeitweise eingegattert werden, wird man auf ihnen gelegentlich einen Frischling oder Überläufer schießen müssen, damit die Wildäcker nicht vollkommen verwüstet werden. Das schadet nicht viel. Die Sauen werden den Wildacker nach kurzer Zeit weiterhin dem offenen Feld vorziehen, weil sie ihn auf dunklem Wechsel erreichen können und die hier angebauten, von den Sauen besonders begehrten Feldfrüchte denen der Feldmark zeitlich voraus sind.

Niemals darf man jedoch an den im Walde liegenden Fütterungen ein Stück Schwarzwild schießen. Ihre Ablenkungskraft beruht ja nicht nur auf dem angebotenen Futter, sondern auch auf dem Vertrauen in die Sicherheit dieses Ortes. Ein Abschuß würde dieses Vertrauen zerstören und damit die Ablenkungswirkung aufheben oder doch zumindest einschränken. Bezüglich eines eventuellen Ankirrens vor Hochsitzen zum Zwecke der Erlegung sei auf das Kapitel Seite 181 verwiesen.

Neben der sommerlichen Jagdruhe ist es auch ansonsten wichtig, daß die Sauen in ihrem engeren Einstandsgebiet im Walde möglichst wenig gestört werden, etwa von Spaziergängern, Pilz- und Beerensuchern, Tierfotografen usw. Bei Ungestörtheit in ihren Einständen sind die Sauen sehr standorttreu. Finden sie darüberhinaus in ihrem engeren Einstandsgebiet oder in dessen näherer Umgebung im Walde genügend ansprechende Nahrung, gehen sie überhaupt nicht oder doch sehr viel weniger auf die Felder. Durch Schaffung von Ruhezonen im Walde kann der landwirtschaftliche Wildschaden ganz erheblich vermindert werden. Solche Ruhezonen dienen also nicht nur der Wildhege, sondern gleichermaßen der Wildschadenverhütung.

Wildschadenfeststellung und Wildschadenschätzung

Durch die vorgenannten Maßnahmen ist es zwar möglich, die landwirtschaftlichen Schwarzwildschäden sehr weitgehend zu vermindern; sie lassen sich jedoch in der freien Wildbahn nicht vollständig ausschließen. Die entstehenden Schäden müssen in manchen Ländern in dem jeweils gesetzlich festgelegten Ausmaß ersetzt werden. Dafür ist es notwendig, die Schäden festzustellen und in ihrer Höhe abzuschätzen.

Als erstes ist die Frage zu stellen, wann überhaupt von einem landwirtschaftlichen Wildschaden gesprochen werden kann. Noch keineswegs jede Aufnahme landwirtschaftlicher Nutzpflanzen oder deren Teile ist ein wirtschaftlicher Schaden. Wenn beispielsweise Sauen nach der Ernte auf dem Acker liegengebliebene und oftmals für den menschlichen Genuß bereits verdorbene Kartoffeln oder auf den Stoppeln die beim Mähdrusch ausgefallenen Getreidekörner aufsammeln, bedeutet das heutzutage keinerlei wirtschaftlichen Verlust. Denn mangels Arbeitskräften für eine Nachlese sind diese Feldfrüchte für den Landwirt ohnehin verloren. Auch ein gelegentliches Überweiden von Klee stellt keinen errechenbaren Verlust dar. Es muß also die Grenze gezogen werden zwischen den normalen und für jeden Beteiligten ohne weiteres tragbaren Spuren der Existenz des Wildes einerseits und für den einzelnen untragbaren oder doch unzumutbaren Wildschäden andererseits.

Liegen echte Schäden vor, ist zu entscheiden, ob es sich wirklich um Wildschäden handelt, gegebenenfalls von welcher Wildart. Nicht selten entstehen nämlich sehr ähnliche Schäden durch nicht zum Wild zählende freilebende Tiere, insbesondere Nager und Vögel. Weiter kann es sich um Schäden durch ausgebrochenes Vieh, durch Nässe, Dürre, Hagel, Sturm, Pflanzenkrankheiten, fehlerhafte landwirtschaftliche Maßnahmen usw. handeln. Stets muß anhand typischer, unverwechselbarer Schadensbilder, Fährten, Losung o. ä. der Nachweis des Wildschadens durch eine bestimmte Wildart erbracht werden. Diesbezüglich sei auf die Ausführungen in dem Abschnitt »Das Ansprechen und Bestätigen des Schwarzwildes« verwiesen.

Liegt eindeutiger Schwarzwildschaden vor, ist zu klären, ob er auch ersatzpflichtig ist. Beispielsweise braucht nach dem deutschen Bundesjagdgesetz kein Schaden ersetzt zu werden, der an bereits eingeernteten Erzeugnissen, also etwa an Mieten o. ä. entstanden ist. Weiter ist ein Ersatzanspruch nach diesem Gesetz nicht gegeben, wenn der Geschädigte die von dem Jagdausübungsberechtigten zur Abwehr von Wildschäden getroffenen Maßnahmen unwirksam macht. Der Wildschaden, der an Weinbergen, Gärten, Obstgärten usw. oder Freipflanzungen von Garten- oder hochwertigen Handelsgewächsen entsteht, braucht nach dem Bundesjagdgesetz nicht erstattet zu werden, wenn die Herstellung von üblichen Schutzvorrichtungen unterblieben ist, die unter gewöhnlichen Umständen zur Abwendung des Schadens ausreichen.

Werden Bodenerzeugnisse, deren voller Wert sich erst zur Zeit der Ernte bemessen läßt, vor diesem Zeitpunkt durch Wild beschädigt, so ist der Wildschaden in dem Umfang zu ersetzen, wie er sich zur Zeit der Ernte darstellt. Beispielsweise ist es möglich, daß ein zunächst sehr schlimm aussehender Wildschaden, etwa auf Weiden oder Wintersaat, sich weitgehend von selber ausgleicht, während umgekehrt andere Schäden, etwa an Kartoffeln, sich zwar scheinbar auch wieder vollkommen zurechtwachsen, trotzdem aber eine erhebliche Ertragsminderung bedeuten. Schließlich müssen die zur Zeit der Ernte geltenden, jährlich schwankenden Erzeugerpreise berücksichtigt werden. Bei der Feststellung der Schadenshöhe ist jedoch zu berücksichtigen, ob der Schaden nach den Grundsätzen einer ordentlichen Wirtschaft durch Wiederanbau oder andere landwirtschaftliche Maßnahmen im gleichen Wirtschaftsjahr hätte ausgeglichen werden können. In dem Fall wären nur die Aufwendungen für solche zusätzlichen Maßnahmen ersatzpflichtig.

Für die Besitzer von Wildgehegen ist noch eine andere Bestimmung von Bedeutung, die historischen Ursprungs ist, sich aber auch im heutigen Bundesjagdgesetz findet. Darin heißt es: »Wird durch ein aus einem Gehege ausgetretenes und dort gehegtes Stück Schalenwild Wildschaden angerichtet, so ist ausschließlich derjenige zum Ersatz verpflichtet, dem als Jagdausübungsberechtigten, Eigentümer oder Nutznießer die Aufsicht über das Gehege obliegt.«

Hinsichtlich aller Einzelheiten des gesamten Wildschadenersatzrechtes sowie der Praxis der Wildschadenschätzung und Wildschadenerstattung muß auf die jeweils geltenden einschlägigen gesetzlichen Bestimmungen sowie auf die Spezialwerke von BRÜTT [1976] und von SAILER [1977] verwiesen werden.

Schwarzwildjagd ist Hochwildjagd

Noch vor wenigen Jahrzehnten war das Schwarzwild sowohl flächenmäßig als auch zahlenmäßig deutlich seltener als heute. Es konnte demzufolge auch nur von sehr viel weniger Jägern bejagt werden. Für einige von ihnen, vor allem in großen Waldgebieten, war das Schwarzwild etwas Herausragendes: eine Hochwildart, die als Lohn für hohes jagdliches Können und großen hegerischen Einsatz höchste Waidmannsfreuden bescherte. Für sehr viel mehr Jäger, vor allem aus Gebieten intensivster Landwirtschaft, war es mehr eine ärgerliche Wildschadensursache, die zwar – den jagdgesetzlichen Vorschriften entsprechend – mit gewissen Beschränkungen aber ansonsten rigoros abgeschossen werden mußte, wo immer man nur konnte. Über dabei entstandene Auswüchse ist oft genug in der Jagdpresse berichtet worden.
In den letzten Jahrzehnten ist ein ebenso erstaunlicher wie erfreulicher Wandel eingetreten. Zunächst hat das Schwarzwild sein Areal erheblich erweitert, so daß es heute in vielen Gegenden Standwild ist, in denen es früher überhaupt nicht vorkam. Weiter hat es sich fast schon überall, wo es seinen Einstand hat, ganz beträchtlich vermehrt, so daß es heute vielerorts eine Wilddichte aufweist, die man früher in der freien Wildbahn Deutschlands bestenfalls in einigen wenigen Revieren gekannt hat. Insgesamt rangiert das Schwarzwild bei uns heute in Bestands- und Streckenzahlen an zweiter Stelle aller unserer Schalenwildarten, im erzeugten Wildpretwert sogar an zweiter Stelle aller unserer Wildarten. Es ist eine unserer wichtigsten Jagdwildarten geworden.
Genauso große Wandlungen wie beim Schwarzwild selbst sind in der Jägerschaft zu verzeichnen. Viele Jäger, die früher nur auf Rehwild als »das Hochwild des kleinen Mannes« jagen konnten, haben heute Gelegenheit, in den einstigen Niederwildrevieren auf dieses echte Hochwild zu waidwerken. Sowohl diese Tatsache als auch die in den letzten Jahrzehnten enorm erweiterten wildbiologischen und jagdwissenschaftlichen Kenntnisse haben in weiten Jägerkreisen zu grundsätzlichen Wandlungen in der Einstellung gegenüber diesem Wild geführt.
Insbesondere hat die »Bekämpfung« des Schwarzwildes sich gewandelt in eine – bei den anderen Schalenwildarten seit langem praktizierte – Wildstandsbewirtschaftung. Zwar muß das Schwarzwild, seinem sehr hohen Zuwachs gemäß, scharf bejagt werden, es muß eine dem Zuwachs entsprechende Strecke gemacht werden. Dabei geht es jedoch nicht nur um Erlegungszahlen.
Aus zahlreichen Forschungen und Veröffentlichungen der letzten Jahrzehnte [s. insbesondere BRIEDERMANN, HENNIG, MEYNHARDT] wissen wir heute, daß Schwarzwildbestände eine sehr differenzierte Sozialstruktur aufweisen. Diese hat vielerlei Auswirkungen auf das Leben des jeweiligen Bestandes, vor allem hinsichtlich der Rauschzeitsynchronisation, der Frischtermine, eines geregelten Zuwachses, des Rottenverhaltens und damit des Wildschadengeschehens usw. Die Forderung von § 1 Abs. 2 des Bundesjagdgesetzes nach »Erhaltung eines ... gesunden Wildbestandes« verlangt u. a. die Erhaltung bzw. Wiederherstellung einer naturgemäßen Sozialstruk-

tur. Das liegt auch in unserem eigenen Interesse, etwa bezüglich einer Eindämmung der (vom Jäger zu erstattenden) landwirtschaftlichen Wildschäden.

Einzelne kleinere Störungen der Sozialstruktur werden immer passieren – auch ohne Eingriff des Jägers. Bei einem an sich gesunden Bestand werden sie rasch wieder ausgeglichen. Bei vielfachen schweren Störungen kommt es dagegen zu den heute so häufig anzutreffenden Verhältnissen: fast vollständiges Fehlen alter oder oft schon mittelalter Keiler und Bachen, vagabundierende »Kindergesellschaften« aus Frischlingen und Überläufern, die extrem früh geschlechtsreif werden, sich völlig regellos vermehren, zu fast allen Jahreszeiten Frischlinge in die Welt setzen, sich mangels eigener besserer Kenntnisse dort konzentrieren, wo sie leicht und schnell große Mengen von Nahrung vorfinden und dabei relativ kleinflächig schwere Wildschäden anrichten. In der Verhaltensforschung hat sich für derartige Verhältnisse der Begriff »Wohlstandsverwahrlosung« gebildet.

Die Erhaltung einer guten Sozialstruktur muß also ein wichtiges Anliegen der Jäger sein. Sie widerspricht auch keineswegs einer etwa notwendigen Reduktion. Vielmehr bietet gerade die Notwendigkeit, scharf in den Bestand eingreifen zu müssen, die Chance, Voraussetzungen für die Wiederherstellung guter Sozialstrukturen zu schaffen. Diese können nur dort existieren, wo genügend mittelalte und alte, reife Sauen vorhanden sind. Und das ist eine Angelegenheit richtiger Bejagung. Wo wahllos geschossen wird oder gar gezielt auf stärkere Stücke, weil diese bei Nacht und in hoher Vegetation besser zu sehen und leichter zu treffen sind, kann es niemals genügend ältere Stücke geben!

Nach unseren heutigen Kenntnissen haben Schwarzwildbestände unter günstigen Voraussetzungen einen Zuwachs von 100 bis 200%, gelegentlich wohl noch darüber. Das bedeutet, daß der Sommerbestand zur Hälfte oder gar zu zwei Dritteln aus Frischlingen besteht. Soll der Bestand nicht anwachsen, müssen im laufenden Jagdjahr genauso viele Stücke Schwarzwild erlegt werden, wie Frischlinge hinzugekommen sind, d. h. 100 bis 200% des Ausgangsbestandes (vor dem Frischen). Je mehr von dieser Gesamtzahl zu erlegender Stücke Frischlinge sind, desto weniger mittelalte Stücke müssen geschossen werden, desto mehr mittelalte Stücke können also in die Reifeklasse hineinwachsen und desto günstiger wird der gesamte Altersklassenaufbau werden.

Nur auf diese Weise läßt sich eine nennenswerte Anzahl starker Keiler und alter erfahrener Bachen heranziehen. Vor allem letztere sind für die Sozialstruktur des gesamten Bestandes überaus wichtig. Besonders die Forschungen von Heinz Meynhardt haben ergeben, welche Funktionen ältere Bachen, vor allem die Leitbachen der Familienrotten, erfüllen. Sie entscheiden nicht nur, wann und wo die Rotte was tut, sondern sie bestimmen auch die Rausch- und Frischtermine und üben noch mancherlei weitere Steuerungsfunktionen im Leben des Gesamtbestandes aus.

Nicht nur aus den schon immer genannten tierschützerischen, sondern auch aus Gründen einer gesunden Sozialstruktur müssen also die Bachen weitestgehend geschont werden. Und da auch die Keiler bis in das Reifealter übergehalten werden sollen, müssen in allererster Linie Frischlinge geschossen werden. Mit ihrer Bejagung kann und sollte man beginnen, sobald die Jugendstreifung verloren gegangen ist. Das ist in einem Lebensalter von etwa vier Monaten der Fall. Die Frischlinge haben dann Gewichte von 10 bis 15 kg (aufgebrochen), lassen sich also durchaus verwerten.

Der Frischlingsabschuß kann demnach etwa zur Jahresmitte beginnen. Das ist die Zeit der kurzen Nächte. Beim Ansitz, vor allem auf dem Feld und am Waldrand, können jetzt beliebig Frischlinge geschossen werden – alle anderen Stücke sollten tabu sein! So kann es dann weitergehen: bei Ansitz und Pirsch, später auch bei Gesellschaftsjagden, sollte jede sich bietende Gelegenheit genutzt werden, Frischlinge zu erlegen. Führende Bachen und alle einzelnen Stücke sollten konsequent geschont werden, ausgenommen reife Keiler, sofern sie als »Ernteabschuß« freigegeben sind.

Zu viele Frischlinge können unter normalen Umständen nicht gestreckt werden. Selbst wenn man glaubt, den allerletzten Frischling geschossen zu haben, sind immer noch genügend übrig. Im allgemeinen werden zu wenig Frischlinge erlegt. Dann bietet sich ganz zu Ende des Jagdjahres die Gelegeneit, Versäumtes nachzuholen. Wenn die Bachen erneut frischen sowie in der ersten Zeit danach bummeln die vorjährigen Frischlinge (bis 31. März Frischlinge, ab 1. April Überläufer) in Frischlings- bzw. Überläuferrotten umher. Sie sind unerfahren und unvorsichtig und kommen dem ansitzenden Jäger oft bei bestem Tageslicht, zumal die Tageslichtdauer jetzt rapide zunimmt.

Aus diesen Frischlings- bzw. Überläuferrotten kann man bedenkenlos herausschießen, nach Möglichkeit ein geringes weibliches Stück. Auf diese Weise kann man nichts falsch machen, kann aber die vorjährigen Frischlinge weiter reduzieren. Sollte ein stärkeres Stück bei einer solchen Rotte sein, so ist es im allgemeinen die noch bei ihren vorjährigen Frischlingen befindliche, jetzt meist innehabende Bache. Sie ist selbstverständlich zu schonen! Verwechslungsmöglichkeiten dürften aber kaum gegeben sein. Der Unterschied in der Stärke ist um diese Jahreszeit noch sehr deutlich; bei gutem Licht ist auch ein Farbunterschied erkennbar: die vorjährigen Frischlinge haben einen meist recht auffälligen rötlich-braunen Ton in der Schwarte, vor allem an den Keulen; den älteren Stücken fehlt dieser Braunton! So kann zum Ende des alten und zu Beginn des neuen Jagdjahres beim Ansitz oft noch eine beträchtliche Anzahl von Frischlingen bzw. Überläufern gestreckt werden.

Später, im Laufe des Sommers, scheiden die Überläuferkeiler aus den Rotten aus und ziehen meist allein. Wie alle anderen einzelnen Sauen sollten sie geschont werden, einerseits um den Keileranteil des Bestandes zu erhöhen, andererseits weil immer die Gefahr besteht, daß es sich doch um eine führende Bache handelt, die nur im Augenblick ihre Frischlinge nicht bei sich hat oder deren Frischlinge in der Bodenvegetation nicht zu sehen sind.

Die Überläuferbachen schließen sich meistens ihren Müttern wieder an. In den »gemischten Rotten« stehen dann Bachen, Überläufer (durchweg Töchter der älteren Bachen) und Frischlinge. Grundsätzlich kann man auch aus derartigen Rotten einzelne Überläuferbachen entnehmen. Das setzt jedoch Schwarzwilderfahrung, Sicherheit im Ansprechen und gute Lichtverhältnisse voraus – sonst wird es zu einer groben Fahrlässigkeit, die schlimm ausgehen kann!

Wenn irgend möglich, sollte der Überläuferabschuß ausschließlich aus den Überläuferrotten getätigt werden, wie sie im April und Mai in Fortsetzung der vorherigen

Frischlingsrotten anzutreffen sind. Hier kann ein nicht voll genügender Frischlingsabschuß aufgebessert, keinesfalls aber ersetzt werden! Der scharfe Frischlingsabschuß vom Sommer an bei allen sich bietenden Gelegenheiten bleibt das A und O jeglicher Schwarzwildbewirtschaftung und selbstverständlich auch jeder Schwarzwildreduktion!

Gegenüber dem Frischlings- und Überläuferabschuß hat die Erlegung grober Sauen zahlenmäßig eine gänzlich untergeordnete Rolle zu spielen. Erntekeiler sollten nach Vereinbarung im großflächigen Hegering einzeln freigegeben werden. Ein Bachenabschuß wird im allgemeinen aufgrund von Verkehrsunfällen, natürlichen Todesursachen oder Fehlabschüssen nicht notwendig sein. Ist er im konkreten Fall doch unumgänglich, so sollte er im Spätsommer, Herbst und Winter an nicht (mehr) führenden Bachen erfüllt werden. Nach scharfer Frischlingsbejagung gibt es vom Spätsommer an in der Regel Bachen, die keine Frischlinge mehr haben und völlig allein gehen. Sie können ohne Schaden für den Bestand entnommen werden. Ein sehr sicheres Ansprechen ist Voraussetzung!

Der Schwarzwildjäger ist also vom einstigen Wildschadenbekämpfer zum »schwarzwildgerechten« Hochwildjäger geworden, der mit ethischem Verantwortungsbewußtsein die Bestände dieser ebenso interessanten wie liebenswerten Wildart planmäßig bewirtschaftet. Wie beim Rotwild und den sonstigen Hochwildarten ist auf dem Weg zum Hegeziel manche Entsagung nötig. Für manchen älteren Jäger, der noch in ganz anderen Zeiten und unter anderen – durch den damaligen Wissensmangel bedingten – Auffassungen jagdlich aufgewachsen ist, bedeutet das sicherlich eine Umstellung. Dafür bietet das Schwarzwild während des ganzen Jahres spannende Jagdmöglichkeiten und damit reiche Entschädigung.

Literaturverzeichnis

In den letzten Jahren ist eine Flut von Veröffentlichungen zum Thema Schwarzwild erschienen. Um das Literaturverzeichnis nicht ins Uferlose anwachsen zu lassen, wurden deshalb diverse ältere und weniger wichtige Arbeiten aus den Verzeichnissen der früheren Auflagen gestrichen, von den neueren nur solche aufgenommen, die wesentliche Erkenntnisse oder wichtige Stellungnahmen enthalten.

AIGNER, K. [1998]: Brucellose im Schwarzwildgatter – Tödliche Seuche! Die Pirsch, Nr. 13, S. 8–10.
ANKE, M., L. BRIEDERMANN, H. KRONEMANN und B. GROPPEL [1986]: Der Mengen- und Spurenelementstatus des Schwarzwildes. Beiträge zur Jagd- und Wildforschung, Bd. 14, S. 113–121.
ARJES, S. [1997]: Die weiße Bache namens Susi. Wild und Hund, Nr. 15/1997, S. 72–75.
ARNDT, H. [1995]: Beobachtungen zum »zweimaligen Frischen«. Die Pirsch, 47. Jg., Nr. 11, S. 12.
BÄTTICH, M. [1980]: Das Schwarzwild im Kanton Waadt – seine Jagd, Verbreitung und sein Konflikt mit der Landwirtschaft. Vortrag Schwarzwildsymposion des AKW Gießen am 9. 2. 1980. Nachgedruckt in KÖNIG und HOFMANN [1980].
BECKER-DILLINGEN, J. [1945]: Die Ernährung des Wildes in der freien Wildbahn. Verlag L. Auer, Donauwörth.
BEHRNDT, W. [1977]: Hochwildring Göhrde präsentierte eine positive Bilanz. Niedersächsischer Jäger, 22. Jg., Nr. 12. S. 485–487.
BEHRNDT, W. [1977]: Für eine Bewirtschaftung des Schwarzwildes. Niedersächsischer Jäger, 22. Jg., Nr. 21, S. 891–897.
BEHRNDT, W. [1977]: Die Bejagung des Sollinger Schwarzwildes im Jagdjahr 1977/78. Niedersächsischer Jäger, 23. Jg., Nr. 18, S. 808–815.
BEHRNDT, W. [1979]: Abschußplan für Schwarzwild? Niedersächsischer Jäger, 24. Jg., Nr. 12.
BEINDORF, K. [1998]: Bestandsreduzierung im Seuchenfall. In: Commichau und Sprankel, S. 219–221.
BERT, F. und R. M. HADLOK [1995): Erlegtes Haarwild, Wildbretgewinnung unter Berücksichtigung fleischhygienerechtlicher Vorschriften. 6. Aufl. Deutscher Jagdschutz-Verband, Bonn.
BEUERLE, W. [1975]: Freilanduntersuchungen zum Kampf- und Sexualverhalten des europäischen Wildschweins [Sus scrofa L.]. Z. f. Tierpsychologie, Bd. 39, S. 211–258.
BIEGER, W. und F. NÜSSLEIN [1977]: Die Bewertung der europäischen Jagdtrophäen. 6. Aufl. Verlag Paul Parey, Hamburg und Berlin.
BOBACK, A. W. [1957]: Das Schwarzwild. Neumann Verlag, Radebeul.
BOCH, J. und H. SCHNEIDAWIND [1988]: Krankheiten des jagdbaren Wildes. Verlag Paul Parey, Hamburg und Berlin.
BÖHM, E. [1997]: Jagdpraxis im Schwarzwildrevier. Leopold Stocker Verlag, Graz und Stuttgart.
BOROWSKI, ST. und MILKOWSKI [1977]: Beobachtungen zum Schalenwild in der Bialowiezaheide in den Jahren 1969–1973. Z. f. Jagdwissensch., Bd. 23, S. 169–187.
BRANDT, E. [1961]: Der Wert der Keilerwaffen als Altersweiser. Beiträge zur Wild- und Jagdforschung. I. Tagungsberichte Nr. 37. Deutsche Akademie der Landwirtschaftswissenschaften zu Berlin.
BRANDT, E. [1965]: Zur Altersbestimmung beim Schwarzwild. Unsere Jagd, Bd. 15, S. 69–71.
BRANDT, K. und H. EISERHARDT [1961]: Fährten- und Spurenkunde. 8. Aufl. Verlag Paul Parey, Hamburg und Berlin.
BRATTON, S. P. [1975]: The Effect of the European Wild Boar, Sus scrofa, on Gray Beech Forest in the Great Smoky Mountains. Ecology, Vol. 56, S. 1356–1366.
BRAUNSCHWEIG, A. v. [1970]: Altersbestimmung beim Schwarzwild. Niedersächsischer Jäger, 15. Jg., Nr. 3.
BRAUNSCHWEIG, A. v. [1983]: Siamesische Zwillinge beim Schwarzwild. Wild und Hund, 86. Jg., Nr. 3, S. 50.
BRAUNSCHWEIN, A. v. [2000]: Wildkrankheiten und Fleischbeschau. 6. Aufl., Landbuch Verlag, Hannover.

BRENDEL, C. [1998]: Ablenkfütterung und Wildschadensminimierung. In: Reddemann, J., S. 121–134.
BRIEDERMANN, L. [1965]: Die Nahrungskomponenten des Schwarzwildes in der mitteleuropäischen Kulturlandschaft. Verhandlungen des VII. Kongresses des Internationalen Ringes der Jagdwissenschaftler, Beograd, S. 207–213.
BRIEDERMANN, L. [1965]: Die Altersbestimmung erlegten Schwarzwildes. Merkblatt Nr. 22 der Arbeitsgemeinschaft für Jagd- und Wildforschung der DAL, Berlin.
BRIEDERMANN, L. [1966]: Die Schwarzwildbewirtschaftung in Theorie und Praxis. Merkblatt Nr. 23 der Arbeitsgemeinschaft für Jagd- und Wildforschung der DAL, Berlin.
BRIEDERMANN, L. [1967]: Hinweise zur Verminderung von Schwarzwildschäden im Felde. Unsere Jagd, Nr. 4, S. 100–103.
BRIEDERMANN, L. [1968]: Die biologische und forstliche Bedeutung des Wildschweines im Wirtschaftswald. Arch. Forstwes. Bd. 17, S. 943–967.
BRIEDERMANN, L. [1968]: Die Spitzentrophäen des 20. Jahrhunderts in Novi Sad 1967. Die Keilerwaffen. Unsere Jagd, Heft 3.
BRIEDERMANN, L. [1968]: Die Möglichkeiten zur Verminderung von Schwarzwildschäden auf Kartoffelanbauflächen durch Ausnutzung des Sortenwahlvermögens. Nachrichtenblatt für den deutschen Pflanzenschutzdienst, Heft 1, S. 14–18.
BRIEDERMANN, L. [1970]: Zum Körper- und Organwachstum des Wildschweines in der Deutschen Demokratischen Republik. Arch. Forstwes., Bd. 19, S. 401–420.
BRIEDERMANN, L. [1970]: Die Rolle des Schwarzwildes [*Sus scrofa L.*] bei der Steigerung der jagdwirtschaftlichen Produktivität. Transactions of the IX International Congress of Game Biologists, Moskau.
BRIEDERMANN L. [1971]: Zur Reproduktion des Schwarzwildes in der Deutschen Demokratischen Republik, Tag.-Ber. dt. Akad. Landwirtsch.-Wiss., Berlin, Nr. 113, S. 169–186.
BRIEDERMANN L. [1971]: Ermittlungen zur Aktivitätsperiodik des mitteleuropäischen Wildschweines [*Sus s. scrofa L.*] Zool. Garten N. F., Leipzig 40, S. 302–327.
BRIEDERMANN L. [1971]: Die Altersschätzung des Schwarzwildes. Informations-Mitteilungen, Heft 2.
BRIEDERMANN L. [1973]: Das Schwarzwild [*Sus scrofa L.*]. Buch der Hege, Bd. 1, Deutscher Landwirtschaftsverlag, Berlin, S. 123–154.
BRIEDERMANN L. [1976]: Ergebnisse einer Inhaltsanalyse von 665 Wildschweinmagen. Zool. Garten N.F., Bd. 46, S. 157–185.
BRIEDERMANN L. [1977]: Jagdmethoden beim Schwarzwild und ihre Effektivität. Beiträge zur Jagd- und Wildforschung, Bd. X, S. 139–152.
BRIEDERMANN L. [1980]: Untersuchungen über das Haarkleid und die Färbung des Schwarzwildes [*Sus scrofa L.* 1758] im Kreis Eberswalde. Beiträge zur Jagd- und Wildforschung XI, S 228–244. VEB Deutscher Landwirtschaftsverlag, Berlin.
BRIEDERMANN L. [1982]: Der Wildbestand – die große Unbekannte. Methoden der Wildbestandsermittlung. VEB Deutscher Landwirtschaftsverlag, Berlin.
BRIEDERMANN L. [1984]: Erkenntnisse zur Körperstärke des Schwarzwildes. Schriften des Arbeitskreises für Wildbiologie und Jagdwissenschaft an der Justus-Liebig-Universität Gießen, Sonderheft 2, S. 65–85.
BRIEDERMANN L. [1990]: Schwarzwild. 2. Aufl. VEB Deutscher Landwirtschaftsverlag, Berlin.
BRIEDERMANN L., H. G. RETHWISCH u. a. [1992]: Schwarzwild – quo vadis? HJC Förderkreis Jagdpolitik e. V., Hamburg, Schriftenreihe »Angewandter Naturschutz« des Verbandes Deutscher Naturlandsstiftungen e. V.
BRÖMEL, H. J. und K. ZETTL [1984]: Einige Krankheitsfälle bei Schwarzwild und ihre besondere Bedeutung einschließlich Hinweise zur Behandlung von Fallwild. Schriften des Arbeitskreises für Wildbiologie und Jagdwissenschaft an der Justus-Liebig-Universität Gießen, Sonderheft 2, S. 26–39.
BRÜTT, E. [1955]: Zur Biologie der Wildschweinlaus. Z. f. Jagdwissensch., Bd. 1, S. 145–148.
BRÜTT, E. [1957]: Untersuchungen über die wechselnde Intensität der Hochwildschäden im Felde. Z. f. Jagdwissensch., Bd. 3, S. 32–39.
BRÜTT, E. [1976]: Das Schätzen von Wildschäden. Landbuch-Verlag, Hannover.
BRÜTT, E. und R. HENNIG [1963]: Die Wildschadensschätzung in der Landwirtschaft. Bayerischer Landwirtschaftsverlag, München.
BUBENIK, A. [1959]: Grundlagen der Wildernährung. Deutscher Bauernverlag, Berlin.
BUBENIK, A. [1984]: Ernährung, Verhalten und Umwelt des Schalenwildes. BLV Verlagsgesellschaft, München.
BUCHHOLZ, E. und F. CONINX [1969]: Die Schorfheide. DRW-Verlags-GmbH, Stuttgart.
CABON, K. [1958]: Das Massensterben von Wildschweinen im Naturschutzpark von Bialowieza im Winter 1955/56. Acta Theriologica II, 4. Bialowieza.

CHAMPENOIS, R., C. KARFF, R. HENNIG und H. SCHULZE [1970]: Waidgerecht. 2. Aufl. Landbuchverlag, Hannover.
CLAUSSEN, G. [1997]: Sau-Lock- und Verwitterungsmittel im Test. Die Pirsch, Nr. 18/1997, S. 64–67.
COMMICHAU, C. und H. SPRANKEL [1998]: Symposium zur Ökologie des Schwarzwildes, Mainz 15. und 16. April 1996. Schriften des Arbeitskreises Wildbiologie an der Justus-Liebig-Universität Gießen e. V. Verlag Manfred Hennecke – Remshalden-Buoch.
DATHE, H. [1971]: Zum Suhlen des Schwarzwildes [*Sus scrofa L.*] Tag.-Ber. dt. Akad. Landwirtsch.-Wiss. Berlin, Nr. 113, S. 187–189.
DENGLER, K. [1994]: Rätselhafte Schäden an jungen Eichen durch Wildschweine. Allgem. Forst Zeitschr., 49. Jg., Nr. 25, S. 1424–1425.
DEPNER, K. R., H. GRANZOW, F. WEILAND, P. MÜLLER, V. KADEN, B. LIESS [1998]: Schweinepest gestern und heute. Wild und Hund, 101. Jg., Nr. 22, S. 56–61.
DEUTSCHER JAGDSCHUTZ-VERBAND [1960 bis 2006]: DJV-Handbuch Jagd. Jährlich erscheinend in wechselnden Verlagen.
DINTER, U. [1998]: Raumnutzung und Nahrungserwerb im urbanen Bereich. In: Commichau und Sprankel, S. 61–64.
DOMMES, W. [1977]: Abschußrichtlinien für Schwarzwild. Wild und Hund, 79. Jg., Nr. 22, S. 1022–1023.
DOMMES, W. [1978]: Zur Altersbestimmung des Schwarzwildes. Niedersächsischer Jäger, 23. Jg., Nr. 6, S. 211–212.
DRASKOVICH, K. [1982]: Waldschweine – eine forstlich nützliche und wirtschaftlich ertragreiche Nebennutzung? Allgemeine Forst Zeitschrift, Nr. 19, S. 553–554.
DRESCHER-KADEN, U. [1998]: Zur Physiologie des Schwarzwildes. In: Reddemann, J., S. 97–106.
DUB [1952]: Bestimmung des Schwarzwildalters. Wild und Hund, 55. Jg., Nr. 18, S. 292–293.
DUDERSTAEDT, H.-J. [1998]: Hege und Bejagung des Schwarzwildes. In: Commichau und Sprankel, S. 231–236.
EGGELING, F. K. V. [1978]: Der Jäger als Land- und Forstwirt. Verlag Paul Parey, Hamburg und Berlin.
EGGELING, F. K. V., G. DOBBERSTEIN und U. GLÄNZER [1979]: Äsung und Deckung im Revier. BLV Verlagsgesellschaft, München.
EIBERLE, K. [1972]: Lebensweise und Bedeutung des Luchses in der Kulturlandschaft. Verlag Paul Parey, Hamburg und Berlin.
EPE, C., O. SPELLMEYER und M. STOYE [1997]: Untersuchungen über das Vorkommen von Endoparasiten beim Schwarzwild. Z. f. Jagdwisschensch., Bd. 43, S. 99–104.
ERBACH, FR. GRAF ZU [1980]: Erfahrungen mit Schwarzwild in Jagdgehegen. Vortrag Deutsche Wildgehege e. V. am 29. 8. 1980 in Gießen.
ERBER, M. und J. BOCH [1976]: Untersuchungen über Sarkosporidien des Schwarzwildes. Berl. Münch. Tierärztl. Wschr., Bd. 89, S. 449–450.
ERL, S. [1980]: Erfahrungen mit der Schwarzwildbewirtschaftung in einem Waldgatter. Vortrag Schwarzwildsymposium des AKW Gießen am 9. 2. 1980. Nachgedruckt in KÖNIG und HOFMANN [1980].
FEICHTNER, B. [1998]: Ursachen der Streckenschwankungen beim Schwarzwild im Saarland. Z. f. Jagdwissensch., Bd. 44, S. 140–150.
FINKE, R. [1998]: Auf Tuch- und Borstenfühlung. Verlag Druckerei Forstner GmbH, Oberviechtach.
FISCHER, M. und H.-G. SCHUMANN [1973]: Ansprechen des Schwarzwildes, 2. Aufl. VEB Deutscher Landwirtschaftsverlag, Berlin.
FRÄDRICH, H. [1967]: Das Verhalten der Schweine [*Suidae, Tayassuidae*] und Flußpferde [*Hippopotamidae*]. Handbuch der Zoologie, 8. Bd., 42. Lieferung. Verlag Walter de Gruyter & Co., Berlin.
FRANKE, W. [1987]: Luise – Karriere einer Wildsau. Gerstenberg Verlag, Hildesheim.
FREITAG, F. O. [1979]: Schwarzwildring. Wild und Hund, 82. Jg. Nr. 12, S. 284.
FREVERT, W. [1957]: Rominten. Bayerischer Landwirtschaftsverlag, München.
FREVERT, W. [1966]: Wörterbuch der Jägerei. 2. Aufl. Verlag Paul Parey, Hamburg und Berlin.
FREVERT, W. [1980]: Das jagdliche Brauchtum. 11. Aufl., bearbeitet von F. TÜRCKE. Verlag Paul Parey, Hamburg und Berlin.
FRIESS, R. [1963]: Hatz – Watz. BLV Verlagsgesellschaft, München.
GEISEL, O. [1995]: Wildkrankheiten erkennen und beurteilen. BLV Verlagsgesellschaft, München.
GEISSER, H. und T. BÜRGIN [1998]: Das Wildschwein. Verlag Desertina, Chur.
GENDRICH, G. [1976]: Flaschenfütterung für Sauen. Jäger, Nr. 9, S. 60.
GENDRICH, G. [1977]: Futterautomat für Sauen. Jäger, Nr. 7, S. 52.
GENDRICH, G. [1978]: Wildpret-Verteilungsschlüssel für Schwarzwild. Jäger, Nr. 10, S. 48.

Genov, P. [1981]: Die Verbreitung des Schwarzwildes [*Sus scrofa L.*] in Eurasien und seine Anpassung an die Nahrungsverhältnisse. Z. f. Jagdwissenschaft, Bd. 27, S. 221–231.
Genov, P. W., G. Massei und W. Kostova [1994]: Die Nutzung des Wildschweins (Sus scrofa) in Europa in Theorie und Praxis. Z. f. Jagdwissensch., Bd. 40, S. 263–267.
Gossow, H. [1976]: Wildökologie. BLV Verlagsgesellschaft, München.
Gross, H. [1958]: Das Schwarzwild und seine wechselvolle Geschichte in den ehemaligen Herzogtümern Schleswig-Holstein und Lauenburg. In: Wald und Wild in Schleswig-Holstein. Kiel.
Günther, G. [1976]: Wildschadensverhütung durch Biotophege. Niedersächsischer Jäger, Nr. 18, S. 651–656.
Günther, G. [1997]: Bestens bewährt. Acht Jahre revierübergreifende Drückjagd – ein Erfahrungsbericht. Die Pirsch, Nr. 20/1997, S. 66–69.
Günther, W. [1980]: Erfahrungen mit der Schwarzwildbewirtschaftung im Odenwald. Vortrag Schwarzwildsymposion des AKW Gießen am 9. 2. 1980. Nachgedruckt in König und Hofmann [1980].
Gundlach, H. [1968]: Brutfürsorge, Brutpflege, Verhaltensontogenese und Tagesperiodik beim europäischen Wildschwein [*Sus scrofa L.*]. Z. f. Tierpsychologie, Bd. 25, S. 955–995.
Gundlach, H. [1970]: Sus scrofa [*Suidae*] Nestbauverhalten. Encyclopaedia Cinematographica, E. 1254/1968, Göttingen.
Hadlok, R. M. [1984]: Wildprethygiene: Aufbrechen und Untersuchung von Schalenwild. Schriften des Arbeitskreises für Wildbiologie und Jagdwissenschaft an der Justus-Liebig-Universität Gießen, Sonderheft 2, S. 19–25.
Hahner, G. [1977]: Das Schwarzwildvorkommen der nördlichen Haßberge. Fachhochschule Weihenstephan.
Haltenorth, Th. und W. Trense [1956]: Das Großwild der Erde und seine Trophäen. BLV Verlagsgesellschaft, München.
Happ, N. [1998]: Vorstellung eines funktionierenden Schwarzwildrings. In: Reddemann, J., S. 59–70.
Harmuth, D. [1962]: Verhaltensstudien an Wildschweinen im Zoologischen Garten zu Berlin. Dissertation, Berlin.
Harnack [1948]: Zur Anlage von Saufängen. Allgemeine Forstzeitschrift, 3. Jg., Nr. 3, S. 19–20.
Hartl, G. und F. Csaikl [1985]: Genetische Variabilität österreichischer Wildschweinpopulationen. Vortrag auf der 59. Hauptversammlung der Deutschen Gesellschaft für Säugetierkunde, Hannover.
Hasselbach, M. [1970]: Das Schwarzwild des Oderwaldes. Dissertation, Hannoversch-Minden.
Hatlapa, H.-H. und H. III. Prinz Reuss [1974]: Wild in Gehegen. Verlag Paul Parey, Hamburg und Berlin.
Hatlapa, H.-H. u. a. [1978]: Gutachten über tierschutzgerechte Haltung sonst freilebender Tiere – Wild – in Gehegen oder ähnlichen Einrichtungen in der geänderten Fassung vom 20. Juli 1978.
Heck, L. [1950]: Schwarzwild. Bayerischer Landwirtschaftsverlag, München.
Heck, L. und G. Raschke [1980]: Die Wildsauen. Verlag Paul Parey, Hamburg u. Berlin. 2. Aufl. 1985.
Helemann, W. [1986]: Den Sauen zuliebe. Die Pirsch, 38. Jg., Nr. 13, S. 937–941.
Hell, P., J. Slamecka und K. Sabados [1996]: Entwicklung, Probleme und Aussichten des Schwarzwildmanagements in den slowakischen Karpaten. Beitr. z. Jagd- und Wildforschung, Bd. 21, S. 171–178.
Hennig, R. [1957]: Jagdwissenschaftliche Beiträge zur Biozönose-Forschung. Waldhygiene, Bd. 2, S. 80–90.
Hennig, R. [1959]: Über eine »biozönotische Minimum-Maximum-Regel«. Forschungen und Fortschritte, Bd. 33, H. 5, S. 131–132.
Hennig, R. [1962]: Die Abschußplanung beim Schalenwild. BLV Verlagsgesellschaft, München.
Hennig, R. [1962]: Über das Revierverhalten der Rehböcke, Z. f. Jagdwissensch., Bd. 8, S. 61–81.
Hennig, R. [1962]: Über einige Verhaltensweisen des Rehwildes [*Capreolus capreolus*] in freier Wildbahn, Z. f. Tierpsychologie, Bd. 19, S. 223–229.
Hennig, R. [1963]: Schwarzwildhege – Schwarzwildjagd. Landbuchverlag, Hannover.
Hennig, R. [1968]: Einfache Methode zur Darstellung der Altersklassenverhältnisse in Schalenwildbeständen. Z. f. Jagdwissenschaft, Bd. 14, S. 88–90.
Hennig, R. [1972]: Das Schwarzwild. Landbuch-Verlag, Hannover. 4. Aufl. 1993.
Hennig, R. [1973]: Schalenwild richtig ansprechen. Landbuch-Verlag, Hannover, 3. Aufl. 1993.
Hennig, R. [1974]: Die Jagdtrophäe. Landbuch-Verlag, Hannover. 2. Aufl. 1986.
Hennig, R. [1985]: Frischlinge müssen geschossen werden! Zur Schonzeitregelung für Schwarzwild. Die Pirsch, 37. Jg., Nr. 5, S. 292–294.
Hennig, R. [1985]: Um die Jagdzeit auf Frischlinge und Überläufer. Die Pirsch, 37. Jg., Nr. 9, S. 590–591.
Hennig, R. [1987]: Ablenkfütterung für Schwarzwild. Die Pirsch, 39. Jg., Nr. 1, S. 18–19.
Hennig, R. [1988]: Zur Darstellung von Bestandsstrukturen beim Schalenwild. Z. f. Jagdwissenschaft, Bd. 34, S. 69–73.

HENNIG, R. [1989]: Individualistische und ganzheitliche Elemente der jagdlichen Ethik. Z. f. Jagdwissensch., Bd. 35, S. 113–118.
HENNIG, R. [1989]: Modellhafte Darstellung von Schwarzwildbeständen und deren Bewirtschaftung. Niedersächsischer Jäger, 34. Jg., Nr. 7, S. 390–394.
HENNIG, R. [1990]: Die Oloff'schen Schwarzwildforschungen im Solling. Ein Beispiel richtungsweisender wald-wild-ökologisch orientierter Jagdwissenschaft. Waldhygiene, Bd. 18, S. 177–179.
HENNIG, R. [1990]: Zum Begriff und Inhalt einer Jagdphilosophie. Z. f. Jagdwissensch., Bd. 36, S. 186–194.
HENNIG, R. [1990]: Weidwerk gestern, heute und morgen. Verlag Braun & Behrmann, Quickborn.
HENNIG, R. [1994]: Können Bachen zweimal im Jahr frischen? Die Pirsch, 46 Jg., Nr. 21, S. 24–25.
HENNIG R. [1995]: Schwarzwildreduktion – aber wie? Unsere Jagd, 45. Jg., Nr. 1, S. 8–10.
HENNIG, R. [1996]: Jagd und Jägerschaft in der Kultur 2000. Beitr. z. Jagd- und Wildforschung, Bd. 21, S. 27–35.
HENNIG, R. [2000]: Schwarzwild konkret. 5. Aufl. von: Das Schwarzwild, Landbuch Verlag, Hannover.
HENRY, V. G. [1968] Length of estrous cycle and gestation in European wild hogs. J. Wildlife Managem., Bd. 32, Nr. 2, S. 406.
HERLING, A. W. [1998]: Tierschutzethische Betrachtungen zur Jagd. In: Commichau und Sprankel, S. 243–247.
HERZOG, A. [1984]: Die Chromosomen von Wild- und Hausschwein [*Sus scrofa fer.* und *Sus scrofa dom.*]. Schriften des Arbeitskreises für Wildbiologie und Jagdwissenschaft an der Justus-Liebig Universität Gießen, Sonderheft 2, S. 3–6.
HERZOG, S. und T. KRÜGER [1999]: Ökonomische Anreize als Lenkungsinstrument für die Schwarzwildbejagung, dargestellt am Beispiel der Verwaltungsjagd des Freistaates Sachsen. Z. f. Jagdwissensch., Bd. 45, S. 196–207.
HESS, R. G. und K. P. HÜRTER [1998]: Schweinepest beim Schwarzwild, insbesondere die Seuchenlage in Rheinland-Pfalz im Zeitraum 1989–1995. In: Commichau und Sprankel, S. 195–201.
HILDEBRANDT, J. [1994]: Präparieren von Beutewild und Trophäen. 2. Aufl., Verlag Paul Parey, Hamburg.
HOFFMANN, H. [1928]: Über die Zusammensetzung von Rotwildbeständen und deren graphische Darstellung. Wild und Hund, Nr. 16–18.
HOFMANN, A. [1980]: Der Schwarzwildring »Obere-Vordere Rhön«. Die Pirsch, 32. Jg., Nr. 23, S. 1686–1688.
HOFMANN, R. R. [1980]: Zur Organtopographie des Schwarzwilds. Vortrag Schwarzwildsymposion des AKW Gießen am 9. 2. 1980. Nachgedruckt in KÖNIG und HOFMANN [1980].
HOFMANN, R. R. [Hrsg., 1984]: 2. Schwarzwild-Symposion Gießen. Ferdinand Enke Verlag, Stuttgart.
HOFMANN, R. R. und H. THOMÉ [1984]: Zur vergleichenden funktionellen Anatomie von Haus- und Wildschwein. Schriften des Arbeitskreises für Wildbiologie und Jagdwissenschaft an der Justus-Liebig-Universität Gießen, Sonderheft 2, S. 7–17.
HOPP, P.-J. [1980]: Zur Situation der Schweine. Ein Bericht aus dem hessischen Spessart. Wild und Hund, 83. Jg., Nr. 6, S. 129–133.
HORN, E. [1995]: Wild in der Küche. 15. Aufl. BLV Verlagsgesellschaft, München.
HOWE, T. D. and S. P. BRATTON [1976]: Winter Rooting Activity of the European Wild Boar in the Great Smoky Mountains National Park. Castanea, Bd. 41, S. 256–264.
HROMAS, B. [1982]: Beziehungen zwischen der Qualität von Schwarzwildtrophäen und Umweltbedingungen in der Tschechoslowakei. Z. f. Jagdwissensch., Bd. 28, S. 3–17.
HÜBNER, F. [1938]: Das Schwarzwild. In. Waidwerk der Welt. Verlag Paul Parey, Berlin.
IFF, U. [1983]: Altersbestimmung und -schätzung beim Schwarzwild. Wild und Hund, 86. Jg., Nr. 11, S. 26–30.
IMHOF, B. [1986]: Schonzeit und strafrechtlicher Schutz beim Schwarzwild. Wild und Hund, 88. Jg., Nr. 22, S. 12–15.
KADEN, V. [1998]: Versuch der oralen Immunisierung gegen Klassische Schweinepest. In: Commichau und Sprankel, S. 209–217.
KADEN, V. [1999]: Bekämpfung der Klassischen Schweinepest beim Schwarzwild. Z. f. Jagdwissensch., Bd. 45, S. 45–59.
KALBHENN, G. [1973]: Die Bewirtschaftung des Schwarzwildes. Vortrag gehalten auf der Jahreshauptversammlung der Vereinigung der Jäger des Saarlandes am 17. März 1973.
KALBHENN, G. [1984]: Richtlinien für die Schwarzwildbewirtschaftung im Saarland. Der Saarjäger, Nr. 3, S. 8–10.
KAUTZSCH, S. [1998]: Die Brucellose der Schweine, eine Naturherdproblematik? In: Commichau und Sprankel, S. 177–182.
KIESSLING, W. [1925]: Das Schwarzwild. Verlag J. Neumann, Neudamm.

KLEMM, M. [1984]: Schwarzwild und Schwarzwildschäden in Deutschland im Jahre 1946. Nachrichtenblatt für den Deutschen Pflanzenschutzdienst, S. 74.
KLEMM, M. [1951]: Das Schwarzwild und die biologische Bekämpfung unserer Forstschädlinge. Nachrichtenblatt für den Deutschen Pflanzenschutzdienst, S. 231.
KLEYMANN, M. [1980]: Das Problem sind nicht die Sauen, sondern die Jäger. Die Pirsch, 32. Jg., Nr. 7, S. 440–442.
KLEYMANN, M. [1980]: Hochwildring mit programmiertem Erfolg. Die Pirsch, 32. Jg., Nr. 8, S. 510.
KLIETSCH, [1948]: Anlage und Betrieb von Saufängen. Allgemeine Forstzeitschrift, 3. Jg., Nr. 1, S. 4–5.
KLINGELHÖFFER [1948]: Zur Anlage von Saufängen. Allgem. Forstzeitschrift, 3. Jg., Nr. 3, S. 20.
KLOTZ, W. [1994]: Es gibt kein zweimaliges Frischen! Die Pirsch, 46. Jg., Nr. 24, S. 11.
KNEITZ, G. und J. JAEDICKE [1977]: Schwarzwildabschuß und Schwarzwildverteilung in Unterfranken. Waldhygiene, Bd. 12, H. 4, S. 119–122.
KÖHOLMY, T. [1986]: Aktuelle Fragen der Schwarzwildgehege in der Ungarischen Volksrepublik. Beiträge zur Jagd- und Wildforschung, Bd. 14, S. 201–203.
KÖNIG, R. [1980]: Jagdwert und Bejagungsrichtlinien beim Schwarzwild. Vortrag Schwarzwildsymposion des AKW Gießen am 9. 2. 1980. Nachgedruckt in KÖNIG und HOFMANN [1980].
KÖNIG, R. [1984]: Planung und Erfolg der Bejagung des Schwarzwildes in Hegeringen. Schriften des Arbeitskreises für Wildbiologie und Jagdwissenschaft an der Justus-Liebig-Universität Gießen, Sonderheft 2, S. 87–107.
KÖNIG, R. und R. R. HOFMANN [1980]: Schwarzwild-Symposion Gießen. Ferdinand Enke Verlag, Stuttgart.
KOSCHEL, H. [1988]: Ansitz-Drückjagd – was ist das eigentlich? Wild und Hund, 91. Jg., Nr. 13, S. 14–18.
KRAMER, H. [1963]: Elchwald. BLV Verlagsgesellschaft, München.
KRISTIANSSON, H. [1985]: Crop damage by wild boars in Central Sweden. Transactions of the XVIIth Congress of the International Union of Game Biologists, Brussels, S. 605–609.
KRÖNING, F. in W. BIEGER [1941]: Handbuch der deutschen Jagd. Verlag Paul Parey, Berlin.
KRÜGER, T. [1998]: Entwicklung der Jagdstrecken des Schwarzwildes [Sus scrofa L. 1758] und möglicher Einflußfaktoren im heutigen Freistaat Sachsen. Z. f. Jagdwissensch., Bd. 4. S. 151–166.
KRUG, W. [1998]: Erfahrungen eines Amtstierarztes aus der Praxis der Wildbrethygiene. In: Commichau und Sprankel, S. 153–157.
KUJAWSKI, O. E. J. v. [1992]: Wildbrethygiene – Fleischuntersuchung. 3. Aufl. BLV Verlagsgesellschaft, München.
LAMPEL, W. [1971]: Jagdballistik, 2. Aufl., Verlag J. Neumann-Neudamm, Melsungen.
LANGE, W. L. [1970]: Wild und Jagd in Lettland. Verlag H. v. Hirscheydt, Hannover.
LEICHTFUSS, W. [1980]: Präparieren von Keilerwaffen. Wild und Hund, 83. Jg., Nr. 7, S. 361–362.
LIEPMANN, H. [1963]: Wildschaden im Felde. Verlag J. Neumann-Neudamm, Melsungen.
LINCKE, M. [1938]: Der Wildschaden in Wald und Feld. Verlag. J. Neumann, Neudamm.
LINDNER, A. [1979]: Schwarzwildhege. Wild und Hund, 82. Jg., Nr. 14, S. 333–337.
LINDNER, A. [1979]: Drei Jahrzehnte Schwarzwildwirtschaft im fürstl. Forstamt Thiergarten. Waldhygiene, Bd. 13, S. 69–78.
LINDNER, A. u. a. [1977]: Die Waldhühner. Verlag Paul Parey, Hamburg und Berlin.
LINDNER, K. [1979]: Weidgerecht. Rudolf Habelt Verlag, Bonn.
LOCKOW, K.-W. und C. STUBBE [1992]: Neue Methoden der Altersbestimmung am erlegten Schwarzwild (Sus scrofa L., 1758). Z. f. Jagdwissensch., Bd. 38, S. 73–80.
LOSENHAUSEN, P. [1975]: Schwarzwildjagd problematisch. Die Pirsch, 27. Jg., Nr. 3, S. 98–99.
LUTZ, W. [1987]: Zwei Fälle von Mehrzehigkeit an Vorder- und Hinterläufen beim Wildschwein [Sus scrofa L. 1758]. Z. f. Jagdwissensch., Bd. 33, S. 134–139.
LUTZ, W. [1988]: Verbiegungen des Gesichtsschädels beim Wildschwein [Sus scrofa scrofa L.] als mögliche Folge einer Rhinitis atrophicans. Z. f. Jagdwissensch., Bd. 34, S. 125–131.
LUTZ, W. [1989]: Ergebnisse einer achtjährigen Untersuchung über Lungenwurm-Infektionen beim Schwarzwild. Referat auf dem Kongreß des internationalen Ringes der Jagdwissenschaftler in Trondheim.
LUTZ, W. [1996]: Über den Fall eines verkürzten Wurfes beim Schwarzwild (Sus scrofa L. 1758) Z. f. Jagdwissensch., Bd. 42, S. 53–60.
LUTZ, W. [1998]: Wildlife-disease Monitoring – Gesundheitsüberwachung bei Wildtieren am Beispiel des Schwarzwildes in Nordrhein-Westfalen. In: Commichau und Sprankel, S. 169–176.
LUTZ, W. [1998]: Wildhygiene und Krankheiten beim Schwarzwild. In: Reddemann, J., S. 17–23.
LUTZ, W und R. WURM [1996]: Serologische Untersuchungen zum Nachweis von Antikörpern gegen Viren des Seuchenhaften Spätaborts, der Aujeszkyschen Krankheit, der Europäischen Schweinepest und Por-

zine Parvoviren beim Wildschwein (Sus scrofa L. 1758) in Nordrhein-Westfalen. Z. f. Jagdwissensch., Bd. 42, S. 123–133.

MARION, F. [1982]: Le Sanglier. Gerfaut Club-Princesse, Paris.

MARTYS, M. [1986]: Komfortverhalten beim europäischen Wildschwein. Z. f. Säugetierkunde, Bd. 51, S. 104–114.

MARTYS, M. [1998]: Das Schwarzwild – Zum Verhalten von Sus scrofa. In: Commichau und Sprankel, S. 25–28.

MAST, W.-P. [1985]: Über Blutuntersuchungen an Wildschweinen [*Sus scrofa L.*] und Hausschweinen [*Sus scrofa f. domestica L.*]. Diss. Univ. Göttingen.

MEHLHARDT, D. [1954]: Über das Schwarzwild in Polen. Forst und Jagd, Bd. 4, S. 77–78.

MENDHEIM, H. [1955]: Über bemerkenswerte Zerlegungsbefunde beim Schwarzwild. Z. f. Jagdwissensch., Bd. 1, S. 104–106.

MEYER, W. und K. NEURAND [1979]: Untersuchungen zur Struktur und Enzymhistochemie der Hautdrüsen des Wildschweines [*Sus scrofa L.*]. Z. f. Säugetierkunde, Vol. 44 (2), S. 96–110.

MEYNHARDT, H. [1978]: Schwarzwild-Report. Verlag J. Neumann-Neudamm, Melsungen. 5. Aufl. 1984.

MEYNHARDT, H. [1979]: Vermeidung von Schwarzwild-Flurschäden durch Ablenkfütterungen im Walde. Allg. Forstzeitschr., 34. Jg., Nr. 17/18, S. 469–472.

MEYNHARDT, H. [1987]: Über die Bedeutung von Ruhezonen in Schwarzwildgebieten. Wild und Hund, 89. Jg., Nr. 23, S. 22–23.

MEYNHARDT, H. [1989]: Biologie und Verhalten. Schwarzwild-Bibliothek, Band 1, Verlag J. Neumann-Neudamm, Melsungen.

MEYNHARDT, H. [1989]: Das Revier. Schwarzwild-Bibliothek, Band 2. Verlag J. Neumann-Neudamm, Melsungen.

MEYNHARDT, H. [1989]: Hege und Bejagung. Schwarzwild-Bibliothek, Band 3. Verlag J. Neumann-Neudamm, Melsungen.

MEYNHARDT, H. [1991]: Wildversorgung, Trophäen und Schadensverhütung. Schwarzwild-Bibliothek, Band 4. Verlag J. Neumann-Neudamm, Melsungen.

MOHR, E. [1960]: Wilde Schweine. A. Ziemsen Verlag, Wittenberg.

MÜLLER, K. B. und A. HERZOG [1985]: Morphometrische und morphologische Untersuchungen an Herzmuskelmitochondrien von Wildschweinen [*Sus scrofa scrofa*] und Hausschweinen [*Sus scrofa domestica*]. Z. f. Jagdwissenschaft, Bd. 31, S. 203–210.

MÜLLER, P. [1998]: Raum-Zeit-Verhalten telemetrierter Wildschweine unter Jagddruck. In: Reddemann, J., S. 25–58.

MÜLLER-USING, D. [1949]: Grundlagen moderner Jagdwirtschaft. Krögers Verlagsanstalt, Hamburg.

MÜLLER-USING, D. [1960]: Großtier und Kulturlandschaft. Musterschmidt-Verlag, Göttingen.

MUNZEL, E. [1968]: Untersuchungen über die Vorgeschichte, Gründung und Entwicklung des Sauparkes bei Springe. Dissertation der Forstlichen Fakultät der Universität Göttingen, Hannoversch-Münden.

MUNZEL, E. [1971]: Der Saupark bei Springe. DRW-Verlags-GmbH, Stuttgart.

NENTWICH, K. [1992]: Streß vermeiden. Der Zusammenhang zwischen Jagdart und Wildbretqualität. Wild und Hund, 95. Jg., Nr. 4, S. 10–12.

NOTZ, F. W. v. [1974]: Spitzenwerte europäischer Keilerwaffen. Die Pirsch, 26. Jg., S. 816.

NÜSSLEIN, F., [1996]: Das praktische Handbuch der Jagdkunde. 14. Auflage (Neuausgabe). BLV Verlagsges. mbH. München.

NYENHUIS, H. [1986]: Analyse der Dispersionsdynamik und der Natalität des Wildschweins [*Sus scrofa L.*]. Computergestützte Jagdstreckenauswertung im Bundesland Nordrhein-Westfalen 1951–1983. Selbstverlag, Osnabrück.

NYENHUIS, H. [1996]: Gefleckte Frischlinge (Sus scrofa L.). Z. f. Jagdwissensch., Bd. 42, S. 239–241.

OLOFF, H.-B [1951]: Zur Biologie und Ökologie des Wildschweines. Verlag Dr. Paul Schöps, Frankfurt.

OLOFF, H.-B. [1955]: Schwarzwild-Biologie. In: Jagd und Hege in aller Welt. Verlag Heinzwolf Kölzig, Düsseldorf.

PAWLAWSKI, T. [1974]: Versuche zur Verminderung der Feldschäden durch Fütterung des Schwarzwildes [*Sus scrofa L.*] im Walde. Beiträge zur Jagd- und Wildforschung, Bd. 9, S. 188–194.

PETRAK, M. [1997]: Europäische Schweinepest – Freibrief für ungezügelte Bejagung? Wild und Hund, Nr. 5/1997, S. 34–35.

PETRAK, M. [1998]: Bestandsstruktur und Ausbreitungsdynamik an Beispielen aus Nordrhein-Westfalen. In: Commichau und Sprankel, S. 37–43.

PETRAK, M. [1998]: Schwarzwildbejagung als Herausforderung: Biologische Grundlagen – Konsequenzen für die Jagdpraxis. In: Reddemann, J., S. 5–15.

PIELOWSKI, Z. [1976]: Die Bewirtschaftung des Schwarzwildes in Europa. Wild und Hund, 79. Jg., S. 103–106.
PIELOWSKI, Z. [1984]: Forschung und Praxis in der Bewirtschaftung des Schwarzwildes in Polen. Schriften des Arbeitskreises für Wildbiologie und Jagdwissenschaft an der Justus-Liebig-Universität Gießen, Sonderheft 2, S. 41–52.
POLTEN, B. und H. PITTLER [1998]: Seuchenherde der klassischen Schweinepest in den letzten Jahren. In: Commichau und Sprankel, S. 187–193.
RAESFELD, F. v. [1978]: Die Hege in der freien Wildbahn. 4. Aufl., bearbeitet von H. Behnke. Verlag Paul Parey, Hamburg und Berlin.
RAESFELD, F. v. [1979]: Das Deutsche Waidwerk. 14. Aufl., bearbeitet von R. Schwarz. Verlag Paul Parey, Hamburg und Berlin.
RAHM, U. [1980]: Das prähistorische und historische Vorkommen des Wildschweines in der Schweiz. Vortrag Schwarzwildsymposion des AKW Giessen am 9. 2. 1980. Nachgedruckt in KÖNIG und HOFMANN [1980].
RASCHKE, G. [1970]: Gedanken zu Schwarzwildhege. Wild und Hund, 73. Jg., S. 97–101 und S. 125–130.
REDDEMANN, J. [1998]: Schwarzwild-Symposium. Schriftenreihe des LJV Bayern, Bd. 6.
RIESE, F. [1980]: Schwarzwildring im Sauerland. Wild und Hund, 83. Jg., Nr. 15, S. 786–788.
RING, CHR. [1998]: Zum Hygienestatus von in Deutschland erlegtem Schwarzwild. In: Commichau und Sprankel, S. 147–151.
ROMMEL, M., R. SOMMER und K. JANITSCHKE [1967]: Toxoplasma-Infektionen beim Schwarzwild. Z. f. Jagdwissensch., Bd. 13, S. 35–36.
RÜHE, F. [1997]: Zum Ruhelagerbau des Wildschweines (Sus scrofa L.) in einer Phase strengen Frostes. Z. f. Jagdwissensch., Bd. 43, S. 116–119.
SAILER, W. [1977]: Wildschäden an landwirtschaftlichen Kulturen. Verlag Paul Parey, Hamburg und Berlin.
SCHERPING, U. und A. VOLLBACH [1938]: Das Reichsjagdgesetz vom 3. Juli 1934. 4. Aufl. Verlag J. Neumann, Neudamm-Berlin.
SCHEURING, S. [1978]: Das Schwarzwild. In: Die Jagd in Bayern. Bayerland, Nr. 11.
SCHNEIDER, E. [1975]: Mäuse im Magen eines Wildschweines [Sus scrofa L.]. Z. f. Jagdwissensch., Bd. 21, S. 190–192.
SCHNEIDER, E. [1980]: Markierung und Inbesitznahme von Futter, Nachahmung und Lernen beim europäischen Wildschwein [Sus scrofa L.]. Z. f. Jagdwissensch., Bd. 26, S. 126–132.
SCHNORRENBERG, J. [1979]: Vergleichende Verdauungsversuche an wachsenden Haus- und Wildschweinen. Dissertation der Universität Bonn.
SCHULZ, FOR [1980]: Erfahrungen mit Schwarzwild in Wildfarmen. Vortrag Deutsche Wildgehege e. V. am 29. 8. 1980 in Giessen.
SCHULZE, H. [1965]: Die Krankheiten des Wildes. F. C. Mayer Verlag, München.
SCHWENK, S. [1998]: Zur Kulturgeschichte des Schwarzwildes. In: Commichau und Sprankel, S. 13–24.
SIEBOLD, W.[1949]: Das Schwarzwild. Verlag Naturkundliche Korrespondenz, Berlin.
SNETHLAGE, K. [1955]: Schwarzwild-Bejagung. In: Jagd und Hege in aller Welt. Verlag Heinzwolf Kölzig, Düsseldorf.
SNETHLAGE, K. [1982]: Das Schwarzwild. 7. Aufl. Verlag Paul Parey, Hamburg und Berlin.
SNETHLAGE, K. und K. H. [1966]: Schwarzwild-Fibel. Verlag Paul Parey, Hamburg und Berlin.
SNYCKERS, A. [1967]: Das Schwarzwild im Strom- und Heuchelberggebiet. Dissertation, Asendorf.
SPAAR, K. [1955]: Schweinepest unter dem Schwarzwild in freier Wildbahn. Wiener Tierärztl. Mtschr., Bd. 42, S. 41–44.
SPIECKER, D. [1969]: Verlauf und Ausbreitung der Schweinepest [Pestis suum] in der Eifel in den Jahren 1963 und 1964. Z. f. Jagdwissenschaft, Bd. 15, S. 144–151.
STAHL, D. [1980:] Schwarzwildhege in einem Hochwildring der Lüneburger Heide. Vortrag Schwarzwildsymposion des AKW Giessen am 9. 2. 1980. Nachgedruckt in KÖNIG und HOFMANN [1980].
STAHL, D. [1980]: Das Lüneburger Modell 80. Wild und Hund, 83. Jg., Nr. 2, S. 83–86.
STAHL, D. [1980]: Die Problematik der Bejagung von Überläufern. Niedersächsischer Jäger, 25. Jg., Nr. 9, S. 485.
STAHL, D. [1982]: Gedanken zur Schwarzwildhege und Schwarzwildjagd. Wild und Hund, 85. Jg., Nr. 12, S. 30–34.
STAHL, D. [1984]: Es geht nicht nur um starke Keiler. Die Pirsch, 36. Jg., Nr. 12. S. 855–858.
STAHL, D. [1985]: Frischlinge müssen geschossen werden – aber wann? Die Pirsch, 37. Jg., Nr. 7, S. 437–438.
STAHL, D. [1988]: 20 Jahre Lüneburger Modell. Erfahrungen und Ergebnisse mit der sinnvollen Bejagung von Schwarzwild. Die Pirsch, 40. Jg., Nr. 22, S. 4–10.

STAHL, D. [1998]: Zwanzig Jahre Lüneburger Modell – Erfahrungen und Ergebnisse. In: Commichau und Sprankel, S. 223–229.

STAHL, D. [1998]: Das Schwarzwild. DJV-Merkblatt, mit zahlreichen Zeichnungen von K. H. Snethlage. Verlag D. Hoffmann, Mainz.

STAUFFER, G. [1980]: Schwarzwildringe auch in der Pfalz. Wild und Hund, 83. Jg., Nr. 11, S. 542.

STUBBE, C. [1993]: Wechsel und Wachstum der Zähne beim Schwarzwild [Sus scrofa L. 1758]. Beitr. z. Jagd- und Wildforschung, Bd. 18, S. 59–66.

STUBBE, C. [1993]: Bemerkungen zu Zahnanomalien in Schwarzwildpopulationen. Beitr. z. Jagd- und Wildforschung, Bd. 18, S. 67–70.

STUBBE, C. [1994]: Erhöhung des Frischlingsanteils an der Jagdstrecke und der kompensatorischen Sterblichkeit durch zusätzlichen Fang von Schwarzwild. Beitr. z. Jagd- und Wildforschung, Bd. 19, S. 47–51.

STUBBE, C. [1994]: Altersabhängige Abnutzung der Molaren beim Schwarzwild. Beitr. z. Jagd- und Wildforschung, Bd. 19, S. 53–55.

STUBBE, C. [1995]: Zum Einfluß des Geschlechterverhältnisses von Frischlingen auf die Populationsentwicklung beim Schwarzwild. Beitr. z. Jagd- und Wildforschung, Bd. 20, S. 99–101.

STUBBE, C. [1995]: Zum Schicksal von Frischlingsrotten. Beitr. z. Jagd- und Wildforschung, Bd. 20, S. 103–105.

STUBBE, C [1998]: Lebensraumnutzung, Populationsdynamik und Altersbestimmung beim Schwarzwild. In: Commichau und Sprankel, S. 45–60.

STUBBE, C. [1998]: Ursachen der Schwarzwildexplosion und Schlußfolgerungen für die jagdliche Praxis. In: Reddemann, J., S. 71–79.

STUBBE, C., S. MEHLITZ, K.-H. PAUSTIAN, R. PEUKERT und H. ZÖRNER [1984]: Erfahrungen zum Lebendfang von Schwarzwild in den Wildforschungsgebieten. Beitr. z. Jagd- und Wildforschung, Bd. XIII, S. 203–216.

STUBBE; I., M. und W. [1980]: Die Körperentwicklung des Schwarzwildes [*Sus scrofa L.* 1758] im Wildforschungsgebiet Hakel. Beiträge zur Jagd- und Wildforschung XI, S. 245–259. VEB Deutscher Landwirtschaftsverlag, Berlin.

STUBBE, M., I. STUBBE und W. STUBBE [1986]: Zahnanomalien bei Sus scrofa L. 1758 und kraniometrische Daten aus zwei Schwarzwildpopulationen. Beiträge zur Wild- und Jagdforschung, Bd. 14, S. 233–269.

STUBBE, W. und M. [1977]: Vergleichende Beiträge zur Reproduktions- und Geburtsbiologie von Wild- und Hausschwein [*Sus scrofa L.* 1758]. Beiträge zur Jagd- und Wildforschung.

SUCHANKA, K. [1995]: Zweimaliges Frischen gibt es doch! Die Pirsch, 47. Jg., Nr. 2, S. 12.

SUMINSKI, P. und W. FILIPIAK [1977]: Beitrag zur Nahrungsuntersuchung des Wolfes [*Canis lupus L.*] Z. f. Jagdwissensch., Bd. 23, S. 1–5.

TEUWSEN, N. [1977]: Bejagungsrichtlinien für das Schwarzwild im Kreis Lüneburg. Niedersächsischer Jäger, 22. Jg., Nr. 2.

TEUWSEN, N. [1977]: Eine Stellungnahme zu den Reformbestrebungen der Schwarzwild-Abschußrichtlinien. Niedersächsischer Jäger, 22. Jg., Nr. 2.

TEUWSEN, N. [1977]: Abschußrichtlinien für Schwarzwild. Wild und Hund, 79. Jg., Nr. 24. S. 1108.

TEUWSEN, N. [1980]: Das Lüneburger Modell. Niedersächsischer Jäger, 25. Jg., Nr. 9, S. 482–484.

THENIUS, E. [1970]: Zur Evolution und Verbreitungsgeschichte der Suidae. Z. f. Säugetierkunde. 35 Bd., S. 321–342.

TUCAK, Z. [1996]: Ergebnisse von 155 Mageninhaltsuntersuchungen von Schwarzwild (Sus scrofa L.) im ungegatterten Teil des Waldjagdreviers Belje in Baranja. Z. f. Jagdwissensch., Bd. 42, S. 165–172.

TÜRCKE, F. [1962]: Erfahrungen über die natürliche und künstliche Ernährung des Wildes im Forstamt Saupark. Suppl. Ricerche di Zoologia Appl. alla Caccia – Vol. IV, S. 140–148.

TÜRCKE, F. [1976]: Schwarzwild. Zur Bewirtschaftung im europäischen Raum. Referat, gehalten vor dem Internationalen Jagdrat zur Erhaltung des Wildes – CIC – in Brüssel am 23. Mai 1976, abgedruckt in Wild und Hund, 79. Jg., Nr. 18, S. 417–421.

TÜRCKE, F. [1977]: Zu den Bestrebungen einer Reform der Schwarzwild-Abschlußrichtlinien. Niedersächsischer Jäger, 22. Jg., Nr. 4.

TÜRCKE, F. [1978]: Das Schwarzwild. Merkblatt des DJV-Schalenwildausschusses. Verlag Dieter Hoffmann, Mainz. Ausgabe 1985.

TÜRCKE, F. [1980]: Neue Erkenntnisse über die Haltung von Schwarzwild in Jagdgehegen. Vortrag Schwarzwildsymposion des AKW Giessen am 9. 2. 1980. Nachgedruckt in KÖNIG und HOFMANN [1980].

TÜRCKE, F. [1980]: Erfahrungen mit Schwarzwild in Wildparken. Vortrag Deutsche Wildgehege e. V. am 29. 8. 1980 in Giessen.

UECKERMANN, E. [1964]: Erhebung über die Wildverluste durch den Straßenverkehr und die Verkehrsunfälle durch Wild. Z. f. Jagdwissensch., Bd. 10, S. 142–168.

UECKERMANN, E. [1972]: Zur jagdlichen Nutzungsfähigkeit von Rot-, Dam- und Schwarzwildbeständen nach Beobachtungen in einem Jagdgatter. Z. f. Jagdwissensch., Bd. 18, S. 24–31.
UECKERMANN, E. [1977]: Der Schwarzwild-Abschuß. Verlag Paul Parey, Hamburg und Berlin.
UECKERMANN, E. [1981]: Die Wildschadenverhütung in Wald und Feld. 4. Aufl., Verlag Paul Parey, Hamburg und Berlin.
UECKERMANN, E. [1986]: Die Fütterung des Schalenwildes. 3. Aufl., Verlag Paul Parey, Hamburg und Berlin.
UECKERMANN, E. und H. SCHOLZ [1970]: Wildäsungsflächen. Verlag Paul Parey, Hamburg und Berlin.
USINGER, A. [1954]: Fährten, Spuren und Geläufe. F. C. Mayer Verlag, München.
VIETINGHOFF-RIESCH, A. FRHR. V. [1952]: Die Bedeutung des Schwarzwildes bei Gradationen forstschädlicher Insekten. Forstwissensch. Centralbl., Jg. 71, S. 29–47.
VOS DE, A. und A. SASSANI [1977]: Eine Studie der Population des Schwarzwildes [*Sus scrofa*] in dem Mohammad Reza Shah Nationalpark. Z. f. Jagdwissensch., Bd. 23, S. 113–126.
WACKER, F. [1974]: Intensität der Schwarzwild-Bejagung in verschiedenen Zeiteinheiten. Waldhygiene, Bd. 10, S. 213–226.
WACKER, F. [1978]: Altersbestimmung Schwarzwild. Verlag Dieter Hoffmann, Mainz.
WACKER, F. [1988]: Sau tot – was tun? Verlag Dieter Hoffmann, Mainz.
WAGENKNECHT, E. [1971]: Bewirtschaftung unserer Schalenwildbestände. 4. Aufl. Deutscher Landwirtschaftsverlag, Berlin.
WAGENKNECHT, E. u. a. [1984]: Die Altersbestimmung des erlegten Wildes. 5. Aufl., Deutscher Landwirtschaftsverlag, Berlin.
WANDEL, G. [1977]: Reviereinrichtungen selbst gebaut. BLV Verlagsges., München.
WLAZELKO, M. und L. LABUDZKI [1992]: Über die Nahrungskomponenten und die trophische Stellung des Schwarzwildes im Forschungsgebiet Zielonka. Z. f. Jagdwissensch., Bd. 38, S. 81–87.

Stichwortverzeichnis

Abfährten 98, 141, 184
Abfallobst 135
Ablenkfütterung 134, 145f., 183, 249
Ablenkungsflächen 251
Abschleppgurte 220
Abschöpfung des Zuwachses 115
Abschuß alter Bachen 127
Abschußfreigabe 142
Abschußgrundsätze 124, 128
Abschußkontrolle 142
Abschußplanung 109f., 112
Abschußstatistik 145
Abschußverteilung 142
Absehen 214
Abwehrhaltung 19
Abweiden 21
Abzäunung 146, 161
Adler 27
Adlerfarn 23
Aktivitäten 91
Aktivitätsphase 31
Allesfresser 20, 78
Altersbestimmung 232
Altersklassen 11, 124
Altersklassengliederung 72, 126, 235
Altersklassenstruktur 109, 113, 115
Angriffe 57
animalische Nahrung 21, 136
Ankirren 182f.
Anpassungsbereitschaft 59
Anpirschen 189
Anschuß 205f.
Ansitz 184
Ansitz-Drückjagd 196, 219
Ansitzhütte 185
Ansitzsack 187
Ansitzschirm 185
Ansitzwagen 185
Ansitzzeit 187

Ansprechen 80f.
Aufbewahrungsgehege 164
Aufbrechen 183, 220
Auftreffenergie 211
Aufzeichnung 145
Aufzucht in der Gefangenschaft 25
Aujeszkysche Krankheit 29
Ausdrucksbewegung 18
Ausgangsbestand 113f.
Ausgehen der Fährte 190
Auskühlen 221
Ausschuß 206
Außenparasiten 27
Aussprünge 247

Babirussa 9
Bachen 82, 91
Bachenabschuß 257
Bachenhaken 227, 240
Backenzahnabnutzung 234, 236
Bär 27, 77
Bartschwein 9
Basse 14
Begrüßung 49
Beihunde 198
Bejagung 178
Beobachtungsstände 165
Bergekommando 197
Beschaupflicht 28
Beschlag 29
Bestandsqualität 127
Bestandsaufnahme 109
Bestandsbewirtschaftung 101, 108
Bestandsentwicklung 70
Bestandspyramiden 114
Bestandsstruktur 114
Bestätigen 80f.
Beutegreifer 77
Bewegungsbedürfnis 32, 34, 249
Bewertung 229f.
Biertreber 169

Biotop 63
Biozönose 75, 242
biozönotische Minimun-Maximum-Regel 76
Bisamschwein 9
Blasen 19
Blattschuß 201
Bodenbrüter 76, 78
Borsten 16
Brandadern 221
Bratenteile 222
Brauchtum 183
Breitschoß 203
Brüche 183
Bruchpartien 161
Bruchwald 129
Brunstperiodik 40, 47
Brunstsynchronität 40, 47
Bucheckern 20, 133
Büchsenpatronen 211
Büchsflinte 212
Buckshot 214
Bundesjagdgesetz 139, 147, 179, 211, 215, 254

Damwild 79
Dauergrünäsungsfläche 161, 166
Deckung 63, 129
Degeneration 171
Dezeleration 74, 170
Diätkost 219
Dicotylidae 9
Diplomatenjagd 160
Doppelbüchsdrilling 212
Doppelbüchse 212
Drilling 212
Drohhaltung 19
Drohverhalten 55
Dubscher Dorn 236
Duftmarken 51
Durchfahrpark 158
Durchschnittsgewicht 107
dynamische Wildstandsbewirtschaftung 171

Eckzähne 235
Eicheln 20, 69, 133, 135
Eichen-Hutewälder 161
Eichenniederwaldbestand 161
Eingewöhnungsgatter 171
Eingewöhnungsgehege 164
Einstand 63, 128
Einstandsgebiet 50f.
Einzelgänger 91, 125
Einzelgeschoß 204
Einzeljagd 190
Elektrozaun 248
Endabschuß 114
Erhaltungsfütterung 134
Erkundungshaltung 19
Ernährung 20
Ernährungsbasis 69
Ernährungsverhältnis 76
Ernteabschuß 142f., 180, 256
Erntekeiler 14, 180, 257
Ersatzanspruch 146
Ersatzwurf 24, 74
Ethik 181
Eule 98

Fährte 93
Fährtenkunde 91f.
Fährtenlineal 99
Fallen 216
Fallgrube 216
Fallobst 135
Fallwild 98, 106
Fallwildverluste 70, 142
Familienrotte 255
Fang 201, 216
Fangfütterung 165, 169, 216
Fangschuß 209, 214
Farbanomalien 127
Faustfeuerwaffen 214, 215
Feder 12f.
Feinde 26

Fekundität 71f.
Fernwanderung 54
Fernwechsel 50, 54
Festmachen 98
Feuchtgebiet 64
Feuerschutzstreifen 133
Finder 196f.
Finnen 28
Flaschenfütterung 249
Fleischbeschau 221
fliegende Körnung 168
Flintenlaufgeschoß 213
Fluchtfährte 95
Fluchtwechsel 51
Fluchtweg 206
Fluß-Schwein 9
Flußpferd 9
Folgsamkeit 61
Formzahl 238f.
Forstinsektenkalamität 76
Forstschäden 242
Fortpflanzung 23
Fortpflanzungsverhalten 37
Fraßspur 97
Freßplätze 50
Frischen, zweimaliges 24, 73
Frischkessel 40
Frischling 14, 80, 124, 151
Frischlingsabschuß 123f., 126f., 142, 179
Frischlingsbachen 179
Frischlingsfallen 201
Frischlingsfütterung 164
Frischlingskrale 164
Frischlingsrechen 164
Frischlingsrotten 48, 125f.
Frischtermin 75
Frostperiode 70
Frühjahrsabschuß 178
Frühjahrsbestand 70, 75, 113f.
Fuchs 27, 77
Futterautomaten 250
Futterkrale 217
Futterneid 46
Futterplatz 135
Fütterung 134, 166
Fütterungshege 164

Gallenblase 13, 221
Gatterrevier 158
Gattertor 164
Geäfter 12, 92
Gebiß 231
Gebißentwicklung 234
Gebräch 22, 97
Gebrech 12, 97
Gebrechschuß 203, 205f.
Geburten 41
Geburtenkontrolle 40
Gedächtnis 59
Gefahrenbereich 194
Gefangenschaft 61
Gehör 18
Gelehrigkeit 61
Gemischte Rotte 256
Geruchssinn 17
Gesamtnährstoff 168
Gesamtzahl 109
Gesäuge 14
Geschlechterverhältnis 71f., 109, 113f., 123
Geschlechtsreife 23, 75
Geschmack 18
Geschoß 211
Geschoßspur 207
Gesellschaftsjagd 193
Gesundheitszustand 172
Getreide 135, 244
Gewehre 226
Gewicht 12
Gewichtsgrenze 143
Groborientierung 237
Großrotte 45, 48, 74, 123
Grundbestand 114
Gruppenkeiler 124

Haarkleid 13, 16
Haarwechsel 16, 84
Hackfrüchte 135
Haderer 226f., 236, 239
Halsbandpekari 9
Hasensprung 95
Hatzgatter 199
Hauptruhephase 35
Hauptschwein 14, 91, 123, 180
Hautdrüsen 13
Hautgout 224
Hege 101
Hege mit der Büchse 108
Hegeabschuß 143
Hegegatter 170
Hegegemeinschaft 139, 152

Hegemaßnahme 128, 139, 145
Hetze 208
Hippopotamidae 9
Hirscheber 9
Hirschfänger 210, 215
Hochblattschuß 202
Hochsitz 184
Hochwild 183, 254
Hochwildring 148
Hund 78, 208
Hunderuf 199
Hylochoerus 9

Immobilisation 217
Imponieren 55
Imponiergehabe 37
Imponierhaltung 19
Individualverhalten 31
Infektionskrankheiten 28, 76
Innenparasiten 28
Insekten 76
Insektenkalamität 98
Internationale Formel 228

Jagddruck 59
Jagdgehege 158, 161
Jagdlust 159
Jagdmöglichkeit 70
jagdwirtschaftlicher Ertrag 106
Jagdzeit 151
Jägernotsignal 188
Junghasen 78

Kalamität 77
Kamm 16
Kampfverhalten 54
Kannibalismus 27
Kanzel 184
Karpfenrücken 89
Kartoffeln 21, 244
Kartoffelsilage 168
Katze 78
Keiler 89
Keileranteil 125
Keilergewehre 229
Keilerköpfe 228

Keilerwaffen 229
Kessel 35
Kindergesellschaft 48, 122f., 255
Kinderstube 128
Kirrbahnen 251
Kirrung 200
Klagen 19, 205
Kleinnager 76
Knick 185
Knochenschuß 203
Knochensplitter 206
Komfortverhalten 34
Kontaktpflegemaßnahmen 49
Kopfhunde 198
Körperbau 12
Körperpflege, soziale 49
Kot- und Harnstellen 50, 96
Kraftfutter 135
Krankheiten 26
Kreisen 98, 100, 141
Krellschuß 202, 206
Küchenrezepte 224
Kugelschlag 205
Kühlraum 221
Kulturlandschaft 69
Kurzwildpret 12

Lager 36
Landeskultur 242
Landwirtschaft 243
Landwirtschaftliche Schwarzwildschäden 243
Lärmscheuchen 246
Larven 76
Lastenausgleich 146
Lauf 12
Laufschuß 205
Lautäußerung 18, 49
Lebendfang 216
Lebensgemeinschaft Wald 242
Lebensraumansprüche 63
Lebensraumverhältnisse 63
Leberegel 28
Leberschuß 203
Leitbache 40, 46f., 74, 123, 127, 255
Leitersitz 184
Lernvorgang 32

Lichter 12
Locklaute 43
Lösen 51
Losung 96
Luchs 27, 77
Lüften 221
Lüneburger Modell 115, 125, 138, 148
Lungenwürmer 28

Mach-mit-Verhalten 47
Magen- und Darmwürmer 28
Magnetsteine 114
Mais 20, 69, 135
Maissilage 169
Malbäume 35, 50, 97, 131
Malen 51
Markierung 37, 96f.
Maße 12
Massenvermehrung 77, 101
Mast 64, 70f., 76, 97, 110, 113, 135, 161
Mastholzarten 166
Mastjahre 69, 71
Maul- und Klauenseuche 29
Mäusejagd 23
Maximalzuwachs 75
Menschenhaare 246
Metalltafel 114
Milch 25
Mindestflächengröße 138
Mindestkaliber 211
Minimalzuwachs 75
Mißbildungen 30
Mitteilung, geruchliche 18
Modelle 114
Modellrechnung 115
Modifikation 171
Mondscheinpirsch 188
Muffelwild 79
Mündungsschoner 214
Munition 211
Muttermilch 23
Mutterrotten 48

Nabelschwein 9
Nachahmungsdrang 49
Nachfrischen 48
nachrauschen 24

Nachsuche 139, 207
Nachsuchenkommando 197
Nachtaktivität 31
Nachtjagd 181
Nahrung 20
–, animalische 21
Nahrungserwerb 32
Nahrungsmittel 219
Narkosegewehr 217
Naso-genital-Kontrolle 37
Nässen 51
Naturlandschaft 69
Neueinsetzung 172
Neuschnee 100
Nicker 215
Nomogramme 236
Notzeit 134f.

Ökologische Bedingungen 70
Organe, innere 13

Packer 197
Panjewagen 189
Panzer 13
Panzerschwein 13
Paperierung 170
Parasiten 26, 76
Pasteurellose 29
Pausennacht 52, 187, 250
Pferdefleisch 136
Pferdeschlitten 189
Pferdewagen 189
Phacochoerus 9
Pilze 21
Pinsel 12
Pinselschwein 9
Pirsch 188
Pirschenfahren 189
Pirschzeichen 205f.
Pistole 214
Porcula 9
Posten 214
Postenschuß 204
Potamochoerus 9
Prodromalstadium 77
Puppen 76
Pürzel 12
Pustelschwein 9
Putzen 49

Quaste 89

Rangordnung 45, 56
Rassen 10
Rauschen 24, 37
Rauschtermin 75
Rauschzeit 24, 91
Reduktion 255
Regulatoren 77
Regulierung der Wildbestände 108
Rehkitz 78
Reichsjagdgesetz 101, 215
Reifealter 122
Rentabilität von Jagdgehegen 172
Repetierbüchse 212
Repräsentationsjagd 169
Reptilien 76
Revierarbeit 145
Revierbewirtschaftung 137, 251
Reviereinrichtung 137
Revierkarte 137
Revierstruktur 137
Revolver 215
Rohhumusauflage 97
Rotten 44
Rottenmerkmale 44
Rotwild 79
Rüben 23
Rückenborsten 228, 229
Ruhehaltung 35
Ruhephase 31
Ruhezone 130, 252
Rundwanderungen 52
Rundwechsel 251

Saatkartoffeln 244
Sachverständige 146
Saftfutter 135
Salzlecken 23, 132
Sarkoptesräude 27
Sau tot 218
Saubart 16, 220, 228
Saufänge 201, 216
Saufeder 198, 210, 215
Saufinder 190
Saugakt 43
Säugen 43
Saugordnung 44

Sauhund 196
Sauhütte 129
Sauklappen 247
Saumeute 196f.
Sauschwarte 223, 228
Saustutz 228
Schalen 12, 92
Schalenabdruck 93
Schälstelle 98
Scharzwildschaden 142
Schaugehege 158
Schecken 127
Scheckung 17
Schild 13
Schilfgürtel 129
Schlaf 35, 37
Schlafplätze 50
Schlegeln 206
Schleiffläche 237
Schleusentor 164
Schlund 220
Schneelage 23
Schnellorientierung für die Altersklassenbestimmung 235f.
Schnittborsten 206
Schonzeit 108, 179
Schonzeitregelung 150f.
Schrägschuß 203
Schrotschuß 214
Schußverletzungen 201
Schutzbestimmungen 101
Schwarzwildabschuß 142
Schwarzwildbekämpfung 109
Schwarzwildbestand 113
Schwarzwildbewirtschaftung 152
Schwarzwilddichte 113
Schwarzwildgehege 158
Schwarzwildgeruch 98
Schwarzwildhege 108f.
Schwarzwildring 138, 151, 157
Schweineartige 9
Schweinekreisel 249
Schweinelähme 29
Schweinepest 28, 143, 183, 199, 217
Schweinerotlauf 29
Schweiß 206
Schweißhund 198, 207
Schweißhundführer 208
Sehvermögen 18
Sexualverhalten 37
Sicherheit 194

Sicherheitsbedürfnis 251
Sicherheitsregeln 195
Sicherungsverhalten 58
Sichtscheuchen 246
Silo 164
Sinne 17
Sommerabschuß 178
Sommerbestand 75
Sommerkleid 84
Sommersonnenwende 181
Sozialleben 199
Sozialordnung 48, 56
Sozialstruktur 40, 74, 254
Sozialverband 75
Sozialverhalten 44
Speichel 98
Spiele 34
Spitzengewicht 14
Sprengen 198
Spurschnee 141
Spürwildschwein 62
Stimme 18
Stimmfühlung 18, 49
Stimmkontakt 49
Strecke 197
Streckelegen 183
Strecken 102
Streckenwert 106
Stromleitungstrasse 133
Stubenreinheit 61
Suhlen 34, 50, 97, 131
Suidae 9
Sus scrofa 9

Tagesaktivität 31
Tastsinn 17
Teller 12
Territorialverhalten 50, 187
Tetraonen 78
Tiefblattschuß 203
Tiergehege 158
Tiger 27
Tollwut 29
Totschütteln 34
Totsignal 183
Trachtuntersuchung 113
Tragzeit 24
Transport 220
Treiben 39, 193
Treiber 193, 195
Trichinen 28, 222
Trittsiegel 92

Trophäenbehandlung 226
Trophäenreifealter 114, 237
Tuberkulose 29

Überläufer 11, 14, 82, 95, 124, 151
Überläuferabschuß 124, 126, 143, 179
Überläuferbachen 82, 125, 179
Überläuferkeiler 48, 82, 125, 180
Überläuferrotte 48, 82, 125, 127, 200, 256
Übersättigung 77
Uhu 27
Umwelteinflüsse 70
Unfälle 30
Unterarten 10
Unterlegenheitsgeste 55
Unterwolle 16

Verbiß 97
Verbreitung 10
Verbringen 183
Verfärben 84
Vergiftungen 29
Verhalten 31
Verhitzen 220
Verkehrsunfälle 30, 130
Verletzungen 30
Vermehrung 70
Vermehrungspotenz 71
Vermessung 228, 229
Versorgung 220
Verwitterungsmittel 246
Viehweide 97
Vollmond 181

Waffen 12, 211
Wahlabschuß 180
Waidblatt 210, 215
Waidgerechtigkeit 181f.
waldbauliche Maßnahme 128
Waldeinstände 130
Waldhühner 79
Waldschwein 9

Wallhecke 185
Wanderungen 54
Warnlaut 19
Warzenschwein 9
Wasser 23, 63, 133
Wasserbedarf 161
Wasserpflanzen 21
Wechsel 50
Wehrhaftigkeit 54
Weiden 244
Weidwundschuß 203
Werbelaute 39
Wetzen 19, 56
Widerrist 12
Wiesen 244
Wildacker 133, 248
Wildbestandsaufnahme 141f.
Wildbestätigungskunde 91
Wildbretgewinnung 219
Wildbrethygiene 221
Wildbretpreis 107
Wilddichte 75f., 109f., 126, 199
Wildfarm 158
Wildfleisch 78
Wildfolge 139
Wildgehege 158
Wildjagd 193
Wildkammer 220
Wildkaninchen 78
Wildobst 20
Wildökologie 75
Wildpark 158
Wildbret-Verteilungsschlüssel 222
Wildbrethygiene 221
Wildbretverwertung 224
Wildrost 164
Wildschaden 142, 144, 160, 251
Wildschadenersatz 139
Wildschadenerstattung 253
Wildschadensausgleichskasse 146
Wildschadenschätzung 252
Wildschadensfeststellung 252
Wildschadensgeschehen 127
Wildschadensregulierung 146
Wildschadensverhütung 252

Wildschadensverminderung 123, 139, 146, 245
Wildschweinlaus 27
Wildschweinschinken 225
Wildschweinschmalz 225
Wildstandsbewirtschaftung 72, 80, 137, 138f., 141, 254
Wildwagen 220
Wind 186
Winterborsten 84
Wintergetreide 244
Winterverlauf 71, 110
Winterverlust 27
Witterungseinflüsse 27
Wittrungsvermögen 17
Wohlstandsverwahrlosung 255
Wolf 27, 77
Wundfährte 208
Wurf 12, 24, 74
Wurfkessel 40, 42

Zahnkunde 232
Zahnzementmethode 241
Zeichen 97
Zeichnen 205
Zerlegen 183, 223ff.
Zerwirken 183, 223ff.
Zielalter 113f.
Zielfernrohr 214
Zielstock 189
Zitzentreue 44
Zudrücken 192
Zukunftskeiler 12, 91, 180
Zuwachs 72, 75f., 110, 114, 255
Zuwachsermittlung 110
Zuwachsprozent 111, 142
Zuwachsschätzung 142
zweimaliges Frischen 73
Zwerchfell 221
Zwergwildschwein 9

Eine kleine Auswahl aus unserem grossen Programm

Fritz Nüßlein
Das praktische Handbuch der Jagdkunde
Seit Jahrzehnten ein Begriff, jetzt in Neuausgabe – »Der Nüßlein«, das anerkannte Standardwerk für Ausbildung und Praxis: der aktuelle Wissensstand zu Jagdrecht, Wildkunde, Jagdbetrieb, Wildkrankheiten, Jagdhunde, Waffenkunde, Natur- und Umweltschutz, Land- und Waldbau.
ISBN 978-3-8354-0020-7

Herbert Krebs
Vor und nach der Jägerprüfung
Seit Jahrzehnten ein Begriff – »der Krebs« jetzt in 56. Auflage: das bewährte Standardwerk für Ausbildung und Praxis mit dem aktuellen Wissensstand aus allen jagdlichen Bereichen, vermittelt in Einführungstexten und 1836 Prüfungsfragen mit ausführlichen Antworten.
ISBN 978-3-8354-0085-6

Paul Dahms
Wild und Jagd
Die schönsten Landschaften vom Darß über die Lüneburger Heide, Harz, Rhön und den Thüringer Wald bis zu den Alpen: Besonderheiten, Wildtiere, Jagdgeschichte(n) – mit Fotos der besten Naturfotografen.
ISBN 978-3-405-16652-6

BLV Jagdpraxis
Olgierd E. J. Graf Kujawski
Wildbrethygiene
Geeignete Jagdmethoden, das richtige Versorgen des Wildes nach dem Erlegen, die Gewinnung von wohlschmeckendem Wildbret mit 200 Schritt-für-Schritt-Fotos; Gesetzesvorschriften, EU-Verordnungen, Direktvermarktung.
ISBN 978-3-8354-0109-9

Manfred und Maria Baatz
Hundeausbildung für die Jagd
Das bewährte Trainingsprogramm für Jagdhunde aller Rassen in Neuausgabe: die systematische Ausbildung für Prüfung und Praxis – Schritt für Schritt mit vielen Fotos.
ISBN 978-3-405-16252-8

Die zuverlässigen Berater

BLV Bücher bieten mehr:
- mehr Wissen
- mehr Erfahrung
- mehr Innovation
- mehr Praxisnutzen
- mehr Qualität

Denn 60 Jahre Ratgeberkompetenz sind nicht zu schlagen!

Dass Sie sich gut beraten fühlen – das ist unser Ziel. Falls Sie Fragen und/oder Anregungen haben, schreiben Sie uns bitte:

BLV Buchverlag GmbH & Co. KG
Lektorat · Lothstraße 19
80797 München
Postfach 40 02 20
80702 München
Telefon 089/12 02 12-0 · Fax -121
E-mail: blv.verlag@blv.de

Unser Buchprogramm umfasst rund 800 Titel zu den Themen **Garten · Natur · Heimtiere · Jagd · Angeln · Sport · Golf · Reiten · Alpinismus · Fitness · Gesundheit · Kochen.** Ausführliche Informationen erhalten Sie unter **www.blv.de**

Mehr Erlesen!